譯註

退溪全書

5

특수고전협동번역사업 2차 연도 사업 연구진

연 구 책 임 : 송재소(宋載邵)
책 임 교 열 : 이상하(李相夏)
연 구 원 : 이관성(李灌成), 강지희(姜志喜), 김성훈(金成勳)
　　　　　　서사봉(徐士奉), 조창록(曺蒼錄), 오보라(吳寶羅)
연구보조원 : 장연수(張硯洙)

이 책은 2021년도 정부(교육부)의 재원으로 한국고전번역원의 지원을 받아 수행된 특수고전협동번역사업(난해서) 2차 연도 사업의 결과물임.

This work was supported by Institute for the Translation of Korean Classics - Grant funded by the Korean Government.

譯註
退溪全書
5

李滉 著

疏箚
卷6 ~ 卷8

발간사

《정본 퇴계전서(定本 退溪全書)》를 한글로 번역하는 국역 사업(國譯事業) 35책 중 2차 연도분 8책이 이번에 발간됩니다.

《정본 퇴계전서》 사업은 1600년에 최초로 간행된 《퇴계선생문집(退溪先生文集)》 경자본(庚子本)을 포함하여, 그동안 세 차례 발간되어 온 것을 2015년에 국비 12억 원을 지원받아 이를 보완·재정비한 통합본 발간 사업에 착수하여 2022년에 문집 15책이 발간되었고, 전저류(專著類) 등 13책은 2025년도에 완간됩니다.

《정본 퇴계전서》 국역 사업은 한문세대에서 한글세대로 바뀐 시대적 추세를 반영하여 2021년부터 5년간 총 25억 원의 국비를 지원받아 역주 《퇴계전서》, 교감·표점 《퇴계전서》 총 35책을 발간하는 사업입니다.

퇴계학연구원(退溪學研究院)은 《퇴계전서》의 정본 사업과 이를 한글로 번역하는 국역 사업에 더하여 《퇴계학사전(退溪學事典)》 발간 사업도 2023년부터 2027년까지 5년간 총 25억 원의 국비를 지원받는 계획으로 진행하고 있습니다.

이와 같이 퇴계학연구원의 정본·국역·사전 3대 사업이 완성되면 퇴계 선생의 학문과 사상, 정치와 경제, 생활과 언행 등을 망라한 퇴계학 연구의 기반이 갖추어지게 될 것입니다.

끝으로, 《정본 퇴계전서》 국역 사업의 연구 책임을 맡아주신 송재소 퇴계학연구원 원장님, 교열을 맡아주신 이상하 교수님, 번역을 담당해 주신 연구원 제위 및 연구보조원, 그리고 퇴계학연구원 사무국장 이하 직원분들께 깊이 감사드립니다. 또한 국비를 지원해 주신 기획재정부와 교육부, 한국고전번역원에도 깊이 감사드립니다.

2025년 6월 30일
사단법인 퇴계학연구원
이사장 박 병 원

일러두기

1. 본서는 사단법인 퇴계학연구원에서 2022년에 간행한 《定本 退溪全書》 총 15책을 대본으로 삼았다.
2. 번역문은 원의(原義)에 충실하게 하되, 이해를 돕기 위해 의역(意譯) 또는 보충역(補充譯)을 한 부분도 있다. 또한, 한국학중앙연구원(구 한국정신문화연구원)에서 간행한 《국역 퇴계시》(신호열 역주) 총 2책과 퇴계학연구원에서 간행한 《退溪全書》(이가원 외 역주) 총 29책, 영남대학교 출판부에서 간행한 《퇴계시 풀이》(이장우, 장세후 역주) 총 9책을 참고하였다.
3. 본서의 주석은 각주로 처리하였다. 각주에서는, 한국문집총간 제31집에 수록된 유도원(柳道源, 1721~1791)의 《退溪先生文集攷證》은 완역하되 필요에 따라 출전 및 원문을 보충하고 【攷證】으로 표시하였다. 계명대학교에서 간행한 퇴계학문헌전집 권22 이야순(李野淳, 1755~1830)의 《要存錄》은 필요에 따라 번역하되 【要存錄】으로 표시하였다. 【攷證】으로 미흡한 부분은 역자 주로 보충하되 【譯注】로 표시하였다. 【攷證】의 오류를 수정하거나 보충할 사항이 있는 경우 해당 내용을 적고 【校解】로 표시하였다.
4. 작품의 저작 연대는 퇴계학연구원에서 간행한 《退溪先生年表月日條錄》(정석태 편저) 총 4책을 참고하였다.
5. 주석의 표제어에서 필요한 경우 본문에 없는 한자를 병기하였다.
6. 운문은 원문을 병기하였다.
7. 맞춤법과 띄어쓰기는 한글 맞춤법과 표준어 규정을 따랐다.
8. 작품에 부여된 고유번호는 사단법인 퇴계학연구원에서 간행한 《定本 退溪全書》에 의거하였다.
9. 본서에서 사용한 부호는 다음과 같다.
   【 】: 각주의 유형을 구분하거나, 제목에서 작품의 창작 시기, 장소를 표기한다.
   ( ) : 번역문과 음이 같은 한자를 묶는다.
   〔 〕 : 번역문과 뜻이 같으나 음이 다른 한자를 묶는다.
   " " : 대화 등의 인용문을 묶는다.
   ' ' : " " 안의 재인용 또는 강조 문구를 묶는다.
   《 》 : 책명 및 각주의 전거(典據)를 묶는다.
   〈 〉 : 책의 편명 및 운문·산문의 제목을 묶는다.
   (( )) : 계묘교정본과 속집에서 산절된 것을 번남본에 의거해 복원한 경우에 쓴다.
   - - : 본문에서 소자(小字) 원문 주(註)의 처음과 끝에 사용한다.

차례

발간사 · 4
일러두기 · 6
해제 · 14

퇴계선생문집 권6

함경도 순변사 이준경에게 내린 교서 教咸鏡道巡邊使李浚慶書 … 21

경상도 관찰사 이청에게 내린 교서 教慶尙道觀察使李淸書 … 27

황해도 관찰사 겸 병마수군 절도사 권응정에게 내린 교서
教黃海道觀察使兼兵馬水軍節度使權應挺書 … 32

갑진년에 올린 왜사를 끊지 말 것을 청하는 소 甲辰乞勿絶倭使疏 … 36

무오년에 올린 사직소 戊午辭職疏 … 48

무진년에 올린 사직소 (1) 戊辰辭職疏 一 … 62

무진년에 올린 사직소 (2) 戊辰辭職疏 二 … 76

무진년에 올린 육조의 소 戊辰六條疏 … 91

퇴계선생문집 권7

무진년에 경연에서 올린 계차 (1) 戊辰經筵啓箚 一 … 127

무진년에 경연에서 올린 계차 (2) 戊辰經筵啓箚 二 … 132

〈성학십도〉를 올리는 차자 도판을 병기함 進聖學十圖箚 并圖 … 136

    태극도설(太極圖說) … 145

    서명(西銘) … 149

    《소학》제사(小學題辭) … 157

    《대학》경문〔大學經〕… 162

    동규 후서(洞規後敘) … 167

    심통성정도설(心統性情圖說) … 171

    인설(仁說) … 177

    심학도설(心學圖說) … 182

    경재잠(敬齋箴) … 187

    숙흥야매잠(夙興夜寐箴) … 193

대제학의 사면을 청하는 차자 무진년 8월 20일
辭免大提學箚子 戊辰八月二十日 … 199

해직시켜 시골로 돌려보내 주기를 비는 차자 9월 20일
乞解職歸田箚子 九月二十日 … 205

물러가기를 비는 차자 기사년 2월 25일 乞退箚子 己巳二月二十五日 … 209

치사(致仕)하고 시골로 돌아가기를 비는 차자(1) 2월 28일
乞致仕歸田箚子 一 二月二十八日 … 213

치사(致仕)하고 시골로 돌아가기를 비는 차자(2) 2월 29일
乞致仕歸田箚子 二 二月二十九日 … 216

치사(致仕)하고 시골로 돌아가기를 비는 차자(3) 3월 2일
乞致仕歸田箚子 三 三月二日 … 220

〈건괘 상구〉 강의 乾卦上九講義 … 224

서명 고증 강의 西銘考證講義 … 227

문소전에 관하여 올리려던 의 도판을 병기함 擬上文昭殿議 并圖 … 252

덕흥군 추숭에 관하여 올리려던 의 擬上追崇德興君議 … 269

퇴계선생문집 권8

풍기 군수를 사직하며 감사에게 올리는 사장 (1) 기유년 9월
辭豐基郡守上監司狀一 己酉九月 … 285

풍기 군수를 사직하며 감사에게 올리는 소장 (3) 기유년 12월
辭豐基郡守上監司狀三 十二月 … 286

풍기 군수를 멋대로 버린 것을 추고한 데 대한 함답 문서 경술년 1월
擅棄豐基郡守推考緘答狀 庚戌正月 … 287

사헌부 집의의 사면을 청하는 계 임자년 5월 26일
辭免司憲府執義啓 壬子五月二十六日 … 289

첨지중추부사의 사면을 청하는 사장 을묘년 4월
辭免僉知中樞府事狀 乙卯四月 … 291

첨지중추부사의 사면을 청하는 사장 (2) 병진년 4월
辭免僉知中樞府事狀二 丙辰四月 … 293

홍문관 부제학 소명에 대해 사면을 청하는 사장 5월
辭免弘文館副提學召命狀 五月 … 296

첨지중추부사 소명에 대해 사면을 청하는 사장 6월
辭免僉知中樞府事召命狀 六月 … 299

신병으로 공조 참판의 면직을 비는 소장 무오년 12월
工曹參判病告乞免狀 戊午十二月 … 304

공조 참판으로 사은한 뒤에 사면을 청하는 계 12월
工曹參判謝恩後辭免啓 十二月 … 306

공조 참판 소명에 대해 사면을 청하는 사장 기미년 7월
辭免工曹參判召命狀 己未七月 … 308

소명에 대해 사면을 청하는 사장 신유년 2월
辭免召命狀 辛酉二月 … 310

동지중추부사의 사면을 청하는 사장 (1) 을축년 3월
辭免同知中樞府事狀一 乙丑三月 … 312

동지중추부사 소명에 대해 사면을 청하는 사장 (2) 병인년 1월
辭免同知中樞府事召命狀二 丙寅正月 … 315

동지중추부사 소명에 대해 사면을 청하는 사장 (3) 2월
辭免同知中樞府事召命狀三 二月 … 317

공조 판서 소명에 대해 사면을 청하는 사장 (1) 3월 1일
辭免工曹判書召命狀一 三月一日 … 320

공조 판서 소명에 대해 사면을 청하는 사장 (2) 3월 14일
辭免工曹判書召命狀二 三月十四日 … 323

지중추부사 소명에 대해 사면을 청하는 사장 7월 9일
辭免知中樞府事召命狀 七月九日 … 325

예조 판서로 사은한 뒤에 사면을 청하는 계 정묘년 8월 1일
禮曹判書謝恩後辭免啓 丁卯八月一日 … 328

다시 올린 계 같은 날 再啓 同日 … 330

신병으로 예조 판서의 면직을 비는 소장 (1) 2일
禮曹判書病告乞免狀一 二日 … 332

신병으로 예조 판서의 면직을 비는 소장 (2) 5일
禮曹判書病告乞免狀二 五日 … 333

동지경연사 소명에 대해 사면을 청하는 사장 10월 29일
辭免同知經筵召命狀 十月二十九日 … 336

소명에 대해 사면을 청하는 사장 무진년 1월 9일
辭免召命狀 戊辰正月九日 … 339

소명을 삼가 받고 올리는 소장 (2) 1월 29일
召命祗受狀二 正月二十九日 … 340

소명을 삼가 받고 올리는 소장 (4) 4월 7일
召命祗受狀四 四月七日 … 341

우찬성의 사면과 단자·향의 회납을 비는 사장 5월 9일
辭免右贊成乞回納段香狀 五月九日 … 342

숭품의 개정과 하사품의 회납을 비는 소장 (1) 5월 19일
乞改正崇品幷回納賜物狀一 五月十九日 … 345

숭품의 개정을 비는 소장 (2) 7월 4일
乞改正崇品狀二 七月四日 … 346

숭품의 개정을 비는 소장 (3) 7월 13일
乞改正崇品狀三 七月十三日 … 348

판중추부사로 사은한 뒤에 올리는 계 7월 24일
判中樞府事謝恩後啓 七月二十四日 … 351

다시 올리는 계 같은 날 再啓 同日 … 352

홍문관 제학으로 사은한 뒤에 사면을 청하는 계 8월 5일
弘文館提學謝恩後辭免啓 八月五日 … 354

신병으로 판중추부사 겸 대제학의 면직을 비는 소장 (1) 8월 8일
判中樞府事兼大提學病告乞免狀一 八月八日 … 355

신병으로 판중추부사 겸 대제학의 면직을 비는 소장 (2) 8월 12일
判中樞府事兼大提學病告乞免狀二 八月十二日 … 357

신병으로 판중추부사 겸 대제학의 면직을 비는 소장 (3) 8월 15일
判中樞府事兼大提學病告乞免狀三 八月十五日 … 359

대제학으로 사은한 뒤에 사면을 청하는 계 (1) 8월 23일
大提學謝恩後辭免啓一 八月二十三日 … 360

두 번째 올리는 계 같은 날 再啓 同日 … 361

세 번째 올리는 계 같은 날 三啓 同日 … 363

네 번째 올리는 계 8월 24일 四啓 八月二十四日 … 364

다섯 번째 올리는 계 같은 날 五啓 同日 … 365

여섯 번째 올리는 계 같은 날 六啓 同日 … 366

신병으로 이조판서의 면직을 비는 소장 (1) 기사년 1월 6일
吏曹判書病告乞免狀一 己巳正月六日 … 367

신병으로 이조판서의 면직을 비는 소장 (2) 1월 11일
吏曹判書病告乞免狀二 正月十一日 … 368

신병으로 이조판서의 면직을 비는 소장 (3) 1월 14일
吏曹判書病告乞免狀三 正月十四日 … 369

판중추부사를 사은한 뒤에 사면을 청하는 계 1월 20일
判中樞府事謝恩後辭免啓 正月二十日 … 371

치사를 비는 소장 4월 4일 乞致仕狀 四月四日 … 372

교서관·활인서 양사 제조의 사면을 청하는 사장 경오년 1월
辭免校書館·活人署兩司提調狀 庚午正月 … 375

소명을 공손히 받고 올리는 소장 2월 20일
召命祗受狀 二月二十日 … 376

치사를 비는 소장 4월 4일 乞致仕狀 四月四日 … 377

소명의 사면을 청하는 사장 4월 26일 辭免召命狀 四月二十六日 … 379

치사를 비는 소장 9월 24일 乞致仕狀 九月二十四日 … 380

조광조의 포증을 청하는 계 무진년 9월 請趙光祖褒贈啓 戊辰九月 … 382

예조에서 대마도주 종성장에게 답하다 禮曹答對馬島主宗盛長 … 385

예조에서 대마도주에게 답하다 禮曹答對馬島主 … 391

예조에서 일본국의 좌무위 장군 원의청에게 답하다
禮曹答日本國左武衛將軍源義淸 … 394

물음에 대답하다 선생의 11대손 이만호(李晚浩) 가장
問云云 先生十一代孫晚浩家藏 … 400

해제

이상하 | 전 한국고전번역원 교수

1. 개요

이 글은《정본 퇴계전서》1단계 사업에서 편성한 퇴계선생문집(退溪先生文集) 중에서 번역본으로 간행되는 제4권 1책에 대한 해제이다. 제4권에는 교(敎)·소(疏)·차(箚)·경연강의(經筵講義)·계의(啓議)·사장계사(書啓修答)·책(策)이 실려 있다. 이를 도표로 정리하면 다음과 같다.

권4	敎	3篇	
	疏	5篇	
	箚	9篇	
	經筵講義	2篇	
	啓議	2篇	
	辭狀啓辭	53篇	
	書契修答	3篇	
	策	1篇	

-《정본 퇴계전서》해제〈《定本 退溪全書》退溪先生文集 수록 내용 일람표〉에서 인용함.-

2. 내용 소개

수록된 글들을 간략히 소개한다.

먼저 교(敎)·소(疏)·차(箚)를 보자. 교(敎)는 교서(敎書)로 왕명을 작성한 글이다. 소(疏)는 소장(疏狀)이고 차(箚)는 차자(箚子)이다.

교서 3편을 보면, 격식과 권위를 갖추어야 하는 글이라 변려체(騈儷體)로 되어 있다.

〈함경도 순변사 이준경에게 내린 교서〔敎咸鏡道巡邊使李浚慶書〕〉에서는 국방의 중요성을 강조하면서 아울러 유사시에 대비하여 평상시에 미리 튼튼한 방어 시설을 갖추어 두어야 한다고 하였다.

〈경상도 관찰사 이청에게 내린 교서〔敎慶尙道觀察使李淸書〕〉에서는 해변에 위치하여 신라 때부터 왜구의 침략을 받아온 지역인 만큼 농사를 장려하여 식량을 비축하는 한편 평소 군사를 훈련할 것과 아울러 수령의 수탈과 갖은 옥송(獄訟)을 없애는 데 특히 유념할 것을 지시하였다.

〈황해도 관찰사 겸 병마수군 절도사 권응정에게 내린 교서〔敎黃海道觀察使兼兵馬水軍節度使權應挺書〕〉에서는 백성의 안위가 국가의 안위에 달려 있으니, 국방을 맡는 방백의 책무가 중대하다고 강조하였다.

다음으로 소장 5편을 보자.

〈갑진년에 올린 왜사를 끊지 말 것을 청하는 소〔甲辰乞勿絶倭使疏〕〉에서는 이적(夷狄)도 같은 인류인 만큼 적대시하지 말고 회유하는 것이 상책이라고 하면서 중국 역대 제왕들의 사례를 예시(例示)한 다음 왜국의 사신이 오는 것을 거절하면 전쟁이 일어날 수 있다고 하였다.

〈무오년에 올린 사직소〔戊午辭職疏〕〉는 1558년 58세 때 첨지중추부사(僉知中樞府事)를 사임한 소장이다. 여기서 퇴계는 자신이 관직에 있어서는 안 되는 다섯 가지 이유로, '어리석음을 감추고 지위를 훔치는 것〔諱愚竊位〕', '병들어 쓸모없는 몸으로 녹봉을 받는 것〔病廢尸祿〕',

'허명으로 세상을 속이는 것[虛名欺世]', '옳지 않은 줄 알면서 무턱대고 벼슬에 나아가는 것[知非冒進]', '직책을 수행하지 못하면서 물러나지 않는 것[不職不退]'을 들었다. 이 중에도 '허명으로 세상을 속이는 것'은 퇴계가 특히 자주 말하는 자신이 관직에 나가서는 안 되는 이유이다.

〈무진년에 올린 사직소[戊辰辭職疏]〉 2편은 1568년 68세 때 올린 소장으로, 첫 번째 소장은 1월에 지중추부사(知中樞府事) 동지경연춘추관사(同知經筵春秋館事)를 사임한 것이며, 두 번째 소장은 3월에 숭정대부(崇政大夫) 우찬성(右贊成) 동지경연춘추관사를 사임한 것이다.

〈무진년에 올린 육조의 소[戊辰六條疏]〉는 특히 유명한 글로서 1568년 8월에 우찬성에서 체직되어 판중추부사(判中樞府事)로 《선조수정실록(宣祖修正實錄)》에도 실려 있으며, 후일에 〈무진봉사(戊辰封事)〉란 이름으로 〈성학십도(聖學十圖)〉와 합본되어 유통되었다. 퇴계가 건의한 여섯 조목은 '왕실의 계통(繼統)을 중히 하여 인효(仁孝)를 온전히 할 것[重繼統以全仁孝]', '참소와 이간질을 막아서 양궁(兩宮)을 친밀하게 할 것[杜讒間以親兩宮]', '성학을 돈독히 하여 정치의 근본을 세울 것[敦聖學以立治本]', '도학을 밝혀서 인심을 바르게 할 것[明道術以正人心]', '복심인 대신을 신임함으로써 이목을 넓힐 것[推腹心以通耳目]', '수성(修省)을 진실히 하여 하늘의 사랑을 받을 것[誠修省以承天愛]'이다.

〈무진년에 경연에서 올린 계차[戊辰經筵啓箚]〉 2편은 모두 경연에서 올린 차자이다. 1편에서는 '산릉(山陵)의 역사(役事)를 막 치렀고 명나라 사신이 왔다 간 뒤이며 게다가 흉년이 들었다'는 이유를 들어서 군적(軍籍)을 정리하는 일을 정지시킬 것을 청하였으며, 2편에서는 "'사(私)'가 마음을 해치는 도적이요 모든 악의 근본"이라고 하면서 '사'

를 없앨 것을 강조하였다.

〈성학십도를 올리는 차자〔進聖學十圖箚〕〉는 《성학십도(聖學十圖)》를 바칠 때 올린 차자로, 《성학십도》를 올리는 연유를 설명한 글이다. 이 차자 아래에 《성학십도》가 첨부되어 있다.

〈대제학의 사면을 청하는 차자〔辭免大提學箚子〕〉, 〈해직시켜 시골로 돌려보내 주기를 비는 차자〔乞解職歸田箚子〕〉, 〈물러가기를 비는 차자〔乞退箚子〕〉, 〈치사하고 시골로 돌아가기를 비는 차자〔乞致仕歸田箚子〕〉 4편은 모두 사직하고 향리로 돌아가게 해주길 청한 차자이다.

〈경연강의(經筵講義)〉 2편 중 '건괘상구강의(乾卦上九講義)'는 《주역》 건괘(乾卦) 상구(上九)의 이치를 강의한 것이고, '서명고증강의(西銘考證講義)'는 송나라 장재(張載)의 〈서명(西銘)〉에 대해 강의한 것이다.

〈문소전에 관하여 올리려던 의〔擬上文昭殿議〕〉는 문소전(文昭殿)에 봉안된 신위의 차서를 정하는 일에 대해 헌의(獻議)의 글이다. 1569년 2월에 여러 재상들과 함께 《세종실록》에 있는 〈문소전의궤(文昭殿儀軌)〉를 상고하고, 인종(仁宗)을 문소전에 모셔야 한다는 취지로 차자와 묘도(廟圖)를 올렸으나, 선조가 허락하지 않았다. 그 후에 다시 이 글과 함께 묘도를 첨부하여 올리고자 했으나 결국 올리지 못하고 말았다.

〈덕흥군 추숭에 관하여 올리려던 의〔擬上追崇德興君議〕〉는 선조가 자신의 생부인 덕흥군을 추숭(追崇)하고 자신의 생가에 가묘를 설치하는 문제에 대하여 2품(品) 이상 관원에게 헌의(獻議)하게 한 데 답하여 작성한 글로, 고례(古禮)를 들어서 임금은 자신을 낮추어 사친을 제사 지낼 수 없다는 것이 그 취지이다. 역시 작성하고 올리지 못하였다.

이하 사장(辭狀)과 계사(啓辭) 52편은 모두 사면 또는 치사(致仕)를 청하는 글이다. 〈조광조의 포증을 청하는 계〔請趙光祖襃贈啓〕〉는 1569년에 정암(靜庵) 조광조(趙光祖)를 포증(襃贈)하고 남곤(南袞)을 추죄(追罪)할 것을 계청한 글이다.

〈예조에서 대마도주 종성장에게 답하다〔禮曹答對馬島主宗盛長〕〉, 〈예조에서 대마도주에게 답하다〔禮曹答對馬島主〕〉, 〈예조에서 일본국의 좌무위 장군 원의청에게 답하다〔禮曹答日本國左武衛將軍源義淸〕〉는 모두 예조판서로 재임할 때 쓴 서계(書契)이다. 취지는 대개 대마도가 곡물을 달라고 하는 등 무리한 요구를 해온 것에 대해 완곡히 거절하는 것과 일본이 신의를 어긴 잘못을 질책하는 것이다.

〈물음에 답하다〔問云云〕〉는 11대손 이만호(李晩浩)가 집안에 소장해온 글로 1533년 33세 때 지은 것으로, 과문(科文)의 일종인 책문(策文)이다.

퇴계선생문집 권6

KNW001(敎-1)(癸卷6:1右)(樊卷6:1右)

함경도 순변사 이준경[1]에게 내린 교서 【임자년(1552, 명종7, 52세) 7월 15일경 추정. 서울】

敎咸鏡道巡邊使李浚慶書

왕은 다음과 같이 말한다. 편안한 때에 위태함을 염려하는 것은 갑자기 생기는 변고에 대비하려 함이요, 요새를 설치하여 나라를 지키는 것은 방위의 규모를 튼튼하게 하려 함이니, 조정의 계획은 마땅히 평상시에 정해 두어야 하며 변경의 일은 대체로 먼 곳에서 헤아리기[2] 어려운 법이다. 생각해 보면 우리나라는 삼면으로 적의 침략을 받으면서도[3] 백 년 동안을 태평하게 지내 왔다. 그러나 관북(關北) 지방은 옛날 북방 유목민[4]의 고장으로 승냥이와 이리 같은 오랑캐들의 소굴과 매우 근접해 있다. 지난날 윤관(尹瓘)이 개척하고[5] 김종서(金宗瑞)가 경영한 것[6]도 계책

---

1 이준경 :【攷證 卷3 李浚慶】1499~1572. 자는 원길(原吉), 호는 동고(東皐)이다. 후덕하고 중망이 있어 국조(國朝)의 명재상이 되었다. 《퇴계선생연보》 권2에 다음과 같은 기록이 있다. "기사년(1569) 3월 퇴계 선생이 물러나겠다고 청하자, 상이 하문하기를, '조정 신료 중에 추천할 만한 자가 없는가?' 하니, 대답하기를, '수상(首相) 이준경은 기둥과 주춧돌 같은 신하이니, 신임하여 중용할 자로 이 사람보다 앞설 이가 없습니다.'라고 하였다."

2 먼 곳에서 헤아리기 :【攷證 卷3 隃度】유(隃)는 요(遙)와 같다. 한나라 반고(班固)의 《한서(漢書)》 권69 〈조충국전(趙充國傳)〉에 "조충국이 말하기를, 병사(兵事)는 멀리서 헤아리기 어렵다."라고 하였다.

3 삼면으로……받으면서도 :【攷證 卷3 三面受敵】동쪽은 일본이고, 서쪽과 북쪽은 여진(女眞) 야인(野人)이다.

4 북방 유목민 :【攷證 卷3 氈裘】한나라 반고의 《한서》 권94 〈흉노전(匈奴傳)〉에 "군왕 이하가 모두 가죽옷을 입고 털가죽을 덮는다."라고 하였다.

이 완벽하고 지략에 하자가 없다 할 만하였는데도, 오히려 나하추(納哈出)처럼 국경을 침입한[7] 자가 있었고, 이시애(李施愛)처럼 반란을 일으킨[8] 자도 있었다. 더구나 지금은 국경의 수비가 허술해지고 장수와 군사들이 해이해져 화란이 언제 일어날지 예측할 수 없고 사람들은 오랫동안 안일(安逸)에 젖어 있는 상황이다. 그곳에 성(城)을 쌓는 일을 어떤 이는

---

5 윤관이 개척하고 : 【攷證 卷3 尹瓘之所恢拓】 동국(東國)의 역사서에 "윤관의 자는 동현(同玄), 시호는 문숙(文肅)이며, 본관은 파평(坡平)이다. 문종(文宗) 때 등제(登第)하였으며, 예종(睿宗) 2년에 윤관과 오연총(吳延寵)을 보내 함주(咸州)에서 공험진(公嶮鎭)에 이르기까지 구성(九城)을 쌓아 경계를 삼고, 선춘령(先春嶺)에 비석을 세우고 '고려지경(高麗之境)'이라고 새겼다."라고 하였다.

6 김종서가 경영한 것 : 【攷證 卷3 宗瑞之所經營】 살펴보건대, 김종서의 호는 절재(節齋), 본관은 순천(順天)이다. 세종대의 명재상으로 경태(景泰) 계유년(1453)에 황보인(皇甫仁)과 함께 죽었다. 지략(智略)이 많았고 북방을 개척하여 경성진(鏡城鎭)을 쌓았는데 성이 매우 웅장하고 견고하였으며 성의 서쪽에 사당(祠堂)이 있다. 국초에 세종이 김종서에게 명하여 4진(四鎭)을 설치하도록 명하였는데, 조정의 논의에 이견이 많았으나 김종서가 그 일을 힘써 주장하였다.

7 나하추처럼 국경을 침입한 : 【攷證 卷3 納哈出之稀突疆圉】 살펴보건대, 나하추(納哈出)는 원나라 승상(丞相)이다. 공민왕 때에 외적이 북쪽 변방을 침입하자 왕이 우리 태조를 보내어 치게 하였는데, 나하추가 홍원(洪原)의 달단동(韃靼洞)에 주둔하고 있는 것을 태조가 쳐서 깨뜨리자 그의 말이 세 번 쓰러진 끝에 간신히 살아남았다. ○《한서》 권99 〈왕망전(王莽傳)〉에 "왕망 시대에 흉노가 변방을 침략하자 천하의 남정네와 사형죄를 지은 아전·백성·노비들을 모집하여 '저돌희용(猪突豨勇)'이라고 명명하였다."라고 하였다.

8 이시애처럼 반란을 일으킨 : 【攷證 卷3 李施愛之盜弄潢池】 《고사촬요(攷事撮要)》에 "세조 13년 정해년(1467)에 길주(吉州)의 도적 이시애가 반란을 일으키자, 어유소(魚有沼) 등이 토벌하여 평정하였다."라고 하였다. ○《한서》 권89 〈순리전(循吏傳) 공수(龔遂)〉에 다음과 같은 기록이 있다. "공수가 말하기를, '백성들이 배고픔과 추위에 고통을 받고 있는데도 관원들이 제대로 보살펴 주지 않기 때문에, 폐하의 적자(赤子)들이 황지(潢池) 사이에서 무기를 몰래 훔쳐 들고서 한번 장난을 쳐 본 것입니다.'라고 하였다."

위태한 방법으로써 경솔한 행동이라고 염려하지만, 번(番)을 합하여 옛 보(堡)를 방수(防戍)하는 것은 모두가 해 볼 만한 좋은 계책이라고 말한다. 시비(是非)가 결정되지 않아서 시행하여 설치하기에 어려움이 있으니, 변방의 형편을 살펴서 길이 남을 위대한 업적을 세우는 것을 어찌 조금이라도 늦출 수 있겠는가?

나 소자(小子)가 왕업을 계승하여 덕(德)이 먼 지방을 편안하게 하지 못하였고, 구중[9] 궁궐 깊숙이 있어서 밝음이 만 리 먼 곳을 보지 못하였다.[10] 이전에 없었던 큰 공업(功業)을 세우기 위하여 유용(有用)한 인재를 찾아보매, 오직 경이 학문은 천리(天理)와 인도(人道)를 깊이 연구하였으며 자질은 문무(文武)를 겸비하였다.[11] 은미한 기미를 사전에 예측하니 범중엄(范仲淹)의 흉중에 수만 갑병[12]이 있는 것과 같고, 웅대한 지략은

---

9 구중 : 【攷證 卷3 九重】초나라 굴원(屈原)의 〈이소경(離騷經)〉에 "임금의 궁문 아홉 겹이나, 사는 곳은 무릎 놀릴 작은 공간에 지나지 않거늘〔君門九重, 所居不過容膝.〕"이라고 하였다.

10 밝음이……못하였다 : 【攷證 卷3 明不見萬里】송나라 주희(朱熹)의 《자치통감강목(資治通鑑綱目)》 권9상에 "천자께서 만 리 밖의 정세를 밝게 살핀다.〔天子明見萬里之外〕"라고 하였다.

11 자질은 문무를 겸비하였다 : 【攷證 卷3 資兼文武】이정형(李廷馨)의 《동각잡기(東閣雜記)》 하(下)에 다음과 같은 기록이 있다. "이준경이 병조 판서가 되었을 때 이무강(李無彊)이 탄핵하여 '이모는 문무(文武)의 재주를 겸하였으니, 병권을 맡게 하여서는 안 된다.'라고 말하였는데, 나중에 이무강이 경원(慶源)으로 유배되고 이준경이 순변사가 되자 의복과 음식을 후하게 보내주었다. 어떤 이가 비웃기를 '덕으로 원망을 갚았다.'라고 하였다."

12 수만 갑병 : 【攷證 卷3 數萬甲兵】송나라 주희의 《송명신언행록(宋名臣言行錄)》 전집(前集) 권7에 "범중엄이 서하(西夏)를 지킬 때 외적들이 말하기를, '소범 노자(小范老子)의 흉중에는 절로 수만의 갑병이 들어 있다.' 하였다."라고 하였다. 【校解】북송의 장군 범옹(范雍)을 대범(大范)이라 칭한 데 대하여 범중엄을 소범(小范)이라고 부른

한 시대를 덮을 만하여 진(秦)나라의 백이금탕(百二金湯)[13] 같은 요해지도 안중에 없었다. 선왕조(先王朝)에서 총애해 발탁하여 물려주셨는데, 어린 내가 중간에는 몰랐다가 늦게서야 알게 되었다. 역임한 경력을 상고하여 보니 훌륭한 치적을 이루어 무너진 풍속을 진정(鎭定)하는 데는 우뚝하게 솟은 중류(中流)의 지주(砥柱)[14]와 같은 공이 있고, 추악한 오랑캐를 진압하는 데는 범이 산에 몸을 숨기고 있는 것과 같은 형세라 진실로 북방의 관문을 지킬 만한 두터운 명망이 있으니, 마땅히 사방(四方)의 변방을 충분히 관장할 수 있으리라. 그리하여 이제 내가 지중추부사로 있는 경을 번거롭게도 함경도 순변사에 보임(補任)하게 하노라.

이 경흥(慶興)[15] 땅은 우리의 선대 왕실(王室)이 나라를 일으킨 터전[16]

것이다.

13 백이금탕 : 【譯注】 2만 명이 지키면 100만 명도 당해 내는 험고(險固)한 요새를 말한다. 【攷證 卷3 百二金湯】 한나라 사마천(司馬遷)의 《사기(史記)》 권8 〈고조본기(高祖本紀)〉에 "진나라가 백이(百二)의 요새를 얻었다."라고 하였다. 한나라 반고의 《한서》 권1 〈고제기(高帝紀)〉에 "진나라 땅이 험고해서 철통같은 성이 천 리에 걸쳐 있으니, 2만 명으로 제후의 군사 100만을 당해 낼 수 있다."라고 하였다. 당나라 이연수(李延壽)의 《북사(北史)》에 "당옹(唐邕)이 병주(幷州)를 지켰는데, 어떤 이가 말하기를 '병주는 금성탕지(金城湯池)의 요새이다.' 하였다."라고 하였다. 【校解】《북사》는 《운부군옥(韻府群玉)》 권7 〈하평성(下平聲)〉의 협주에 나오는 내용을 재인용한 것으로 보인다.

14 중류의 지주 : 【譯注】 '지주'는 중국 산서성(山西省) 평륙현(平陸縣) 동남쪽에 있는 산 이름인데, 황하(黃河)가 침식하여 흙이 모두 씻겨 나가고 이 돌산이 홀로 황하의 중류에 버티고 있다. 이 때문에 지절(志節)이 크고 높은 것을 나타내는 말로 쓰인다.

15 경흥 : 【攷證 卷3 慶興】 함경북도에 속한 군명으로, 또 다른 이름은 공성(孔城)·광성(匡城)이다.

16 나라를 일으킨 터전 : 【攷證 卷3 依飁之基】 경흥부(慶興府) 남쪽 40리에 적도(赤島)가 있으니, 우리 익조(翼祖)가 굴을 파서 살던 곳이다.

인데, 자주 수해(水害)[17]를 만나서 우리 백성들이 옛날에 경작해 먹고 살던 강양능평(江陽陵坪)[18]은 모두 쓸려가고, 주장(主將)이 새로 개간하고자 하는 밭은 강 건너 이응거도(伊應巨島)[19]에 붙어 있다. 처음에는 목책(木柵)이나 우선 세워 보도록 허락했는데, 어느새 돌성[石城]이 거의 완성되었다고 보고해 왔다. 백성들의 이익으로 보면 야산[坻京][20]에 불과한 것이지만 변방 분쟁의 실마리가 매우 커질까 두렵다. 또 백산(白山)[21] 되놈들은 함부로 고기를 잡고 사냥을 하며, 황동성(黃洞城)[22]은 오랫동안 황폐하여 황무지가 되었으니, 어찌 외따로 떨어져 있는 보로(甫老)와 보화(寶化)[23] 두 성보(城堡)를 연결하여 다시금 천연의 요해지에 만호(萬戶)를 두어 수비하는 곳으로 재건하지 않겠는가. 이는 모두 변방에 있는 장수들의 계획으로 누차 조정의 신하들과 함께 의논한 것이다. 그러나 귀로만 들은 것을 가지고 억측하여 결정하는 것이 어찌 몸소 다니며 눈으로 확인하는 것과 같을 수 있겠는가. 게다가 독충 같은 도둑 떼가

---

17 수해 : 【攷證 卷3 坻耿之患】경(耿)은 하북(河北)에 있으니, 은나라 조을(祖乙) 때부터 경에 도읍하였으나 황하의 범람으로 무너졌다.

18 강양능평 : 【攷證 卷3 江陽陵坪】강양은 경흥부 남쪽 10리에 있는데, 옛날 안릉(安陵)과 덕릉(德陵)이 있었기 때문에 능평(陵坪)이라고 한다.

19 이응거도 : 【譯注】경흥 북쪽 두만강 건너편에 있던 지명으로 추정된다.《明宗實錄 7年 5月 25日》【攷證 卷3 伊應巨島】미상이다.

20 야산 : 【攷證 卷3 坻京】《모시주소(毛詩注疏)》권21에 "지(坻)는 물 가운데 솟은 땅이다." "경(京)은 높은 언덕이다."라고 하였다.

21 백산 : 【攷證 卷3 白山】경성부 서쪽 104리에 있는데, 산세가 매우 험준하여 5월에야 눈이 녹는다. 장백(長白)이라고도 한다.

22 황동성 : 【攷證 卷3 黃洞城】살펴보건대, 남증산(南甑山)과 북증산(北甑山) 사이에 황동수(黃洞水)가 있는데, 상류에 목감(木枏)이 있다. 황동성은 아마도 이곳인 듯하다.

23 보로와 보화 : 【攷證 卷3 甫老寶花】모두 경성(鏡城) 땅에 있다.

몰래 일어나서 우리 변방 백성을 약탈하고 있어 그 죄를 용서하기 어려움에 가부(可否)를 깊이 검토하려 하니, 경은 널리 물어서 취사(取捨)하고 이해(利害)를 참작하여 조처하라. 사슴을 쫓아 중원(中原)으로 들어가서도 안 되겠지만 그렇다고 고지식하여 융통성이 없어서도[24] 안 될 것이니, 부디 나로 하여금 다시는 북쪽을 돌아보는 근심을 없게 하여, 길이 변경의 병진(兵塵)이 그치도록 기약하라. 그 밖의 절목(節目)들은 능숙하게 해결하겠기에 윤언(綸言)은 생략한다. 품계가 통정(通政) 이하의 관리는 경의 전결(專決)에 맡기며, 죄가 사형에 해당하는 경우는 나에게 품의하여 처결하라.

아, 경은 가서 마음을 다하여 나의 명을 저버리지 말라. 금성(金城)에 이르러 방략을 올리니 조충국(趙充國)의 계책[25] 가상할 뿐 아니라, 서천(西川)에서 험요처를 살피니 이덕유(李德裕)를 승상에 뽑기도 하였다.[26] 그러므로 이에 교시(敎示)하니 아마도 잘 알고 있으리라.

---

24 고지식하여 융통성이 없어서도 : 【攷證 卷3 膠柱而鼓瑟】한나라 사마천(司馬遷)의 《사기》 권81 〈염파인상여열전(廉頗藺相如列傳)〉에 "조괄(趙括)은 임기응변할 줄을 몰라서 마치 교주고슬과 같습니다."라고 하였다.

25 금성에……계책 : 【譯注】한나라 선제(宣帝)가 서강(西羌)을 치러 조충국(趙充國)을 보내면서 계책을 물었더니, 조충국이 답하기를 "백 번 듣는 것이 한 번 보는 것보다 못하니, 신이 직접 금성에 가서 지도를 그려 방략(方略)을 아뢰겠습니다."라고 하였다. 【攷證 卷3 充國】살펴보건대, 조충국은 자가 옹손(翁孫)으로 한 무제(武帝) 때의 명장(名將)이다.

26 서천에서……뽑기도 하였다 : 【譯注】이덕유(李德裕)가 서천 절도사로 있으면서 주변루(籌邊樓)를 짓고, 만(蠻)과 접경한 남도의 험요한 산천은 왼편에, 토번(吐蕃)과 접경한 서도의 험요처는 오른편에 그려 두고 적정(敵情)을 자세히 살펴서 공을 세웠으며, 나중에 조정에 들어와서 정승이 된 사실을 말한다. 《新唐書 卷100 李德裕列傳》 【攷證 卷3 德裕】이덕유의 자는 문요(文饒)인데, 당나라 경종(敬宗) 때의 명재상으로 서천에 있으면서 주변루를 세웠다.

KNW002(敎-2)(癸卷6:3右)(樊卷6:3右)

경상도 관찰사 이청[27]에게 내린 교서 【신축년(1541, 중종36, 41세) 10월 추정. 서울】

敎慶尙道觀察使李淸書

왕은 다음과 같이 말한다. 왕은 아래로 은택을 베풀 수는 있어도 먼 곳까지 그 은택이 직접 미치게 할 수는 없고, 백성은 위로 사정을 호소할 수는 있어도 그 호소를 먼 곳의 왕이 듣게 할 수는 없으며,[28] 국사(國事)는 한없이 많아서 왕이 홀로 운용하기 어렵고, 풍속은 제각기 달라서 모두 일치시키고자 한다. 이에 재주가 탁월하고 지혜가 풍부한 신하와 백성을 사랑하고 나라를 근심하는 대신이 조정에서 큰 계획을 세우되 공정한 마음으로 하며 지방에 선포하되 널리 자문하는 데 힘쓰지 않는다면, 국체(國體)를 수립하여 훌륭한 정치를 이룩하고 임금의 덕의(德意)로 인도하여 먼 곳의 백성들을 편안하게 할 수가 없다. 그러므로 조정을 근원으로 하고 군현(郡縣)을 지류(支流)로 생각하며 재상을 팔다리와 같이 여기고 감사를 귀와 눈같이 여기니, 이것은 안과 밖이 서로 돕고 한 몸처럼 서로 의지하는 것으로 그 임무를 다 중시하지 않을 수 없다.

옛날 요순시대에는 임금과 대신들이 토론하고 협의하는 방법이 이미 훌륭하였는데도 반드시 지방 장관에게 자문하였으며, 주나라 문왕·무왕의 시대에도 공경대부(公卿大夫)의 벼슬에 신중을 기하였으면서도 관찰

---

27 이청 : 【攷證 卷3 李淸】 1483~1549. 자는 계아(季雅), 본관은 한산(韓山)이다. 벼슬은 좌윤(左尹)에 이르렀으며 기묘명인(己卯名人)의 한 사람이다.

28 먼 곳의……없으며 : 【攷證 卷3 懸聽】 현(懸)은 아마도 '현절(懸截)'의 뜻인 듯하다.

사의 교화하는 일을 더욱 중시하였으니, 어찌 지금인들 소홀히 할 수 있겠는가? 선왕 때부터 이미 그렇게 하던 것이다. 내가 보잘것없는 자질로써 왕업을 계승하여 날이면 날마다 언제나 생각이 여기에 있지마는 아직 백성을 대성(大成)시키는 도리에 몽매(蒙昧)하고 일찍이 은택을 베푸는 정치를 하지 못하였으니, 백성들의 고통은 이미 극도에 이르고 하늘의 꾸짖음과 징벌은 더욱 엄하여졌으며, 모든 농사가 다 재해를 입고 사방(四方)이 모두 화난(禍難)에 빠졌다.

더구나 이 경상도는 신라의 옛터로 섬 오랑캐[29]와 인접해 있다. 성읍(城邑)이 연결되어 별처럼 벌려 있고 백성과 물산이 불어나서 비 오듯 모이는데, 강자는 약자를 병탄하여 부역에 폐단이 많고 간사한 자는 어리석은 자를 속여 소송이 많이 일어나 옛날부터 다스리기 어려운 곳이라고 일컬었는데, 지금은 갑절이나 더 극심할 것으로 생각된다. 한발[30]이 몹시 심하여 다 타버릴 듯하고 독충(毒蟲)마저 잇달아 농작물을 해치고 있어 밭이랑에는 모아둘 곡식[31]이 없고 사람들은 곧 구렁에 쓰러져 죽게 생겼다. 수탈당하는 데 익숙해 있으면서도 오히려 수령이 더 잔혹할까 염려하며, 굶주림과 추위에 시달리면서도 혹시 도적이 일어날까 두려워

---

29 섬 오랑캐 : 【攷證 卷3 島夷】 곧 일본(日本)이니, 아래의 왜노(倭奴)와 같다.

30 한발 : 【攷證 卷3 旱魃】 한나라 허신(許愼)의 《설문해자(說文解字)》에 "발(魃)은 가뭄 귀신이다."라고 하였다. 【校解】 원나라 웅충(熊忠)의 《고금운회거요》 권27의 협주(夾註)에 나오는 말이다. 《신이경(神異經)》에서 "남방의 어떤 사람이 키가 2∼3척에 웃통을 드러내고 눈이 머리 위에 있으며 바람처럼 달려가는데, 이 사람이 출현한 나라는 큰 가뭄이 든다."라고 하였다.

31 모아둘 곡식 : 【攷證 卷3 棲糧】 송나라 사마광(司馬光) 등의 《자치통감(資治通鑑)》 권115 〈진기(晉紀) 37 안황제경(安皇帝庚)〉에 "남은 양식을 밭이랑에 모아두니, 사람들이 양식이 떨어질 염려가 없었다."라고 하였다.

하고 있다. 거기다가 또 왜놈들이 싸움의 실마리를 쌓아 가니 변경의 방어가 근심스럽다. 창고의 양곡을 다 털어도 굶주림을 구제할 수 없고, 군량미가 없으니 무엇에 의지해 외환(外患)을 대비하겠는가? 이 지역을 돌아보며 근심스럽고 두려워 조정에서 사람을 뽑아 계책을 논의하였다.

오직 경(卿)은 마음이 순수하고 기질이 온화하며 덕이 두텁고 식견이 깊으며, 넓고 굳센 의지는 큰일을 맡기에 충분하며 후덕하고 중후함은 남을 용납하기에 충분하다. 오랫동안 승정원에서 왕명의 출납(出納)을 맡았으며, 한성 좌윤(漢城左尹)을 역임하여 잘못된 옥사를 바로잡았다.[32] 바야흐로 여러 사람의 신망을 높이고 시무(時務)를 잘 아는 것[33]은 진실로 준걸한 인물이어야 하고, 참으로 나의 소회(所懷)를 부탁하고 국방의 근심을 나누는 것[34]은 심복에게 맡겨야 할 것이다. 그 때문에 수고로움이 유독 경에게 미치는 것이니, 그래야 백성이 행여라도 고통에서 벗어날 수 있을 것이다.

---

32 한성 좌윤을……바로잡았다 :【攷證 卷3 平反歷試於京兆】송나라 사마광 등의《자치통감(資治通鑑)》권23에 "준불의(雋不疑)를 경조윤(京兆尹)으로 삼았는데, 매번 죄수들을 기록하고 돌아오면 그 어머니가 물어보고 잘못된 옥사를 바로잡은 것이 많으면 기뻐하였다."라고 하였다. ○ 살펴보건대, 십억(十億)을 조(兆)라 하고, 십조(十兆)를 경(京)이라 하니, 경조(京兆)라는 호칭은 사람이 많음을 일컫는 말이다. 한(漢)나라 때는 장안(長安)이 경조(京兆)였고, 우리나라에서 경조는 곧 지금의 한성부(漢城府)이다. 계아(季雅 이청)는 좌윤을 역임하였다.

33 시무를 잘 아는 것 :【攷證 卷3 識時務】서진(西晉) 진수(陳壽)의《삼국지(三國志)》권35〈촉서(蜀書) 제갈량전(諸葛亮傳)〉배송지(裴松之)의 주(註)에 "유생(儒生)과 속사(俗士)가 어떻게 시무를 알겠는가. 시무를 아는 것은 준걸이라야 가능하다."라고 하였다.

34 국방의 근심을 나누는 것 :【攷證 卷3 分閫憂】한나라 사마천의《사기》〈풍당열전(馮唐列傳)〉에 "옛날 제왕이 장수를 파견할 때 무릎을 꿇고 바퀴통을 밀어주면서, '곤내(閫內)는 과인이 제어할 테니 곤외(閫外)의 일은 그대가 제어하라.' 하였다."라고 하였다.

조령(鳥嶺) 이남에서의 교화의 진흥, 정령(政令)의 거행, 위항 서민들의 실정과 이해(利害), 각 고을 수령들의 업무 처리, 조세를 균평하게 하는 것, 옥사(獄事)35를 세심하게 살피는 일 등 일체를 경에게 전적으로 맡기니, 마땅히 나의 지극한 마음을 깊이 알아야 할 것이다. 향학(鄕學)을 방학(放學)36시키는 일에 대해서는 비록 권도를 따르지만 그래도 되도록 합당하게 하여 돈독하게 권면해야 할 것이며, 흉년에 백성의 곤궁을 구제하는 일에는 상책은 없다지만 마음을 다하여 어루만져 위로해야 할 것이다. 악을 물리치고 선을 추켜올리며 원통함을 씻어 주고 억울함을 풀어 주며, 민요(民謠)를 채집하여 혹은 그 풍속을 좇고 풍습을 살펴서 치우친 것을 바로잡도록 하라. 편안할 때 잊지 말아야 할 것은 위태로움이고, 곤궁할 때 두려워해야 할 것은 변절이다. 농사에 힘쓰면 곡식이 귀할 때라도 저축할 수 있고, 미리 길러두면 군사가 피로하더라도 정예로울 수 있다.

경이 스스로 알고 있을 터이니 여기서 말한 것은 그중에 특히 중대한 것으로 내가 깊이 바라는 바이다. 경이 힘써야 할 바가 어찌 여기에 그치겠는가. 상례(常例)를 따르지 말고 겉치레를 취하지 말 것이며, 혹시 정사에 뛰어난 업적이 있거나 다스림에 두드러진 능력을 보이는 자가 있으면 속히 천거하여 포창(褒彰)하는 은전(恩典)을 보일 것이며, 만약 명령

---

35 옥사 :【攷證 卷3 犴獄】송나라 사소(史炤)의 《자치통감석문(資治通鑑釋文)》 권9에 "안(犴)은 본래 들개이다. 개는 지키는 것이니, 그러므로 옥(獄)을 안(犴)이라고 한다."라고 하였다. 《시경집전(詩經集傳)》〈소아(小雅) 소민지십(小旻之什) 소완(小宛)〉 한영(韓嬰)의 주석에 "향정(鄕亭)에서는 감옥을 안(犴)이라 하고, 조정에서는 옥(獄)이라 한다."라고 하였다.

36 방학 :【攷證 卷3 放學】《경국대전(經國大典)》〈예전(禮典) 장권(獎勸)〉에 "해마다 6월, 7월, 11월, 12월에는 방학(放學)한다."라고 하였다.

을 준행하지 않거나 간사한 행동을 하여 법을 어기는 자가 있으면 통훈대부(通訓大夫) 이하의 관직은 경의 처분에 맡기며, 사형에 해당하는 죄는 나에게 품의하여 처결하라. 아, 내가 몹시 기대하고 있으므로 경을 보내면서 간절한 말을 하는 것이니, 경은 나의 말을 독실하게 받들고 실행하여 고삐를 잡고서 혼탁한 것을 맑게 하겠다는 뜻[37]을 저버리지 말아야 할 것이다. 그러므로 이에 교시하니, 아마도 잘 알고 있으리라.

---

37 고삐를……뜻 : 【攷證 卷3 攬轡澄淸】남북조 시대 송나라 범엽(范曄)의 《후한서(後漢書)》권67 〈당고열전(黨錮列傳) 범방(范滂)〉에 "범방이 수레에 올라 고삐를 잡고서는 혼탁한 것을 맑게 하겠다는 뜻을 품었다."라고 하였다.

KNW003(敎-3)(癸卷6:5右)(樊卷6:5右)

황해도 관찰사 겸 병마수군 절도사 권응정에게 내린 교서[38] 【을사년(1545, 인종1, 45세) 1~6월 추정. 서울】
敎黃海道觀察使兼兵馬水軍節度使權應挺書

왕은 다음과 같이 말한다. 나는 생각건대 옛날에는 방백(方伯)과 연수(連帥)[39]의 직책이 한 지방을 맡아 다스려 위로는 임금의 덕을 펼치고 아래로는 백성의 실정을 아뢸 수 있었으니, 국정의 혼란과 융성, 민생의 기쁨과 슬픔이 여기에 달려 있었다. 그래서 순임금은 12목(牧)[40]과 의논을 하면서 사방의 문을 개방하였고 주(周)나라 때는 2협(陝)[41]을 나누어 왕의 교화가 시행되게 하였으니, 그 책임이 도리어 중차대하지 않았던가! 오늘날 감사(監司)가 바로 그러한 직임이다. 나는 어린 나이에 부왕(父王)께서 어렵게 이룩한 대업을 이었기에 밤낮으로 걱정하며 오직 책임을 이겨내지 못할까 두려워할 뿐이다. 생각건대 시작을 바르게 하여 정치를 펴려면 어찌 어진 인재를 찾아내서 그에게 맡기지 않겠는가. 돌아보면

---

38 황해도 관찰사……교서 : 【攷證 卷3 敎黃海道云云】 살펴보건대, 교문(敎文)에서는 사륙변려문을 사용하는 것이 일반적인데, 이 글은 바야흐로 성상께서 거상(居喪) 중이었으므로 운율을 사용하지 않았을 것이다.

39 연수 : 【譯注】 원래 주대(周代)의 제도로 십국(十國)을 연(連)이라 하고, 그 우두머리를 수(帥)라고 하여 곧 십국을 지배한 장관을 가리키는 말인데, 여기서는 병마절도사를 가리킨다.

40 12목 : 【譯注】 순(舜)임금 당시 12주(州)를 다스리는 우두머리를 말한다. 《書經 舜典》

41 2협 : 【譯注】 주(周)나라 때의 협동(陝東)과 협서(陝西) 지역으로, 각각 주공(周公)과 소공(召公)이 맡아서 다스린 곳이다.

우리 선왕께서는 성덕신공(聖德神功)으로 백성에게 은택을 베푼 것이 이미 36년을 넘기면서 공적을 쌓고 교화하시어, 옛날의 태평성대에 이르도록 노력한 것이 어느 것 하나 지극하지 않음이 없었다. 그런데도 천재(天災)를 입거나 못된 관리들에게 막혀서 남녀 백성 중에는 스스로 생업에 힘쓸 기회를 얻지 못한 사람이 때로 있었을 것이다. 하물며 저 황해도는 땅은 좁고 인구는 조밀한데 거듭 흉년이 들고 사명(使命)을 받든 자들이 소란스럽게 왕래하며 부역도 번거롭고 과중한 곳이다. 아! 한 지방에서 백성들의 힘이 고갈되었으니 누구와 의논하여 맡길 것인가. 그 선택이 결국 나의 재량에 달렸도다.

오직 경은 명경(名卿)의 자손[42]으로 특출한 자질을 갖추고 시무(時務)에 잘 단련된 능력과 지식을 소유하였으며 큰일을 담당할 역량을 지니고 있다. 뜻이 통달하고 개결하여 구애됨이 없으니 절개가 어찌 험하고 평탄함에 따라 달라지겠는가? 지난 선왕의 조정으로부터 고위 요직에서 좋은 소문을 퍼뜨렸으니, 이조의 낭관(郎官)이 되어서나[43] 사헌부에서 상간(霜諫)을 올릴[44] 때나 내의원·사간원[45]·홍문관·승정원 등에 있으면

---

42 명경의 자손 :【攷證 卷3 名卿之胄】살펴보건대, 공의 부친 희맹(希孟)은 벼슬이 감사(監司)에 이르렀고 나주 목사를 역임하였다. 정암(靜庵 조광조)이 말년에 능주(綾州)에서 사사되자 사람들은 감히 돌아보지 않았으나, 공이 홀로 몸소 관렴(棺斂)을 살폈으니 사람들이 훌륭하게 여겼다.

43 이조의 낭관이 되어서나 :【譯注】하늘의 별자리에 낭위성(郎位星)이 있으므로 낭관을 열수(列宿)의 정기를 받은 벼슬이라 하여 중요시한다.【攷證 卷3 應宿天官】《후한서》권2〈명제기(明帝紀)〉에 "낭관은 나가서는 백 리 고을의 장관이 되고, 위로는 하늘의 별들에 응한다."라고 하였다. ○ 살펴보건대, 《주례(周禮)》에 "이부(吏部)를 천관(天官)이라 한다."라고 하였다.

44 사헌부에서 상간을 올릴 :【攷證 卷3 秉簡烏府】《어사대총재(御史臺總裁)》5의 당나라 이교(李嶠)의 상소에서 "어사는 상간(霜簡)을 지니고 나가며, 들어와서 천자의

서 어떤 일을 행하여도 마땅하지 않음이 없었다. 나는 동궁(東宮)에 있을 때 이미 권강(勸講)하던 날에 또한 경을 알았노라.

이에 나는 경을 뽑아서 본도(本道)의 관찰사 겸 병마수군절도사로 삼노니, 경은 나의 지극한 마음을 본받아서 공적(功績)을 이룩하는 데 힘쓰라. 전(傳)에서도 "백성의 일은 늦출 수가 없다.〔民事不可緩〕"[46]라고 하지 않았던가? 왕도(王道)의 큰 것은 농상(農桑)에 근본하고 사유(四維)가 펼쳐짐[47]은 의식(衣食)에 달려 있다. 백성들은 굶주리거나 추위에 떨지 않게 된 뒤에야 떳떳한 가르침으로 이끌 수도, 예의를 숭상하게 할 수도 있어서 치도(治道)가 성립되는 것이다. 예로부터 정치를 잘하기를 바란 사람으로서 누군들 여기에 힘쓰고자 하지 않았으리오마는, 위에서 그 근원을 맑게 하지 못하면서 아래로 명령만 한다면 아래에서는 마음을

궁궐에 아뢴다."라고 하였다. 한나라 반고(班固)의 《한서》 권83 〈주박전(朱博傳)〉에 "전한(前漢) 때 어사부(御史府) 안에는 잣나무가 늘어섰는데, 늘 들새 수천 마리가 서식하였다."라고 하였다. ○ 살펴보건대 '오부(烏府)'는 지금의 사헌부이다. 【校解】《고증》에는 출전이 '이박전(李博傳)'으로 되어 있으나, 통행본 《한서》에 의거하여 '주박전(朱博傳)'으로 수정하였다.

45 내의원·사간원 : 【攷證 卷3 藥塔薇垣】남조(南朝) 시대 사현휘(謝玄暉 사조(謝朓))의 〈중서성에서 숙직하며(直中書省)〉 시에 "홍약은 계단에서 번득이고, 푸른 이끼는 섬돌을 타고 오르네.〔紅藥當階飜, 蒼苔依砌上.〕"라고 하였다. 당나라 백거이(白居易)의 〈자미화(紫薇花)〉 시에 "황혼에 홀로 앉았으니 누가 내 벗이 될꼬? 자미화만이 자미랑과 서로 마주하였네.〔獨坐黃昏誰是伴? 紫薇花對紫薇郞.〕"라고 하였으며, 그 주(註)에서 "중서성 안에 이 꽃이 심어져 있다."라고 하였다. ○ 살펴보건대, 약계(藥階)는 지금의 승정원이고, 미원(薇垣)은 지금의 사간원이다.

46 백성의……없다 : 【譯注】《맹자》〈등문공 상〉에 나오는 말이다.

47 사유가 펼쳐짐 : 【攷證 卷3 四維之張】한나라 반고의 《한서》 권48 〈가의전(賈誼傳)〉에서 관자(管子)가 말하기를, "예(禮)·의(義)·염(廉)·치(恥) 이 4가지가 사유이니, 사유가 펼쳐지지 못하면 나라는 곧 멸망한다."라고 하였다.

다하여 그 은택을 펴지 못한다. 수령은 이리처럼 탐욕스럽고 교활한 관리들은 백성을 좀먹듯 해하며, 세력가들은 약자를 멸시하고 학대한다. 대개 이러한 상황이니 이 백성이 어찌 흩어져 떠돌다가 굶주려 죽지 않을 수 있으며, 서로 더불어 윗사람을 원망하고 배신하지 않을 수 있겠는가? 임금이라는 배가 전복되는 것[48]은 언제나 백성이라는 암초에 달려 있다. 그러므로 나 충인(沖人)[49]은 임금 노릇 하기 어렵다는 것을 생각하며, 임금이 천명(天命)이 영원하기를 하늘에 기원하는 도리가 진실로 소민(小民)을 감싸고 보호하는 데서 벗어나지 않는 것이라고 여긴다. 경은 깊이 생각할지어다! 공적(功績)을 살피고 병사(兵事)를 다스리는 일은 엄정하게, 송사(訟事)의 재판과 요역(徭役)의 부과는 신중하게 하여 크고 작은 것이 모조리 시행되고 본말을 빠짐없도록 하여 도정(道政)을 위임한 뜻에 유감이 없게 해야 할 것이다. 통훈(通訓) 이하의 관직은 경의 처분에 맡기며, 사형에 해당하는 죄는 나에게 품의하여 처결하라.

아! 의지할 곳 없는 내가[50] 염려되어 훈계의 말을 하는 것이지, 내 어찌 많은 말을 하랴. 초정(初政)[51]의 뜻을 받들어 부임지에 가서 정사를 펼침에 경이 미치지 못할까를 곱절로 마음 써야 할 것이니, 나의 명(命)을 삼가 준수하여 끝까지 아름답게 하기를 힘쓰라. 때문에 이 교시를 내리노니 아마도 잘 알고 있으리라.

---

48 임금이라는 배가 전복되는 것 : 【攷證 卷3 君舟之覆】《공자가어(孔子家語)》권상(上)에서 공자가 애공(哀公)에게 대답하여 말하기를, "대개 임금은 배이고 백성은 물과 같은데, 물은 배를 띄우기도 하고 배를 엎기도 한다고 하였습니다."라고 하였다.

49 충인 : 【譯注】 어린 나이로 즉위한 임금이 자신을 지칭하는 겸사이다.

50 의지할 곳 없는 내가 : 【攷證 卷3 嬛嬛】 원문의 환(嬛)은 惸과 같으니, '독(獨)'의 뜻이다. ○ 살펴보건대 가정(嘉靖) 갑진 11월에 중종이 승하하였다.

51 초정 : 【譯注】 임금이 되어 처음으로 시행하는 정치를 말한다.

KNW004(疏-1)(癸卷6:7右)(樊卷6:7右)

갑진년에 올린 왜사를 끊지 말 것을 청하는 소[52] 【을사년(1545, 명종 즉위년, 45세) 7월 27일 이전 추정. 서울】

甲辰乞勿絶倭使疏

중훈대부(中訓大夫) 홍문관 전한 지제교 겸 경연시강관 춘추관 편수관 승문원 참교(弘文館典翰知製敎兼經筵侍講官春秋館編修官承文院參校) 신(臣) 이황(李滉)은 진실로 황공한 마음으로 삼가 주상 전하께 아룁니다.

  신은 삼가 생각건대, 사람들이 항상 모두 "이적(夷狄)은 금수(禽獸)다."라고 합니다. 저 이적 역시 사람일 뿐인데도 금수에 견주는 것은 굳이 심하게 말한 것이 아니라, 그들이 예의(禮義)를 알지 못해서 군신(君臣) 상하(上下)의 분별이 없고, 그들이 삶을 영위하는 것이 무지하고 미련하며 사리에 어둡고 완고하며 지각이 없어서 거의 금수와 다를 것이 없으므로 그들을 금수와 같은 종류로 취급하여 병칭하는 것일 뿐입니다. 그러므로 금수를 금수로 기른다면 금수들은 그 본성대로 살고, 이적을 이적으로 대접하면 이적들은 자신의 분수에 편안할 것입니다. 그러므로 왕자(王者)는 이적을 다스리지 않습니다. 《춘추공양전(春秋公羊傳)》에 "융

---

52 갑진년에……소 : 【攷證 卷3 甲辰乞勿絶倭使疏】 살펴보건대, 《퇴계선생연보》, 《퇴계선생언행록》 및 상소문 속의 대의(大意)는 모두 을사년(1545, 명종 즉위년) 가을의 일이니, '갑진'이라는 글자는 오류인 듯하다. 《국조고사(國朝故事)》에 "명나라 무종(武宗) 정덕(正德) 경오년(1510, 중종5)에 삼포 왜노(三浦倭奴)가 난을 일으켜 제포 첨사(薺浦僉使) 이우증(李友曾)을 죽이니, 장수 유담년(柳聃年)·황형(黃衡) 등을 보내어 그들을 토벌하고 평정하고는 마침내 절교하고 납관(納款)을 허락하지 않았다. 이렇게 되자 왜인들은 여러 번 화친을 청하였으나 조정에서는 예전의 일 때문에 그것을 거절하였다."라고 하였다.

(戎)을 기록한 것은 오는 자는 막지 않고, 가는 자는 붙잡지 않는 것을 나타낸 것이다."라고 하였으니[53] 다스리지 않는 것으로 다스리는 것이 바로 잘 다스리는 것입니다. 만일 군신 상하의 분별을 고집하여 그들에게 예의(禮義)와 명교(名敎)의 도(道)로써 요구하며, 반드시 그들과 시비를 가리고 곡직(曲直)을 다투며 역(逆)과 순(順)을 바로잡은 뒤에라야 마음이 통쾌하다 여긴다면 이것은 금수를 독려하여 예악(禮樂)의 일을 행하게 하는 것이니, 그 마음을 길들이려고 하다가 결과적으로 그 본성만 거슬릴 뿐이어서 그들이 우리를 치지 않으면 물어뜯을 것입니다. 옛날 묘족(苗族) 백성[54]이 반역했을 때 우(禹)가 그들을 정벌했는데도 오히려 굴복하지 않았으니, 그 완악(頑惡)함이 또한 심하였습니다. 그러다가 순(舜)이 간우(干羽)의 춤을 추자 곧 와서 항복하니 순이 받아들였고,[55]

---

53 춘추공양전에……하였으니 : 【譯注】한나라 하휴(何休)의 《춘추공양전주소(春秋公羊傳注疏)》 은공(隱公) 권2에 "왕자는 이적을 다스리지 않는데, 융을 기록한 것은 오는 자를 막지 않고 가는 자를 붙잡지 않는 뜻을 나타낸 것이다.〔王者不治夷狄, 錄戎者, 來者勿拒, 去者勿追.〕"라고 하였다.【校解】《정본 퇴계전서》 원문에는 "王者不治夷狄, 春秋錄戎, 來者不去, 去者不追."라고 되어 있는데, 송나라 소식(蘇軾)의 〈왕자불치이적론(王者不治夷狄論)〉에서 하휴의 말을 인용하면서 "王不治夷狄, 錄戎, 來者不拒, 去者不追也."라고 하였다.

54 묘족 백성 : 【攷證 卷3 苗民】유묘씨(有苗氏)는 진운씨(縉雲氏)의 후예로, 다섯 가지 포학한 형벌을 만들고 무고한 이들을 살육하였다. 요(堯)임금이 그 대(代)를 막아 끊었는데, 순(舜)임금이 섭정하면서 그들을 삼위(三危)로 추방하였다. 《文獻通考 卷261 封建考2》

55 순이……받아들였고 : 【譯注】우(禹)가 군대를 거느리고 묘족을 복종시키려 하였으나 한 달이 지나도록 묘족이 지형의 험고함과 군대의 강함을 믿고서 항복하지 않았다. 이에 익(益)이 우에게 환군해서 덕으로 무마하길 권하니, 우는 군대를 철수했고 순(舜)임금이 덕교(德敎)를 숭상하는 의미에서 간척(干戚)과 우모(羽毛)를 들고 대궐의 두 섬돌 사이에서 춤을 추자 70일 만에 묘족이 스스로 항복해 왔다. 《書經 大禹謨》

구악(舊惡)을 마음에 담아두어 그들을 거절하였다는 말은 듣지 못하였습니다. 또 주(周)나라 때에는 험윤(獫狁)[56]이 국내에 침입하여 경읍(京邑) 가까이까지 쳐들어왔으니 그 반역이 이미 대단했던 셈인데 장수에게 명하여 가볍게 쳐서 국경 밖으로 몰아냈을 뿐, 역(逆)과 순(順)을 따져서 영원히 절교했다는 말은 듣지 못하였습니다.

지난번 섬나라 오랑캐의 사량(蛇梁)의 변[57]은 개나 쥐새끼들의 도적질에 불과할 뿐입니다. 이미 도적의 무리를 죽여 물리쳤고, 또 왜관(倭館)에 머물던 자들까지 소탕하여 쫓아 버렸으니,[58] 국위는 이미 떨쳐졌고 왕법(王法)도 바로잡혔습니다. 저들도 이에 위엄을 두려워하고 은덕에 부끄러워하며 마음을 바꾸고 허물을 고쳐서, 다른 왜인(倭人)들을 핑계 대고 대국(大國)에 호소하며 스스로 해명하여 머리를 숙여 애걸해 오고 꼬리를 흔들며 가엾이 여겨 줄 것을 청해 왔습니다. 왕도(王道)는 넓고 넓어 속일 것이라고 미리 단정하지 않으며, 불신(不信)할 것이라고 미리 억측(億測)하지 않고, 진실로 이런 마음으로 온 것이면 이를 받아들일 뿐입니다. 그러니 지금 왜노(倭奴)가 청하는 것은 허락할 만한 것 같은데

---

56 험윤 :【攷證 卷3 獫狁】북쪽 오랑캐는 종족과 부락이 하나가 아니고 역대의 명칭도 각각 다른데, 주나라에서는 '험윤'이라고 하였다.《大明一統志 卷90 韃靼》

57 섬나라……변 :【攷證 卷3 島夷蛇梁之變】곧 경오년에 삼포 왜노가 난을 일으킨 사건이다. ○ '사량'은 동래부(東萊府) 남쪽에 있다.

58 왜관에……버렸으니 :【攷證 卷3 掃留館而逐之】이정귀(李廷龜)의 주문(奏文)에 "왜노가 당초에 제포(薺浦)·부산포(釜山浦)·염포(鹽浦) 등지에 와서 살면서 교역과 조업의 근거지로 삼게 해 달라고 청하기에 우리 소방(小邦)이 마침내 와서 살게 해 주고 그들에게 왜적의 정황을 염탐하도록 하였습니다. 명나라 무종 정덕(正德) 경오년(1510, 중종5)에 왜노가 난을 일으키니, 우리 소방에서 장수를 보내어 섬멸하고 절대로 왜인이 거주할 수 없도록 하였으니, 삼포(三浦)에 왜호(倭戶)가 없어진 지 지금 89년이 되었습니다……"라고 하였다.《月沙集 卷21 辨誣錄 丁主事【應泰】參論本國辨誣奏》

도 허락하지 않으시니, 그렇다면 잘 모르겠습니다만 어느 때에 가서야 허락할 수 있겠습니까?

　조정의 신하들 가운데 왜노를 거절하고자 하는 자들은 틀림없이 '저들의 죄가 큰데 이제 겨우 절교했다가 금세 화친한다면, 그들의 악(惡)을 징계하지 못하고 앞으로 다시 모욕을 받아 후회하게 될 것이다.'라고 생각할 것입니다. 이 의견도 그럴 듯하지만 매우 그렇지 않은 점이 있습니다. 옛날에 흉노(匈奴) 묵특(冒頓)이 한 고제(漢高帝)를 평성(平城)에서 7일간 포위하였고, 효혜제(孝惠帝) 고후(高后) 때에는 선우(單于)가 패악하고 거만한 편지를 보냈습니다.[59] 그러나 고제는 후하게 예물을 주어 탈출했고, 혜제는 공손한 말로 답서를 보내 화친을 청하였습니다. 문제(文帝) 때에는 흉노가 소관(蕭關)에 한 차례 침입해 들어와 북지 도위(北地都尉)를 죽이고, 정탐하는 기병이 옹(雍)의 감천궁(甘泉宮)까지 이르게 되자 문제가 크게 진노하여 장상여(張相如)와 난포(欒布) 등에게 명하여 치도록 했습니다. 그러나 국경 밖으로 내쫓은 뒤에 돌아와서는, 곧 글을 보내어 화친을 약속하고 화락하게 지내기를 마치 집안의 부자(父子)가 서로 친애하듯 하였습니다. 얼마 있다가 흉노가 약속을 어기고 다시 운중(雲中)에 침입해서 살인과 약탈을 저지른 것이 매우 많았고, 봉화(烽火)가 감천(甘泉)·장안(長安)에까지 이어졌습니다. 문제는 다시

---

59 고후……보냈습니다 :【譯注】'고후'는 한 고조(漢高祖)의 비(妃)인 여태후(呂太后)를 가리킨다. 여씨는 고조가 죽고 아들 혜제(惠帝)가 즉위하자, 여태후로 높여졌는데, 혜제가 병사(病死)하자 섭정(攝政)하였다. 이때 흉노의 묵특 선우(冒頓單于)가 홀아비로 있으면서 여태후에게 편지를 보내 "우리 없는 것을 서로 바꾸자."라고 하였다. 이는 홀아비인 자신과 과부인 여태후가 서로 결합하여 함께 살자는 뜻이었으므로 패악하고 거만하다고 말한 것이다. 《後漢書 卷43 朱樂何列傳》

여섯 장군에게 명하여 군사를 나누어 주둔시켜서 대비하였을 뿐이었고, 한 달 남짓 지난 뒤에 흉노가 국경 밖으로 멀리 물러가자 곧 군사를 철수하였습니다. 이 몇 임금들이 흉노의 큰 죄를 모르는 바 아니면서도 곧 그들과 급급하게 화친을 맺은 것은, 진실로 금수 같은 무리와는 더불어 시비를 따질 것도 못 되고 백성들이 화(禍)를 입을 것을 중하게 여겼기 때문입니다. 이제 사량에서 은밀하게 일으킨 변을 가지고 저 일들과 비교해 본다면, 죄에 있어서는 마찬가지라고 할 수도 있겠으나 경중(輕重)에서는 차이가 있습니다. 어찌하여 저들 스스로 새로워지려는 길을 허락해 주시지 않고 우리 백성들에게 화를 끼치려 하십니까.

또 예를 들면 당나라 때 돌궐(突厥)[60]이 군사를 모아 쳐들어와서 위수(渭水) 편교(便橋)의 북쪽에 이르러 화친을 청하니 태종(太宗)이 그것을 허락하였고, 송나라 때 거란(契丹)[61]이 대거 침입하여 전연(澶淵)에 이르러 화친을 청하니 진종(眞宗) 역시 허락하였습니다. 이때 돌궐은 두려운 마음이 있었고 거란도 기가 꺾여 있었습니다. 태종과 진종이 강화를 가볍게 허락하면 모욕을 받을 후환이 생기고 그들의 악을 징계할 계책이

---

60 돌궐 : 【攷證 卷3 突厥】돌궐의 선조는 평량(平涼)의 잡호(雜戶)로 흉노(匈奴)의 별종(別種)이며, 성은 아사나씨(阿史那氏)이다. 후위(後魏)의 태무(太武)가 차거씨(且渠氏)를 멸망시켰는데, 아사나가 오백가(五百家)를 데리고 연연(蠕蠕)에게 달아나 금산성(金山城)에 대대로 살게 되었다. 그 성의 모양이 투구 같았는데, 투구를 속칭 '돌궐'이라고 불렀으므로 인하여 그것을 이름으로 삼게 되었다. 《文獻通考 卷343 四裔考 20 突厥上》

61 거란 : 【攷證 卷3 契丹】거란은 본래 동호(東胡)의 종족이다. 그 선조가 흉노에게 격파되어 선비산(鮮卑山)을 차지하고 살았다. 고막해(庫莫奚)와는 다른 종족이지만 한패가 되더니 모두 모용씨(慕容氏)에게 패한 바 되어 송막(松漠) 사이로 달아났다. 그 풍속이 말갈(靺鞨)과 자못 같다. 《文獻通考 卷345 四裔考22 契丹上》

없다는 것을 어찌 몰랐겠습니까. 그런데도 곧 석연(釋然)히 원수라는 생각을 풀고 차라리 대국을 업신여겨 범한 죄를 용서해 주면서 그들과 우호를 맹약한 것은 무슨 까닭이겠습니까. 전쟁이란 흉악하고 위험한 것이니, 사직(社稷)을 이롭게 하고 백성을 편안하게 것을 급선무로 여겨, 금수가 날뛰는[62] 일은 치지도외(置之度外)할 수 있었기 때문입니다. 그러므로 자고로 제왕이 오랑캐를 다스리는 방법은 화친을 우선으로 하니, 부득이하게 군대를 동원하는 데에 이르는 것은 금수가 백성을 핍박하는 해악을 제거하기 위함이니 해악이 제거되면 바로 그만두었습니다. 어찌 굳이 심하게 다루어 원한을 사서 치고 물어뜯을 걱정을 초래하겠습니까.

또 다른 견해가 하나 있습니다. 이적과 화친하는 방법에는 마땅히 조종(操縱)·신축(伸縮)·가부(可否)를 장악하는 권(權)과 세(勢)가 있어야 하는데, 이 권과 세는 반드시 항상 우리 편에 있도록 하고, 저들 편에 있도록 해서는 안 된다는 것입니다. 신도 조정의 뜻이 이 점을 중히 여겨서 그렇듯 굳건하게 거절하자는 논의를 하고 있음을 알고 있습니다. 그러나 죄가 있을 때에는 끊었다가 그들이 스스로 새롭게 변하면 인정해 주는 이런 것이야말로 권과 세가 우리 편에 있게 되어 일을 시행함에 올바르게 할 수 있는 것입니다. 올바르게 처리할 수 있는 것을 때[時]라고 하니 때를 어찌 어길 수 있겠습니까. 그 권은 가지고 있으면서 그 세를 내세우지 않고 사심으로 처리하지 않으면 저들은 반드시 큰 은덕으로 생각해서 그 마음에 감동하고 기뻐하여 서로 이끌고 정성을 바쳐 올 것입니다. 이것을 일컬어 감화시킨다고 하는 것이니 화친은 말할 것도

---

62 날뛰는 : 【攷證 卷3 跳梁】한나라 반고(班固)의 《한서》 권78 〈소망지전(蕭望之傳)〉에 "소이가 산골짜기 사이에서 날뛴다.[小夷跳梁於山谷間]"라고 하였다.

없습니다. 순(舜)임금이 묘족 백성에게 이런 방법을 써서 상대하였던 것이니, 오늘날 마땅히 본받아야 할 바입니다. 그런데 오늘날에는 그렇지 못하여 그 권을 움켜쥐고 그 세를 빙자하여 저들의 선(善)으로 향하는 마음을 완고하게 막으면서 허락하지 않으려 하니, 그렇게 되면 곧 남과 내가 너무 구별되고 피차(彼此)가 각을 세워 맞서게 될 것이니, 어리석은 저 하찮은 족속들이 반드시 크게 원한을 품게 되어 후일의 무궁한 우환을 생기게 할 것입니다. 국경에 일단 틈이 벌어지면 병화(兵禍)가 연달아 일어나 바다가 들끓고 고래가 날뛰듯 하여,[63] 감화시키고자 하면 더 심하게 경색되어 갈 것이며 화친하고자 하면 그 권과 세가 이미 오로지 우리 편에만 있는 게 아니고 어쩌면 그들과 나누어 갖게 될 것입니다. 그 세가 저들에게 나누어진 뒤에 화친할 것을 구하는 것이 어찌 그 세가 우리 쪽에 있을 때에 그들의 애걸을 들어주는 것만 하겠습니까. 또 백성들이 전쟁의 피해를 입은 뒤에 화친하는 것이 어찌 백성들을 보전하고 사랑하여 넓고 넓은 왕도(王道)를 행하는 것만 하겠습니까. 이것은 의리(義理)상으로나 이해(利害)에 있어서나 너무 분명하게 드러나는 것입니다.

주 문공(朱文公 주희(朱熹))이 "금나라 사람은 시종 '화(和)'라는 글자 하나로 송나라를 우롱했고, 송나라 사람은 시종 이 '화'라는 글자 하나로 우롱을 당하였다."[64]라고 하였는데, 이것은 오늘날의 일과는 매우 다릅니

---

63 날뛰듯하여 : 【攷證 卷3 陸梁】당나라 두보(杜甫)의 〈장대한 유람〔壯遊〕〉시에 "조아 같은 군사들이 하나도 맞추지 못하니, 오랑캐 병사들이 더욱 날뛰는 듯.〔爪牙一不中, 胡兵更陸梁.〕"이라고 하였는데, 그 주석에 "어지럽게 달리는 모양"이라고 하였다.

64 금나라……당하였다 : 【譯注】원나라 진력(陳櫟)의 《역대통략(歷代通略)》권3에서 송나라 주희(朱熹)의 말을 인용하여 "금나라는 시종 '화' 자로 송나라를 우롱했고, 송나라는 시종 '화' 자로 우롱을 당하였다.〔金始終以和字愚宋, 宋始終以和字自愚.〕"라고 하였다.

다. 송의 군신은 불공대천의 원수를 잊어버리고 한쪽 구석에서 편안히 있을 계책을 도모하면서 기세가 하늘을 찌르는 오랑캐에게 기어가 애걸하였으니, 이는 조종·신축·가부를 장악하는 권과 세가 저쪽에 있고 우리 쪽에 없어서 우선 달가운 마음으로 명령을 따른 것입니다. 턱으로 지시하고 기세로 부리기에도 겨를이 없는 판에 날로 위망의 지경으로 달려갔으니, 이것이 바로 당시의 충신과 의사(義士)들이 팔을 걷고 통분해 했던 이유입니다. 이제 조정이 하나의 작은 섬나라 오랑캐에게 스스로 새로워지는 길을 열어 주는 것은 송나라 사람들이 우롱을 당한 실책과는 같지 않은 것이요, 순임금이 묘족을 오게 했던 미덕이 있을 것이니, 무엇이 힘들어 그렇게 하려 하지 않겠습니까.

오늘날 천변(天變)이 위에서 나타나고, 인사(人事)가 아래에서 잘못되어 큰 재화가 겹쳐 일어나고 나라의 운수가 어렵고 꽉 막혀서,[65] 근본이 불안하고 변방이 허술하며 군사는 부족하고 양식은 다 떨어졌으며 백성은 원망하고 신(神)은 노하니, 이런 경우가 우리나라 어느 때에 있었습니까. 태백성(太白星)이 대낮에 보이는 것[66]은 곧 병란이 일어날 징조입니다. 신이 듣건대, 비록 옛 성제(聖帝)나 명왕(明王)도 화란이 오지 않도록 기필할 수는 없다고 하였습니다. 다만 화란이 오지 않았을 때에는 자기 쪽에서 화란을 부르는 일이 없도록 하였고, 화란이 이미 왔다면

---

65 큰……막혀서 : 【攷證 卷3 大禍重疊云云】살펴보건대, 갑진년(1544, 중종39) 11월에 중종이 승하하고 을사년(1545, 인종7) 7월에 인종이 이어서 승하하였으며, 문정왕후(文定王后)가 수렴청정을 하고 명종이 즉위하였다.

66 태백성이……것 : 【攷證 卷3 太白晝見】태백성은 서방(西方)과 추금(秋金)을 상징하는 별로, 오상(五常)으로는 의(義)에 속하고 오사(五事)로는 언(言)에 속한다. 의가 이지러지고 언이 잘못되면 추령(秋令)을 거스르고 금기(金氣)를 손상시켜 죄벌이 태백성에 나타난다. 태백성이 나아가고 물러나는 것을 통하여 전란을 예측한다.

거기에 응할 수 있는 대비를 하였으니, 그저 이렇게 했을 뿐입니다. 이제 사람이 마땅히 해야 할 일을 다 해놓고 천변에 대응하고자 하면서 섬나라 오랑캐가 우리 조정에 오고 싶어 하는 소망을 끊고 있으니 이것을 두고 우리 쪽에서 화를 부르는 일이 없도록 한 것이라 할 수 있겠습니까. 병란을 초래하는 단서를 열어 놓고서, 그 병란의 조짐으로 나타나는 천변에 대응하고자 하니, 신은 그것이 옳은지 알지 못하겠습니다. 우리 쪽에서 초래하고서 우리 쪽에서 능히 대응할 수 있다 하는 것은 이미 천변에 대해 조심하는 방법이 아닙니다. 하물며 지금의 사세(事勢)로는 반드시 대응할 수 있는 것도 아니니 더 말할 게 있겠습니까. 또한 나라에서는 이미 북로(北虜)와 틈이 벌어지고 있으니, 저들 가운데 억세고 사나운 추장들이 이를 갈며 보복하고자 하여 우리 변방에 침범하기를 꾀하지 않으리라는 것을 어찌 알겠습니까.[67] 가령 남북의 두 오랑캐가 동시에 들고 일어난다면, 동쪽을 지탱하면 서쪽이 흔들리고 배〔腹〕를 호위하면 등〔背〕이 무너질 것이니, 그렇게 되면 잘 모르겠습니다만 나라에서는 무엇을 믿고 이를 처리할 수 있겠습니까. 이것이 신이 크게 근심하는 바입니다.

　동남(東南) 지방은 재화(財貨)와 부세(賦稅)가 나오는 곳이요 병력이 집중되어 있는 곳이니, 더욱 보전하지 않을 수 없습니다. 신의 어리석은

---

67 북로와……알겠습니까 : 【攷證 卷3 北虜…邊守】살펴보건대, 북로는 곧 여진(女眞) 야인(野人)이다. 중종 신사년(1521, 중종16)에 여진 야인 등이 여연(閭延)·무창(茂昌)에 와서 살면서 점점 부락을 이루었다. 이에 그 두 지역 절도사(節度使)에게 명하여 군사를 거느리고 그들을 쫓아내게 하였다. 무자년(1528, 중종23)에 이르러 만포 첨사(滿浦僉使) 심사손(沈思遜)이 우연히 북로의 경계 안에 들어갔다가 그들에게 살해당하였다.

소견으로는 마땅히 이런 때를 당해서는 그들의 화친 요청을 들어주시되, 문서를 만들기를 "우리나라에 대대적인 사면이 있어 너희들에게도 큰 은택을 끼치지 않을 수가 없으므로, 너희들의 청을 특별히 허락해 주노라……"라고 하여 지난날의 화약(和約)을 회복하고 남방의 근심을 풀어 주어야 합니다. 그리고 더욱 근본적인 입장에서 사람이 해야 할 일을 닦고 그 나머지 일에까지 미쳐서 부족하거나 빠진 것이 없도록 한다면, 비록 서북쪽에 위급한 일이 일어나더라도 오히려 한 방면의 방비에만 전념할 수 있어서 창졸간에 일을 그르치는 걱정은 없을 것이니, 이렇게 한다면 어찌 사방으로 흩어져 싸우느라 명령에 바삐 쫓아다닐 겨를도 없이 지쳐 버리는 것보다야 낫지 않겠습니까. 만일 이와 같이 하였는데도 섬나라 오랑캐들이 마음을 이랬다저랬다 하여 오히려 사납게 무기를 들고 우리와 변방에서 전쟁을 하려든다면, 그것은 곧 우리 쪽에서 화를 초래한 것이 아니라 이른바 성왕(聖王)이라도 피할 수 없다는 것입니다. 이런 경우에는 또한 마땅히 우리가 어떻게 대응해야 하는가 하는 방법을 극진히 해야 할 뿐이니, 금수 같은 저들을 우리가 어떻게 하겠습니까.

대저 나라에서 왜인을 대함에 있어서, 그 화친의 요청을 허락하는 것은 괜찮지만 방비를 조금이라도 늦추어서는 안 되며, 그들을 예로써 대해 주는 것은 괜찮지만 추켜세우기를 너무 지나치게 해 주어서는 안 되며, 양곡과 폐백으로 그들의 마음을 묶어 두고 실망하지 않게 하는 것은 괜찮지만 그들의 끝없는 요구를 따라 너무 지나치게 내려 주어서는 안 됩니다. 속담에, "얼러 기른 자식이 어미를 꾸짖는다."라고 하였습니다. 대개 집안의 자식은 부모가 미리 단속하고 제지하지 않으면 반드시 방자하게 되고, 방자한 데서 끝나는 것이 아니라 때로는 어미를 꾸짖는 데까지 이르니, 이것은 자식이 비록 자식답지 못한 것이지만 자식을 이 지경에 이르도록 한 것 또한 부모의 잘못입니다. 하물며 한 번 거슬렸다고 해서 종신토록 배척한다면 그것이 옳겠습니까. 그러므로 "미리 단속하는 것이 가장 좋은 방법이다."라고 하니, 이것이 또한 오늘날에 마땅히 강구할 바입니다.

또 신은 들으니 인신(人臣)은 사사로운 교제가 없어야 하고, 일에는 반드시 명분과 의리가 있어야 한다고 합니다. 그런데 김안국(金安國)이 왜인을 지나치게 후히 대접해서 이들을 더욱 탐욕스럽고 방자하게 만들었으니, 김안국도 죄가 없지 않습니다.[68] 그러나 그 마음이 어찌 왜인에게 있었겠습니까. 저들이 우선 자기에게 충성한다고 망령되이 생각하여 김안국에게 호초(胡椒)를 선물로 준 일이 있었고 조정에서도 그 집안으로 하여금 받도록 허락해 주었으니, 가령 왜인이 무지해서 이와 같이 하였다면 마땅히 깨우쳐 물리쳐야 했습니다. 만약 그들이 속이려는 마음으로 그 일을 했다면 그들의 술수에 빠진 것이니, 조정의 수치가 또한 매우 큰 것이 아니겠습니까. 본조(本朝)의 신하로서 일본[69]에게 충성을 권했다면 이것이 무슨 명분이며 무슨 의리입니까. 만일 그 집안에서 끝

---

68 김안국이……않습니다 : 【攷證 卷3 金安國云云】김안국(1478~1543)은 본관이 의성(義城), 자가 국경(國卿), 호가 모재(慕齋), 시호가 문경(文敬)이다. 관직은 판서에 이르렀다. 문장과 학술에서 유자(儒者)들의 존숭을 받았다. 퇴계 선생께서는 일찍이 "모재를 만나보고 비로소 정인군자(正人君子)의 의론을 들었다."라고 하셨다. ○《고사촬요(攷事撮要)》를 살펴보건대, 경오년 왜변이 일어난 후에 일본 사신 붕중(弸中)이 와서 화친을 청하였는데, 조정에서 이미 화친을 허락하지 않고는 그들이 원망할 것을 염려하여 상물(商物)을 교역하는 것을 허락하였고 그것이 마침내 무궁한 폐단이 되었다. 모재가 당시 접대사(接待使)였다.

69 일본 : 【攷證 卷3 日本】신라 문무왕(文武王) 때 왜인이 스스로 말하기를, 그들 나라가 해가 떠오르는 곳에 가까이 있어 국호를 '일본'으로 고쳤다고 하였다.

내 이 물건을 받았다면, 신은 김안국이 지하에서도 눈을 감지 못할 거라 생각합니다. 전일 사헌부의 의논이 사리에 매우 합당하니 헤아려서 처리하시기를 바랍니다.

신은 본디 허약한 몸으로 묵은 고질(痼疾)이 있었는데, 요즘에는 더욱 심해져서 호흡만 근근이 이어 죽음과 이웃이 되어 지내고 있습니다만 조정이 왜의 청을 거절한다는 말을 듣고 마음에 괴이하게 여겨 탄식하였습니다. 이 일이 백년 사직의 근심과 관계되고 억만 생령의 생명에 관계되는 일이라고 생각하니, 한 말씀도 아뢰지 못하고 죽어 무궁토록 사사로운 한(恨)을 품을 수는 없기에 병을 무릅쓰고 일어나 괴로움을 참고서 이 망령되고 우매한 말씀을 삼가 올립니다. 엎드려 원하옵건대 전하께서는 신의 이 글을 자전(慈殿)께 여쭈시고 또 조정에 있는 신하들과 널리 의논하시어 허심탄회한 자세로 천근한 말을 살펴 주셔서 딱 맞는 도리를 찾아 잘 처리하신다면, 어리석은 신의 다행일 뿐만 아니라 곧 종묘사직의 다행일 것입니다. 신은 몹시도 참월(僭越)하고 전긍(戰兢)하며 격절(激切)하고 병영(屛營)[70]하는 마음을 견딜 수 없어서 삼가 죽음을 무릅쓰고[71] 아룁니다.

---

70 병영 :【攷證 卷3 屛營】남북조 시대 송나라 범엽(范曄)의 《후한서(後漢書)》 권85 〈청하효왕경전(淸河孝王慶傳)〉에 "아침부터 저녁까지 병영한다.〔夙夜屛營〕"라고 하였는데, 그 주석에 "'병'의 독음은 평(平)이며, 방황하고 불안해하는 모양이다."라고 하였다.

71 죽음을 무릅쓰고 :【攷證 卷3 昧死】진(晉)나라 진작(晉灼)의 《한서음의(漢書音義)》에 다음과 같은 내용이 있다. "장안(張晏)이 이르기를, '신하가 글을 올릴 때에는 마땅히 죽을죄를 지을 것을 무릅쓰고 말해야 한다.'라고 하였다."《文選註 卷20 獻詩》

KNW005(疏-2)(癸卷6:13右)(樊卷6:13右)

무오년에 올린 사직소 【무오년(1558, 명종13, 58세) 윤7월 초순 추정. 서울】
戊午辭職疏

절충장군(折衝將軍) 전(前) 첨지중추부사(僉知中樞府事) 신 이황은 삼가 목욕재계하고 두 손 모아 엎드려 절하며 주상 전하께 말씀을 올립니다. 신은 듣건대, 옛 선왕(先王)들이 사람을 쓰는 데 있어서 재능을 헤아려 임무를 맡기므로 재능이 큰 이에게는 큰일을 맡기고 작은 이에게는 작은 일을 맡기며, 크고 작은 일에 다 합당하지 않은 사람은 물리치며, 만일 불행하게도 윗사람이 잘못 알고 등용할 경우 선비 된 자가 또한 반드시 자기 재능으로는 감당할 수 없음을 스스로 헤아려 사퇴하기를 청하면 들어주었다 합니다. 조정에서 인재를 잘못 쓰지 않음이 이와 같고 선비가 그 뜻을 행할 수 있음이 이와 같기 때문에 대신(大臣)은 그 임무를 감당하지 못한다[72]는 비난을 받지 않고, 소신(小臣)은 일도 않고 공연히 녹만 먹는 허물이 없게 되는 것입니다. 현명한 이가 그 자리에 앉고 능력 있는 이가 그 직책을 맡아, 충성심을 떨쳐 능력을 다하지 않는 이가 없어 위에서 정치가 잘 이루어지고, 재능이 미치지 못하는 자는 초야에 물러가 있도록 허락하여 자기 분수에 편안히 하고 제 노력으로

---

72 임무를 감당하지 못한다:【攷證 卷3 覆餗】《주역》에 "구사는 솥이 발이 부러져서 공상에게 바칠 음식을 엎었으니, 그 얼굴이 무안하여 붉어짐이 흉하도다.〔九四, 鼎折足, 覆公餗, 其形渥, 凶.〕"라고 하였는데, 송나라 정이(程頤)의 주석에 "대신의 지위인 사효(四爻)가 그를 등용하면 임무를 감당하지 못하여 일을 실패함이 마치 솥발이 부러지는 것과 같은 것이다. 솥발이 부러지면 공상(公上)에게 바칠 음식을 기울여 엎게 된다. 속(餗)은 솥에 담겨진 음식이다."라고 하였다. 《周易傳 鼎卦 九四》

먹고 살며 또한 그 예의와 염치를 지켜 아래에서 다스림을 잘 본받을 수 있게 하였으니, 이것이 먼 옛날 현자(賢者)와 우자(愚者)가 각기 제자리를 얻고 예양(禮讓)이 행해져 치도(治道)가 이루어진 까닭입니다.

진실로 그렇게 하지 않아서 사람을 쓰는 데 있어 그 재목의 적당한 바를 헤아리지 않고 작은 것을 크다고 하고, 짧은 것을 길다고 여겨 어긋나게 시행하고 억지로 책임 지우면, 비록 그 사람이 스스로 자기의 무능을 알아서 문득 돌아보며 사퇴하려 하더라도 들어주지 않을 뿐 아니라 또 계속해서 더 무거운 책임을 맡기니, 저 선비 된 자도 속박되고 몰리는 상황을 면할 수 없어 억지로 힘써 그 책무를 맡았다가 모기가 산을 짊어질 수 없고 작대기가 큰 집을 지탱할 수 없는 지경에 이르게 되면, 직책을 이행하지 못한다는 비난과 더럽고 천하게 되는 부끄러움은 말할 것도 없고, 중한 형벌이 벌써 그 몸에 가해지게 되는 것입니다.

이런 경우 그 선비가 변절하여 낭패하는 것은 진실로 죄를 받아 마땅하지만 선비로 하여금 이 지경에 이르도록 한 것은 조정에서 인재를 잘못 쓴 결과가 아니겠습니까. 또 조정에서 그 선비의 사퇴의 청을 들어주지 않고 억지로 그 책무를 맡도록 한 까닭이 아니겠습니까. 이것이 말세에 굽고 곧음이 뒤집어지고 염치의 도(道)가 상실되어 정치가 문란해지는 이유입니다.

옛적에 맹자는 제 선왕(齊宣王)에게 "가까운 신하들이 모두 '그 사람 어진 사람입니다.' 하더라도 등용해선 안 되고, 여러 대부(大夫)들이 모두 '어진 사람입니다.' 하더라도 아직 안 되고, 온 나라 사람이 다 '어진 사람입니다.'라고 하면 그런 후에야 잘 살펴보아서 어진 사람임을 안 연후에 등용하소서."[73]라고 하였고, 송유(宋儒) 주희씨(朱熹氏)의 말에는, "사대부가 사양하고 받고, 나아가고 물러나는 데 있어서의 잘잘못은 곧 풍속의 성쇠에 관계되므로 더욱 신중히 하지 않을 수 없다."[74]라고 하였습니다. 맹자와 주자가 알지 못하고 말했다면 모르지만 두 분이 진실로 알고서 말한 것이라면, 성조(聖朝)의 인재등용이 어찌 그 현우(賢愚)를 살피지 않고 그 당부(當否)를 헤아리지 않은 채 한갓 허명만을 가지고 은명(恩命)을 거듭 내릴 수 있으며, 그 사대부 또한 어찌 자신의 재덕(才德)을 헤아리지 않고 옳고 그름을 생각하지 않은 채 덮어놓고 나아가 망령되이 그것을 받을 수 있겠습니까.

신과 같이 지극히 어리석고 누추하며 병이 골수에 든[75] 상태에 이르러서는, 나라 사람들 누가 그것을 모르며 여러 대부 누가 그것을 모르며 좌우 대신 누가 그것을 모르겠습니까. 엎드려 생각건대 위로 전하의 밝으심으로 이미 환하게 살피시어 숨겨 가려진 데가 없겠지만 그 사이에 한두 공경(公卿)이 혹 미처 다 알지 못하고 지나치게 추천의 말씀을 드린 모양이니, 전하께서 재량하시어 단연코 시행하지 않으심이 옳을 것입니다.

---

73 가까운……등용하소서 : 【譯注】《맹자》〈양혜왕 하(梁惠王下)〉에 나오는 말이다.
74 사대부가……없다 : 【譯注】송나라 주희(朱熹)의 《회암집(晦菴集)》권25 〈한 상서에게 답하는 편지〔答韓尙書書〕〉에 보인다.
75 병이 골수에 든 : 【攷證 卷3 病入膏肓】춘추 시대 진후(晉侯)가 병이 나자 의원(醫員)을 찾았다. 그가 아직 오지 않았을 때 두 아이가 진후의 꿈에 나타나서 "곧 도착할 그 사람은 명의이니, 우리를 괴롭힐 것이 두렵다. 어디로 도망을 가야 할까?"라고 하자, 또 한 아이가 "횡격막의 위와 심장의 아래로 가 있으면〔居肓之上膏之下〕 우리를 어찌하겠느냐."라고 하였다. 명의가 도착하여 "이 병은 어찌할 수가 없습니다. 병의 근원이 횡격막의 위와 심장의 아래에 있어 손을 쓸 수 없습니다. 침을 놓아도 닿지 않고, 약을 써도 약 기운이 이르지 못합니다."라고 하였다. 《春秋左氏傳 成公10年》삼국 시대 위(魏)나라 두예(杜預)의 주석에 "고(膏)는 심장 아래이다. 황(肓)의 독음은 황(荒)인데 횡격막이다."라고 하였다.

돌아보건대 신에게 외람되이 관직을 제수하여 부르심이 전후로 한 번만이 아니었습니다. 여론에 묻지도 않으시고 사퇴의 청도 들어주지 않으시어 조정으로 하여금 사람을 쓰고 버림의 마땅함을 잃게 하고, 나라에 현자와 우자의 구별이 없게 하였으니, 이것이 신이 크게 의혹하는 바입니다. 보잘것없는 신은 보통 사람들과 섞이기에도 부족함을 스스로 알고 있는데, 성은이 신의 몸에 거듭 잘못 이르러 사방에 웃음거리가 되고 후세에 비난거리를 남기게 되었습니다. 만일 또 나아가 받는다면, 앞으로는 벼슬을 탐하고 임금을 속이는 죄가 있고 뒤로는 그 임무를 감당하지 못하여 낭패가 될 것이니, 성스러운 정치에 누를 끼치고 선비의 기풍을 무너뜨림이 어찌 끝이 있겠습니까. 이것이 또한 신이 크게 두려워하는 바입니다.

또한 신이 중추부(中樞府)의 임명에 사은하지 못한 지 이제 3년이 되었습니다.[76] 세상 사람들은 대부분 신을 이해하지 못하여 혹자는 신이 세상을 깔보고 혼자만 편하려고 한다 하고, 혹자는 사양하는 척 거짓으로 꾸며 명성을 구하는가 의심하며, 혹자는 신하 된 의리로 임금의 명을 지체시키는 것은 부당하다고 책망하고, 혹자는 어리석고 비천한 인물이 망령되이 옛 성현의 의리를 핑계한다고 비난합니다.

신도 역시 신을 아끼는 자는 적고 미워하는[77] 자가 많음을 알고 있습니

---

76 신이……되었습니다 :【譯注】이황은 1555년(명종11) 3월에 첨지중추부사(僉知中樞府事)에 제수되었으나 면직을 비는 사장(辭狀)을 올렸고, 1556년(명종12) 6월에 다시 첨지중추부사를 사면하고 치사(致仕)하기를 청하는 사장을 올렸으나, 명종은 체직시키지 않고 그 직책을 그대로 가지고 있도록 하였다.《退溪先生年譜 卷1》

77 신을……미워하는 :【攷證 卷3 愛臣憎臣】살펴보건대,《정본 퇴계전서》권12〈준에게 부치다[寄寯]〉편지에 "내가 쓴 상소문 중에 '애증(愛憎)' 두 글자는 사람들이 대부분 마땅치 않게 여기고, 내 마음에도 온당치 않다고 여겨진다. '신을 옳다고 하고 신을

다. 신이 혈혈단신으로 뭇사람의 구설을 당하게 되니, 신의 위태로움이 심합니다. 그러나 신의 진정은 서울에서 사직할 때나 지방에서 소명(召命)을 사양하던 날에 실로 이미 극력 아뢰어서, 거의 전하의 굽어살피심을 얻고 당시의 여론도 끝에 가서는 역시 신을 영원히 내버려 두는 것도 무방하다는 쪽으로 기울었습니다. 그래서 신은 금년 들어서 바야흐로 낭패[78]에서 면하기를 기대하며 밤낮으로 파면의 명령이 있기를 삼가 기다렸습니다. 그런데 뜻밖에도 근자에 소문을 들으니, 또다시 신을 조정에 기용하실 의향이 있다 합니다. 이에 신의 마음은 당황하고 놀라움이 매우 심하여 몸 둘 곳이 없고 망연히 그 까닭을 알 길이 없었습니다.

그러나 신이 엎드려 헤아려 보건대, 조정의 신하가 이렇게 잘못된 추천을 하게 된[79] 까닭은 아마도 신이 수년간 한가하게 있었기에, 병이 혹시 조금 나아서 시키는 일을 감당할 만하다고 생각한 것이 아니겠습니까. 이는 신의 나이 이미 노경에 들어 포류(蒲柳)처럼 약한 몸이 먼저 쇠해져서 앞으로 더하면 더했지 다시 쾌차할 리가 없다는 것을 전혀 모른 것입니다.

그르다고 하는〔是臣非臣〕'이라고 고치는 것이 좋겠다."라고 하였다. 【校解】《고증》에는 이 편지의 제목이 〈아들 준에게 답하다〔答子寯〕〉로 되어 있다. 또 출전을 《퇴계선생속집》이라고 하였으나, 이 편지는 《유집(遺集)》 내편(內篇)에 수록되어 있다.

78 낭패 : 【攷證 卷3 狼狽】살펴보건대, 낭(狼)은 생김새가 개와 같은데 머리가 뾰족하고 얼굴이 희며, 몸통의 앞부분은 높이 솟고 뒷부분은 넓적하며 패(狽) 역시 낭의 등속이다. 이 둘은 다리가 하나씩 없기에 서로 붙어 다니는데 떨어지면 넘어지게 되므로, 사람이 너무 당황해서 어쩔 줄 모르는 상태를 '낭패'라고 한다.

79 조정의……된 : 【攷證 卷3 廷臣誤啓】무오년(1558, 명종13) 6월 영의정 심연원(沈連源)과 대제학 정사룡(鄭士龍)이 경연 석상에서 퇴계 선생에게 경관직(京官職)을 제수할 것을 계청하였다. 《退溪先生年譜 卷1》

이와 같은 처지에서 신이 스스로 사정을 말씀드리지 않고 묵묵히 물러나 있기만 하여, 조정이 드디어 다시 신을 기용하는 실책이 있게 된다면 신의 죄는 더욱 커져 더욱 몸 둘 곳이 없게 될 것입니다. 또한 위태위태하게 얼마 남지 않은 목숨이 혹 아침 이슬보다 먼저 스러질까[80] 두려우니, 그리 되면 신은 길이 눈 감지 못할 한을 품게 될 것입니다. 그러므로 부득이하게 다시 장소(章疏)에 제 마음을 드러내어 시말을 자세히 아뢰고 간절히 비는 것입니다.

신은 성품이 범열(凡劣)하고 사리에 밝지 못하며, 어려서부터 질병이 있어 기혈(氣血)이 시들시들하고 허약하다가 드디어 고질이 되어 고치기 어렵게 되었습니다. 이 때문에 제대로 공부를 못하여 나이 서른이 넘어서 요행히 과거에 급제하였으나, 중간에 친상을 당해[81] 심질(心疾)이 더해져 여러 번 죽을 뻔하다가 겨우 살아났습니다. 이후로 그 증세가 되풀이되어 어쩌다 한 번 괴롭고 번거로운 일이라도 생기면 번번이 재발하여 마음[82]이 제대로 안정되지 못하니, 그 직임을 맡아 어떻게 나라에 몸을 바쳐 정무(政務)에 응할 수 있겠습니까.

사리로 말씀드린다면 그때부터 다시는 조정의 반열(班列) 뒷줄에 참예하지 않았어야 옳았는데, 오히려 국은(國恩)에 마음이 끌려 결단을

---

80 혹……스러질까 : 【攷證 卷3 或先朝露】한나라 사마천(司馬遷)의 《사기》 권68 〈상군열전(商君列傳)〉에 "그대의 목숨이 아침이슬처럼 위태롭다.〔君之危若朝露〕"라고 하였다.

81 중간에 친상을 당해 : 【譯注】이황은 1537년(중종32) 10월에 모친 박씨(朴氏)의 상을 당하였다. 《退溪先生年譜 卷1》

82 마음 : 【攷證 卷3 方寸】《열자》〈중니(仲尼)〉에 "나는 그대의 심장이 보이니, 가운데가 한 치 넓이로 텅 비어 있습니다.〔方寸之地虛矣〕"라고 하였다.

내리지 못한 채 세월만 보내다가, 계묘년(1543, 중종38)에 이르러 중종조(中宗朝) 말기에 신의 나이가 43세가 되었는데, 병세는 날로 깊어져서 몸은 사성(司成)의 직에 있어도 능히 직무를 수행하지 못했고, 그로 인하여 말미를 받고 물러나 귀향하였습니다. 그 이듬해인 갑진년(1544, 중종39)에 교리로 다시 소환되었으나, 얼마 있다가 중종·인종 두 전하께서 승하하시고 주상께서 왕위를 이으셨는데, 신은 애통하고 분주하던 나머지 병이 더해 벼슬하기 어려워서 병오년(1546, 명종1) 봄에 또다시 사복정(司僕正)으로 있으면서 말미를 받아 귀향하였습니다.

다시 그 이듬해 정미년(1547, 명종2)에 응교(應敎)로서 소환되었고, 무신년(1548, 명종3)에는 단양 군수(丹陽郡守)로 나갔다가 그해에 풍기 군수(豊基郡守)로 전임되었는데, 기유년(1549, 명종4)에는 오래 군(郡)의 사무를 폐하였으므로 부득이 글을 올리고 바로 귀향하였습니다. 3년 후 임자년(1552, 명종7)에 다시 응교로 소환되었는데, 이로부터 을묘년(1555, 명종10)에 이르는 삼사 년 동안 국은(國恩)이 더해질수록 병은 더 심해져서 매양 한 관직에 제수될 때마다 거의 감당하지 못하였고, 이해 2월에 첨지중추부사(僉知中樞府事)에서 체직(遞職)되어, 다시 다른 임명이 채 있기 전에 틈을 타서 몸을 빼 고향으로 내려왔습니다. 신은 이것이 온당치 않은 일이 됨을 모르는 것은 아니지만, 조정이 신의 사퇴를 들어주지 않았고 또 계속하여 수유(受由)의 금지와 시위소찬(尸位素餐)의 책망이 있었기에, 그것을 벗어날 길이 없었던 까닭이었습니다.

귀향한 지 겨우 한 달이 지나 첨지중추부사로 삼는다는 소명이 있었고, 또 그 이듬해 병진년(1556, 명종11) 5월에도 거듭 전과 같은 명을 내리셨으며, 이어서 또 부제학(副提學)으로 부르는 명이 있었으니, 신은 황공하여 죽을 죄를 무릅쓰고 모두 글을 올려 사정을 아뢰고 사퇴하기를 애걸하고 나아가지 않은 채 집 안에서 삼가 석고대죄(席藁待罪)하여 엄한 견책이 이르기를 기다렸습니다. 그런데 다행히도 하늘과 같이 관대하신 전하의 은혜가, 엄한 책망은 내리지 아니하시고 오히려 중추부의 직을 제수하시고 다시 따뜻한 유시(諭示)를 내리시어 취임할 기일을 한정하지 않고 아무 때고 그 직위에 나오도록 하여 주셨으니, 신이 이로 말미암아 남은 목숨을 보전하여 오늘에 이를 수 있었던 것입니다.

아, 신이 비록 심병(心病)은 있으나 미쳐서[83] 날뛰는 지경에까지는 이르지 않았으니, 어찌 작록(爵祿)을 누리고 은영(恩榮)을 받는 것이 즐거움이 됨을 모르겠습니까. 또 신이 비록 무식하다 해도 어려서부터 임금을 섬기는 도리를 들어왔으니, 어찌 수레에 멍에 매우기를 기다리지 않고 신 신기를 기다리지 않고[84] 임금의 명에 달려가는 것이 공손함이 됨을 모르겠습니까. 그런데도 외고집만 부리고 뭇사람의 비난과 의심 속에 처하면서도 마음 바꿀 줄을 모르는 것은, 나아가는 것이 임금을 섬기는 의리에 크게 어긋남이 있을까 정말 두렵기 때문입니다.

무엇을 의(義)라 합니까. 일의 마땅함[宜]입니다. 그렇다면 어리석음을 숨기고 벼슬을 도둑질하는 것을 마땅하다 할 수 있겠습니까. 병으로

---

83 미쳐서 : 【攷證 卷3 狂易】원나라 웅충(熊忠)의 《고금운회거요(古今韻會擧要)》 권27에 "'광역'은 뜻을 잃은 모양"이라고 하였다. 또 "그 상성이 변한 것이다.〔變易其常性也〕"라고 하였다. 【校解】《고증》에서 "그 상성이 변한 것이다."라고 한 것은, 송나라 주희(朱熹)의 《어비자치통감강목(御批資治通鑑綱目)》 권14 한나라 효애황제(孝哀皇帝) 원년 조에 보인다.

84 수레에……않고 : 【攷證 卷3 不俟駕不俟屨】《예기》〈옥조(玉藻)〉에 "관청에 있을 때에는 신을 기다리지 않고, 밖에 있을 때에는 수레를 기다리지 않는다.〔在官不俟屨, 在外不俟車.〕"라고 하였다. 【校解】《고증》에는 "在官不俟駕, 在外不俟屨."라고 되어 있는데, 이는 오류이다.

폐인이 된 처지에 벼슬자리에 앉아 녹만 받는 것을 마땅하다 할 수 있겠습니까. 헛된 명성으로 세상을 속이는 것을 마땅하다 할 수 있겠습니까. 그른 것을 알면서 덮어놓고 나아가는 것을 마땅하다 할 수 있겠습니까. 직무를 수행하지도 못하면서 물러나지 않는 것을 마땅하다 할 수 있겠습니까. 이 다섯 가지의 마땅하지 못함을 가지고 조정에 선다면 신하된 의리에 어떻겠습니까.

그러므로 신이 감히 벼슬자리에 나아가지 못하는 것은 다만 의(義)라는 한 글자를 이루고자 할 뿐이기 때문입니다. 그런데 사람들은 도리어 임금의 명을 지체시키는 것이 의리에 합당하지 않다 하여 신을 책망하니, 이것 역시 신이 들은 바와는 다릅니다. 이름을 구하는 자는 반드시 이익을 위하고, 세상을 깔보는 사람은 반드시 믿는 바가 있는 법인데, 신이 물러나 귀향하자 수레 한가득 비방을 받으니 신이 무슨 이익이 있겠으며, 신의 몸에 백 가지 병이 들고 텅 비어서 아무것도 없는데 신이 무슨 믿는 바가 있겠습니까. 오직 망령되게 옛 의리를 들어 핑계한다는 비난만은 신도 마음에 달게 여기는 바입니다.

그러나 어리석고 비천한 사람은 옛 의리를 스승으로 삼아 실행하지 않으면 장차 더욱 더럽고 낮은 데로 빠져 들어갈 것이니, 신이 어찌 옛 의리를 핑계한다는 말을 피하겠습니까. 하물며 신은 선왕조 때 과거에 급제하면서부터 벼슬이 3품에 이르러 영화와 소원이 지극해졌거늘, 무엇이 부족해서 감히 돌아오는 것이 부당한데도 돌아왔겠습니까.

전하께서는 즉위하신[85] 초기에 주찬(誅竄)해야 할 무리들 가운데서

---

85 즉위하신 :【攷證 卷3 當宁】《예기》〈곡례(曲禮)〉에 "천자는 당저하여 선다.〔當宁而立〕"라고 하였는데,《이아(爾雅)》에 "저(宁)는 문과 병풍의 사이이다."라고 하였고,

신의 억울함을 살펴 주시어 신의 직위를 태복시(太僕寺)의 장(長)으로 회복시켜 주셨고,⁸⁶ 그 뒤에 또다시 시골의 밭두둑 사이에 묻혀 있던 신을 거두어 주시어 청현직(淸顯職)에 임명하고 봉록과 지위를 더해 주셨으니, 은택이 지극한데 다시 무슨 부족함이 있어 물러가는 것이 합당하지 않은데도 기어이 물러가겠습니까. 주임(周任)의 말에, "직위에 나아가 있는 힘을 다하다가 감당할 수 없으면 그만둔다."⁸⁷라고 하였는데, 이 말이 망언이라면 어찌 공자께서 인용하셨겠습니까. 어리석은 신의 간절한 마음은 바로 이 때문입니다.

그러나 임자년(1552, 명종7) 이전에는 부르시는 뜻이 평상시의 규례대로였고, 신의 근력도 오히려 버틸 수 있었으므로 감히 나아가지 않을 수 없었지만, 을묘년(1555, 명종10) 이후로는 서너 차례 내리신 글의 뜻이 보통이 아니었으며 신의 어리석음과 병세는 다시 전날보다 더 심하였으니, 신이 나아가고자 한들 어찌 가능했겠습니까.

송나라 곽충효(郭忠孝)의 주석에 "임금이 조회할 때에 신하들을 기다리며 서 있는 곳이다."라고 하였다.《禮記集說 卷12》

86 신의……주셨고 :【攷證 卷3 察臣枉復臣職】을사년(1545, 명종 즉위년) 10월에 이기(李芑)가 "근자에 정죄(定罪)는 각기 그 마땅함을 얻었으나 또한 미진한 바가 있습니다. 이천계(李天啓)·이모(李某 이황(李滉))·권물(權勿)·이담(李湛)·정황(丁熿)은 모두 파직하소서."라고 하였다. 이에 퇴계 선생은 정황 등과 더불어 같은 날 삭탈관직을 당하였다. 임백령(林百齡)이 "이모가 근신하고 자수(自守)하는 것은 사람들이 다들 아는 바이니, 만일 이 사람을 죄주면 사람들이 반드시 전날에 죄를 받은 자들은 모두 남의 모함으로 억울하게 죄를 받은 것이라고 여길 것입니다."라고 하였다. 이로 말미암아 이기가 대궐에 나아가, 전에 아뢴 것이 사려 깊지 못했음을 사죄하고 다시 임명장을 발급할 것을 청하니, 임금이 서용(敍用)을 명하였다. 10월에 사복시 정(司僕寺正)에 제배(除拜)되었다.《退溪先生年譜 卷2》

87 직위에……그만둔다 :【譯注】《논어》〈계씨(季氏)〉에 나오는 말이다.

대부를 부르는 예(禮)로 우인(虞人)을 부르는 것이 우인에게는 영광인데도 우인이 죽기를 고집하고 가지 않은 것[88]은 귀천의 분수가 정해져 있어 감히 그 분수를 넘을 수 없기 때문이었습니다. 귀천에 있어서도 그러한데 현우(賢愚)에 있어서 유독 그렇지 않겠습니까. 이제 조정에서 매양 현인을 초빙하는 예로써 한낱 어리석은 이 신하를 부르시니, 어리석은 신이 두렵고 의혹되고 위축되어 사양하고 피하며 지체하는 것이 어찌 분수를 지키는 당연한 도리가 아니겠습니까.

돌아보건대 신은 평소에 품행이 거칠고 노둔하여 신임을 받기에 부족했습니다. 그래서 계묘년(1543, 중종38) 이래로 오늘에 이르기까지 16년 동안 서울에 있으면서 사직하여 체직된 것이 열 번이요, 임명을 받고 사은하지 못한 것이 네 번이요, 물러 나와 고향으로 돌아온 것이 네 번이요, 지방에 있으면서 사은하지 못한 것이 여섯 번이요, 부르시는 명을 받고 사퇴하기를 청한 것이 세 번입니다. 나이 거의 육십에 백 가지 질병이 얽혀서 몸은 마르고 시들고 쇠하였으며 정신은 혼미하고 착란한데도, 오히려 왕사(王事)에 종사할 수 있으리라 하겠습니까. 하늘의 해가 심히 밝으니, 모르겠습니다만 신이 이와 같은데도 오히려 벼슬에 나아갈 수 있겠습니까. 부끄러워하는 마음은 사람들이 모두 가지고 있으니 신이라고 어찌 차마 홀로 그것을 무시하겠습니까.

---

88 대부를……것 : 【譯注】격에 맞지 않는 부름에 응할 수 없음을 뜻한다. '우인(虞人)'은 주나라 때 산택(山澤) 및 사냥을 맡은 관리이다. 춘추 시대 제나라 경공(景公)이 사냥할 때 활[弓]을 가지고 우인을 불렀으나 우인이 오지 않았다. 그래서 경공이 우인을 죽이려 하자, 우인이 "옛날 우리 선군(先君)께서 사냥하실 때는 깃발[旃]로 대부(大夫)를 부르고, 활로 사(士)를 부르고, 피관(皮冠)으로 우인을 부르셨습니다. 신은 피관을 보지 못했으므로 오지 않았던 것입니다."라고 하니, 경공이 곧 그를 놓아주었다. 《春秋左氏傳 昭公 20年》

신은 들건대, 진(晉)나라에서는 왕희지(王羲之)가 애타게 맹세하자 다시 부르지 않았고,[89] 송나라 고종은 증기(曾幾)[90]가 벼슬에 나아가고 물러나는 데에는 예(禮)가 있어야 한다는 소원 때문에 그가 물러나는 것을 허락해 주었으며, 명나라 영종황제(英宗皇帝)는 오여필(吳與弼)[91]이 노병(老病)으로 직무를 감당할 수 없다고 하는 간청을 받고 귀향하도록 허락해 주었다고 합니다. 고금의 이와 같은 유례를 낱낱이 들어 말씀드릴 수는 없지만, 그들의 이러한 처신이 어찌 신하가 임금을 잊고 임금이 신하를 버린 것이겠습니까. 그렇게 한 뒤에야 예가 더럽혀지지 않고 의(義)가 제대로 끝맺음되기 때문입니다. 쓰이고 버려지는 것이 시대와 관계가 있는 저 사람들도 오히려 이와 같이 하였는데, 하물며 신과 같이

---

89 진나라에서는……않았고 : 【譯注】왕희지(王羲之)가 젊었을 때에 명성이 왕술(王述)과 비등하였다. 왕술의 뒤를 이어 회계내사(會稽內史)가 되었는데 뒤에 왕술이 또 양주 자사(揚州刺史)가 되어 관하(管下)인 회계군(會稽郡)을 검찰(檢察)하자 매우 부끄럽게 여겨 병을 핑계 대어 사직하고, 부모의 무덤 앞에서 "앞으로 이 마음이 변하고 탐욕을 부려 구차하게 나아간다면, 이는 부모를 무시하는 마음을 둔 것이니 자식이 아닙니다.……"라고 스스로 맹세하였다. 이에 조정에서는 다시 그를 부르려 하다가 그만두었다. 《晉書 卷80 王羲之列傳》

90 증기 : 【攷證 卷3 曾幾】공(贛) 땅 사람이며, 형 증개(曾開)와 더불어 모두 시랑(侍郎)이 되었다. 시호는 문청(文淸)이다. 명나라 이현(李賢) 등의 《대명일통지(大明一統志)》 권58 〈공주부(贛州府)〉에 "송나라 고종(高宗) 소흥(紹興) 연간에 절서 제형(浙西提刑)의 관직을 지냈는데, 진회(秦檜)가 증개에게 노하여 증기 역시 파직당하였다."라고 하였다.

91 오여필 : 【攷證 卷3 吳與弼】초명은 몽상(夢祥), 자는 공부(公傅)이고, 강서(江西) 숭안(崇安) 사람이다. 호는 강재(康齋)이다. 김육(金堉)의 《황명기략(皇明紀略)》에 "명나라 영종(英宗) 천순(天順) 원년(1457)에 조정에서 강서의 처사 오여필을 초빙하였다. 그가 서울에 오자 좌유덕(左諭德)을 제수했는데, 그는 굳게 사양하며 벼슬을 받지 않고 열 가지 일을 조목조목 아뢴 표(表)를 올리고 사은(謝恩)한 뒤에 떠났다."라고 하였다.

어리석은 사람에게 헛된 이름만을 듣고 중대한 책임을 지워서 외람되게 거듭 제수하시어 사양할수록 더욱 억지로 맡겨 끝날 기약이 없게 해서야 되겠습니까.

엎드려 바라건대, 전하께서는 신의 오활(迂闊)하고 어리석음을 살피시고, 신의 병들고 쇠약한 것을 불쌍히 여기시어, 옛날에 사람 물러가게 하는 데 예로써 하였던 의리를 따르셔서, 미천한 신이 벼슬 탐내는 죄를 면하고자 하는 소원을 허락해 주시어 전에 내리신 명을 속히 중지시키고 신의 소청을 들어주신다는 덕음(德音)을 내려 주소서.

만일 신의 죄가 파면에까지 이르지 않는다면 전에 제수하였던 직함 그대로 길이 향리에 물러가 옛날의 신하가 치사(致仕)하던 것을 본받게 해 주소서. 그러면 신이 죽기 전에 하늘을 속인 죄를 면하고, 태평한 세상에서 여유롭게 지내면서 허물을 보완하고 병이나 요양하다가 여생을 마치게 되리니, 죽는 날에도 산 것과 같을 것입니다.[92]

신의 이번 상소는 다만 사정(私情)을 진술하는 것만 알 뿐 달리 한 말씀도 드리지 않았으니, 이 또한 신의 죄입니다. 그러나 신이 반평생을 어둠 속에서 헤매다가[93] 늦게야 고인(古人)이 남긴 서책을 사모하게 되었는데 병 때문에 스스로 힘쓰지 못했습니다. 지금 한창 좌우로 모순[94]이

---

92 죽는……것입니다 :【攷證 卷3 雖死之日猶生之年】진(晉)나라 이백령(李伯令 이밀(李密))의 〈진정표(陳情表)〉에 나오는 말이다.

93 어둠 속에서 헤매다가 :【攷證 卷3 冥行】한나라 양웅(揚雄)의 《법언(法言)》〈수신편(修身篇)〉에 "지팡이로 땅을 더듬어서 길을 찾아 어둠 속으로 나아갈 따름이니라.〔擿埴尋途, 冥行而已矣.〕"라고 하였다. 《정본 퇴계전서》권5 〈이중구에게 답한 문목〔答李仲久問目〕〉에 자세히 보인다.

94 모순 :【攷證 卷3 矛盾】창과 방패를 파는 어떤 사람이 말하였다. "내 창의 날카로움은 찔러서 그 어떤 것도 뚫지 못함이 없소." 그리고서 자기의 방패를 자랑하며 말하였다.

됨을 염려하고 있어 미나리를 바치는 정성[95]도 제대로 채우지 못하니, 어느 겨를에 함부로 입을 놀려 다른 일을 언급하겠습니까.

신이 말씀드린 내용이 비록 한 몸의 사사로운 문제에 관한 것이나 실은 맑은 조정의 사풍(士風)에 관계가 있는 것입니다. 그리고 그것은 미천한 신이 거기에 관계가 있다는 것이 아니라, 조정에서 처리하는 것이 사풍과 관계가 있도록 한다는 것입니다. 그러므로 충심을 말씀드리지 않을 수 없었던 것이니, 오직 전하의 밝으신 재량이 있기를 바랄 뿐입니다. 신은 지극히 절실하고도 간곡함을 이기지 못하여 삼가 글을 올려 아룁니다.

"내 방패의 견고함은 어떤 물건도 이것을 뚫을 수가 없지요." 어떤 이가 "당신의 창을 가지고 당신의 방패를 공격해보면 어떻겠소?"라고 하니, 그는 제대로 대답하지 못하였다. 《韓非子 難一》

95 미나리를 바치는 정성 :【譯注】임금에게 충성을 바치는 소박한 정성을 뜻한다. 옛날 송나라의 어떤 농부가 해진 무명옷과 삼베옷을 입고서 근근이 겨울을 지내다가, 봄날 따스한 햇볕을 쪼이며 그 기쁨을 임금에게 알려드리고자 하였다. 그러자 그 마을의 부자가 "옛날 어떤 사람이 콩나물과 수삼과 미나리와 개구리밥을 맛있다고 생각하고는 자기 고을의 귀한 신분의 사람에게 알려주었는데, 그 귀한 신분의 사람이 그것들을 가져다 맛보니 입을 쏘고 배를 아프게 했다오. 사람들이 그를 비웃고 원망하니, 그는 몹시 부끄러워했다오."라고 하였다. 《列子 楊朱》

KNW006(疏-3)(癸卷6:20右)(樊卷6:20右)

무진년에 올린 사직소[96] (1) 【무진년(1568, 선조1, 68세) 1월 6일 추정. 서울】

戊辰辭職疏 一

자헌대부 지중추부사 신 이황은 삼가 재계하고 훈목(薰沐)하고서[97] 두 손 모아 절하고 머리를 조아리며 주상 전하께 말씀을 올립니다.

신이 듣건대, 옛날의 성명(聖明)한 제왕은 어진 선비를 존숭하여 신임하는 것을 급선무로 여기지 않은 이가 없었습니다. 그런데 이른바 어진 선비는 반드시 합당한 자를 올바로 얻고 그 실상을 진정으로 취하여, 그 존중하고 예우하여 초빙하는 일은 또 반드시 그 경중의 적절함과 대소의 차이를 헤아려서 행하여, 일찍이 헛되이 과시하고 어긋나게 시행한 일이 없었습니다. 그러므로 위로는 어진 이를 등용하는 실효를 얻었고 아래로는 염치를 무릅쓰고 나아간다는 비판이 없어 덕업이 드러나고 명성이 널리 퍼졌으니, 어찌 아름답지 않겠습니까.

---

96 무진년……사직소 : 【攷證 卷3 戊辰辭職疏一】《퇴계선생연보》권2에 다음과 같은 내용이 있다. "정묘년(1567, 명종22) 10월에 혀엽(許曄)이 아뢰기를 '예로부터 제왕은 어진 스승을 얻어 배운 뒤에야 사업이 뛰어나게 됩니다. 이 아무개가 병이 나서 귀향했는데, 상께서 공경을 표하고 예를 다하여 스승으로 삼고자 하신다면 오게 할 수 있을 것입니다.'라고 하니, 상이 그대로 따라서 교서를 내려 특별히 불렀다. 11월에 또 유지를 내려 올라오길 재촉했다. 무진년(1568, 선조1)에 상소하여 자핵(自劾)하였다."

97 훈목하고서 : 【攷證 卷3 薰沐】《국어(國語)》〈제어(齊語)〉에 다음과 같은 내용이 있다. "노 장공(魯莊公)이 관중(管仲)을 결박하여 제(齊)나라 사신에게 주니, 제나라 사신이 그를 받아서 물러났다. 도착하게 되자, 관중에게 세 번 향을 발라주고 세 번 목욕시켰다.〔三釁三浴之〕"라고 하였는데, 삼국 시대 오(吳)나라 위소(韋昭)의 주석에 "향을 몸에 바르는 것을 '흔(釁)'이라 하니, 또한 '훈(薰)'이라고도 한다."라고 하였다.

지금 세상의 군주들은 진실로 한갓 어진 이를 좋아하는 뜻과 선을 즐거워하는 정성은 있으나 사람을 알아보는 것의 어려움을 고려하지 않고 인품이 어떠한지를 따지지 않아, 재덕이 없는 사람이 정성스런 초빙의 명을 외람되이 받고 헛된 명성으로 세상을 속이는 선비가 존중하고 예우하는 의례를 대뜸 받으니, 정직하지 못한 사람을 등용하고 정직한 사람을 버려두어 만백성이 복종하지 않고, 어진 이와 우매한 이가 뒤섞여 있어 국정이 날로 문란해집니다. 예전의 어진 이를 좋아하고 선을 즐거워하는 마음이 이로 말미암아 나태해져 끝내 나라를 어지럽히는 해악을 초래하여, 우매한 임금과 어지러운 조정이 하는 행위와 똑같이 귀결되어, 사방에 웃음거리가 되고 천고에 비난거리가 됩니다. 아! 신중을 다하지 않고 경솔히 해서야 되겠습니까.

　삼가 생각건대, 주상 전하께서는 빛나게 왕위에 응하여 들어와 대통(大統)을 이으시어[98], 상중에[99] 계시면서 공경히 침묵하여 치도(治道)를 생각하시고 스스로 밝은 명을 받으신 것이 극진하지 않은 바가 없었습니다. 문모(文母)[100]께 여쭈어 명을 받고 어진 신하들에게 자문하시어, 명령을 내리시면 일마다 시의(時宜)에 맞았고, 원통하고 억울한 자를 신원해 주시어[101] 어진 이들이 무리지어 나왔습니다. 이에 위로는 천심(天心)

98　주상……이으시어 : 【譯注】명종(明宗)이 후사가 없이 죽자, 중종(中宗)의 서자인 덕흥군(德興君)의 셋째 아들 하성군(河城君) 이균(李鈞)이 왕실의 방계로서 들어가 대통을 계승했다.

99　상중에 : 【攷證 卷3 煢疚】'경구'는 '현구(嬛疚)'와 같다. 정묘년(1567, 명종22) 6월에 명종께서 승하하셨다.

100　문모 : 【譯注】문덕(文德)을 지닌 어머니라는 말로, 후비(后妃)를 칭송하는 말로 쓰이는데, 여기서는 명종의 왕비인 인순왕후(仁順王后)를 가리킨다. 【攷證 卷3 文母】이때 인순왕후 심씨(沈氏)가 수렴청정을 하였다.

에 보답하고 가운데로는 선왕의 뜻을 이었으며 아래로는 백성들의 바람에 부응한 것이 지극하다고 할 수 있습니다. 하늘이 내린 성스러운 자질로 훌륭한 학문이 날로 진보하시며, 겸허한 마음으로 의견을 받아들이고 자나 깨나 현명한 이를 생각하여 더욱 도성과 지방에서 널리 구하시니, 그 어진 이를 좋아하는 뜻과 선을 즐거워하는 정성이 옛날의 〈치의(緇衣)〉[102]와 〈백구(白駒)〉[103]라도 어찌 이보다 더하겠습니까. 이에 마땅히 조정에 있는 신료들이 그 훌륭함에 부응하여, 정력을 다해 극진히 생각하고 널리 묻고 찾아서 오직 합당한 사람을 올바로 얻고 그 실상을 진정으로 취하는 데 힘써야 하니, 가령 이 세상에 과연 그러한 사람이 있으면, 그를 예우하고 초빙하는 것 또한 반드시 적당한 의례를 준용하여 헛되이 과시하고 어긋나게 시행하는 일이 없어 실제로 쓰기를 기약해야 할 것입니다.

만일 혹 불행히도 조정 밖에서 합당한 사람을 얻지 못한다면, 마땅히 단지 조정에 가득한 어진 인재 중에서 더욱 뛰어난 이를 신중하게 발탁하여 포장(褒獎)하여 나오게 하고 책임을 맡겨 완수하도록 독려해야 하니, 그러면 또한 인재가 부족하다는 탄식이 있지 않을 것입니다. 어찌하여 이런 계책을 내지 않고 도리어 신처럼 몹시 재덕이 없는 자로써 인원수를 구차히 채워서, 세상을 속이고 훔쳐서 얻은 헛된 명성을 지닌 자를 오로

---

101 원통하고……주시어 : 【攷證 卷3 雪冤伸滯】을사사화(乙巳士禍)를 입은 사람들이 신원(伸冤)된 것을 말한다.

102 치의 : 【譯注】《시경》〈정풍(鄭風)〉의 편명으로, 정 무공(鄭武公)이 어진 이를 좋아한 것을 찬미한 시이다.

103 백구 : 【譯注】《시경》〈소아(小雅)〉의 편명으로, 현자가 떠나지 못하도록 만류하는 내용을 읊은 시이다.

지 취하여 성상께서 공경하게 어진 이를 구하는 뜻에 응하려고 하신단 말입니까. 이는 조정 신하들이 전하를 위해 도모한 것이 크게 잘못된 것이오, 미천한 신이 유지를 받고 크게 두려워하여 나아가기 어려워하는 까닭입니다. 비록 그렇지만, 신이 이에 대해 세상을 속이고 명예를 훔친 연유와 신의 죄과의 단서를 스스로 아뢰지 않는다면, 전하께서 어떻게 아실 수 있겠습니까. 그러므로 신이 부월(鈇鉞)의 형벌[104]을 피하지 않고 감히 스스로 밝힙니다.

  신은 어려서부터 졸렬하고 우둔하여 시골에서도 이름이 나지 않았고 젊은 시절에 병을 앓아 늦게서야 벼슬길에 나왔는데, 중묘조(中廟朝)에 외람되이 청요직(淸要職)을 맡아 몇 년도 되지 않아 이미 3품의 관직에 뛰어올랐습니다. 신은 조정에 몸담은 이래로, 하나도 잘한 것이 없고 늘 병을 앓아 사진(仕進)하기 어려워 헛되이 자리를 차지하고 녹만 축내면서 나라의 은혜를 크게 저버렸으니, 마음이 몹시 부끄럽고 두려웠습니다. 나이가 마흔이 지나 비로소 일로 인해 벼슬에서 물러나 고향으로 돌아와서 처음 물러난 때부터 지금까지 수십여 년이 되었는데, 은혜를 입어 소환된 것이 모두 다섯 번이나 됩니다. 매양 조정에 들어올 때마다 번번이 또 늘 병을 앓아 사진하기 어려운 것이 전보다 심해서 직무를 보지 못하고 운신하기가 어려웠으니, 오직 물러나 제힘으로 농사지으며 먹고살아야 우매한 신의 분수를 조금이나마 편안하게 할 수 있기에 어쩔 수 없이 또 물러나 고향으로 돌아왔습니다. 신은 본래 이로써 구차히

---

104 부월의 형벌 :【譯註】주살(誅殺)되는 것을 뜻한다. 부월은 제왕의 권위를 상징하는 작은 도끼와 큰 도끼로, 제왕이 출정하는 장군에게 정벌과 생사여탈권을 인정하는 의미로 주었다.

죄책을 면하고자 했을 뿐이니, 신이 비록 어리석으나 어찌 이를 빌미로 명예를 팔고 성가(聲價)를 탐하여[105] 훗날 세속에 영합하여 총애를 얻는 구실로 삼고자 하여 그리했겠습니까.

그런데 뜻밖에도 세간에 일종의 근거 없는 말을 하는 사람들이 절로 있어 단지 신이 오랫동안 한가로이 지내는 것만 보고 허물을 반성하고 잘못을 고친 뒤에 신의 우매한 자질을 조금이나마 변화시켜 그래도 혹 사람 축에 끼일 수 있을 것이라고 생각하여, 이에 서로 일체 터무니없는 말과 당치도 않는 명성을 만들어내어 사람들을 속이고 세상을 속여 점점 널리 퍼져서 마침내 위로 임금을 속이게 되었습니다. 저들이 이렇게 한 것은 진실로 이치에 어긋나고 말도 안 되는 일입니다. 그러나 이는 모두 소신의 처신이 합당하지 못하여 초래된 일이니, 신이 세상을 속이고 명성을 훔친 죄를 어찌 피할 수 있겠습니까. 그런데 지금 조정 신하들 중 예전에 신과 함께 조정에서 벼슬하여 신의 전말을 아는 자라면 누군들 신의 죄를 알지 못하겠습니까. 오직 후일에 조정에 들어온 한 두 신료가 그러한 것을 알지 못하고 단지 헛된 명성을 가지고 실제로 쓰길 요구하여 경연 자리에서 이렇게 외람되이 아뢰기에 이르렀으니, 임금을 속인 것이 또한 심하지 않겠습니까.

신이 또 듣건대, 송나라 유자(儒者) 주희(朱熹)의 말에 "사대부가 사양하고 받는 것과 나아가고 물러나는 것이 또 어찌 오직 그 한 사람만의 문제일 뿐이겠는가. 그 처신의 잘잘못은 풍속의 성쇠와 관계되어 있으니

---

105 성가를 탐하여 :【攷證 卷3 索價】당(唐)나라 한유(韓愈)의 〈노동에게 부치다〔寄盧仝〕〉 시에 "소실산인은 높은 값을 요구하여, 두 번이나 간관으로 불렀으나 일어나지 않았네.〔少室山人索價高, 兩以諫官徵不起.〕"라고 하였다.

더욱 살피지 않아서는 안 된다."[106]라고 하였습니다. 그러므로 비록 신처럼 어리석고 죄가 있는 자라도, 나아가고 물러나는 것과 사양하고 받는 것에 대해 시비 흑백을 분별하지 않을 수 없습니다.

　대저 신은 선왕조(先王朝) 때 누차 소명(召命)을 받았습니다. 앞에 내린 세 번의 소명은 모두 관직이 품계보다 낮아서 따로 혐의할 것이 없었으니, 신은 명을 듣자마자 곧장 나아갔고 일찍이 주저하며 나아가지 않은 때가 없었습니다. 오직 나중에 내린 두 번의 소명은 한 번은 장차 품계를 올려 중책을 맡기려고 하셨고 또 한 번은 이미 품계를 올려 중임을 제수하셨습니다.[107] 신의 못난 재주와 미미한 힘으로 모기가 산을 짊어진 격이니[108] 감당할 수 없다는 것을 잘 알고 있습니다. 이 뿐만이 아니라, 본래 작은 관직을 사양하였는데 끝에 가서는 도리어 작은 관직을 사양한 것으로 인해 큰 관직을 받게 되었고, 본래 벼슬에서 물러나기를 청했는데 결국은 물러난 것으로 인해 나아가기를 도모한 꼴이 되었으니, 그 일이 간교하고 외람된 것이 옛날의 이른바 벼슬하는 데 교묘하고[109]

106　사대부가……된다 :【譯注】《회암집(晦菴集)》권25〈한 상서에게 답한 편지〔答韓尙書書〕〉에 나오는 말이다.

107　나중에……제수하셨습니다 :【譯注】1566년(명종21) 정월에 소명(召命)이 내렸는데 이황이 재차 사직하자 명종은 이황의 품계를 자헌대부(資憲大夫)로 올려 공조 판서 겸 예문관 제학에 제수했으며, 이황이 또 사직하자 명종은 올라오길 재촉하며 겸 홍문관 대제학 예문관 대제학 지성균관사 동지경연 춘추관사에 제수했다. 명종은 같은 해 4월에 이황을 지중추부사에 제수하고 또 소명을 내렸다.《退溪先生年譜 卷2》

108　모기가……격이니 :【譯注】역량과 재주가 부족하여 중임을 감당할 수 없음을 비유하는 말이다.《장자》〈응제왕(應帝王)〉에 "그 천하를 다스림에 바다를 건너고 하수를 파며 모기로 하여금 산을 지게 하는 것〔使蚊負山〕과 같다."라고 하였다.

109　벼슬하는 데 교묘하고 :【攷證 卷3 巧宦】진(晉)나라 반악(潘岳)의〈한거부(閑居賦)〉에 "사마안이 네 번 구경에 이르렀으나, 사관이 쓰기를 '벼슬하는 데 교묘했다'는

지름길로 삼는다[110]는 것보다 더 심합니다.

신은 매우 간절한 구구한 마음으로 부득불 온 힘을 다해 사직한 것이 모두 네댓 번에 이르렀으나, 임금께서 더욱 들어주지 않으셨고 신의 정성이 상께 전달되지 못했습니다. 한 번은 하교로써 크게 책망하시기에 어쩔 수 없이 나아가 공조 참판이 되었고, 재차 다른 일로 올라오길 재촉하시기에 또 어쩔 수 없이 나아가 지중추부사를 제수받았으니, 이는 앞서 이른바 '작은 관직을 사양하다가 큰 관직을 받고 물러남으로써 나아가길 도모하는 것'의 잘못을 신이 스스로 말해 놓고는 신이 도리어 행하고서 마음으로 달게 여기고 뻔뻔하게 있으며 부끄러운 줄 모르는 것입니다. 옛사람의 사양하고 받는 의리로 헤아려 보건대, 신이 청의(淸議)에 용납될 수 없음이 분명하니, 이는 또 신의 죄입니다.

더구나 신이 작년에 도성에 들어가 망극하게도 국상(國喪)을 당하여 여러 달 동안 슬피 곡한 나머지 천질(賤疾)이 갑자기 심해져 장차 치료하기 어려운 형세여서 예조 판서에 제수되었으나 직무를 행하지 못했으니, 실로 사직하는 날에 치사(致仕)하고 고향으로 돌아가기를 청했는데 윤허를 받지 못했습니다. 신의 주제넘은 생각에, '오랜 기간 병으로 물러나 있다가 조정에 들어가자마자 또 병으로 직무를 행하지 못하여 이처럼 형편없으니, 충성을 다해야 할 처지에서 이미 의리를 펴지 못한

평을 붙였네.〔至司馬安四至九卿, 而良史書之, 題以巧宦之目.〕"라고 하였다.
110 지름길로 삼는다 :【譯注】벼슬에서 물러나 은거하는 것이 도리어 벼슬길에 나아가는 지름길이 된다는 말이다. 당나라 때 노장용(盧藏用)이 진사에 급제한 뒤 뜻대로 벼슬길이 트이지 않자 종남산(終南山)에 은거하였는데, 고사(高士)로 여겨져 마침내 소명을 받아 높은 벼슬에 오르게 되었다. 이로 인해 "종남산에 은거하는 것이 벼슬길에 나아가는 지름길이다.〔終南捷徑〕"라는 말이 생겼다. 《新唐書 卷123 盧藏用傳》

이상 오직 물러나는 한 가지 도리 밖에는 없음이 매우 분명하다.'라고 여겼습니다. 이 때문에 인산(因山)을 앞에 두고 머물러 기다릴 수 없어 체직(遞職)되어 관직이 없는 틈을 타서 경솔하게 마음대로 돌아왔으니, 신처럼 우매한 식견으로도 또한 신하의 본분을 다하지 못했음을 잘 알고 있습니다.

그러나 신이 삼가 두씨(杜氏)의 《통전(通典)》[111]을 보니 임금의 상사에 대한 분상〔奔大喪〕 조에 "먼저 들었으면 먼저 돌아가고 뒤에 들었으면 뒤에 돌아간다."라는 말이 있었으니, 지방에 있는 신하로서 분상하는 자는 반드시 모두 장례가 끝나기를 기다린 뒤에 돌아갈 필요는 없을 듯합니다. 신과 같은 자는 선왕의 관대한 은혜를 받아 지방에 물러나 있은 지가 전후로 지금까지 15, 6년이 되었는데, 국상을 당한 뒤에 이르러서는 병으로 신하의 직분을 폐기한 것이 또 이와 같습니다. 비록 조정 신하들이 밤낮으로 힘써 일하는 반열에 억지로 참여하여 신하의 본분을 다하고자 하더라도 그럴 방도가 없는데, 하는 일 없이 병방(病坊)[112]에 있으면서 죄를 짓고 은혜를 저버리고도 오히려 오래도록 떠나지 않는다면

---

111 두씨의 통전 : 【攷證 卷3 杜氏通典】 두우(杜佑)는 자가 군경(君卿)이고, 만년(萬年) 사람이다. 당나라 덕종(德宗)·헌종(憲宗) 두 임금 시대에 벼슬하여 관직이 사도(司徒)에 이르렀고, 기국공(岐國公)에 봉해졌다. 《통전》 2백 편을 지었다.

112 병방 : 【譯注】 한가로운 관직을 말한다. 【攷證 卷3 病坊】 송(宋)나라 안수(晏殊)의 《유요(類要)》에 다음과 같은 내용이 있다. "당나라 사람들은 비서성(秘書省) 관직을 '청직(淸職)'이기는 하나 요직(要職)이 아니다.'라고 여겨 권문귀족 및 이익을 좋아하는 자들이 대체로 이 직임을 좋아하지 않았다. 그리하여 비서감(秘書監)을 재상병방(宰相病坊)이라 하고, 비서승(秘書丞) 및 저작랑(著作郞)을 상서랑병방(尙書郞病坊)이라 하고, 비서랑(秘書郞) 및 저작좌랑(著作佐郞)을 감찰어사병방(監察御史病坊)이라 하였다."《古今事文類聚新集 卷29 諸監部》

그 죄가 더욱 클 것입니다.

이런 즈음에 신의 생각으로는 '먼저 들었으면 먼저 돌아가고 뒤에 들었으면 뒤에 돌아간다.'는 예 이외에는 변통하여 일신(一身)과 신하의 본분을 모두 온전히 할 수 있는 다른 방법이 없다고 여겼으니, 신이 망령되이 돌아온 것은 그 또한 이치상 극에 처하여 의리를 변통한 것으로 급박하여 부득이한 데에서 나온 것입니다. 그런데 일시의 여론이 진실로 모두 괴이하게 여겨 비방하는 논의가 수없이 많이 일어나고 꾸짖는 말이 계속하여 이르렀으니, 어떤 이는 명예를 좋아한다고 하기도 하고 어떤 이는 꾀병이라고 하기도 하며 어떤 이는 산새에 비하기도 하고 어떤 이는 이단이라고도 하였습니다.[113] 이는 신이 신하 된 도리를 잃어서 당대 어진 이들에게 크게 죄를 지은 것이니, 또 장차 무슨 도리로 성상의 보살핌에 보답하여 세상에 쓰일 수 있겠습니까.

옛날에 맹자(孟子)가 제 선왕(齊宣王)에게 고하기를 "좌우의 신하들이 모두 그를 어질다고 말하더라도 허락하지 말며, 여러 대부들이 모두 어질다고 말하더라도 허락하지 말고, 국인이 모두 어질다고 말한 뒤에 살펴보아서 어짊을 직접 본 뒤에 등용하소서."[114]라고 하였습니다. 이번 일

---

113 어떤……하였습니다 :【攷證 卷3 好名…異端】살펴보건대, 선생이 경직(京職)에 오래 있지 않고 자주 고향으로 갔으므로, 당시 사람들이 이 때문에 비난하였다.【要存錄 卷6】"어떤 이는 명예를 좋아한다고 한다."라는 것은 김개(金鎧) 부류를 가리키는 듯하다. "어떤 이는 꾀병이라 한다."라는 것은 선생이 송태수(宋台叟 송기수(宋麒壽))에게 준 편지에 "이른바 병이란 것이 어찌 두통으로 머리가 찢어질 듯하고 복통으로 배가 꼬이는 듯한 뒤에야 병들었다고 하겠습니까. 제가 병들지 않았다 하니 모든 사람들이 보기에 어떻게 여기겠습니까."라고 한 것을 가리킨다. 산새와 같다고 한 것은 재상 이준경(李浚慶)의 말이고, 이단이라 한 것은 남공 언경(南公彦經)의 말이다.

114 좌우의……등용하소서 :【譯註】《맹자》〈양혜왕 하(梁惠王下)〉에 나오는 말이다.

은 이와 다르게 하여, 좌우의 신하들에게 자문하지 않으시고 여러 대부 및 나라 사람들과 의논하지 않고서 다만 한두 신하가 그릇되게 아뢴 말을 채택하시어 이런 명을 내리셨습니다. 무릇 신에게 세상을 속인 헛된 명성과 나아가기를 도모한 천한 행실과 나라를 저버린 깊은 죄가 있음을 모두 살펴보지 않으시고, 억지로 '현(賢)'이라고 이름 붙이고 정(旌)으로 부르는 예[115]를 써서 부르기까지 하셨습니다. 신이 스스로 제 한 몸을 돌아보건대, 다만 세 가지 잘못만 쌓여 있고 조금도 잘난 점이 없으니, 벼슬길에 나아갔다가 병으로 버려진 처지에, 또 포부를 지니고 은거하는 이를 특별히 일으키는 경우도 아닌데 신이 무슨 명목과 무슨 의리로 버젓이 명을 받들어 염치를 무릅쓰고 궐에 나아가겠습니까. 신이 나아가길 원하지 않는 것이 아니라 나아가는 길이 감히 나아갈 수 있는 곳이 아니요, 신이 들어가길 원하지 않는 것이 아니라 들어가는 문이 감히 들어갈 수 있는 곳이 아닙니다. 신이 염치를 무릅쓰고 감히 나아가더라도 사방에 웃음거리가 되고 천고에 비난거리가 되는 것에 대해서는 어찌하겠습니까.

또 미천한 신이 선왕조(先王朝) 말년에 만 번 죽기를 무릅쓰고 감히 나아가지 않은 까닭은 바로 선왕의 은혜가 매우 두텁고 책임이 너무 막중하여 용렬한 소신이 감당할 수 있는 바가 아니었기 때문입니다. 그런데 지금 한두 신하가 전하를 위해 계책을 내서 도리어 다시 선왕 때 쓰지

---

115 정으로 부르는 예 : 【譯注】분에 넘치는 예우를 의미한다. 옛날에 임금이 우인(虞人)을 부를 때는 '피관(皮冠)'을 사용하고 대부를 부를 때는 '정'이라는 깃발을 사용하게 되어 있는데, 춘추 시대 제 경공(齊景公)이 '피관'이 아닌 '정'을 사용하여 우인을 불렀다. 그러자 우인은 '정'을 보낸 것이 자신의 지위에 맞지 않다는 이유로 죽음을 무릅쓰고 부름에 응하지 않았다. 《孟子 滕文公下》

않는 예를 써서 신에게 내리기를 권했습니다. 이 어찌 '신이 바라는 것에 만족이 없어 아직도 선왕께서 베푸신 은혜에 불만을 품고 오지 않는다.' 고 여겨서 지금 모름지기 더 후하게 대우하는 뜻을 보여서 장차 그 뜻을 크게 만족시켜 준 뒤에 신을 나오게 할 수 있다고 여기는 것이 아니겠습니까. 무릇 어질지 않은데 감히 스스로 어질다고 하면서 어진 이를 부르는 예에 망녕되게 응하여 나아가서, 이미 만족했는데도 오히려 불만스럽게 여겨 반드시 크게 만족하게 된 뒤에야 만족스러워한다면, 이 얼마나 염치없고 꺼리는 바가 없는 소인 중에서도 더욱 심한 자이겠습니까. 만약 신이 실로 이런 마음이 있다면 성조(聖朝)에서 신을 취하는 뜻이 어디에 있겠습니까. 실로 이런 마음이 없으니, 조정에서 더 두텁게 예우하는 것은 곧 소신의 나아갈 길을 더욱 막히게 하는 것입니다. 신의 나아갈 길은 더욱 막혔는데 조정의 명이 그치지 않으니, 반드시 죄를 저지르고 법을 범하여 이 몸을 위태롭게 하고 나라를 욕보인 뒤에야 그칠 듯한 형세입니다. 그런즉 신이 이에 대해 두렵고 곤란한 것이 어떠하겠습니까.

신이 삼가 듣건대, 선왕 시대에는 우매하고 미천한 신하에게는 그 분수에 합당하게 처우하고 그가 하지 못하는 것을 억지로 시키지 않았으며 늙고 병든 신하에게는 또 치사(致仕)를 허락해 주어 그로 하여금 직임을 오래 비워두지 않게 해서, 염치를 길러 주었습니다. 이는 천지가 만물을 생성하는 은혜요, 임금은 어질고 신하는 의로워 서로 그 도를 다했으니, 실로 또한 성세(聖世)의 고아한 풍치이며 맑은 시대의 훌륭한 풍속입니다.

지금 우매하고 용렬한 자질을 지닌 신은 본래 나아가서는 낮은 관직에 있고 물러나서는 백성들 사이에 숨어 있어야 하니, 이것이 바로 신의 분수입니다. 게다가 병이 고황(膏肓)에 들어 깊은 고질병이 되었으니, 건장한[116] 나이에도 오히려 벼슬에 종사하지 못했는데, 지금은 신의 나이가 예순여덟으로 여위고 쇠잔하며 어지럽고 어두운 것이 8, 90세 된 사람보다 더욱 심합니다. 그리하여 오늘은 어제의 일을 기억하지 못하고 저녁에는 이미 아침 일을 잊어버리니, 한마디 말이 채 끝나기도 전에 문득 두서를 잃어버리고 한 가지 일이 눈앞에 있으면 앞뒤를 온통 헷갈립니다. 가령 신이 조정에 있으면서 이와 같더라도 오히려 사직을 청하고 벼슬에서 물러나기를 속히 해야 할 것인데, 하물며 이미 물러나 있으면서 다시 나아가서야 되겠습니까. 지금 나아가 벼슬할 수 있다면, 왕년에는 어찌 나아갈 때마다 매번 머무르지 못했겠으며, 작년에 또한 어찌 은혜를 저버리고 지레 돌아오는 지경에 이르렀겠습니까. 그동안 상황을 종합하면 모두 이러하였으니, 지금 혹 피하지 못하고 한 번 나아가더라도 또한 단지 물러나기를 구하는 한 가지 일만 있을 뿐이니, 나랏일에 다시 무슨 보탬이 되겠습니까.

 다행히도 지금 신이 하늘의 신령함 덕택에 감당할 수 없음을 스스로 알아서 벼슬을 그만두기를 간절히 청합니다. 만일 성상께서 우매한 신의 정성을 가엾게 여겨주시어 신의 바람을 흔쾌히 들어주셔서 예로써 물러날 수 있게 해 주신다면, 이로 인해 전날 하늘을 속인 죄를 스스로 속죄할 수 있을 것입니다. 혹 조정의 뜻이 은혜를 잘못 베푸는 것을 불가하다 여기지 않고 이어 마침내 신이 할 수 없는 것을 강요하여 신으로 하여금 거꾸러지고 낭패하여 위로 청명(淸明)한 조정을 더럽히게 한다면, 사방

---

116 건장한 : 【攷證 卷3 强仕】《예기》〈곡례 상(曲禮上)〉에 "40세를 '강'이라고 하니, 이때 벼슬한다.〔四十曰强, 而仕.〕"라고 하였다.

에 웃음거리가 되고 천고에 비난거리가 되는 것이 어찌 오직 신 한 몸 뿐이겠습니까.

전하께서 만일 신의 말을 믿지 못하시겠다면, 삼가 청컨대 시험삼아 신이 스스로 아뢴 내용을 좌우의 보필하는 신하들과 대부, 나라 사람들에게 낱낱이 물어보시고, 아울러 신을 처분하는 마땅한 방법도 물어보소서. 저 신하들 중에 신의 전말을 보아서 신의 불초한 모습을 아는 자가 열에 여덟, 아홉은 될 것이니, 감히 속으로는 허물하면서 겉으로는 거짓으로 권하며[117] 예전에는 비웃고 비루하게 여기다가 지금 도리어 칭양할 자가 누가 있겠습니까. 반드시 그 실상을 엄폐하지 못하고 곧바로 지적(指斥)하여 명백히 드러낼 수 있을 것입니다. 이와 같다면 신의 각종 죄가 밝으신 성상께 환히 다 전달될 것입니다. 이렇게 되면 전에 한두 신료가 잘못 아뢰어 추중(推重)한 말은 절로 허탄한 것으로 귀결되어 행해지지 못할 것입니다. 중간에 잘못 내리신 윤음 또한 초야에 내린 것이라 하여 조처하지 않아서야 되겠습니까.

신이 지난번에 이미 "날이 따뜻해지기를 기다려라."라는 유지를 받고 다시 살려주신 은혜에 감격하였습니다. 삼가 생각건대, 상천(上天)은 만물을 덮어 주어 미물이라도 다 길러 주어서, 보잘것없는 이의 정성이라도 하소연하면 반드시 통하니, 이에 감히 염치를 무릅쓰고 피를 토하며 간절하고 절박한 마음을 우러러 아룁니다.

삼가 바라건대, 성상께서는 자전(慈殿)께 아뢰어 이 뜻을 더욱 미루시

---

117 권하며 : 【攷證 卷3 慫慂】 원(元)나라 웅충(熊忠)의 《고금운회거요(古今韻會擧要)》 권11에 "용(慂)은 권한다(勸)는 뜻이다. 방언에, 남초(南楚)에서는 자신이 기뻐하거나 노여워하고자 하지 않는데 옆 사람이 권고하는 것을 '종용(慫慂)'이라 한다."라고 하였다.

이 큰 은덕을 완성하시어 우인(虞人)이 오지 않은 죄[118]를 용서하시고 선왕께서 사람을 물리치는 예를 고찰하셔서, 먼저 모름지기 잘못 내리신 윤음을 거둬들이시고 이어 소명을 그치소서. 그리하여 조야(朝野)에서 다시 도모하여 반드시 합당한 사람을 올바로 얻고 그 실상을 진정으로 취하여, 성조에서 어진 이를 구하는 아름다운 뜻을 이루소서. 그리고 속히 해당 조에 명령하여 치사(致仕)의 성전(盛典)을 시행하시고 신이 사직을 청하는 것을 허락해 주시어, 진퇴에 있어서 낭패를 실컷 본 신으로 하여금 오히려 일이 벌어지기 전에 죄를 면할 수 있게 해 주시어, 혼백을 거두어들여 살아서 근본으로 돌아가 태평성대에 임금을 송축하는 백성이 되고 죽어서는 눈을 감아 결초보은(結草報恩)[119]의 바람을 이룰 수 있게 해 주소서. 이는 어리석은 신의 다행일 뿐 아니라 성조에서 인재를 잘 기용하고 복종시키는 도리이니, 어진 이를 구하여 어진 이를 얻는 것이 이에 거의 이루어질 것입니다. 지엄하신 성상을 번거롭게 했으니, 신은 지극히 두렵고 황공하여 석고대죄하는 마음을 가눌 수 없습니다. 신 황은 죽음을 무릅쓰고 재배하고 삼가 아룁니다.

---

118 우인이……죄 : 【譯注】 왕의 부름에 응하지 않는 죄라는 뜻이다. 춘추 시대 제경공이 대부를 부를 때 쓰는 '정(旌)'을 사용하여 우인을 부르자, 우인은 정을 보낸 것이 자신의 지위에 맞지 않다는 이유로 죽음을 무릅쓰고 부름에 응하지 않았다. 《孟子 滕文公下》

119 결초보은 : 【攷證 卷3 結草酬恩】《춘추좌씨전》 선공(宣公) 15년 조에 다음과 같은 내용이 있다. 진(晉)나라 위과(魏顆)가 아버지의 생전 유언을 따라, 첩을 죽여 순장(殉葬)하지 않고 개가(改嫁)시켰다. 보씨(輔氏)에서 전쟁할 때, 위과는 어떤 노인이 풀을 묶어 두회(杜回)의 길을 막는 것을 보았는데, 두회가 거기에 걸려 넘어졌기 때문에 두회를 사로잡았다. 그날 밤 꿈에 그 노인이 나타나 위과에게 "나는 그대가 개가시킨 부인의 아버지이다."라고 하였다.

무진년에 올린 사직소[120] (2) 【무진년(1568, 선조1, 68세) 3월 10일 추정, 서울】

戊辰辭職疏 二

자헌대부 전 지중추부사 신 이황은 삼가 재계하고 죽음을 무릅쓰고 두 손 모아 절하고서 머리를 조아리며 주상 전하께 말씀을 올립니다.

  신은 지난해 10월부터 올해 2월 말까지 모두 일곱 번 성상의 유지를 받았으니, 모두 신을 불러 관직을 제수하는 일 때문이었습니다. 신은 보잘것없어 성상의 두터운 바람에 부응하고 밝으신 뜻에 응할 수 없다는 것을 잘 알고 있으므로, 한 번 명이 내릴 때마다 번번이 진정을 토로하여 장(狀)과 소(疏)로 아뢰어 파직해 주시기를 바랐습니다. 그러나 신의 정성이 상께 전달되지 못하여 파직을 허락해 주시는 윤음이 아직 내리지 않았습니다. 신은 늙고 병들고 혼미하여 또 궐하(闕下)에 달려가서 사은숙배(謝恩肅拜)하고 직무를 볼 수 없습니다. 신의 죄는 만 번 죽어 마땅하고 일정한 형벌을 달게 받아야 하는데, 성은(聖恩)이 포용해 주시어 오랫동안 처분이 있지 않았으니, 신은 지극히 감격스럽고 황송한 마음을 가눌 수 없습니다. 지금 다시 마음속에 격발된 바로 인해 절박하여 어찌할 수 없어 감히 성상을 번거롭게 해드리며 다시 불안하고 간절한 마음을

---

120 무진년에 올린 사직소 : 【攷證 卷3 戊辰辭職疏二】《퇴계선생연보》권2에 다음과 같은 내용이 있다. "선생이 이미 상소했으나 아직 전달되지 못했는데, 상께서 대신(大臣)에게 하유하기를 '이 아무개가 군직(軍職)에 있으니 어진 이를 높이는 도리에 부족한 바가 있다. 특별히 찬성에 제수하라.'라고 하시고, 다시 올라오라고 하유하셨다. 3월에 또 상소하여 사직했다."

아뢰니, 밝으신 성상께서 가엽게 여겨 굽어살펴 주시길 바랍니다.

신은 삼가 생각건대, 옛날의 현철한 왕이 당대의 인재를 얻어 잘 쓸 수 있었던 것은 다름이 아니라 선택함에 잘 살피고 처우가 합당했기 때문입니다. 대저 천하 인재의 품격에는 큰 자가 있고 작은 자가 있어서, 큰 자는 작게 할 수 없고 작은 자는 크게 할 수 없습니다. 선왕께서 그러함을 아셨기 때문에 삼가 살펴서 선택하시고 어렵게 여기고 조심하여 처우해서, 관작(官爵)을 주는 것은 각각 그 재품(才品)에 따르고 관직의 등급도 이것을 보고서 고하를 정했습니다. 큰 인재가 큰일을 담당하게 할 경우에는 반드시 누차 시험한 뒤에야 하셨고, 작은 인재가 작은 일을 담당하게 할 경우에는 분수를 넘어 지나치게 제수한 적이 없어, 재주가 없는 자는 내쫓아 버려 여러 벼슬자리에 섞이지 않도록 하였습니다. 이것이 선왕께서 사람을 제대로 써서 태평을 이룩했던 까닭입니다.

그렇긴 하지만 그 당시에 어찌 오직 임금이 사람을 쓰는 것만 이러했겠습니까. 신하가 나아가 벼슬하는 것은 잘 살펴 처신하는 도리를 더욱 극진히 하였으니, 큰 인재가 큰 벼슬을 받고 작은 인재가 작은 벼슬에 처함에 모두 그 능력 여부를 스스로 헤아린 뒤에야 나아갔습니다. 그러므로 "능력을 헤아린 뒤에 들어가야 하고, 들어간 뒤에 헤아려서는 안 된다."[121]라고 한 것입니다. 혹 불행히도 감당할 수 없는 명이 내리면, 신하에게는 사퇴하는 길이 있고 임금에게는 허락해 주는 은혜가 있었습니다. 이 때문에 아랫사람은 윗사람에게 죄를 짓지 않고, 윗사람은 아랫사람에게 실수를 저지르지 않았습니다. 이렇게 하는 것은 모두 지당한

---

121 능력을……된다 : 【攷證 卷3 量而後入 不入而後量】《예기》〈소의(少儀)〉에 나오는 말이다.

이치요 불변의 법칙이니, 군신이 서로 그 도를 다하여 이로써 서로 의지하여 서로 성취시켜 주었습니다.

만일 그렇지 않아서 임금이 잘 살펴 처우하지 않아 큰일을 들어 작은 인재에게 억지로 떠맡기고, 신하가 잘 살펴 처신하지 않아 작은 자리를 거부하고 큰 자리를 부당하게 차지하며, 또한 혹 사직해야 하는데 사직할 줄 모르고 사직을 허락해야 하는데 끝내 허락하지 않으면, 윗사람은 필시 음식을 엎는 낭패[122]를 당할 것이고 아랫사람은 필시 짐을 져야 할 자가 수레를 타서 도둑을 불러오는 일[123]이 생길 것입니다. 여기에 이른 뒤에는 비록 돌이키고자 하더라도 또한 어찌할 수 없습니다.

신이 이전에 삼가 교서를 받아보니 정자(程子)와 주자(朱子)가 임금의 부름에 급히 달려간 의리[124]를 끌어와 비유하셨고, 근자에 내린 유지에서

---

122 음식을 엎는 낭패 : 【譯注】 지식이 얕고 능력이 부족한 사람이 큰 임무를 맡아 나랏일을 그르치게 되는 것을 비유하는 말이다.《주역》〈정괘(鼎卦) 구사(九四)〉 효사(爻辭)에 "솥의 다리가 부러져서 공상(公上)에게 바칠 음식을 엎은 것이라. 그 얼굴이 무안하여 붉어짐이니, 흉하도다.〔鼎折足, 覆公餗, 其形渥, 凶.〕"라고 하였다.

123 짐을……일 : 【譯注】 자격 없는 사람이 과분하게 높은 지위를 차지하여 재앙을 초래하는 것을 의미한다.《주역》〈해괘(解卦) 육삼(六三)〉 효사에 "짐을 짊어져야 하는데 수레를 타고 있는지라, 도적이 오게 하니, 정하더라도 부끄러우리라.〔負且乘, 致寇至, 貞吝.〕"라고 하였다.

124 정자와……의리 : 【攷證 卷3 程子朱子急趨君命之義】 철종(哲宗)이 처음 정사를 펼칠 때 하남 처사(河南處士) 정이(程頤)를 부르자 정이가 대궐에 달려갔는데, 문인 중 정이에게 가지 말라고 권한 이가 있었다. 그러자 정이가 "토지에서 생산되는 곡물을 먹고 사는 자들이 누군들 임금의 백성이 아니겠는가? 불렀는데 가지 않는 경우 나라에 일정한 형법이 있다."라고 하였다.《續資治通鑑長編 卷380》《宋名臣奏議 卷50》○ 영종(寧宗)이 즉위한 초기에 담주 지사(潭州知事) 주희(朱熹)를 불렀는데, 문인들이 뵙기를 청하고 "상께서 마음을 비우고 대해주시니, 감히 묻건대 그 도는 무엇을 우선해야 합니까?"라고 하였다. 그러자 주희가 "천자의 명으로 번신(藩臣)을 불렀으니, 마땅히 말에 명에 하기를 기다리지 말고 가야 한다. 나는 내 정성을 다하고 내 힘을 다해야

는 또 "진퇴 문제로 인혐(引嫌)하지 말고 속히 오라."라고 하교하셨습니다. 신은 명을 듣고 두려워한 끝에 삼가 생각건대 또한 그 말에 대해 매우 의아한 바가 있으니, 신이 아뢰지 않을 수 없습니다.

무릇 신하가 임금의 소명(召命)을 받았을 때 진실로 사양하고 받는 의리에 있어 거리끼는 바가 없으면, 급히 달려 나가 조금도 늦추어서는 안 됩니다. 당시 정자와 주자 같은 경우에는 나아가야 할 도리가 있고 사양할 만한 혐의는 없었으니, 어찌 급급히 나아가지 않을 수 있었겠습니까. 그러므로 그 말이 이와 같았던 것입니다. 그러나 두 분이 한때 한 말씀을 가지고 훗날 처신한 일을 헤아려 보면 그렇지 않은 경우가 더욱 많으니, 어째서겠습니까. 사양하고 받는 것에 대해 조금이라도 혐의(嫌疑)할 것이 있으면, 나아가고 물러나는 즈음에 결코 그 혐의를 헤아리지 않아서는 안 되기 때문입니다. 이 때문에 정자는 전후로 관직을 사양한 것이 아홉 번이었는데 끝내 나아가지 않은 적이 세 번 있었고, 주자는 소명을 사양한 것이 모두 열 번이었는데 관직을 사양하고 올라오길 재촉하는 문서[125]를 사양한 것이 무려 5, 60번이 넘었고 끝내 나아가지 않은 것이 여덟 번이었습니다. 무릇 두 분은 사도(斯道)의 책임을 맡고 경륜의 사업을 풍부히 지녔으며, 원우(元祐)[126]의 선정(善政)과 건도(乾道)·순

함을 알 뿐이니, 이 외에는 내가 미리 헤아릴 수 있는 바가 아니다."라고 하였다. 《朱子年譜 卷4》 이는 모두 정묘년(1567, 명종22)의 교서에 보인다. 【校解】 정묘년의 교서는 명종이 1567년 11월 16일에 내린 교서로, 《퇴계선생연보》 권3 〈부록(附錄) 교서(敎書)〉에 수록되어 있다.

125 올라오길 재촉하는 문서 : 【攷證 卷3 堂促】 바로 《주자연보(朱子年譜)》에서 "당첩(堂帖)으로 또 올라오기를 재촉했다.〔堂帖又趣行〕"라고 한 것이다.

126 원우 : 【攷證 卷3 元祐】 송나라 철종(哲宗)의 연호이다.

희(淳熙)¹²⁷의 선치(善治)는 삼대(三代) 이하로 비견될 만한 것이 거의 없는데도 두 분께서 이와 같이 하셨으니, 어찌 의(義)에 맞지 않는데 두 분이 그렇게 하셨겠습니까. 진실로 사양하고 받는 데 있어 예의를 분변하지 않고 진퇴에 처하여 옳고 그름을 따지지 않는다면, 그 본심을 잃어 도가 무너지기 때문에 어쩔 수 없이 그렇게 하신 것일 뿐입니다.

두 분만 그렇게 했을 뿐만이 아닙니다. 사마광(司馬光)¹²⁸은 추밀 부사(樞密副使)를, 범진(范鎭)¹²⁹은 문하시랑(門下侍郎)을 모두 고사(固辭)하여 받지 않았습니다. 유재(劉宰)¹³⁰는 떠나갈 적에 일곱 번 벼슬이 제수되었으나 한 번도 나아가지 않았으며, 최여지(崔與之)¹³¹는 전리(田里)

---

127 건도·순희 :【攷證 卷3 乾淳】건도(乾道)와 순희(淳熙)로, 송나라 효종(孝宗)의 연호이다.

128 사마광 :【譯注】1019~1086. 자는 군실(君實), 호는 우부(迂夫)·우수(迂叟), 시호는 문정(文正)이다. 송나라 신종(神宗)이 사마광을 추밀 부사(樞密副使)에 제수했는데, 사마광은 왕안석(王安石)의 신법에 반대하는 소장을 올리고 사직하였다.《宋史 卷334 司馬光列傳》

129 범진 :【攷證 卷3 范鎭】자가 경인(景仁)이고, 성도(成都) 사람이다. 송나라 철종(哲宗) 원우(元祐) 원년(1086)에 문하시랑을 사직하고 치사했다. 촉군공(蜀郡公)에 봉해졌다.

130 유재 :【攷證 卷3 劉宰】명나라 이현(李賢) 등의《대명일통지(大明一統志)》권11〈진강부(鎭江府)〉에 "금단(金壇) 사람이다. 소희(紹熙) 원년(1190)에 진사가 되었으며, 주현(州縣)을 다스리는 벼슬을 역임했다. 태상승(太常丞)·지영국부(知寧國府)로 관직이 옮겨졌으나 모두 나아가지 않았다. 단평(端平) 연간에 한 시대에 명예와 성망(聲望)이 있는 이들을 거의 다 불러들였는데, 초치하지 못한 것은 유재와 최여지(崔與之)뿐이었다. 시호는 문청(文淸)이다."라고 하였다.

131 최여지 :【攷證 卷3 崔與之】명나라 이현 등의《대명일통지》권79〈광동포정사(廣東布政司)〉에 "증성(增城) 사람이다. 소희(紹熙) 4년(1193)에 진사로 뽑혔으며, 관직이 참지정사에 이르고 우승상에 천거되었는데 모두 사양하고 나아가지 않았다. 졸한 뒤 남해군공(南海郡公) 봉작이 더해졌다. 시호는 청헌(清獻)이다."라고 하였다. ○ 살

로 돌아갈 적에 세 번 승진되고 소명이 거듭 내렸지만 대체로 모두 극력 사퇴하였고, 끝에 가서는 다시 열세 번이나 소를 올리고 끝내 나가지 않았습니다. 이 여러 군자들이 어찌 군신의 대의를 잊고, 괴이한 행동을 하여 청렴결백하다는 명성을 취하길 좋아한 것이겠습니까. 임금이 신하를 부릴 때 강요할 수 없는 경우가 있으며, 신하가 임금을 섬길 때도 감히 명을 따르지 못하는 경우가 있습니다. 이러한 일을 옛사람들은 마치 목마르면 물 마시고 배고프면 밥 먹으며 여름엔 갈포 옷을 입고 겨울엔 갖옷을 입는 것처럼 당연하게 여겼으니, 몸소 행하는 사람도 위태롭게 여기고 근심하지 않았고 보고 듣는 사람도 놀라고 이상하게 여기지 않았습니다. 사관(史官)이 이를 역사책에 써서 후세에 남겨 준 것이 어찌 소견이 없이 그렇게 한 것이겠습니까. 반드시 명교(名敎)에 깊이 관계되어 있기 때문입니다.

또 신이 제현(諸賢)을 인용하여 말한 것은 단지 교서의 뜻에 답하려 한 것일 뿐입니다. 미천한 신의 일로 말하자면 지극히 우매하고 비루한 자질로 오랫동안 고질병을 지녀서, 허술하고 용렬한 것이 견줄 데가 없습니다. 만약 재품(才品)의 대소를 감별하는 선왕의 법을 쓴다면 본래 백관(百官)의 반열에 있어서는 안 되는데, 요행으로 벼슬길에 들어와 3품까지 거쳤는데도 보잘것없고 용렬하여 한 가지 직무도 제대로 수행하지 못했습니다. 작은 것이 이러하니, 큰 것도 알 수 있습니다. 그러므로 스스로 부끄럽고 두려운 마음을 품어 비로소 조정에 몸을 두는 것이 편안치 않게 되어 고향으로 돌아와 제힘으로 농사지어 먹고 살면서 본분을

펴보건대, 사마광·범진·유재·최여지의 진퇴(進退)는 《정본 퇴계전서》 권8 〈정자중에게 답하는 별지(別紙)〉(KNL1124A), (KNL1124B)에 보인다.

지키고 형관(刑官)의 논의¹³²를 면하고자 할 뿐이었습니다.

그런데 뜻밖에도 이로 인해 헛된 명성을 얻어서 사람을 속이고 세상을 속여서 마침내 위로 임금까지 속여, 성조(聖朝)로 하여금 참과 거짓을 분변하지 못해 과분한 은혜를 누차 내리도록 하였습니다. 신 쪽에서 막 본직(本職)을 사직하고 물러나 지내고 있으면 조정에서는 신이 사직한 것으로 인해 더 발탁하여 승진시키는 명을 내렸고, 신이 또 승진된 관직을 힘써 사직하면 조정에서는 다시 승진시킨 것으로 인해 또 승진시켜서, 이십 년 동안 이처럼 반복된 것이 두 번 세 번에 이르렀습니다. 공적으로 말하자면 털끝만큼도 드러난 것이 없는데, 관작(官爵)으로 말하자면 우뚝이 육경(六卿)의 반열에 올랐습니다. 이는 고금 천하에 전혀 없던 일로, 신의 큰 허물이 되어 마음과 일이 모순되고 이름과 실상이 어긋나는¹³³ 것입니다. 신이 비록 구구하게 피하고자 하는 뜻이 있으나, 하늘에 호소하려 해도 하늘에 호소할 길이 없고 남들에게 하소연하려 해도 남들이 믿지 않으니, 굽어보나 우러러보나 부끄럽고 두려워 어찌할 수가 없습니다. 그런즉, 마음속으로 스스로 '신하가 되어 죄를 지은

---

132 형관의 논의 : 【攷證 卷3 吏議】한나라 사마천(司馬遷)의 《사기》 권87 〈이사열전(李斯列傳)〉에 "관리들이 객을 쫓아낼 것을 헌의(獻議)하였다.〔吏議逐客〕"라고 하였다. 한(漢)나라 사마천(司馬遷)의 〈임안에게 답하는 편지〔報任安書〕〉에 "끝내 법을 집행하는 관리의 논의를 따랐다.〔卒從吏議〕"라고 하였다. 《漢書 卷62 司馬遷傳》

133 어긋나는 : 【攷證 卷3 蹠盭】원나라 웅충(熊忠)의 《고금운회거요》 권19에 "'려(盭)'는 '려(戾)'와 통용된다."라고 하였다. 한나라 반고(班固)의 《한서》 권48 〈가의전(賈誼傳)〉에 "또 발바닥이 어긋나 괴로웠다.〔又苦蹠盭〕"라고 하였는데, 당(唐)나라 안사고(顏師古)의 주석에 "'蹠'는 '척(蹠)'의 고자(古字)이다. 발의 아래를 '척'이라 하니, 지금 시속에서 '발바닥〔脚掌〕'이라고 부른 것이다. 발바닥이 어긋나서 가지 못하는 것을 말한다."라고 하였다.

것이 이와 같으니 오직 그 지위에 처하지 않고 그 이익을 누리지 않아야 만분의 일이라도 몸을 씻고 속죄할 수 있을 것이다.'라고 맹세했습니다. 이것이 신이 누차 잘못된 은혜를 입은 뒤에 부득불 물러나 돌아가는 것을 의리로 삼고 감히 다시 힘을 다해 반열에 나아가기를 생각하지 않는 까닭입니다.

지금 성상께서 즉위하시어 만물이 기쁘게 우러러보는 때에 어진 이를 좋아하고 선을 즐거워하는 마음이 지극한 정성에서 나오시니, 조정의 여러 신하들은 더욱 마땅히 사람을 등용함에 잘 살펴 처우하던 선왕의 도리를 받들어 권하여 힘써 행해야 합니다. 그런데 도리어 나중에 조정에 들어온 식견 없는 신하가 외람되이 신의 이름을 거론하여 허와 실을 궁구하지 않고 과장해서 논하여 천거하여, 성상께서 공경히 어진 이를 구하시는 훌륭한 뜻을 그르치게 하였습니다. 이로 말미암아 성상께서 염두에 두시는 바가 한결같이 그 말을 신용하시어, 신을 부른 것과 신을 임명하신 것이 거듭되고 융숭했으니, 이는 모두 보잘것없는 미천한 신하가 감히 감당할 수 있는 바가 아닙니다. 신은 지극히 두렵고 떨리는 마음을 이길 수 없어, 바야흐로 상소를 올려 스스로 죄를 탄핵하여 혈성(血誠)을 토로하고 진심을 피력하여 파직해 주시기를 바랐습니다. 그런데 그 상소가 전달되기도 전에 또 찬성(贊成)으로 특별히 올려주시는 명이 내렸으니, 신이 이전과 지금 사직을 청하는 뜻에 견주어 본다면 그 경중·대소와 감당할 수 있는지 여부가 어떠하겠습니까. 만약 신이 사양한 것을 꾸며낸 것이며 진정이 아니라고 여겨 고관대작이 신에게 이익이 될 수 있다고 여기신다면, 성조에서 당초 잘못 듣고 신에게 책임 지우신 뜻과 크게 상반되지 않겠습니까. 어떠어떠하다는 명성을 듣고서 이익을 추구하는 신하를 얻어 한갓 과시하다가 끝내 수포로 돌아간다면 또 어찌

하겠습니까. 지금 저 도박과 같은 천한 기술도 한 수를 헛놓으면 판 전체가 모두 패하는데, 하물며 새로 정사(政事)를 하여 인재를 기용하는 큰일에 있어 어찌 여러 수를 헛놓으면서 판 전체가 패하는 것을 근심하지 않아서야 되겠습니까.

신이 삼가 생각건대, 조정 신하 가운데 나라를 위해 충심으로 염려하는 자가 많지 않은 것이 아니니, 저들이 조정의 인재 기용이 이와 같은 것을 보고는 필시 팔짱을 끼고 길게 한숨을 쉬고 천장을 쳐다보며 탄식할 것입니다. 그런데도 오히려 감히 조정을 위해 깊이 간언하지 않는 것은 단지 성상의 뜻이 먼저 들은 말로 인해 부당한 사람에게 은총을 잘못 내리셨음을 면치 못했으므로 신하들이 어쩔 수 없이 따라가서[134] 드러내어 지척(指斥)해 말하려고 하지 않아서입니다. 신은 자사(子思)가 "나랏일이 날로 그릇되어 간다."[135]라고 말한 것을 장차 오늘날 보게 되고 어느 날 조정에서 신이 스스로 말한 것처럼 과연 신이 어질지 못한 사람임을 알게 되면, 신 자신과 신을 천거한 사람이 죄를 얻게 될 뿐만 아니라 온 조정의 신하들이 모두 간하지 않은 책임을 면할 수 없을까

---

134 어쩔……따라가서 : 【攷證 卷3 雷同】《예기대전(禮記大全)》〈곡례 상(曲禮上)〉의 주석에 "남의 말을 듣고 부화(附和)하는 것을 '뇌동'이라 하니, 이는 마치 우레가 치면 만물이 이에 호응하는 것과 같기 때문이다.〔聞人之言而附和之, 謂之雷同, 如雷之發聲而物同應之也.〕"라고 하였다.

135 나랏일이……간다 : 【譯註】자사가 위후(衛侯)에게 "왕의 국사가 장차 날로 잘못될 것입니다.〔君之國事, 將日非矣.〕"라고 하자, 위후가 그 까닭을 물었다. 이에 자사가 "왕이 한마디 말을 하면서 스스로 옳다고 하면 경대부가 감히 그 잘못을 바로잡지 못하고, 경대부가 한마디 말을 하면서 역시 스스로 옳다고 하면 사서인이 감히 그 잘못을 바로잡지 못하니, 이는 임금과 신하가 모두 스스로 잘났다고 하는 것입니다."라고 하였다. 《資治通鑑 卷1 周紀1 安王25年》

두렵습니다.

　신이 처음 명을 들었을 때, 전하의 밝은 지혜로도 신의 불초한 실상을 알지 못하시기 때문에 이렇게 하신 것이라 여겼습니다. 근래에 올린 상소 한 편과 두어 편의 장(狀)에서 신의 죄과를 다 드러내고 신의 진심을 다 아뢰었는데, 어찌 사직을 허락해 주시는 은혜를 입지 못한단 말입니까. 그 후에 두 번 전하께서 내리신 유지를 받들어 보니 잘못 칭찬하고 책임 지우신 것이 전날과 같았으니, 무릇 신이 애절하게 바란 말이 모두 성상께 알려져 시행되지 못한 것입니다.

　사람들이 모두 신에게 "나아가고 물러남과 사양하고 받음을 반드시 도(道)로써 하는 것이 곧 선현(先賢)의 일이다. 너는 어떤 사람이기에 감히 이것을 본받고자 하는가? 지금 사람은 오직 임금의 명령이 있음을 알 뿐이니, 만일 그렇게 하지 않으면 장차 죄를 얻을 것이다."라고 하였습니다. 신은 더욱 황공하고 군색하여 속히 몸을 이끌고 길에 올라 지치도록 급히 달려가고자 하였는데, 위태로운 병증이 갑자기 나타나 생사를 알 수 없습니다. 만일 혹 죽지 않고 궐하에 이르더라도, 벼슬을 받은 뒤에 백관이 손가락질하고 도성 사람들이 지적하는 대상은 수십 년 동안 다섯 번 나아오고 여섯 번 물러나 국은(國恩)을 저버린 예전 그대로 멍한 일개 범용(凡庸)한 사람일 뿐이요, 지난해에 보았던 병이 위독해 받은 직무를 수행하지 못하고 낭패하여 고향으로 도망간 예전 그대로 파리한 일개 필부일 뿐입니다. 그러니 분노해 비웃으며 "저 사람은 어떤 사람이기에 우리 임금의 총명(寵命)을 누차 욕되게 하는가?"라고 말하지 않을 자가 없을 것입니다.

　신에게 조정의 일을 물으면 동서를 전혀 알지 못하고, 직무를 다스리게 하면 멍하니 두서를 찾지 못합니다. 신의 병들고 노쇠한 몸은 전하께 가까이 갈 수 없으니, 억지로 나아간다면 전하의 마음속에 비루하게 여기고 싫어하는 마음이 생기도록 하기에 알맞을 것입니다. 신의 오활하고 편벽된 학문은 성상의 계책을 도울 수 없으니, 주제넘게 아뢴다면 혹 도리어 전하의 생각에 의혹만 불어나게 할 것입니다. 중서성(中書省)을 병을 요양하는 곳으로 삼고[136] 정사당(政事堂)을 반식(伴食)[137]하는 곳으로 삼으며, 병가를 청하는 것이 신의 급선무가 되고 직무를 피하는 것이 신의 훌륭한 계책이 될 것이니, 늙은 말이 망아지가 되었다는 풍자[138]가 반드시 일어날 것이고 못가에 웅크리고 앉아 떠나지 않는다[139]는 비방이 또 이를 것입니다. 그러나 사직을 청하려 하자니 청이 받아들여질 가망이 없었고, 노령으로 벼슬을 그만두려 하자니 치사할 길이 열리지 않았

---

136 중서성을……삼고 : 【譯注】병치레만 하면서 직무를 제대로 수행하지 못한다는 뜻이다. 송나라 인종(仁宗) 때의 재상인 진요좌(陳堯佐) 등이 병치레만 하고 제대로 정사를 돌보지 못하자, 간관 한기(韓琦)가 "중서성이 병을 요양하는 곳이 되어 버렸다.〔中書番爲養病坊〕"라는 당시의 말을 인용하여 상소를 올렸다. 《宋史全文 卷7下》

137 반식 : 【攷證 卷3 伴食】후진(後晉) 조영(趙瑩) 등의 《구당서》 권98 〈노회신열전(盧懷愼列傳)〉에 "노회신이 요숭(姚崇)과 함께 재상이 되었는데, 스스로 자신의 재주가 요숭에게 미치지 못한다고 여겨 모든 일을 요숭에게 양보했으므로, 당시 사람들이 노회신을 '반식재상(伴食宰相)'이라 불렀다."라고 하였다.

138 늙은……풍자 : 【譯注】임무를 감당하지 못하는 분수를 돌아보지 않고 벼슬을 탐한다는 뜻이다. 《시경》〈소아(小雅) 각궁(角弓)〉에 "늙은 말이 도리어 망아지라고 하여 그 뒤를 돌아보지 아니하도다.〔老馬反爲駒, 不顧其後.〕"라고 하였다.

139 못가에……않는다 : 【譯注】오랫동안 요직을 차지하고 있다는 의미이다. 【攷證 卷3 蹲池不去】살펴보건대, 송나라 증공량(曾公亮)이 가우(嘉祐) 연간에 정권을 쥐어 희녕(熙寧) 연간에 이르러서도 여전히 중서성에 있자, 이복규(李復圭)가 시를 지어 기롱하기를 "늙은 봉황은 못가에 웅크리고 앉아 떠나지 않고, 굶주린 까마귀는 누대 위에서 입을 다물고 소리내지 않네.〔老鳳池邊蹲不去, 飢烏臺上噤無聲.〕"라고 하니, 증공량이 마침내 치사하고 떠났다. 《古今事文類聚前集 卷32 老鳳不去》

습니다. 그대로 계속 구차하게 지내는 중에 대간의 소장에서 탄핵당해 떠나지 않으면, 반드시 국법에 걸려 낭패하게 될 것이니, 신 한 몸이야 진실로 애석할 것이 없으나 조정의 명을 욕되게 하고 나라에 해를 끼치는 것은 어찌하겠습니까.

신의 민망하고 절박한 사정을 아직 다 말씀드리지 못한 것이 있으니, 청컨대, 다시 한 가지 일로 비유하여 아뢰겠습니다. 가령 어떤 임금이 용력(勇力)을 좋아하여 상금을 걸고 무거운 것을 들 수 있는 선비를 구한다고 하면, 먼저 들어야 할 물건을 십 균(鈞)의 가벼운 것부터 백 균, 천 균, 만 균의 무거운 것에 이르기까지 벌여 두고, 각 무게의 물건마다 상금의 액수를 그 물건의 무게대로 할 것입니다. 여기에 어떤 사람이 있는데 그 힘이 병아리 한 마리도 이기지 못하는데 일찍이 시험 삼아 들게 하자, 그 사람은 자신의 힘이 2, 30균에서 다한다는 것을 스스로 알아 병으로 사퇴하고 떠났습니다. 그런데 헛된 말을 가지고 임금에게 고하는 자가 "아무개는 지금 오확(烏獲)[140]이 드는 무게를 들 수 있습니다."라고 하였습니다. 임금이 그 말을 믿고 그 사람을 불러서 50균을 들게 하니, 그 사람은 사양하여 "병든 저는 수십 균을 들기에도 힘이 부치는데, 50균을 어찌 들겠습니까?"라고 하고 피하여 떠났습니다. 또 그 사람을 불러서 70균을 들게 하니, 또 사양하며 "병든 저는 일찍이 50균을 사양했으니, 70균을 어찌 들겠습니까?"라고 말하고 또 피하여 떠났습니다. 그런데 또 그 사람을 불러서 백 균의 무게를 들게 하니, 그 사람은 스스로

---

140 오확 : 【攷證 卷3 烏獲】송나라 사마광(司馬光)의 《자치통감(資治通鑑)》 권3 〈주기(周紀)3 신정왕(愼靚王)〉 4년 조 호삼성(胡三省)의 음주(音註)에 "맹분과 오확은 옛날의 용사이다.〔孟賁, 烏獲, 古之勇士.〕"라고 하였다. 【校解】《고증》에서 출전을 《운부군옥(韻府群玉)》이라고 한 것은 오류인 듯하다.

노병(老病)이 더욱 심하고 부끄러움과 두려움이 더욱 심하다는 이유로 바야흐로 도망가 사퇴하기에 겨를이 없었습니다. 그런데 어떤 이가 그 실정을 믿지 않고 임금에게 고하기를 "그 사람이 오지 않는 것은 정성이 부족하고 포상이 적기 때문입니다."라고 하였습니다. 이에 또 정성을 다하고 무게를 더욱 늘려서 심지어 천 균의 무거운 것을 주며 그 사람에게 들게 하였습니다. 그렇다면 그 사람이 장차 몸이 부서질 만한 무게와 맥이 끊어질[141] 걱정을 헤아리지 않고 감히 나아가 천금의 이익을 받는 것이 옳겠습니까, 아니면 장차 달아나 깊이 숨어 종신토록 나오지 않는 것이 옳겠습니까? 무릇 십 균은 백 균, 천 균과 비교해 무게가 현격히 차이날 뿐만이 아닙니다. 어찌 젊고 건강할 때도 십 균을 들기에 힘이 부족했던 사람이, 늙고 병들어 죽음이 임박한 때에 백 균, 천 균을 감당할 수 있을 리가 있겠습니까. 이는 나라 사람들이 모두 보아서 아는 것이니, 기망(欺罔)하고 도망갈 궁리를 하는 것이 아닙니다. 무거운 것을 줄여 가볍게 해서 그 임무를 논의할 줄 모르고, 도리어 사양할 때마다 번번이 더 무겁게 하여 그것을 들도록 독촉함에, 들지 못하면 장차 공경하지 않은 죄가 따르게 되니 또한 원통하지 않겠습니까.

　미천한 신의 일이 바로 저 경우와 비슷한데, 처신하는 바에 관계된 것은 훨씬 중대합니다. 저 경우 오직 용력(勇力)을 시험하는 데 응모한 것인데도 오히려 무게를 들지 못하면 감히 상을 받지 않았습니다. 성조(聖朝)에서 신에게 이미 예의의 책임을 지우고 사군자의 도로써 처우하

141　맥이 끊어질 :【攷證 卷3 絕脈】살펴보건대, 진(秦)나라 무왕(武王)이 힘을 겨루며 노는 것을 좋아하여 맹열(孟說)과 용무늬가 새겨진 솥을 들어 올리다가 맥이 끊겨 죽었다.《史記 卷43 趙世家》《論衡 效力》

셨으니, 신이 만약 도리어 벼슬하는 데 교묘한 마음[142]을 품고 시정에서 이익을 추구하는 계책을 가지고서 앞뒤는 돌아보지 않고 오로지 허위로 꾸미고 거짓을 무릅쓰고서 경상(卿相)의 지위를 차지한다면, 어찌 저 용력 시험에서 도망간 자에게 비웃음 당하지 않겠으며, 선비의 기풍을 무너뜨리고 신하의 절조를 더럽히며 어진 이의 진로를 방해하고 성조의 다스림을 모독한 죄를 이루 다 주벌할 수 있겠습니까.

신은 심기(心氣)의 병이 다른 병보다 심하니 몇 년 동안 치료하여 겨우 실성하는 지경에 이르지는 않았습니다. 그런데 지금 명에 지체한 이후로 밤낮으로 두렵고 초조하니, 본래의 병이 발작하여 혹 실성하는 지경에 이를까 두렵습니다. 신은 삼가 생각건대, 성상께서 세상을 다스리심은 마치 하늘이 만물을 덮어 주는 것과 같아 만물이 각각 제 자리를 얻게 하는데, 신은 보잘것없는 미천한 목숨으로 홀로 분수를 편안히 하지 못하여 당황하고 절박한 심정을 하소연할 곳이 없으니, 살아서는 마치 돌아갈 곳이 없는 궁한 사람과 같고 죽어서는 부끄러움을 안고 눈 감지 못할 것입니다.

삼가 바라건대, 주상 전하께서는 곡진히 살펴 가엽게 여겨주시어 쾌히 덕음(德音)을 내리소서. 신 황은 이미 외람되이 받은 작질(爵秩)을 대뜸 다 체직해 주시기를 감히 바라지는 않으나, 지금 새로 주신 숭품(崇品)의 품계와 이공(貳公)의 관직과 경연관의 겸직은 속히 도로 거두어들이도

---

142 벼슬하는……마음 : 【譯注】 높은 벼슬에 누차 오르려고 한다는 뜻으로 구경(九卿)에 네 번이나 오른 한나라 사마안(司馬安)의 고사를 인용한 것이다. 진(晉)나라 반악(潘岳)의 〈한거부(閑居賦)〉에 "사마안이 네 번 구경에 이르렀으나, 사관이 쓰기를 '벼슬하는 데 교묘했다'는 평을 붙였네.〔至司馬安四至九卿, 而良史書之, 題以巧宦之目.〕"라고 하였다.

록 명하시고, 이어 이전의 직질(職秩)로서 치사하도록 허락해 주소서. 목숨이 간당간당한 신으로 하여금 이내 죽지 않고 전야(田野)에서 의리를 다하게 해 주소서. 그리하여 사방 후대 사람들로 하여금 모두 작은 인재가 큰 벼슬을 받을 수 없고 늙고 병든 이에게는 직무에 관계되는 일을 요구하지 않으며, 경상의 지위는 허위로 함부로 얻을 수 없으며 인정(仁政)이 펼쳐지는 아래에서 과연 하나의 사물도 제자리를 얻지 못하는 것이 없음을 알게 하신다면, 성대한 덕과 큰 은혜에 신이 마땅히 사방 만백성과 함께 젖어 들어 감히 사사롭게 일신의 다행으로 여기지 않을 것입니다. 신은 하늘을 바라보고 성상을 우러르며 지극히 간절한 마음을 가눌 수 없습니다. 신 황은 죽음을 무릅쓰고 재배하고 삼가 아룁니다.

KNW008(疏-5)(癸卷6:36左)(樊卷6:36左)

무진년에 올린 육조의 소[143] 【무진년(1568. 선조1. 68세) 8월 7일 추정. 서울】

戊辰六條疏

숭정대부(崇政大夫) 판중추부사(判中樞府事) 신 이황은 삼가 재계하고 두 손을 모아 머리를 조아리며 주상 전하께 말씀을 올립니다.

　신은 초야의 미천한 몸으로 하찮은 재주도 쓸모없어 나라를 제대로 섬기지 못하고서 향리로 돌아와 죽기만 기다리고 있습니다. 선조(先朝 명종(明宗))께서 저에 대해 잘못 들으시고 은혜롭게도 여러 번 관직을 내려주셨는데 전하께 이르러서는 더욱 잘못을 답습하시어 은혜가 갈수록 융숭해져서 올해 봄에 관계(官階)를 뛰어넘어 파격적으로 제수하신[144]데 이르러서는 더욱 깜짝 놀랄 만하였기에, 신은 감당하지 못할 것으로 여겨 전하의 격노를 무릅쓰고 사양하였습니다. 비록 이미 은혜로 너그러이 보살펴 주셔서 부승(負乘)[145]은 면하였지만, 품계는 고쳐지지 않아 분수

---

143 무진년에……소:【攷證 卷3 戊辰六條疏】1568년(선조1) 5월에 의정부 우찬성(議政府右贊成)에서 체차하고 판중추부사로 임명하여 서울로 올라오라고 하니, 퇴계 선생이 7월에 서울에 들어가고, 8월에 상소를 올려 여섯 가지 조목을 진술하였다. 《退溪先生年譜 卷2》

144 올해……제수하신:【譯注】1568년(선조1) 1월에 숭정대부(崇政大夫)로 품계를 올리고 의정부 우찬성에 제수하였다. 《退溪先生年譜 卷2》

145 부승:【譯注】분수에 넘치는 자리를 차지하고 있다가 재질이 부족하여 낭패를 당하는 것을 이른다. 《주역》〈해괘(解卦) 육삼(六三)〉 효사(爻辭)에 "짐을 등에 진 미천한 사람이 군자가 타야 할 수레를 탔는지라, 도둑이 눈치채고 뺏으려고 오니 마음이 곧더라도 부끄러움을 당하리라.〔負且乘, 致寇至, 貞吝.〕"라고 하였다.

에 넘치기는 여전합니다. 게다가 신은 늙고 병들어 벼슬살이를 감당할 힘이 전혀 없는데도 외람되이 높은 반열을 차지하여 더욱 부끄럽고 두려우니, 분수에 맞지 않는 자리에 오래 머물러 성조(聖朝)를 욕되게 할 수는 없습니다. 다만 신의 이번 상경에 외람되이 분에 넘치게 특별한 자애를 베푸시니, 신이 비록 평소 주책(籌策)과 경략(經略)에 어두우나 충심을 다하여 일득지우(一得之愚)[146]를 바치기를 생각지 않을 수 없고, 또 입으로 아뢰는 사이에 정신이 어둡고 말이 어눌해서 한 가지만 거론하고 만 가지를 빠뜨릴까[147] 염려되어, 감히 글을 써서 올립니다. 모두 6조로 나눠 추론한 글을 외람되이 전의(前疑)[148]에게 올려 드리니 감히 티끌만한 도움이 있기를 바라지는 못하지만, 혹 설어(暬御)[149]의 경계로 삼으시는 데에 조금이나마 보탬이 될 수 있으리라 생각합니다.

첫째, 계통(繼統)을 중시하여 인효(仁孝)를 온전히 하는 것입니다. 신이 듣건대, 천하의 일 가운데 군주의 지위가 하나의 계통으로 이어지는

---

146 일득지우 : 【攷證 卷3 一得之愚】한나라 사마천(司馬遷)의 《사기》 권92 〈회음후열전(淮陰侯列傳)에 "어리석은 사람도 천 번 생각하면 틀림없이 한 가지 좋은 꾀를 낼 수 있다.〔愚者千慮, 必有一得.〕"라고 하였다.

147 한……빠뜨릴까 : 【攷證 卷3 掛一漏萬】당(唐)나라 한유(韓愈)의 〈남산(南山)〉 시에 "여기에 관련된 기록들을 모두 모아서 대강이라도 묘사해 보고 싶었지만, 한 가지만 언급하고 만 가지를 빠뜨렸다.〔團辭試提挈, 掛一念萬漏.〕"라고 하였다.

148 전의 : 【攷證 卷3 前疑】좌보(左輔)·우필(右弼)·전의(前疑)·후승(後丞)을 사보(四輔)라 하는데, 군주의 곁에서 보필하는 신하들이다. 《百官志》당나라 장온고(張蘊古)의 〈대보잠(大寶箴)〉에 "감히 전의에게 고합니다.〔敢告前疑〕"라고 하였다.

149 설어 : 【攷證 卷3 暬御】서산 진씨(西山眞氏 진덕수(眞德秀))가 "'설어'는 임금을 가까이서 모시는 신하를 이른다."라고 하였다. 《大學衍義 卷30》【校解】설어는 임금에게 경계하는 말을 아뢰는 역할을 하였으니, 《국어(國語)》〈초어 상(楚語上)〉에 "침소에 거처할 때는 설어의 잠언이 있다.〔居寢, 有暬御之箴.〕"라고 하였다.

것이 가장 중요하다고 합니다. 무릇 막중한 계통을 아버지가 자식에게 전하고, 자식이 아버지로부터 이어받으니, 그 일의 지극히 중대함이 어떠하겠습니까. 예로부터 군주는 누구나 다 지극히 중차대한 계통을 이어받지 않은 사람이 없지만, 그 '지극히 중차대하다'라는 뜻을 제대로 이해하는 이가 적어서 효에 부끄러움이 있고 인(仁)의 도리를 다하지 못한 이가 많았습니다. 적장자로서 계승하여도 오히려 이러한데, 혹 방계로서 선대를 이은 군주의 경우는 인효의 도리를 다하는 이가 더욱 적고 이륜(彝倫)의 가르침을 어겨 죄를 짓는 자가 흔히 있었으니, 어찌 깊이 두려워할 만한 일이 아니겠습니까.

아, 하늘엔 두 개의 태양이 없고 백성에게는 두 명의 임금이 없으며 집안에는 두 명의 존장(尊長)이 없고 상사(喪事)에는 두 번의 참최복(斬衰服)이 없는 법입니다. 옛 성인께서 본생(本生)의 은혜가 중차대함을 모르는 것이 아니나 예법을 제정하여 남의 후사(後嗣)가 된 자로 하여금 그 아들이 되게 하였습니다. 이미 그 아들이 되었다면 인효의 도리는 마땅히 후사가 된 양가(養家)에 오로지 해야 하고, 본생가 부모의 은혜는 도리어 이와 더불어 병립할 수 없는 것입니다. 이 때문에 성인이 의리를 세워 본생가의 은혜를 줄이고 후사가 된 양가의 은혜를 높여 후사가 된 의리를 다하게 하였습니다. 《주역》에 '하나에 지극히 한다'[150]라는 뜻을 밝혔고, 《맹자》에서 '근본을 둘로 하는 것'[151]을 경계하였으니 권형(權衡)

---

150 하나에 지극히 한다 : 【譯注】《주역》〈계사 하(繫辭下)〉 5장에 "'세 사람이 갈 때는 한 사람을 덜고, 한 사람이 갈 때는 벗을 얻는다.'라고 하였으니, 하나에 지극히 함〔致一〕을 말한 것이다."라고 하였다.

151 근본을……것 : 【譯注】《맹자》〈등문공 상(滕文公上)〉에 "하늘이 만물을 낳을 때 근본이 하나가 되게 하였는데, 이자(夷子)는 근본을 둘〔二本〕로 생각하기 때문이다."라

이 정해진 곳에 윤리의 법칙이 명백합니다. 하물며 방계로서 선대를 이음에 천명을 받아 보위(寶位)에 오르셨으니 종묘사직의 부탁이 어떠하겠으며 신민의 우러름이 어떠하겠습니까. 감히 사의(私意)로는 반역(反易)하는 바가 있으나, 후사가 된 쪽에 융숭히 하지 않을 수 있겠습니까.

삼가 생각건대, 주상 전하께서는 왕실의 지친(至親)이라는 중하신 몸으로 선왕의 예간(豫簡)의 명[152]을 받들어 대통(大統)을 이으시니 천의(天意)와 인심이 딱 맞았습니다. 휼택(恤宅)[153]에서 슬픔을 극진하게 하시고, 부왕을 사랑하고 공경하는 마음이 유업을 계승하는 데에 부족함이 없으셔서 무릇 선왕의 뜻과 사업을 계승하는 모든 일이 다 훌륭한 성품에서 나오고 마음속 진실을 말미암지 않음이 없으니, 인효의 도리에 있어 융숭함을 다하시지 못할까 하는 걱정이 없습니다. 위로 종묘사직의 신령으로부터 아래로 신민의 마음에 이르기까지 진실로 이미 함께 기뻐하고 서로 경하하는 바입니다. 그러나 마음은 쟁반의 물보다 보존하기 어렵고, 선은 바람 앞의 촛불보다 보전하기 어렵습니다. 옛말에 "나무가 썩으

고 하였다.

152 선왕의 예간의 명 :【攷證 卷3 先王豫簡之命】명종(明宗)이 세자 순회(順懷)의 상을 마치고 조카들 가운데 연(昖 선조(宣祖))를 택하여 따로 사부를 뽑아 가르치도록 명하였는데, 이는 암암리에 그를 사랑했던 것이 이미 오래되었기 때문이다. 명종이 일찍이 두 형과 함께 연을 불러 자신이 쓰고 있던 관(冠)을 벗어 차례로 씌어주었는데, 그 차례가 선조에게 이르자, "임금님이 쓰던 것을 어찌 감히 머리에 가까이하겠습니까." 라고 하니, 명종이 매우 감탄하면서 "나는 응당 이 관을 네게 주리라."라고 하였다. 《國朝故事 第3冊》【校解】《고증》에서 '順懷'를 '懷順'이라고 한 것은 오류이다.

153 휼택 :【譯注】거상(居喪)하고 있는 상차(喪次)이다.【攷證 卷3 恤宅】《서경》에 "휼택에 종주[恤宅宗]가 되게 했다."라고 하였는데, 송(宋)나라 채침(蔡沈)의 주석에 "우거(憂居)의 종주가 되게 했다."라고 하였다. 《書集傳 周書 顧命》【校解】《고증》에서 '憂居'를 '居憂'라고 한 것은 오류이다.

면 벌레가 생기고,154 효성은 처자식 때문에 쇠한다."155라고 하였습니다.

지금 전하의 마음은 파도가 일지 않은 물과 같고 먼지가 앉지 않은 거울과 같습니다. 그러므로 인애(仁愛)의 마음이 뭉클뭉클 솟아 막힘이 없고, 효순(孝順)의 행실이 순수하여 틈새가 없습니다. 그러나 훗날 이목을 가리는 일들이 전하 앞에 잡다하게 닥치고 애증의 마음을 흔드는 일들이 아울러 일어나 날이 가고 달이 깊어지는 동안 예사가 되고 인정에 끌리게 된다면, 잘 모르겠습니다만 그때도 전하의 마음이 외부의 유혹으로 인해 바뀌지 않고 오늘날처럼 마음속으로 우뚝하게 선을 주장하실 수 있겠습니까? 진실로 이처럼 하실 수 있다면 만복(萬福)을 받으실 테니 아무 근심할 것이 없습니다. 만일 혹 불행히도 전하의 깊으신 마음이 한 번 저들에 의해 변화하면 종묘를 받드는 일이 번번이 어긋나고 장락궁(長樂宮)156을 봉양하는 일이 걸핏하면 게을러지게 될 뿐만 아니라 혹 편사(偏私)의 틈을 타서 정경(正經)과 대의(大義)를 파괴하는 말로써 꾀이고 영합한다면, 마땅히 융숭히 해야 할 것은 줄이고 마땅히 줄여야 할 것은 융숭히 하는 일이 점차 발생하리니, 이런 일이 어찌 반드시 없으

---

154 나무가……생기고 : 【攷證 卷3 木腐蟲生】송나라 소동파(蘇東坡 소식(蘇軾))의 〈범증론(范增論)〉에 "사물은 반드시 썩고 나서야 벌레가 생긴다.〔物必先腐也, 而後蟲生之.〕"라고 하였다.

155 효성은……쇠한다 : 【譯注】한나라 유향(劉向)의 《설원(說苑)》〈경신(敬愼)〉에 "관리는 벼슬을 얻게 되면 게을러지고, 병은 조금 나을 때 더 심하여지고, 화는 게으른 데서 생기고, 효는 처자식 때문에 쇠하게 된다.〔孝衰於妻子〕"라고 하였다.

156 장락궁 : 【譯注】명종비 인순왕후(仁順王后) 심씨(沈氏)를 이른다. 【攷證 卷3 長樂】살펴보건대, 한나라 장신궁(長信宮)이니, 또 다른 이름은 장락궁이고, 태후가 거처한 곳이다. 【校解】장안(長安)에 있던 궁전으로 미앙궁(未央宮)의 동쪽에 있었다. 초기에는 황제가 이곳에서 시조(視朝)하였으나 혜제(惠帝)의 모후(母后)인 여태후(呂太后)가 거처한 뒤로는 모후를 가리키는 말이 되었다.

리라 보장하겠습니까. 이것이 예로부터 방계로서 대통을 이은 임금이 이륜(彝倫)의 가르침에 죄를 짓는 대부분의 까닭이니 오늘날 마땅히 지극한 경계로 삼아야 합니다. 그러나 이는 신이 감히 전하를 본생 부모에게 박하게 하도록 인도하려는 것이 아닙니다. 다만 융숭히 해야 하는 까닭은 성왕(聖王)께서 확정한 법도가 이와 같기 때문이고, 줄여야 하는 이유는 선유(先儒)가 확정한 논의가 법도로 삼을 만하기 때문입니다. 비록 그렇지만 융숭히 하고 줄이는 것은 바로 천리와 인륜의 지극한 이치이니, 한결같이 이를 따라 티끌만 한 사의(私意)가 그 사이에 섞이지 않게 한 뒤에야 인을 베풀고 효를 실천하는 일에 대해 논의할 수 있습니다.

그러나 효는 모든 행위의 근본이니 한 가지 행동이라도 흠결이 있으면 순효(純孝)가 되지 못하고, 인은 모든 선의 으뜸이니 한 가지 선이라도 갖추어지지 않으면 전인(全仁)이 되지 못합니다. 《시경》〈대아(大雅) 탕(蕩)〉에 "처음에는 선하지 않은 이가 없으나 선으로 마치는 이가 적기 때문이다.〔靡不有初, 鮮克有終.〕"라고 하였습니다. 바라건대 성명(聖明)께서 유념하신다면 매우 다행이겠습니다.

둘째, 참소와 이간을 막아 양궁(兩宮)[157]이 친하게 지내도록 해야 합니다. 신은 듣건대, 부모가 그 자식을 사랑함을 '자애'라 하고, 자식이 그 어버이를 잘 섬김을 '효도'라 한다고 합니다. 효도와 자애의 도리는 천성에서 나와서 모든 선의 으뜸이 되니, 그 은혜가 지극히 깊고 그 윤리가 지극히 무겁고 그 마음이 가장 절실합니다. 지극히 깊은 은혜로써 지극히 무거운 윤리를 따라 가장 절실한 마음을 행하는 것이니, 극진히 하지 못할 자가 없어야 할 터인데, 혹 효도에 결함이 있어 자애하는 천성마저

---

157 양궁 :【譯注】선조와 명종비 인순왕후를 이른다.

없어지는 데 이르고, 심한 경우 지친(至親)이 시랑(豺狼)처럼 변하여 자식을 돌보지 않게 되기도 합니다. 보통 사람들도 이를 면치 못하는 경우가 있지만, 제왕의 집안에 이런 근심이 더욱 많으니 그 까닭이 무엇이겠습니까?

무릇 그것은 정(情)과 사세(事勢)가 막히기 쉬워 참소가 더욱 많아지기 때문입니다. 정과 사세가 막히기 쉽다고 말한 이유는 전하께서 궁전에서 모시고 날마다 나아가 뵙는 데 있어 처소가 존엄하여 사세가 혹 막히고, 일이 복잡다단하여 정이 혹 막히기 때문입니다. 참소가 더욱 많아진다고 말한 이유는 양궁 사이에 좌우에서 가까이 모셔 총애를 받으며 심부름하는 이들이 모두 환관과 여인들이기 때문입니다. 이들의 본성은 대개 음흉하고 교활하여 간악한 마음과 사사로운 생각을 품고 난(亂)을 좋아하고 화(禍)를 즐기며,[158] 효도와 자애가 무엇이며 예와 의가 어떤 것인지 알지 못합니다. 오직 섬기는 사람을 소중히 여겨 하나는 저쪽에 치우치고 하나는 이쪽에 치우쳐 서로 세력을 갈라 대립하여 많고 적은 것을 다투고 비교하는 통에 은혜와 원망이 잠깐 사이에 생기고 이익과 손해가 이들의 향배(向背)에 따라 결정됩니다. 없는 것을 있다고 하고 옳은 것을 그르다고 하여 정상(情狀)이 만 가지로 나타나 귀신과 같고 물여우와 같아서[159] 혹 격발하여 노하게도 하고 혹 속여서 두렵게도 만듭

---

158 난을……즐기며 :【攷證 卷3 喜亂而樂禍】당나라 방현령(房玄齡) 등의 《진서》 권100 〈왕미열전(王彌列傳)〉에 다음과 같은 내용이 있다. "동중도(董仲道)가 왕미를 보고는 '그대는 승냥이의 울음소리와 범의 눈빛을 하고 난을 좋아하고 화를 즐기니〔好亂樂禍〕, 천하가 혼란해지면 사대부가 되지 못할 것이다.'라고 하였다."

159 귀신과……같아서 :【攷證 卷3 鬼蜮】《시경》에 "귀신이 되고 물여우가 된다.〔爲鬼爲蜮〕"라고 하였는데, 주자의 주석에 "물여우는 단호(短狐)라고 하는데 강회(江淮)의 강물에 모두 살고 있다. 물여우가 모래를 머금었다가 물속에 비친 사람의 그림자에

니다. 만일 한 번이라도 혹시 이들의 말에 귀를 기울여 듣고 믿게 되면 자신은 불효에 빠지고 어버이는 자애롭지 못하게 만들고 말 터이니, 이는 필연적입니다. 무릇 왕가의 법도가 엄정하고 양궁이 화락하면 이들은 그 간교를 쓸 여지가 없어 이익을 얻지 못합니다. 반드시 서로 얽어놓고 서로 오해하게 하여 그 주인이 어둡고 윤리에 어긋난 뒤에 그 술수를 부리고 참소를 해대어 큰 이득을 보는 것이니, 이는 소인과 여자의 공통된 병통입니다. 비록 그렇지만 이들은 역시 군덕(君德)이 어진지 비루한지, 다스림이 엄한지 방종한지를 살피고는 그림자와 메아리처럼 빠르게 반응하니, 그렇다면 인군은 자신의 다스림이 어떠한지 살펴야 합니다. 만일 자신을 제대로 다스릴 수 있다면 무슨 걱정이 있겠습니까.

신이 지난해 서울에 있을 때 항간에 떠도는 소문을 들었습니다. 전하께서 즉위하신 초기에 이런 무리들 가운데 잠저(潛邸) 때의 구은이 있다 해서 왕명을 기다리지도 않고 감히 나온 자가 있었으나 급히 전하의 준엄한 명을 받고 물러갔다 하여, 온 나라 사람들이 모두 대성인의 행하심은 이렇게 보통 사람들보다 훨씬 뛰어나다고 여겨 숭앙하였다고 합니다.[160] 이로부터 성덕(聖德)이 날로 알려지고 인과 효가 끊어짐이 없었으니, 이를 미루어 가면 어떤 음흉한 자인들 굴복하지 않겠으며 어떤 악인인들 감히 방자할 수 있겠습니까.

뿜으면 그 사람이 문득 병이 들게 된다."라고 하였다. 《詩集傳 小雅 何人斯》

160 잠저……합니다 : 【攷證 卷3 有以潛邸云云】선조(宣祖)가 즉위하자, 조정 신하들과 선조가 잠저에 있을 때의 하인들이 모두 은택을 받기를 원하여 이름을 적어 들였는데, 승지가 이를 가지고 승정원에 와 보고하니 불태우라고 즉시 명하였다. 잠저 때의 유온(乳媼)이 가마를 타고 입궐하여 간구하며 아뢰자, 상이 "네가 어찌 감히 대뜸 지붕이 있는 가마를 타느냐."라고 꾸짖고는 궁 밖으로 내치라고 명하였다. 《東閣雜記 卷下》

비록 그렇지만 전하께서는 이것만 믿고 상빙(霜氷)의 경계에 소홀하시면 결코 안 됩니다. 대저 전하의 효성으로써 한 나라의 봉양을 극진히 하시니 그 효는 크다 하겠습니다. 그러나 자식 된 직분에 마땅히 해야 할 일은 무궁무진하니 어찌 나의 어버이 섬김이 이미 충분하다고 여겨 다른 염려가 없다 하겠습니까. 또 오늘날 전하께서 어버이를 섬기는 것은 이른바 의(義)로써 은혜를 융숭히 하고 변칙의 처지에서 상례에 처하시는 것[161]이니, 이 두 가지 상황은 실로 소인들과 여자들이 틈을 엿보아 문제를 만드는 거리가 됩니다.

신이 삼가 전대의 일을 살펴보니, 위로 자애로운 어버이가 있고 아래로 어진 후계자가 있더라도 나쁜 환관과 참언하는 첩들이 서로 어버이와 아들 사이를 이간질하여 그 효도를 제대로 끝맺지 못한 경우를 이루 다 말할 수 없습니다. 하물며 지금 대궐 안에는 앞뒤 조론(朝論)에서 깊이 염려한 대로 노회한 간흉과 소인배들을 아직 다 제거하지 못하고 있으니, 이것은 아마도 단지 '날뛰는 여윈 돼지'[162] 같을 뿐만이 아닙니다.

엎드려 바라건대, 전하께서는 《주역》〈가인괘(家人卦)〉의 뜻[163]을 살펴 거울로 삼으시고, 《소학》〈명륜(明倫)〉의 교훈을 법으로 삼아 자신을

---

161 변칙의……것 : 【譯注】선조가 덕흥군(德興君)의 아들로서 명종과 숙질간이었으나 입계(入繼)하여 왕위에 올라 부자간이 된 것을 말한다.

162 날뛰는 여윈 돼지 : 【譯注】아무리 미약해도 항상 군자를 해치려는 마음을 품은 소인을 가리킨다. 《주역》〈구괘(姤卦) 초육(初六)〉효사에 "여윈 돼지가 날뛰고 싶은 마음이 진실하다.〔羸豕孚蹢躅〕"라고 하였다.

163 가인괘의 뜻 : 【譯注】남녀가 각기 바른 자리에 있어야 한다는 뜻이다. 《주역(周易)》〈가인괘(家人卦) 단사(彖辭)〉에 "가인은 여자가 안에 자리를 잡고 남자가 밖에 자리를 잡아 남녀가 바른 상이니, 이것은 천지의 대의이다.〔女正位乎內, 男正位乎外, 男女正, 天地之大義也.〕"라고 하였다.

다스리기를 엄하게 하시고 왕가를 바로잡는 데에 삼가시어 어버이 섬기기를 독실히 하시고 자식된 직분을 다하소서. 그리하여 좌우의 근신들이 양궁의 지극한 정은 효도와 자애보다 더 중한 것이 없어 그들의 참소와 이간이 통할 길이 없다는 것을 환히 알게 하소서. 또한 그 효도와 자애를 이루게 하는 자는 복을 얻고 이간질을 하는 자는 죄를 얻는다는 것도 알게 하소서. 그리하면 저절로 음사(陰邪)를 부려 이간질하고 혼란을 야기하는 폐단이 없어지고 효도에 부족함이 없게 될 것입니다. 또 이 마음을 미루고 이 정성을 다하여 공의전(恭懿殿)[164]에 효성과 공경을 극진히 하여 언제나 정을 다하고 힘을 다하시면 도는 계속 높아지고 인이 지극하며 의가 극진해져 삼궁(三宮)이 기뻐하며 화합하고 만복이 이를 것입니다. 《시경》〈소아(小雅) 항백(巷伯)〉에 "조금 벌어지고 벌어진 것으로 남쪽 기성(箕星)을 이룬다.〔哆兮侈兮, 成是南箕.〕"라고 하고, 또 〈대아(大雅) 문왕(文王)〉에 "길이 효도를 생각하시니 효도를 생각함이 법칙이 된다.〔永言孝思, 孝思維則.〕"라고 하였으니, 바라건대 성명께서 유념하신다면 매우 다행이겠습니다.

셋째, 성학(聖學)을 돈독히 하여 다스림의 근본을 세워야 합니다. 신이 듣건대, 제왕의 학문은 그 심법의 요체가 위대한 순(舜)임금이 우(禹)에게 명한 말에 연원하였다고 합니다. 그 말에 "인심(人心)은 위태하고 도심(道心)은 은미하니 오직 정밀하게 선택하고 한결같이 하여야 진실로 그 중도를 잡을 것이다.〔人心惟危, 道心惟微. 惟精惟一, 允執厥中.〕"[165]

---

164 공의전 :【攷證 卷3 恭懿殿】인종비 인성왕후(仁聖王后) 박씨(朴氏)이다.
165 인심은……것이다 :【譯注】《서경》〈우서(虞書) 대우모(大禹謨)〉에 나오는 말이다.

라고 하였습니다. 무릇 천하를 전해주는 것은 받는 사람으로 하여금 천하를 편안하게 하고자 하는 것인 만큼, 그 부탁하는 말이 의당 다스림보다 더 급한 것이 없을 텐데 순임금이 우에게 간곡하게 일러주고 경계한 말씀이 이 몇 마디에 지나지 않았으니, 어찌 학문과 성덕(成德)을 다스림의 큰 근본으로 삼고, 정일집중(精一執中)을 학문하는 큰 법도로 삼은 것이 아니겠습니까. 큰 법도로써 큰 근본을 세우면 천하의 다스림은 다 이로부터 나오는 것입니다.

오직 옛 성인의 말씀이 이와 같기에 신처럼 미련한 자도 성학(聖學)이 지극한 다스림의 근본이 됨을 알아 참람되이 말씀드리는 것입니다. 비록 그렇지만 순임금의 이 말씀은 위태롭고 은미하다고 말할 뿐이고 그 위태롭고 은미한 까닭은 언급하지 않으며, 다만 정일(精一)을 가르쳐줄 뿐이고 정일의 방법은 제시하지 않았으니, 후세 사람들이 비록 이를 따라 도를 참으로 알고 실천하려 하여도 거의 어렵게 되었습니다.

그 뒤로 여러 성인이 서로 이어오다가 공자에 이르러 그 방법이 크게 갖추어졌으니, 《대학》의 격물치지(格物致知)와 성의정심(聖意正心), 《중용》의 명선(明善)과 성신(誠身)이 그것입니다. 그 뒤로 학자들이 번갈아 나타나다 주자에 이르러 그 학설이 크게 밝아지니,《대학장구》와 《중용장구》,《대학혹문》과《중용혹문》이 그것입니다. 이제 이 두 책을 배워 참으로 알고 참으로 실천하는 학문을 하면, 비유컨대 밝은 해가 중천에 솟아 있어 눈만 뜨면 다 보이고, 큰 길이 앞에 놓여 있어 발만 들면 걸어갈 수 있는 것과 같습니다. 다만 걱정은 세상에 이 학문에 뜻을 둔 임금이 적고, 혹 뜻을 두었어도 시종일관 유지할 줄 아는 군주가 더욱 드물다는 것입니다. 아, 이것이 우리의 도가 전해지지 않는 까닭이고 다스림이 옛날과 같지 못한 이유이니, 그 혹 제대로 해낼 자를 기다리느라 그런 것입니까?

삼가 생각건대, 주상 전하께서는 신성(神聖)한 자질을 하늘로부터 받으셨고, 깊고 밝은 학문이 날로 새로워지며 진보하니, 유신(儒臣)과 강관(講官) 중에 감복하여 찬탄하지 않는 자가 없습니다. 그렇다면 전하께서는 이 학문에 자질도 있고 뜻도 있는 것이며, 치지(致知)의 방법과 역행(力行)의 공부도 역시 그 시초가 마련되어 있다고 할 수 있습니다. 그러나 어리석은 신의 망령된 생각으로는 이것만을 고집하여 대뜸 제대로 알고 제대로 실천한다고 할 수 없습니다.

신이 먼저 치지, 이 한 가지 사안에 대해 말씀드리겠습니다. 우리의 성정·형색·일용·이륜의 가까운 일로부터 천지·만물·고금·사변의 무수한 일에 이르기까지 지극히 실제적인 이치와 지극히 마땅한 법칙이 존재하지 않음이 없으니, 이것이 바로 이른바 '천연적으로 본디 있는 중(中)'[166]이라는 것입니다. 그러므로 배움은 넓게 하지 않을 수 없고 질문은 자세히 하지 않을 수 없으며 생각은 신중하게 하지 않을 수 없고 분별은 분명히 하지 않을 수 없으니, 이 네 가지가 치지의 절목입니다. 이 네 가지 중에서도 생각을 신중히 하는 것이 가장 중요합니다. 생각이란 무엇입니까? 마음에서 찾아 증험이 있고 얻음이 있는 것을 말합니다. 마음에 증험하여 이(利)와 욕(欲), 선과 악의 기미와 의(義)와 이(利), 시(是)와 비(非)의 판별을 명확히 분변하여 정미하게 연구하지 않음이 없고 조금의 착오도 없으면, 이른바 '위태롭고 은미한 까닭'과 '정밀하게

---

166 천연적으로……중 : 【譯注】송(宋)나라 정이(程頤)가 "모든 사물에는 다 천연적으로 중(中)이 있으니 사람이 안배할 필요가 없다.〔事事物物上, 皆天然有個中在那上, 不待人安排也.〕"라고 하였다.《二程遺書 卷17》

하고 전일하게 하는 방법'이 이와 같음을 참으로 알아서 의심이 없게 될 것입니다.

이제 전하께서는 이 네 가지 공부에 대하여 이미 그 시초를 열어 단서를 틔우셨으니, 그 단초로 말미암아 더욱더 공부를 쌓아가시고 더욱 지극히 하시기 바랍니다. 그 차례와 절목은 《혹문》에 제시된 상세한 내용에 따라 경(敬)을 위주로 하여 모든 사안과 모든 물건에 대하여 그 소당연(所當然)과 소이연(所以然)의 이치를 궁구하지 않음이 없어야 하니, 침잠하여 반복하고 깊이 생각하고 체인하여 그 극치에 이르고, 세월이 오래되어 공력이 깊어지면 하루아침에 자신도 모르는 사이 쇄연하게 눈 녹듯 풀리고 시원스레 진리에 관통함을 절로 느끼게 될 것입니다. 이때 비로소 이른바 '체(體)와 용(用)이 한 근원이요, 드러난 것과 은미한 것이 틈이 없다'[167]는 말이 참으로 그러함을 알아서 위태로운 것과 은미한 것에 대해 헷갈리지 않고 정밀하고 전일하게 해나가는 것에 대해 의혹을 품지 않아 중(中)을 잡을 수 있습니다. 이것을 '참으로 안다'라고 하는 것입니다.

신은 다시 역행이라는 사안에 대하여 말씀드리겠습니다. 성의(誠意)는 반드시 기미(幾微)에서 잘 살펴 터럭만큼이라도 성실하지 못함이 없는 것이고, 정심(正心)은 반드시 동정(動靜)에서 살펴 한 가지 일이라도 올바르지 못함이 없는 것이며, 수신(修身)은 한 가지 편벽함에도 빠지지 않는 것이고, 제가(齊家)는 한 편에 익숙해지지 않는 것이니, 조심하고 두려워하며 신독(謹獨)을 실천하고 뜻을 굳건히 하여 쉬지 않는, 이 몇

---

167 체와……없다 : 【攷證 卷3 體用一源顯微無間】 송나라 정이천(程伊川 정이)의 《주역전의서(周易傳義序)》 서문에 나오는 말이다.

가지가 역행의 조목입니다. 이 몇 가지 가운데 심(心)과 의(意)가 관건입니다. 심은 천군(天君)[168]이요, 의는 심이 발동한 것입니다. 먼저 그 발동하는 바를 진실하게 하면 하나의 성(誠)이 만 가지 거짓을 녹여 없애 그 천군을 바로잡기에 충분합니다. 그렇게 되면 인체의 모든 기관이 천군의 명령에 따라 행하는 바가 진실하지 않음이 없게 됩니다.

지금 전하께서는 이 몇 가지 공부에 대하여 역시 이미 그 시초를 열어 단서를 잡으셨으니, 그 단서를 말미암아 더욱 절실한 공부를 극진히 하시기 바랍니다. 그 규모(規模)와 종지(宗旨)는 두 책에 담긴 교훈에 따라 경(敬)을 위주로 하여 언제 어디서나 늘 잊지 않고 생각하며 일마다 경계하고 삼가서 온갖 얽매임과 인욕을 마음에서 깨끗이 씻어내고, 오륜과 백행을 지선(至善)의 경지에서 연마하여 먹고 쉬는 동안이나 다른 사람과 수작할 때도 의리가 몸에 배게 하고, 분노를 누르고 욕심을 막으며 개과천선하여 성실하고 정일함에 힘쓰는 것인지라 광대하고 고명함이 예법에서 벗어나지 않으며 참찬(參贊)과 경륜(經綸)이 모두 옥루(屋漏)[169]에 근본을 두게 됩니다. 이같이 하여 참됨을 많이 쌓고 시일이 오래 지나면 저절로 의가 정밀해지고 인에 익숙해져 그만두려 하여도 그만둘 수 없어 어느덧 자기도 모르는 사이에 성현의 중화(中和)의 경지에 들어

---

168 천군 : 【攷證 卷3 天君】《순자》〈천론(天論)〉에 "마음은 중앙의 텅 빈 곳에 있으면서 오관(五官)을 다스리니, 이를 일러 천군이라 한다.〔是之謂天君〕"라고 하였다.

169 옥루 : 【譯注】혼자 거처하는 은밀한 곳을 이른다. 【攷證 卷3 屋漏】《시경》에 "네가 거실에 있음을 보건대, 거의 옥루에 부끄럽지 않게 해야 한다.〔相在爾室, 尙不愧于玉漏.〕"라고 하였는데, 주자의 주석에 "'옥루'는 방의 서북쪽 모퉁이〔室西北隅〕이다."라고 하였다. 《詩集傳 大雅 抑》《예기》〈증자문(曾子問)〉의 '실내의 밝은 곳〔當室之白〕'에 대하여 삼국 시대 위나라 손염(孫炎)이 "실내의 햇빛이 스며들어 오는 곳이다."라고 하였다.

가게 됩니다. 그 실천의 효과가 이런 경지에 이르면 도가 이루어지고 덕이 확립되어 다스림을 펼치는 근본이 여기에 존재하고, 인재를 취하는 법칙이 과연 자신을 벗어나지 않아 현자들이 잇따라 나아오고 공적이 크게 빛나 세상을 융성하고 태평하게 하고 백성을 인수(仁壽)의 경지에 까지 이끄는 일도 어렵지 않게 됩니다.

혹자는 "제왕의 학문은 글 읽는 학자나 일반 학생의 경우와는 같지 않다."라고 하는데, 이는 글의 뜻이나 캐고 문장이나 잘 짓는 종류의 학문을 이를 뿐입니다. 경(敬)을 근본으로 삼고 이치를 궁구하여 앎을 지극히 하며 자신에게 돌이켜 찾아 실천하는 일이 바로 오묘한 심법이며 도학을 전하는 요체(要諦)이니, 제왕과 보통 사람이 어찌 다름이 있겠습니까. 무릇 진지(眞知)와 실천은 수레의 두 바퀴와 같아서 하나가 빠져서는 안 되고, 사람의 두 다리와 같아서 서로 의지하여 함께 나아가는 것입니다. 그러므로 정자(程子 정이(程頤))는 "치지(致知)를 하면서 경(敬)에 있지 않은 자는 없다."[170]라고 하였고, 주자(朱子)는 "몸소 실천하는 공부를 하지 않으면 역시 이치를 궁구할 곳도 없다."[171]라고 하였습니다. 그러므로 두 가지 공부는 합해서 말하면 서로 시종(始終)이 되고, 나누어 말하면 또 각각 시종이 있습니다.

아, 시작하지 않으면 본래 끝이 없거니와 끝이 없으면 시작이 무슨 소용이 있겠습니까. 임금의 학문은 대개 시작이 있으나 끝이 없거나 처음에는 부지런하다가 끝에 게으르며 처음에 조심하다가 끝에 멋대로 하

---

170 치지를……없다 : 【譯注】《주자어류(朱子語類)》 권9에 나오는 말이다.
171 몸소……없다 : 【譯注】《주자어류》 권116에 나오는 말인데, '몸소 실천하는[躬行]'이 '몸을 닦는[修身]'으로 되어 있다.

여 들락날락하는 마음으로 하다 말다 하다가 마침내 덕을 무너뜨리고 나라를 그르치게 하는 데에 이릅니다. 이는 까닭이 무엇이겠습니까? 무엇보다도 위태로운 것은 인심이니 인욕에 빠지기 쉽고 이치에 돌아가기 어려우며, 무엇보다도 은미한 것은 도심이니 잠깐 이치에 눈떴다가 바로 욕(欲)에 가려지기 때문입니다. 이제 빠지기 쉬운 인심이 물러나 따르도록 하고 잠깐 눈뜬 도심이 끊임없이 이어지도록 하여 제왕들이 서로 전수한 집중(執中)의 학문을 성취하고자 한다면, 정밀하게 하고 한결같이 하는 공부 말고 무슨 다른 공부가 있겠습니까. 부열(傅說)은 "학문은 뜻을 겸손히 하는 것이다. 시종일관 끊임없이 배움을 생각하면 그 덕이 자기도 모르는 사이에 닦여진다."172라고 하였고, 공자는 "이를 데를 알아 이르니 일의 기미를 알 수 있으며, 그칠 때를 알아 그치니 의를 보존할 수 있다."173라고 하였습니다. 바라건대 성명께서 유념하신다면 매우 다행이겠습니다.

 넷째, 도술(道術)을 밝혀 인심을 바로잡아야 합니다. 신은 듣건대 당(唐)·우(虞)와 삼대(三代)의 태평성대에는 도술이 크게 밝아 다른 기로(岐路)의 미혹이 없어 인심이 바르고 정치의 교화도 널리 퍼지기 쉬웠습니다. 주나라가 쇠약해진 이후로 도술이 밝지 못하여 사악하고 간특한 학설들이 아울러 생겨나 인심이 올바르지 못하여 다스려도 다스려지지 않고 교화하려 해도 교화하기 어려웠습니다. 무엇을 도술이라 합니까? 천명(天命)에서 나와서 이륜(彛倫)에 행하여지는 것으로서 천하와 고금이 모두 말미암는 길입니다. 요·순과 삼왕(三王)은 이를 분명히 알고 천

---

172 학문은……닦여진다 : 【譯注】《서경》〈상서(商書) 열명(說命)〉에 나오는 말이다.
173 이를……있다 : 【譯注】《주역》〈건괘(乾卦) 문언전(文言傳)〉에 나오는 말이다.

자의 자리를 얻었기에 은택이 온 천하에 미쳤고, 공자·증자·자사·맹자는 이것을 잘 알았으나 지위를 얻지 못하였기에 가르침이 만세에 전해졌습니다. 그러나 후세의 임금들은 그 가르침을 따라 도를 얻어서 한세상을 밝히지 못하였기에, 진리를 어지럽히는 이단의 학설과 정도를 더럽히는 공리(功利)의 무리가 선동하고 유혹하며 돌아다녀 인심을 함정에 빠뜨리니 그 재앙이 하늘을 뒤덮어도 구제할 수 없었습니다. 중간에 송나라의 현인들이 이 도를 크게 천명하였으나 모두 당세에 등용되지 못하여 이륜(彝倫)의 가르침을 밝히고 인심을 바로잡는 것도 역시 당시에 공효를 거두지 못한 채 다만 만세에 전하는 데 그쳤습니다.

더구나 우리 동방은 동쪽 바다 구석에 치우쳐 있는 데다 기자(箕子)의 홍범(洪範)마저 전해지지 않게 된 뒤로는 여러 대를 어둡고 아득하게 지냈습니다. 고려 말에 이르러서야 정자와 주자의 책이 처음 들어와 도학을 알 수 있게 되었고, 본조(本朝)에 들어와서 성왕들이 서로 이어 사업을 창건하고 계통을 드리우셨는데, 그 규모와 전장(典章)은 대체로 모두 이 도를 발현하여 쓴 것입니다. 그러나 개국 이래 오늘에 이르기까지 거의 2백 년이 되어가는데 다스림의 공효를 더듬어보고 선왕의 도로써 헤아려 보면 열성(列聖)의 마음에 비추어 부족한 점이 있음을 면치 못합니다. 이는 다름이 아니라 역시 도술이 밝혀지지 못하고 인심을 해롭게 하는 이단과 사설이 많기 때문입니다.

주상 전하께서는 지금 한창 요·순의 자질로 제왕의 학문을 몸소 행하시어 옛 법도를 준수하는 데에 뜻을 두시고 바른 정사를 추구하기를 목마른 자가 물을 구하듯 하시니, 이는 장차 사문(斯文)을 일으켜 한세상을 당우·삼대의 융성한 반열에 올려놓고자 하시는 것입니다. 이는 진실로 우리 동방의 천재일우의 기회여서 조야가 기뻐하여 눈을 씻으며 서로 경하지 않는 이가 없습니다. 그러나 여기서 만약 선왕의 도술을 밝혀 한 시대가 나아갈 바를 정하여 모범이 되어 인도하지 않으면 어떻게 온 나라 사람이 쌓인 의혹을 풀고 많은 이단의 학설을 버리고 크게 변하여 대중지정(大中至正)한 가르침 안에서 전하를 따르게 할 수 있겠습니까. 그러므로 어리석은 신은 기어코 도술을 밝혀 인심을 바로잡는 것을 새로운 정사의 헌사(獻辭)로 삼는 바입니다.

비록 그렇지만 그 밝히는 일도 역시 시행하여야 할 본말과 선후와 완급이 있고, 그 본말에 또 허(虛)와 실(實)의 차이가 있습니다. 군주가 몸소 행하고 마음에 터득한 것에 근본하여 백성의 일상생활 상의 떳떳한 윤리를 가르치는 것이 본(本)이고, 법제의 자취를 따르고 문물의 아름다움만을 답습하고, 지금의 것을 혁파하여 옛것을 스승 삼아 고치어 모방하고 비교하는 것은 말(末)입니다. 본은 앞에 두어 급하게 할 바이고 말은 뒤에 두어 천천히 할 바입니다. 그러나 그 도를 얻어 군덕이 이루어지면 본말이 다 실하여 당우(唐虞)의 다스림이 되고, 그 도를 잃어 군덕이 잘 못되면 본말이 다 허(虛)해져서 말세의 재앙이 있을 것이니, 실로 헛된 명성만 믿고서 성치(聖治)의 성공을 바라면 안 되고, 요법(要法)은 모른 채 마음으로 터득하는 묘법(妙法)을 구하는 것도 안 될 일입니다.

이제 전하께서 진실로 허명은 믿지 못할 것임을 아시고 요법을 구하여 도학을 밝히고자 하시거든, 신이 앞에서 말씀드린 진지와 실천의 설명을 깊이 받아들여 경(敬)으로써 시작하시고 경으로써 끝을 맺으소서. 막 시작하실 때는 아는 바가 혹 애매하여 명확하지 못하기도 하고 행하는 바가 혹 모순되어 잘 들어맞지 않기도 합니다. 부디 이 때문에 싫증내거나 주저하지 마시고 마땅히 '성현은 결코 나를 속이지 않는다. 다만 나의 공력이 지극하지 않을 뿐'임을 알아서 힘쓰고 또 힘쓰며 순서에 맞게 나아가고 중도에 그만두지 말아야 합니다. 이처럼 오래 공력을 쌓아 충분히 익숙해진 뒤에는 절로 정의입신(精義入神)[174]의 경지에 이르러 눈에 온전하게 보이는 소가 없게 되고[175] 얼굴과 몸에 덕기(德氣)가 넘쳐 흐르며 신변의 모든 일이 도의 근원과 만나게 될 것입니다. 이를 일러 '몸소 실행하고 마음에 터득하여 도가 자신에게 밝아졌다'고 하는 것이니, 요임금과 문왕이 '타고난 명덕(明德)을 제대로 밝혔다'는 것도 바로 이것입니다.

이로부터 미루어 가면 어디를 가나 도가 아닌 것이 없어서 구족(九族)을 친애하고 백성을 평안하게 하며,〈관저(關雎)〉와〈인지(麟趾)〉의 교화[176]로부터〈작소(鵲巢)〉와〈추우(騶虞)〉의 덕화[177]에까지 이를 것이니, 지금이라고 어찌 요 임금이나 문왕의 때와 다르겠습니까. 덕화가 향기롭게 퍼져 안팎이 융화하여 조정에서는 공경하고 사양하며 가정에서는 효도하고 우애하며 선비는 학문을 알고 백성은 옳음을 알게 된다면 어찌 인심이 바르지 않고 도술이 밝아지지 않겠습니까. 순자(荀子)는 "임금은

---

174 정의입신 :【譯注】《주역》〈계사전 하(繫辭傳下)〉에 "자벌레가 몸을 굽히는 것은 장차 펴기 위함이요.……의리를 정밀히 연구하여 신묘한 경지에 드는 것은 장차 쓰이기 위함이다.〔精義入神, 以致用也.〕"라고 하였다.

175 눈에……되고 :【譯注】어떤 일이든 명확히 파악한다는 뜻이다.【攷證 卷3 目牛無全】포정(庖丁)이 "처음 신이 소를 잡을 때 보이는 것이 소 아닌 것이 없었는데, 3년이 지나 일찍이 온전한 소를 본 적이 없습니다."라고 하였다.《莊子 養生主》

176 관저와 인지의 교화 :【譯注】부부의 도가 행해져서 가정이 잘 다스려짐으로써 그 덕화가 후세에 미치는 것을 이른다.〈관저〉와〈인지〉는《시경》〈국풍(國風) 주남(周南)〉의 첫 시와 끝 시의 제목이다.

177 작소와 추우의 덕화 :【譯注】문왕이 베푼 인정(仁政)의 교화가 먼 지방에까지 미친 것을 말한다.〈작소〉와〈추우〉는《시경》〈국풍 소남(召南)〉의 첫 시와 끝 시의 제목이다.

사발[盂]과 같으니, 사발이 모나면 물도 모나고, 임금이란 푯대와 같으니, 푯대가 바르면 그림자가 곧다."¹⁷⁸라고 하였으니, 어찌 이 말을 믿지 않겠습니까.

비록 그렇지만 미천한 신의 사사로운 근심이자 지나친 생각으로는 또 인심을 현혹하는 학설에 대하여 특히 느낀 바가 있습니다. 신이 삼가 보건대, 동방의 이단의 폐단은 불교가 가장 심한데, 고려는 이로 인해 나라가 망하는 데에 이르렀고 아조(我朝)의 융성한 다스림으로도 그 뿌리를 아직 끊어버리지 못하여 이따금 때를 틈타 치성하니, 비록 선왕께서 그 그른 것을 곧 깨닫고 소제해 버리셨으나¹⁷⁹ 여파와 찌꺼기가 아직도 남아 있습니다. 노자와 장자의 허탄(虛誕)을 혹 가끔 즐기고 숭상하여 성인을 모독하고 예법을 멸시하는 기풍이 이따금 일어나며, 관중(管仲)과 상앙(商鞅)의 학술과 사업은 다행히 전술되지는 않았으나 공리를 따지고 이익을 꾀하는 폐단은 여전히 고질입니다. 향원(鄕原)¹⁸⁰이 덕을 어지럽히는 풍조는 보잘것없는 무리들이 세속에 아첨하는 데서 시작되었고,¹⁸¹ 방향을 잃은 속학(俗學)의 병통은 과거시험을 보는 이들의 명리

---

178 임금이란……곧다 :【譯注】《순자》〈군도(君道)〉에 나오는 말이다.

179 그……버리셨으나 :【攷證 卷3 覺其非而汎掃】보우(普雨)를 내치고 선과(禪科)를 폐지한 일 등을 가리키는 듯하다. 애초에 요망한 승려 보우가 조정의 정권을 농단하면서 불교의 교세를 널리 확장하고, 회암사(檜巖寺)에서 무차회(無遮會)를 열었는데 그 비용이 1만 전(錢) 단위로 헤아릴 정도였다. 을축년(1565, 명종20)에 대간의 계사(啓辭)와 유림의 상소로 인해 제주도로 유배 보내고 이어 두 종파의 선과를 폐지하였다. 상세한 내용은 《정본 퇴계전서》 권8 〈정자중에게 답하다〔答鄭子中書〕〉 편지에 보인다.

180 향원 :【譯注】온 고을 사람으로부터 근신한다는 칭찬을 받는 사람을 말한다. 이 사람은 행동에 아무런 흠은 없으나, 여러 사람의 비위만 맞추고 정작 착한 일은 하지 못하는 사람이므로, 공자(孔子)는 향원을 덕의 적(賊)이라 하였다. 《論語 陽貨》

181 시작되었고 :【攷證 卷3 濫觴】《공자가어》〈삼서(三恕)〉에 "장강(長江)은 민산

추구에서 더욱 심해졌습니다. 하물며 명리를 좇는 벼슬길에서 기회를 타고 틈새를 엿보아 요리 붙고 조리 붙으며 속이고 저버리는 무리들이야 어찌 다 없어졌다고 할 수 있겠습니까.

이로써 보면 지금의 인심은 매우 올바르지 못합니다. 만약 불행히도 주상 전하의 도를 지향하는 마음이 조금이라도 처음만 못해져서 혹 좋아하고 싫어함을 편파적으로 드러내시거나 혹 사사롭게 처리하는 잘못이 새어 나온다면 이런 부류는 틀림없이 잡다하게 몰려 나와 도깨비처럼 현란하게 술수를 부리며 온갖 방법으로 뚫고 들어오려 할 터이니, 한번 그 술수에 넘어가면 곧 그들에게 동화됩니다.[182] 그들에게 동화하면 이쪽과는 달라져, 저쪽을 좋아하면 이쪽이 싫어지고 저쪽을 편들면 이쪽과 원수가 됩니다. 예로부터 임금이 처음에는 청명하여 그 다스림이 볼 만하다가 얼마 뒤에는 간사한 자들의 계략에 빠지고 이단에 미혹되어 공을 무너뜨리고 나라를 망치니, 송나라의 철종(哲宗)·휘종(徽宗)·영종(寧宗)·이종(理宗)과 같이 된 자들을 어찌 이루다 헤아릴 수 있겠습니까. 엎드려 바라건대, 전하께서는 옛 임금들이 도리를 잃은 잘못을 오늘의 밝은 거울로 삼아 뜻을 금석처럼 굳건히 하여 시종일관 변하지 마시고, 도를 밝히기를 일월처럼 하시어 요사스럽고 음흉한 기운을 깨끗이 없애 침범하지 못하도록 하소서. 도를 익히실 때나 정사를 하실 때를 막론하고 모두 그만두지 않고 오래도록 꾸준히 노력해야 합니다. 그러

(岷山)에서 발원한다. 그 근원의 물은 잔을 띄울 만큼 작지만[其源可以濫觴], 강진(江津)에 이르면 배를 타지 않고는 건널 수 없다."라고 하였다.

182 곧 그들에게 동화됩니다 : 【攷證 卷3 便與之俱化】《공자가어》〈육본(六本)〉에 "선한 사람과 함께 지내면 마치 지초와 난초가 있는 방에 들어간 것과 같아 그 향기는 못 맡더라도 오래 지나면 동화된다.〔與之化矣〕"라고 하였다.

면 비단 성왕이 출현하기를 기다리는 선비나 스스로 새로워지려 노력하는 백성이 모두 대도(大道)에 나설 뿐 아니라, 전날의 사악한 무리와 간특한 잡배들도 역시 장차 신령스런 감화를 받아 즉시 변하게 될 것이니, 어찌 감히 혹시라도 나와서 우리의 근심거리가 되겠습니까.《주역》〈항괘(恒卦)〉에 "성인이 그 도를 오래 하니 천하가 교화되어 이루어진다."[183]라고 하였고, 맹자는 "군자는 상도(常道)를 회복할 뿐이니, 상도가 바르게 되면 서민이 선(善)에 흥기하고 서민이 흥기하면 사특함이 없어질 것이다."[184]라고 하였습니다. 바라건대 성명께서 유념하신다면 다행이겠습니다.

다섯째, 복심(腹心)에게 맡기시고 이목(耳目)을 통하게 해야 합니다. 신이 듣건대, 한 나라의 국체(國體)는 한 사람의 몸과 같다고 합니다. 사람의 몸에서 머리는 위에 있으면서 아래를 통솔하여 군림하고, 배와 가슴은 가운데에서 머리의 명령을 받아 일을 맡고, 귀와 눈은 두루 통달하여 호위하고 일깨워 주니, 그런 뒤에야 몸이 편안할 수 있습니다. 임금은 한 나라의 머리요, 대신(大臣)은 복심이며, 대간(臺諫)은 이목입니다. 이 셋은 서로 필요로 하고 서로 이루어주니, 실로 나라의 바꿀 수 없는 사세(事勢)로서 천하와 고금이 모두 아는 바입니다.

옛 임금 가운데 대신을 신임하지 않고 대간의 말을 듣지 않는 이가 있었는데, 이는 비유하자면 사람이 스스로 자신의 복심을 가르고 이목을 막는 것과 같으니, 실로 머리만으로 홀로 사람이 되는 이치는 없습니다.

---

183 성인이……이루어진다 :【譯注】《주역》〈항괘(恒卦) 단사(彖辭)〉에 나오는 말이다.

184 군자는……것이다 :【譯注】《맹자》〈진심 하(盡心下)〉에 나오는 말이다.

혹 대신을 신임하더라도 바른 도리를 따르지 않아서 대신을 구할 때 자신을 바로잡고 보필할 현자를 구하지 않고 오직 아첨하고 순종하는 자를 구하여 사심이나 이루려고 한다면 그 얻은 인물은 간사하여 정사를 어지럽히는 사람이 아니면 틀림없이 흉악하여 권력을 휘두를 자일 것입니다. 임금이 이런 자를 자기 욕심을 채워 줄 복심으로 삼고 신하는 이런 임금을 자기의 욕심을 채워 줄 원수(元首)로 삼아 상하가 서로 비호하고 결탁하여 굳게 결속하면 아무도 그사이를 벌릴 수 없게 됩니다. 혹 강직한 선비가 있어서 그 예봉을 범하면 반드시 귀양보내거나 주살하여 가루로 만들어 버리고야 맙니다. 이 때문에 충신과 현인은 모조리 다 쫓겨나 나라 안이 텅 비게 되고 이목을 맡은 관리는 당로자의 하수인이 되니 이른바 이목이 원수의 이목이 아니라 바로 당로자의 이목이 됩니다. 이에 이목임을 빙자하여 세력을 떨치고 기염을 토하여 권신의 악을 편들어 주고, 복심임을 말미암아 악을 쌓고 화를 쌓아 암주(暗主)의 사특함을 이루어 놓고는 오만하게 각자가 바라는 대로 되었다고 자만할 뿐, 원수의 짐독(鴆毒)[185]이 복심에서 발생하고 복심의 사갈(蛇蝎)이 이목에서 나온 줄 모릅니다. 이는 예나 지금이나 마찬가지로, 앞 수레가 엎어져도 뒤에 오는 수레가 경계할 줄 모른 채[186] 잇따라 줄줄이 전복되는 것과 같으니 실로 통탄할 일입니다.

---

185 짐독 : 【攷證 卷3 鴆毒】 '鴆'의 독음은 '직(直)'과 '금(禁)'의 반절이다. 크기가 물수리만 하고 자줏빛을 띤 녹색이며, 목은 길이가 7~8촌이고 살모사를 잡아먹는다. 그 깃털이 스친 음식을 먹으면 사람이 죽는다. 《춘추좌씨전》 민공(閔公) 원년 조에 "편히 즐기는 것은 짐새의 독이 되니〔宴安鴆毒〕, 마음속으로 그것을 생각해서는 안 된다."라고 하였다.

186 앞……모른 채 : 【攷證 卷3 前者旣覆後不知戒】 앞에 가던 수레가 전복되면 뒤에 가는 수레가 경계한다.〔前車之覆, 後車之戒.〕"라고 하였다. 《三朝北盟會編 卷131》

오늘날 조정의 일은 이와는 다릅니다. 성상의 지혜로운 덕은 모든 사람 가운데서 가장 뛰어나며 올바른 자리에 서서 한 나라의 원수가 되셨고, 복심의 지위와 이목의 소관도 역시 모두 뭇사람 중에서 골라 뽑아 그 책임을 무겁게 하셨습니다. 《주역》에 "같은 소리는 서로 호응하고 같은 기운은 서로 찾으며, 물은 습한 데로 흐르고 불은 마른 곳으로 붙으며, 구름은 용을 따르고 바람은 범을 따른다."[187]라고 하지 않았습니까. 위로 성주(聖主)가 계시니 현신이 없을까 염려하지 않습니다.

어리석은 신은 삼가 바라건대, 성상께서는 오직 하늘의 밝은 명을 돌아보고 살펴 몸을 바르게 하여 남면(南面)하여 복심에 정성을 다하시며, 이목을 밝게 하여 사방에 통하게 하여 백성들 사이에 중도를 세우시고 위에는 표준을 세워 터럭만큼의 사사로운 뜻도 그사이에 끼어 흔들고 파괴하지 못하도록 하시면 보상(輔相)의 자리에 있는 자는 틀림없이 모두 속마음을 성상께 아뢰고 계책을 내놓으며 도의를 의논하고 나라를 경륜하는 일을 자신의 책임으로 삼을 것이요, 간쟁의 반열에 있는 자는 누구나 다 임금을 면대하여 바른 소리를 하고 조정에서 쟁론하며 부족하고 빠뜨린 것을 보완하는 일을 자기의 직임으로 삼아서, 세 세력이 환하게 통하여 정신을 모아 일체가 됩니다. 이처럼 하고서도 조정에 선정(善政)이 없고 나라에 선치(善治)가 없고 세상이 태평성대에 이르지 못한 경우는 신이 일찍이 듣지 못했습니다.

비록 그렇지만 익(益)이 순임금에게 경계하여 "염려가 없을 때 경계하시어 법도를 잃지 마시며, 편안함에 놀지 마시며, 즐거움에 지나치지 마시며, 어진 자에게 맡기되 두 마음을 품지 마시고 사악한 자를 제거하

---

187 같은……따른다 : 【譯注】《주역》〈건괘 문언전〉에 나오는 말이다.

되 주저하지 마소서."¹⁸⁸라고 하였습니다. 임금의 마음이 한번 경계를 게을리하여 안일과 쾌락에 빠지면 하루도 못 가 법도가 뒤따라 무너지고, 현자도 끝까지 맡겨 쓰지 못하며, 간특한 자도 완전히 버리지 못함은 필연적인 이치이자 형세입니다. 그러므로 비록 잘 다스려지는 조정일지라도 혹 불행히도 일단 이러한 조짐이 있으면 대신(大臣) 가운데는 틀림없이 임금의 나쁜 마음에 영합하여 나라의 권세를 훔치려는 자도 있고, 소신 가운데는 틀림없이 실권을 쥔 자에게 아첨하여 사사로운 이익을 탐하려는 자가 있어, 마침내 전날의 복심이 변하여 도둑이 되고, 전날의 이목이 변하여 귀마개와 눈가리개가 되고, 전날의 한 몸이 변하여 호(胡)·월(越)이 되니, 쇠란의 형세와 위망의 조짐이 다른 때를 기다리지 않고 곧 눈앞에 이르게 됩니다.

고요(皐陶)의 노래에 "임금님이 잗다랗게 굴면 신하들도 해이해져서 만사가 실패하리이다."¹⁸⁹라고 하였으니, 이는 만사가 무너지는 것은 그 책임이 원수(元首)에게 있다는 말입니다. 송나라 신하 왕개(王介)¹⁹⁰가 "재상으로서 궁금(宮禁)의 의향을 받들고 급사(給使)로서 재상의 의중만 받들면 조정의 기강은 완전히 무너진다."라고 하였으니, 올바르지 못한 일의 폐해는 복심이나 이목의 지위에 따라 다를 것이 없다는 뜻입니다.

---

188 염려가……마소서 :【譯注】《서경》〈대우모〉에 나오는 말이다.

189 임금님이……실패하리이다 :【譯注】《서경》〈익직(益稷)〉에 나오는 말이다.

190 왕개 :【攷證 卷3 王介】1158~1213. 송나라 무주(婺州) 금화(金華) 사람으로, 호는 혼척거사(渾尺居士), 시호는 충간(忠簡)이다. 일찍이 광덕군(廣德軍)을 지휘할 때 권신 한탁주(韓侂胄)를 거스르니, 한탁주의 심복인 소사단(蘇師旦)이 그를 위학(僞學)의 무리라고 지목하여 한탁주에게 보고하였는데, 한탁주가 공의를 두려워하여 왕개를 감히 폐하지 못했다.

심지어 여공필(呂公弼)¹⁹¹이 인종(仁宗)에게 간한 말에는 "간관(諫官)은 이목과 같고 집정(執政)은 고굉과 같습니다. 고굉과 이목이 반드시 서로 조화를 이루어 작용한 뒤에야 온몸이 편안하고 원수(元首)가 높아집니다."¹⁹²라고 하였습니다. 그러므로 신은 바르지 않은 길을 따르지 않고 서로 일체가 되어 작용하는 것이 지선의 도(道)라고 생각합니다. 바라건대 성명께서 유념하신다면 매우 다행이겠습니다.

여섯째, 수양과 반성을 정성스럽게 하여 하늘의 사랑을 이어받아야 합니다. 신이 듣건대, 동중서(董仲舒)가 무제(武帝)에게 아뢰어 "국가가 장차 도를 그르치는 큰 잘못이 있으려 할 때는 하늘이 먼저 재해를 내려 견책하여 경고하고, 스스로 반성할 줄 모르면 또 괴이한 변고를 내려 경계하여 두렵게 하고, 그래도 변할 줄 모르면 상패(傷敗)가 이르는 것이니, 이로써 천심이 임금을 사랑하여 그 혼란을 방지하려 함을 알 수 있습니다."¹⁹³라고 하였습니다. 이는 참으로 뜻깊은 말이니, 실로 만세의 임금이 귀감으로 삼아 소홀히 여겨서는 안 될 것입니다. 비록 그렇지만 임금이 여기에서 마땅히 천심이 나를 사랑하는 이유가 무엇인지, 또 마땅히 내가 천심을 받드는 것은 어떤 도리여야 할지를 알아서 깊이 생각하고 익숙히 강구하여 실제로 체인해 행한 뒤에야 천심을 향유하고, 임금의 도리를 거의 다할 수 있습니다.

---

191 여공필 : 【攷證 卷3 呂公弼】 1007~1073. 북송 시대 관료로, 수주(壽州) 사람이다. 여이간(呂夷簡)의 아들이고, 여공저(呂公著)의 형이다.

192 간관은……높아집니다 : 【譯注】 원나라 탁극탁(托克托) 등의 《송사》 권311 〈여이간전(呂夷簡傳)〉에 나오는 말이다.

193 국가가……있습니다 : 【譯注】 한나라 반고(班固)의 《한서》 권56 〈동중서전(董仲舒傳)〉에 실린 〈거현량대책(擧賢良對策)〉 중 세 번째 대책에 보이는 내용이다.

신이 전하를 위해 그 까닭을 말씀드리겠습니다. 가만히 생각건대, 천지의 큰 덕은 만물을 끊임없이 낳는 것입니다. 무릇 천지 사이에는 온갖 생명이 빽빽이 모여 있어 동물이든 식물이든 크든 작든 간에 모두 하늘이 덮어주고 사랑해 주는데, 하물며 모습이 닮고[194] 가장 영특하여 천지의 마음이 되는[195] 사람에 있어서야 말할 것도 없습니다. 그러나 하늘이 이 마음을 지녔어도 스스로 베풀 수 없기에 반드시 가장 영특한 인간들 가운데서 성스럽고 밝고 으뜸으로 어질어 그 덕이 신과 사람에 조화를 이루는 사람을 특별히 사랑하여 임금으로 삼아 백성을 기르는 일을 맡김으로써 인애의 정사를 시행토록 합니다. 이미 그 임금에게 명하고 도와주어 사방을 사랑하고 편안하게 하는데, 그래도 혹 태만하여 환란이 소홀해지는 데서 생길까 염려하니 이에 또 이른바 재이(災異)로 경계하고 견책하는 것입니다. 하늘이 임금에게 이처럼 반복하여 친절히 일러주는 까닭은 다름 아니라 이미 이쪽에 인애라는 무거운 책무를 맡겼으니 이쪽에서 스스로 마땅히 인애의 보답에 성실하게 힘써야 하기 때문입니다.

진실로 인군이 된 자가 하늘이 자신을 사랑하는 이유가 이처럼 공연한 것이 아닌 줄 알게 된다면 반드시 임금 노릇하기가 어려움을 알 것이고, 천명이 쉽게 오는 것이 아님을 알 것이고, 높디높은 하늘이 위에 있으면서 날마다 감시하여 털끝만큼이라도 속일 수 없음을 반드시 알 것입니다. 이와 같을 수 있다면 임금은 평소에 틀림없이 마음을 다잡고 몸을

---

194 모습이 닮고 : 【攷證 卷3 肖象】한나라 반고의 《한서》 권23 〈형법지(刑法志)〉에 "사람은 천지의 모양을 닮았다.〔人肖天地之貌〕"라고 하였다. 【校解】머리가 둥근 것은 하늘을 닮고 발이 모난 것은 땅을 닮은 것을 이른다.

195 천지의 마음이 되는 : 【攷證 卷3 爲天地之心】《예기》〈예운(禮運)〉에 "사람은 천지의 마음이다.〔人者天地之心也〕"라고 하였다.

신칙하여 제대로 삼가고 제대로 성실히 하여 밝게 상제를 받드는 일에 그 도리를 극진하게 하지 않음이 없을 것입니다. 하늘이 견책의 의미로 내린 재해를 만나면 틀림없이 허물을 반성하고 정사를 닦음으로써 제대로 신중하고 제대로 진실하여 천의(天意)를 감격 시키는 일에 더욱 그 마음을 다해야 합니다. 그렇게 하면 정사가 문란해지기 전에 잘 다스려지고 위기가 오기 전에 나라가 잘 보전되어 화란이나 실패 없이 편안하게 되는 경지를 바랄 수 있습니다. 오직 천심을 알지 못하여 그 덕을 삼가지 않는 자만이 모든 것을 이와 반대로 하기 때문에 상제가 진노하여 재앙과 패망을 내립니다. 이는 하늘도 부득이해서 그렇게 하는 것이니, 그 또한 매우 두려워할 만한 일입니다.

지금 주상 전하께서는 보위에 올라 정사를 돌보신 지 이제 한 돌이 되었는데, 무릇 하늘을 공경하고 백성을 돌보시며 덕을 닦고 정사를 행하시는 사이에 인심을 거스르거나 상제께 죄를 지은 일이 있다는 말을 들은 적이 없습니다. 그러나 천문(天文)이 자주 변하고 계절의 재앙이 아울러 발생하며, 화기(和氣)가 응하지 않아 보리와 밀이 전부 죽으며, 수재(水災)의 참혹함이 지금까지 없었던 바이며, 우박과 황충 같은 갖가지 괴이한 일이 나타나니, 잘 모르겠습니다만 하늘이 전하께 무엇에 진노하여 이렇게 하는 것입니까? 천도(天道)는 멀지만 실은 가까우며 천위(天威)는 지엄하여 가벼이 다룰 수 없으니, 우매한 소신은 감히 함부로 헤아려 말씀드릴 수 없으나 가만히 동중서의 말로 미루어 보면, 이런 현상은 바로 천심이 전하를 사랑함이 깊고 경계함이 지극하기 때문일 것입니다. 또한 전하께서는 이미 하늘의 사랑을 받아 인목(人牧)이 되셨으니, 지금은 보위에 올라 정치를 도모하는 초기이자 거상(居喪) 중에 나라를 다스리는 도리를 생각하시는 시기이니, 바로 근본을 바로잡고 시초를 바르게 하며 하늘의 밝은 명을 스스로 받을 때입니다. 만약 그로 하여금 화락한 총애만 있는 줄 알고 거센 진노가 있는 줄 모르게 한다면 임금의 두려워하는 마음이 날로 해이해지고 사벽한 인정이 점차 흘러나와 황하의 제방을 터놓은 듯하여 무슨 짓이든 못할 것이 없게 됩니다. 그러므로 이미 재해를 내려 꾸짖고 또 괴이한 변고를 내려 두렵게 하니, 전하에 대한 천심의 인애가 매우 절실하고 분명하다고 할 수 있습니다. 잘 모르겠습니다만, 전하께서는 장차 어떻게 자신을 닦아 천의에 합당하도록 하여 재앙의 싹을 없애려 하십니까? 옛날에 공광(孔光)[196]은 천도를 굳이 걱정할 필요가 없다고 하였고 왕안석(王安石)은 천변을 두려워할 만하지 않다고 하였는데, 이는 다 속이고 아첨하는 간사한 말이니 진실로 하늘에 큰 죄를 짓는 것입니다. 동중서와 유향(劉向)[197]의 무리는 또 어떤 재앙은 어떤 잘못에 대한 응험(應驗)이라고 하니, 이는 너무 얽매이고 고루한 견해로 혹 상응하지 않는 경우가 있으면 다만 임금이 하늘의 견책을 두려워하지 않고 염려하지 않는 단서를 열어줄 뿐이니 역시 잘못입니다. 그러므로 어리석은 신은 생각건대, 임금과 하늘의 관계는 자식과 어버이의 관계와 같아 어버이가 자식에게 진노하면 자식은 두려워하고 덕을 닦으며 반성하고 진노한 일인지 아닌지를 따지지 않고 일마다 정성을 다하고 효성을 다하면 어버이가 그 정성과 효성에 기뻐하여 진노했던 일까지도 함께 흔적도 없이 사라져버리는 것입니다. 그렇지 않고 꼭 어느 한 가지 일을 정하여 이에 대해서만 두려워하고 덕을 닦으며

---

196 공광 : 【攷證 卷3 孔光】전한(前漢) 시대 사람으로, 자는 자하(子夏)이고, 공자의 14대 후손이다. 왕망(王莽)이 한나라를 찬탈하여 세운 신(新)나라에서 벼슬하였다.

197 유향 : 【攷證 卷3 劉向】전한 시대 사람으로, 자는 자정(子政), 본명은 갱생(更生)이다. 《홍범오행전론(洪範五行傳論)》을 지었다.

반성하고, 나머지 일은 여전히 제멋대로 한다면 효성을 바치는 데에 진실하지 않아 거짓으로 한 것이 될 터이니 어찌 어버이의 진노를 풀고 기쁨을 얻을 수 있겠습니까.

삼가 바라건대 전하께서는 어버이를 섬기는 마음을 미루어 하늘을 섬기는 도리를 다하시어 모든 일에 대하여 반성하고 언제나 두려워하는 마음을 품으소서. 성상의 몸에는 비록 과실이 없더라도 심술(心術)의 은미한 사이에 쌓여 있는 흠과 병통을 깨끗이 씻어내지 않아서는 안 되며, 궁금(宮禁)에는 비록 가법(家法)이 본래 있다 하더라도 음흉한 외척들이 올려바치고 찾아뵙고 안개처럼 모여드는 일은 엄격하게 막지 않아서는 안 됩니다. 간언은 둥근 것을 굴리듯[198] 쉽게 따라주시는 미덕이 있으시나, 때로 사의로써 굳게 거부하는 것은 마땅히 고치셔야 하고, 선은 여색을 좋아하듯 진심으로 하시지만 혹 거짓되게 억지로 하는 데까지 이르는 일은 마땅히 살피셔야 합니다. 작록과 상을 함부로 내려주지 말아야 하니, 만일 공적이 없는 자가 요행으로 얻으면 공적이 있는 자가 흩어지게 되며, 사면을 자주 하지 말아야 하니, 만일 악행을 저지른 자가 사면되면 선행을 한 자가 해를 입게 됩니다. 절의를 숭상하고 염치를 장려하여 명교(名敎)를 굳건히 지키는 일을 소홀히 해서는 안 되며, 검약을 숭상하고 사치를 금지하여 공사(公私)의 재력을 여유 있게 하는 일을 느슨히 해서는 안 됩니다. 조종(朝宗)이 이룩한 옛 헌장(憲章) 가운데 오래되어 폐단이 생긴 것은 비록 약간 변통하지 않으면 안 되나, 그 훌륭

---

198 둥근 것을 굴리듯 : 【攷證 卷3 轉圜】살펴보건대, 환(圜)은 원(圓)과 뜻이 같다. 한나라 반고의 《한서》권67 〈매복전(梅福傳)〉에 "한나라 고조는 선한 말을 받아들일 때는 놓치기라도 할 듯이 하였고, 간언을 받아들일 때는 둥근 것을 굴리듯이 하였다.[從諫若轉圜]"라고 하였다.

한 법과 아름다운 뜻까지도 아울러 분분히 뜯어고치면[199] 틀림없이 큰 우환을 초래할 것입니다. 조정의 신하들 가운데 바른 사람을 미워하고 자기와 다른 사람을 싫어하여 틈을 타서 사단을 만드는 자는 실로 미리 진정시키지 않을 수 없으나, 혹 어질고 착한 이들과 멀어져 서로 배격한다면 틀림없이 도리어 해를 입게 됩니다. 옛 법도만 지키고 상도(常道)만 따르는 수구 세력에게 전적으로 의지하면 지치(至治)를 떨쳐 일으키는 데 방해가 되고, 일 만들기를 좋아하는 신진세력에게 전적으로 맡기면 역시 화란의 단서를 빚어내게 됩니다. 서울과 지방의 서리와 노복들은 납사(納使)[200]를 이리처럼 뜯어먹고도 오히려 부족하게 여겨 국고를 텅텅 비게 도적질하고, 진포(鎭浦)의 장수들은 군졸을 범처럼 삼키고도 오히려 만족하지 못하여 그 이웃이나 친척에까지 해독을 끼칩니다. 흉년이 이미 극심한데도 구제할 대책이 없으니 도적 떼가 크게 일어날까 두렵고, 변방은 거의 비었는데 남쪽 북쪽에 틈이 생기니 비루한 적들이 별안간 습격할까 염려됩니다. 무릇 이런 종류의 일은 신이 일일이 다 들어 아뢸 수조차 없습니다. 오직 전하께서 하늘이 자신을 이처럼 인애(仁愛)하는 것이 공연한 일이 아님을 깊이 아셔서, 안으로 몸과 마음을 반성하기를 경(敬)에 일관하여 그침이 없게 하시고, 밖으로 정사를 닦아 행하기

---

199 분분히 뜯어고치면 :【攷證 卷3 紛更之】한(漢)나라 장탕(張湯)이 법령을 고쳐 개혁 정치를 추진하려고 하자, 급암(汲黯)이 "어찌하여 고황제의 약법 삼장(約法三章)을 뜯어고쳐 분란을 일으키려 하는가?〔何乃取高皇帝約束紛更之爲?〕"라고 하였다.《史記 卷120 汲黯列傳》

200 납사 :【攷證 卷3 納使】살펴보건대, 납사는 곧 세금을 납부하는 일을 관장하는 관리이니, 오늘날 서울의 관사에 있는 서리(胥吏)와 같다. 이들은 각 도에서 세금을 바치는 아전에게 농간을 부려 인정을 빌미로 돈을 거두니, 각 읍의 이졸(吏卒)이 그 돈을 점차 고을에 미루자 관청에 세금을 내는 백성이 먼저 늘어난 돈을 내게 되었다.

를 성(誠)에 일관하여 거짓이 없게 하시어, 하늘과 사람 사이에 처하기를 앞에 말씀드린 것처럼 극진한 도리로 하지 않음이 없도록 하소서. 그렇게 하면 비록 한재와 수재가 있고, 견책과 경계가 닥치더라도 오히려 두려워하고 덕을 닦고 반성하는 데에 힘을 써서 하늘이 내리시는 인애의 마음을 이어받을 수 있어 신이 논한 열여섯 가지의 일 같은 것도 장차 점차 해소되고 고쳐져서 태평성대에 이를 것입니다. 만약 혹 그렇지 못하여 자신에게 근본을 두지 않으면서 세상이 다스려지기를 바라거나, 그 덕을 일정하게 유지하지 않으면서 하늘에 보답을 요구하여 평소에는 하늘을 공경하고 백성을 걱정할 줄 모르다가 재변을 만나면 단지 형식만 갖추어 대강대강 응한다면, 태평한 시절과 비색한 시절이 번갈아 극치에 다다르고 다스림과 혼란이 번갈아 이어지는 법이므로 신은 수백 년 태평성대의 끝에 염려할 만한 국사가 장차 오늘의 폐단보다 날로 갑절이 되고 천심이 전하를 사랑한 것이 도리어 전하께서 자포자기하는 결과를 낳을까 두렵습니다. 《서경》〈상서(商書) 태갑 하(太甲下)〉에 "하늘은 항상 친애하는 사람이 없어 능히 공경하는 자를 친애하시며, 백성은 항상 그리워하는 사람이 없어 인(仁)이 있는 이를 그리워하며, 귀신은 항상 흠향함이 없어 능히 정성스러운 자에게 흠향한다."라고 하였고,《시경》〈주송(周頌) 아장(我將)〉에 "하늘의 위엄을 두려워하여 이에 보전할지어다."라고 하였습니다. 바라건대 성명께서 유념하신다면 매우 다행이겠습니다.

　이상 말씀 올린 여섯 조목은 경천동지하여 사람의 이목을 놀라게 할 만한 말씀이 아닙니다. 그러나 이륜의 가르침에 삼가면서 하늘이 주신 본성과 그 본성에 따라 이루어진 도리에 근본하고, 성현의 말씀을 종주로 삼으면서 《중용》과 《대학》의 내용에 질정하고, 역사 기록을 상고하면서 시사(時事)에 징험하여 아뢴 것입니다. 바라건대, 전하께서는 비근한 내용이라고 여겨 할 만하지 않다 생각하지 마시며, 오활한 내용이라고 여겨 굳이 할 필요가 없다 하지 마시고, 반드시 먼저 처음 두 조목을 근본으로 삼고 더욱 성학(聖學)을 공부하는 데에 쉼 없이 부지런히 하셔서, 빨리 효과를 보려 하지 마시고 스스로 한계를 긋지도 말아 여기에 지극함을 다하여 과연 얻은 바가 있게 되면 나머지 다른 일들도 날을 따라 일을 따라 더욱 밝아지고 더욱 충실하게 될 것입니다. 또 리(理)와 의(義)가 자신의 마음을 기쁘게 하는 것이 고기 맛이 입을 즐겁게 하는 것과 정말 같게 되고 나의 성정이 참으로 요·순처럼 될 수 있게 됩니다. 비근하고 하찮은 일 가운데에 실은 높고 깊고 원대하여 무궁한 것이 존재하니, 옛사람의 이른바 "연원을 찾아서 치도(治道)를 내고 본말을 꿰뚫어 대중(大中)을 세운다."[201]는 것이 애초에 여기에서 벗어나지 않습니다. 이에 이른 뒤에야 비로소 소신이 아뢴 말씀이 모두 조술(祖述)한 바가 있고 가공으로 지어내어 전하를 크게 속이는 것이 아님을 믿으실 것입니다.

비록 그렇지만 신은 이 학문에 대해 들어 안 것이 너무 늦었고 병이 또 깊어서 힘써 실천하여 실제 제 것으로 만들지 못하였기에 전하의 훌륭한 뜻에 부응할 수 없었습니다. 그래서 위축되고 두려워 감히 조정에 나오지 못하였는데, 지금 이미 이렇게 오게 되었으니 또 감히 이 말씀을 감추고 다른 말씀으로 대신할 수는 없습니다. 만일 전하께서 사람이 못났다고 하여 그 말을 버리지 않으시고 이에 취하신다면 지금의 공경대부들이 모두 이 내용을 익숙히 외워 이 도에 종사할 것입니다. 윗사람이

---

201 연원을……세운다 : 【攷證 卷3 探淵源…大中】주자가 송나라 효종(孝宗)에게 봉함하여 올린 〈임오 응조봉사(壬午應詔封事)〉에 나오는 내용이다. 《晦菴集 卷1》

좋아하면 아래에서는 틀림없이 더 심하게 좋아하는 법입니다. 전하께서 묻기를 좋아하고 가까운 말을 잘 살피시며 남에게서 취하여 선을 행하기를 즐거워하여 계속 밝혀나가는 공부를 나날이 더 하신다면 누가 감히 순수한 한마음으로 성덕을 도와 이루려 하지 않겠습니까. 그렇게 된다면 신이 비록 시골에서 병들어 누워 있더라도 날마다 주상 전하를 뵙는 것과 무엇이 다르겠습니까. 암혈에서 고사(枯死)하여도 모든 생령(生靈)과 더불어 성스러운 은택에 젖어 들 것입니다.

신은 간절히 기원하는 지극한 심정을 가누지 못해 삼가 죽음을 무릅쓰고 아룁니다.

퇴계선생문집

권 7

KNW009(箚-1) (癸卷7:1右) (樊卷7:1右)

무진년에 경연에서 올린 계차 (1) 【무진년(1568, 선조1, 68세) 9월 3일 추정, 서울】

戊辰經筵啓箚 一

나라의 대사(大事)는 본래 군사에 있거늘, 지금 군졸이 줄어들어 이름만 있고 실상이 없기는 서울이나 지방이나 모두 마찬가지입니다. 병사를 찾아내어 결원을 보충하는 것이 당장 급한 일이니, 백성들이 원망하고 한탄한다 해서 그만둘 수는 없되, 다만 지난해부터 국상(國喪)과 산릉(山陵)으로 인해 큰 역사(役事)가 이어져서 민생이 피폐해진 터에 8명의 중국 사신[1]이 잇따라 와서 온 나라가 소란하여 엎어진 사람들이 아직 일어나지 못하고 신음하는 소리가 끊어지지 않고 있습니다. 첨병(簽兵)의 명령이 마침 이해에 내려졌으니, 이것은 적당한 시기가 아닙니다. 그런데도 "군국(軍國)의 중대한 일은 조그마한 폐단은 돌아볼 겨를이 없다."라고 핑계를 댑니다.

긴 여름 계속된 장마에 지력(地力)이 상하고 막혀 보리와 밀이 하나도 없고, 수재(水災)의 피해로 쓸려가고 흙에 덮여서 남은 것이 없어 밭에 심은 잡곡들도 모든 종류가 흉작이라 백성들은 식량이 갑자기 떨어져

---

[1] 8명의 중국 사신 : 【攷證 卷4 八天使】《고사촬요(攷事撮要)》에 "정묘년(1567, 명종 22)에 한림검토(翰林檢討) 허국(許國)과 병과급사(兵科給事) 위시량(魏時亮)이 등극개원 조서(登極改元詔書)를 가지고 와서 반포하였다. 무진년에 태감(太監) 장조(張朝)와 행인(行人) 구희직(歐希稷)이 와서 제사와 시호 및 봉부(賵賻)를 하사하였고 또 태감(太監) 요신(姚臣)과 이경(李慶)이 고명(誥命)과 채폐(彩幣)를 하사하였으며 또 한림검토 성헌(成憲)과 병과급사 왕새(王璽)가 와서 입황태자 조서(立皇太子詔書)를 반포하였다."라고 하였다.

여염(閭閻)에서는 아우성을 치니, 요행으로 가을 추수나 잘 될까 하고 바란 것은 오직 벼농사가 평년보다 좀 잘되었기 때문인데, 7, 8월 사이에 풍재(風災)와 한재(旱災)를 입고, 황충(蝗蟲)이 하늘을 덮고 모적(蟊賊)[2]이 논에 가득하여 벼가 썩어서 이삭이 패이지 못하기도 하고 설혹 이삭이 패어도 열매를 맺지 못하니 벼라는 한 곡식도 먹을 가망이 없습니다. 옛말에 "한 가지 곡식이라도 익지 않으면 백성들이 굶주리게 된다."라고 하였거늘, 이제 모든 곡식이 익지 않았으니 백성들이 어찌 배를 채울 수 있겠습니까. 목화 역시 하나도 없으니, 백성들이 무엇으로 몸을 가리겠습니까. 굶주림과 추위가 몸에 절박하기에 백성들은 믿고 의지할 데가 없어 모두 살림을 작파하고 이리저리 흩어질 생각을 하여 봇짐을 지고 나섭니다.

　사방의 감사 등 관원들이 그 참혹한 광경을 목도하고 재해를 근심하고 흉년을 구휼하려고 조정에는 보고가 이어지는데 나라에서는 아직까지 한 번도 호령(號令)을 내서어 도탄에 빠진 백성을 구원할 명령을 내리지도 않고 계책을 세우지도 않은 채 바야흐로 가가호호 수색하여 장정을 낚아가고 중들을 잡아갑니다. 혹독한 관리와 포악한 아전들이 이를 틈타 간계를 부려 협박하고 구박하며 침해하고 독촉함이 성화(星火)보다 급하여 살갗을 벗기고 골수를 긁어내는 것이 끝이 없으니 무지한 백성들이 위로는 은덕을 입지 못하고 아래로는 그저 아전들의 침탈만 당하여 서로 원망하고 탄식하면서 부모의 은혜와 처자의 사랑을 끊고서 이곳을 떠나 다른 곳으로 가도 다른 그곳 역시 마찬가지입니다. 사방은 넓어도

---

2 모적 :【譯註】 벼의 뿌리와 줄기를 갉아 먹는 벌레이다. 뿌리를 갉아 먹는 것을 모(蟊), 줄기를 갉아먹는 것을 적(賊)이라 한다.

숨고 도망할 곳이 없어 건장한 자들은 때로 모여 도적질을 하고 노약자는 죽어서 구렁에 널려 있으니 가엾은 우리나라의 백성들이 어찌 동요하지 않겠습니까.

옛날의 임금은 백성들 보기를 상처 입은 사람을 보듯 하며 어린아이를 보호하듯 하여 부모가 자식 사랑하는 마음이 이르지 않는 데가 없는 것과 같습니다. 만일 백성들이 질병과 기한(飢寒)을 당하면 슬퍼하고 가엾게 여기는 것이 단지 자신이 당한 것처럼 여기는 데에 그치지 않아 안아 주고 어루만져 주어 진실한 마음으로 찾음에 해결 방도가 멀리 있지 않았습니다. 그리하여 음식을 먹여 주고 약물(藥物)로 치료해 주니 이같이 하였는데 혹 죽게 되어도 오히려 감히 하늘을 원망하지 않고 스스로 치료가 미진했던 것을 마음 아파하니, 깊이 사랑하고 지극히 애통하게 여기는 심정상 당연하기 때문입니다. 어찌 백성의 부모가 된 입장으로 정치를 함에 질병의 극심함과 기한의 절박함에 대하여 못 들은 체하여 먹을 식량을 끊고 또 치료할 약물을 주지 않은 채 다른 일이 중요하다고 핑계를 대어 차마 하지 못할 짓을 하여, 백성들을 몰아 재촉하고 핍박해서 물과 불 속에 집어넣고, 불을 꺼 주지 않을 뿐만 아니라 장작을 더 집어넣어 태우며, 물에서 건져 내지 않을 뿐만 아니라 물결을 일으켜서 더 잠기게 하고, 채찍질과 몽둥이질을 더하며 각종 형벌을 뒤따르게 한단 말입니까.

설령 중요하게 생각하는 일을 이로 말미암아 이룬다고 해도 부모 된 이로서 자식을 사랑하는 도리는 결코 아니니 더구나 중민(衆民)의 노여움은 범하기 어렵고[3], 형벌을 명하면 피비린내만 풍기는[4] 법입니다. 놀

---

3 중민의……어렵고 : 【譯注】 정자산(鄭子産 공손교(公孫僑))이 "중민의 노여움은 범

랍고 두려워 난(亂)을 일으키고자 하는 백성들이 사방에서 둘러싸니 지난날 징발한 병사들이 모두 그 가운데 있어서 유감을 품고 평민에게 흉악한 짓을 자행할 것입니다. 잘 모르겠습니다만, 국가에서 빈 병적(兵籍)을 가지고 이런 환란을 당했을 때 장차 무슨 방법으로 진정시키겠습니까?

요새 사람들은 승평함에 익숙하여 나라가 어지럽고 망하는 화가 대부분 백성이 원망하는 데서 연유하며 구름처럼 모이고 흙같이 무너지는 형세가 항상 백성이 유리(流離)되는 데서 연유한다는 것을 모르니 신의 이 논의를 보면 필시 미친 소리라고 할 것입니다. 그러나 한(漢)나라의 장각(張角)[5], 북조 위(魏)나라의 갈영(葛榮)[6], 당(唐)나라의 황소[7](黃巢), 송(宋)나라의 방랍(方臘)[8]이 모두 무엇 때문에 난리를 일으켰습니

하기 어렵고, 욕심대로 오로지하는 것은 이루기 어렵다.〔衆怒難犯, 專欲難成.〕"라고 하였다. 《春秋左氏傳 襄公 12年》

4 형벌을……풍기는 : 【譯注】《서경(書經)》〈주서(周書) 여형(呂刑)〉에 "백성들이 일어나 서로 물들어 혼미하고 문란하게 신의(信義)와 맞지 않고 저맹(詛盟)을 배반하였으니, 학정(虐政)으로 위엄을 부려 여러 형벌을 받은 사람들이 무고함을 상천(上天)에 호소하였다. 상제(上帝)께서 백성을 굽어보시니 향기로운 행실은 없고 피비린내만 풍긴다.〔刑發聞惟腥〕"라고 하였다.

5 장각 : 【攷證 卷4 張角】한나라 영제(靈帝) 때 거록(鉅鹿) 사람 장각이 사람들에게 요술(妖術)을 가르쳐 서로 속이고 유인하였는데 그들의 무리 수십 만이 모두 황건(黃巾)을 쓰고 있었으므로 당시 사람들이 '황건적(黃巾賊)'이라고 하였다. 《後漢書 卷8 孝靈帝紀》

6 갈영 : 【攷證 卷4 葛榮】북위(北魏) 명제(明帝) 때 오원(五原)의 항호(降胡) 선우수레(鮮于脩禮)가 반란을 일으키자 적의 수괴인 원홍업(元洪業)이 그를 죽이고 항복하였다. 그 도당 중 갈영이 다시 원홍업을 죽이고 스스로 천자의 자리에 서서 오천(五川)을 함락하였다. 《通鑑節要 南北朝梁紀 高祖武帝 頭注》

7 황소 : 【攷證 卷4 黃巢】당나라 희종(僖宗) 때 황소가 스스로 충천대장(衝天大將)이라 칭하고 동도(東都)를 함락한 뒤에 장안(長安)으로 들어가니 황제가 촉(蜀) 땅으로 달아났다. 《新唐書 卷225 黃巢列傳》

까? 당시에도 또한 필시 신과 같이 말하는 자가 있어 세상에서 비웃음을 받았을 것이니 만일 그때의 임금이 일찍감치 근심하여 미리 이에 대한 조처를 했더라면, 어찌 끝내 전복되고 패망하는 데까지 이르렀겠습니까. 그러므로 신의 어리석은 생각으로는, 지금 첨병의 일을 우선 멈추었다가 풍년이 들어 백성들이 좀 휴식한 뒤에 하는 것이 의리에도 맞고 일에도 온당하니 이것이 좋은 방법입니다.

---

8 방랍 : 【攷證 卷4 方臘】송나라 휘종(徽宗) 때 목주(睦州) 사람 방랍이 사도(邪道)에 의탁하여 백성들을 현혹하고 가난하고 궁핍하며 생업이 없는 이들을 몰래 모아 난을 일으켰는데 열흘이 되지 않아 무리가 수만 명에 이르렀다.《宋史 卷468 童貫傳, 卷486 方臘傳》

무진년에 경연에서 올린 계차 (2) 【무진년(선조1, 1568년, 68세) 9월 9일 추정. 서울】

戊辰經筵啓箚 二

사(私)는 마음의 모적(蟊賊)[9]이요 모든 악의 근본입니다. 예로부터 나라가 잘 다스려진 날은 항상 적고 어지러운 날이 항상 많아서 자신을 파멸시키고 나라를 망치는 데 점차 이른 것은 다 임금이 '사(私)'라는 한 글자를 능히 버리지 못했기 때문입니다. 그러나 마음의 모적을 제거하고 악의 뿌리를 뽑아 순수한 천리(天理)로 돌아가고자 할 때는 학문의 공(功)에 깊이 의지하지 않으면 안 되거니와 그 공부가 또한 어려우니, 한때의 사(私)나 한 가지 일의 사(私)는 노력하여 행하지 않는 것이 어렵지 않으나 평소 모든 일의 사(私)는 깨끗이 다 없애 버리기 어렵습니다. 비록 혹 이미 다 제거하여 버렸다고 하더라도, 부지불식간에 홀연히 다시 처음과 같이 사가 싹트기도 하니, 이것이 어려운 이유입니다. 그러므로 옛날의 성현(聖賢)은 경계하고 근신하면서 위태롭게 여기고 두려워하여[10] 삼가기를 깊은 못에 임한 듯이 하며 얇은 얼음을 밟는 듯이 하고[11]

---

9 모적 : 【譯註】 벼의 뿌리와 줄기를 갉아 먹는 벌레이다. 뿌리를 갉아 먹는 것을 모(蟊), 줄기를 갉아 먹는 것을 적(賊)이라 한다.

10 경계하고……두려워하여 : 【譯註】 《서경》〈우서(虞書) 고요모(皐陶謨)〉에 "경계하고 근신하면서 위태롭게 여겨 두려워해야 한다.〔兢兢業業〕"라고 하였다.

11 깊은……하고 : 【譯註】 《시경》〈소아(小雅) 소민(小旻)〉에 "매우 두려워하고 조심하여 깊은 못 가에 임한 듯, 얇은 얼음을 밟는 듯이 한다.〔如臨深淵, 如履薄冰.〕"라고 하였다.

해가 지도록 부지런히 힘쓰고 해가 지면 조심해서[12] 잠깐이라도 태만하고 소홀히 하여 구덩이에 떨어지는 근심이 있을까 두려워하였으니, 그 마음에는 일찍이 스스로 내 학문이 이미 지극해져서 사사롭고 사악한 데 떨어질 걱정이 없다고 여긴 적이 없습니다.

그러므로 《대학》에서 이미 격물치지(格物致知)와 성의정심(誠意正心)의 공부를 말하였으니, 그렇다면 마땅히 사가 없을 것 같으나 수신제가(修身齊家)에 있어서는 오히려 편벽됨을 경계하였고,[13] 치국평천하(治國平天下)에 있어서는 또한 임금 한 사람이 탐욕스러우면 온 나라가 난을 일으킨다[14]는 것과 나라는 이익을 이익으로 여기지 않는다[15]는 것으로

---

12 해가 지면 조심해서 : 【譯注】《주역》〈건괘(乾卦)〉 구삼(九三) 효사의 "군자가 해가 지도록 부지런히 힘쓰고 해가 지면 또 두려워하는 마음으로 조심하면, 비록 위태로운 지경을 당할지라도 허물이 없게 될 것이다.〔君子終日乾乾, 夕惕若, 厲無咎.〕"라고 하였다.

13 수신제가에……경계하였고 : 【譯注】《대학장구》 전(傳) 8장에 "이른바 그 집안을 가지런히 함이 몸을 닦음에 있다. 사람들이 친애하는 바에 편벽되며, 천히 여기고 미워하는 바에 편벽되며, 두려워하고 존경하는 바에 편벽되며, 가엾게 여기고 불쌍히 여기는 바에 편벽되며, 거만하고 태만한 바에 편벽되기 때문이니, 그러므로 좋아하면서도 그의 나쁨을 알며, 미워하면서도 그의 아름다움을 아는 자가 천하에 적은 것이다.〔所謂齊其家在脩其身者, 人之其所親愛而辟焉, 之其所賤惡而辟焉, 之其所畏敬而辟焉, 之其所哀矜而辟焉, 之其所敖惰而辟焉. 故好而知其惡, 惡而知其美者, 天下鮮矣.〕"라고 하였다.

14 임금……일으킨다 : 【譯注】《대학장구》 전(傳) 9장에 "한 집안이 인(仁)하면 한 나라가 인을 흥기하고, 한 집안이 사양하면 한 나라가 사양을 흥기하고, 한 사람이 탐하고 어그러지면 온 나라가 난을 일으키니〔一人貪戾 一國作亂〕, 그 기틀이 이와 같다."라고 하였다.

15 나라는……않는다 : 【譯注】맹헌자(孟獻子)가 "네 필 말을 기르는 자는 닭과 돼지를 기르는 것을 살피지 않고, 얼음을 쓰는 집안은 소와 양을 기르지 않고, 백 승(乘)의 집안은 취렴(聚斂)하는 신하를 기르지 않으니, 취렴 하는 신하를 기르기보다는 차라리 도둑질하는 신하를 두라."라고 하였다. 이것을 일러 "나라는 이익을 이익으로 여기지

경계하였습니다. 안연(顔淵)이 자기의 사욕을 극복하여 예(禮)로 돌아가고[克己復禮],[16] 노여움을 남에게 옮기지 않고[不遷怒] 잘못을 두 번 다시 저지르지 않으며[不貳過],[17] 석 달 동안 인(仁)에서 떠나지 않은[18] 뒤에야 비로소 나라 다스리는 방도를 물었으니, 어찌 다시 추호라도 사가 있었겠습니까?

그런데도 공자는 정성(鄭聲)을 물리치고 말재주 있는 사람을 멀리하라[19]고 경계하셨고, 기자(箕子)는 주나라 무왕(武王)을 위해 홍범(洪範)을 진술할 때 먼저 오사(五事)를 신중히 쓸 것을 말한 뒤에 황극(皇極)의 도[20]를 지극히 칭찬하였으니, 그렇다면 또한 사사롭고 사악한 것이 일어날 근심이 없을 것 같았습니다. 그러나 그 말에 오히려, "편벽됨이 없고 기욺이 없어 왕의 의(義)를 따르며, 뜻에 사사로이 좋아함을 일으키지 말아 왕의 도를 따르며, 뜻에 사사로이 미워함을 일으키지 말아 왕의

않고 의를 이익으로 여긴다.[此謂國不以利爲利, 以義爲利也.]"라고 한다. 《大學章句傳10章》

16 자기의……돌아가고 : 【譯注】《논어》〈안연(顔淵)〉에 나오는 말이다.

17 노여움을……않으며 : 【譯注】《논어》〈옹야(雍也)〉에 나오는 말이다.

18 석……않은 : 【譯注】공자(孔子)가 안회(顔回)에 대해, 항상은 아니지만 짧지 않은 시간 동안 인에 머무는 경지에 이르렀다고 말한 것이다. 《논어》〈옹야(雍也)〉에 나오는 말이다.

19 정성을……멀리하라 : 【譯注】'정성'은 춘추 시대 정(鄭)나라의 음악을 말한다. 《논어》〈위령공(衛靈公)〉에 "정나라 음악을 물리쳐야 하며[放鄭聲] 말재주 있는 사람을 멀리할 것이니[遠佞人], 정나라 음악은 음탕하고 말 잘하는 사람은 위태롭기 때문이다."라고 하였다.

20 황극의 도 : 【譯注】《서경》〈주서(周書) 홍범(洪範)〉 중 다섯 번째인 '건용황극(建用皇極)'으로, 제왕이 천하를 다스리는 대중(大中)·지정(至正)한 법칙의 표준을 뜻한다.

길을 따르소서. 편벽됨이 없고 편당함이 없으면 왕의 도가 탕탕(蕩蕩)하며, 편당함이 없고 편벽됨이 없으면 왕의 도가 평평(平平)하며, 상도(常道)에 위배됨이 없고 기욺이 없으면 왕의 도가 정직(正直)할 것이다."라고 하였습니다. 그런 뒤에 결론짓기를 "황극으로 모여들어 황극으로 돌아간다." 하였으니, 대개 반드시 편벽되고 기울어지며 좋아하고 미워하는 사가 없게 된 뒤에야 왕도를 따를 수 있고, 편벽되고 편당하고 어긋나고 치우치는 일이 없게 된 뒤에야 왕도가 멀리 미치고 고루 퍼져서 극에 모이고 극으로 돌아간다고 말할 수 있습니다.

이런 것으로 살펴보건대, 성인의 지위에 이르더라도 오히려 혹시나 편벽한 사가 있을까 두려워하여 항상 삼가며 경계하였는데, 하물며 성인에 이르지 못한 사람이라면 마땅히 어떻게 해야 하겠습니까.《서경》〈주서(周書) 다방(多方)〉에 "성인이라도 제대로 생각하지 않으면 광인(狂人)이 되고, 광인이라도 제대로 생각하면 성인이 된다." 하였습니다. 삼가 원하건대 성명(聖明)께서는 유념하여 잘 살피소서.

KNW011(箚-3)(癸卷7:4左)(樊卷7:4左)

〈성학십도〉를 올리는 차자 도판을 병기함 【무진년(1558, 선조1, 68세) 12월 16일 추정. 서울】

進聖學十圖箚 幷圖

    판중추부사 신 이황은 삼가 재배(再拜)하고 아룁니다. 신이 삼가 생각건대, 도(道)는 형상(形象)이 없고 하늘은 말이 없습니다. 하도(河圖)와 낙서(洛書)가 나오면서 성인이 이것을 근거로 하여 괘효(卦爻)를 만들었으니, 이때부터 비로소 도가 천하에 나타났습니다. 그러나 도는 넓고 크니 어디서부터 착수하여 들어가며, 옛 교훈이 천만 가지인데 어디로부터 따라 들어가겠습니까. 성학(聖學)에는 핵심이 있고 심법(心法)에는 지극히 요긴한 것이 있습니다. 이것을 드러내어 도(圖)를 만들고 이것을 지목하여 해설을 만들어서 사람들에게 도에 들어가는 문과 덕을 쌓는 토대를 보여 주니, 이것 역시 후현(後賢)이 부득이하여 만들게 된 것입니다. 하물며 임금의 마음은 온갖 정치가 말미암은 바요 백 가지 책임이 모이는 곳인데 갖가지 욕심이 공격하고 온갖 간사함이 서로 침해하는 곳입니다. 만약에 조금이라도 태만하고 소홀한데다 방종이 뒤따르게 되면 마치 산이 무너지고 바다가 들끓는 것과 같을 것이니, 누가 막을 수 있겠습니까.

    옛날의 성군(聖君)과 현명한 왕은 이런 점을 근심하였습니다. 그리하여 항상 조심하고 공경하며 두려워하기를 날마다 하면서도 오히려 미흡하다고 여겨 스승을 정하여 놓고 간쟁(諫諍)하는 직책을 만들었습니다. 앞에는 의(疑)가 있고 뒤에는 승(丞)이 있으며 왼쪽에는 보(輔)가 있고 오른쪽에는 필(弼)이 있으며,[21] 수레를 탈 때는 여분(旅賁)[22]의 경계함이 있고, 위저(位宁)²³에는 관사(官師)의 법전을 두었으며, 안석에 기대고 있을 때는 훈송(訓誦)²⁴하는 간언이 있고, 침소에는 설어(䙝御)²⁵의 잠언(箴言)이 있으며, 일에 임해서는 고사(瞽史)²⁶의 인도함이 있고, 편안히 거처할 때는 공사(工師)²⁷의 낭송이 있었습니다. 접시와 사발, 안석과 지팡이, 칼과 검, 문과 창문에 이르기까지 무릇 눈이 가는 곳과 몸이 처하는 곳은 어디든지 명을 새겨²⁸ 경계를 삼지 않은 것이 없었습니다. 마음을

21 앞에는⋯⋯있으며 :【譯注】왕의 전후좌우에 보필하는 신하가 있음을 말한다. 한나라 공부(孔鮒)의 《공총자(孔叢子)》〈논서(論書)〉에 "임금에게는 앞에 의(疑)가 있고 뒤에 승(丞)이 있고 왼쪽에 보(輔)가 있고 오른쪽에 필(弼)이 있으니, 이를 사근(四近)이라 한다."라고 하였다.
22 여분 :【攷證 卷3 旅賁】《주례》〈하관(夏官)〉에 "여분씨는 창을 잡고 왕의 수레를 호위하면서 달려가는 자이다."라고 하였는데, 한나라 정현(鄭玄)의 주에서 "여분은 용력이 있는 전사이다."라고 하였다. ○ 살펴보건대 '수레를 탈 때는〔在輿〕'부터 '공사의 낭송이 있었습니다.〔有工師之誦〕'까지는 모두 위(衛)나라 무공(武公)의 일로, 초나라 좌사인 의상(倚相)이 한 말이다.
23 위저 :【要存錄 卷7】《국어(國語)》〈초어 상(楚語上)〉오나라 위소(韋昭)의 주석에 "중정(中庭)의 좌우를 위(位)라 하고 문병(門屛)의 사이를 저(宁)라 한다."라고 하였다.
24 훈송 :【攷證 卷3 訓誦】서산(西山) 진덕수(眞德秀)가 말하기를 "훈송은 책을 외는 것을 맡은 관리이다."라고 하였다.《詩傳大全 大雅 抑》
25 설어 :【要存錄 卷7】'설(䙝)'은 아마도 '설(褻)' 자인 듯하니, '설(褻)'은 '설(嫠)'과 통용한다.《국어》에 "침소에서는 설어의 잠언이 있다."라고 하였다.
26 고사 :【攷證 卷3 瞽史】서산 진덕수가 말하기를 "고사는 천도를 아는 자이다."라고 하였다.《詩傳大全 大雅 抑 小註》
27 공사 :【攷證 卷3 工師】서산 진덕수가 말하기를 "공사는 악관(樂官)이다."라고 하였다.《詩傳大全 大雅 抑》
28 접시와⋯⋯새겨 :【攷證 卷3 盤盂⋯有銘】《묵자》〈천지 중(天地中)〉에 "요·순·탕은 죽백에 경계함을 쓰고 접시와 사발에 새겨 넣었다."라고 하였다.《예기》〈대대례(大戴禮)〉에 "무왕이 즉위한 지 3일 만에 사상보(師尙父)를 불러 '황제(黃帝)와 전제(顓帝)의

붙들어 잡고 몸을 방비하여 법을 따르는 것이 이와 같이 지극하였으므로 덕이 날로 새롭고 공업(功業)이 날로 넓어져서 작은 허물도 없고 큰 이름이 나게 된 것입니다.

그런데 후세의 군주는 천명을 받고 왕위에 올랐으니 그 책임이 지극히 중하고 지극히 큼에도 스스로 몸과 마음을 다스리기 위해 구비한 것이 이처럼 엄격한 것이 하나도 없었습니다. 왕공(王公)과 수많은 백성들의 추대에 들떠서 버젓이 성인처럼 굴며 오만방자하니, 결국 난이 일어나고 멸망하는 것이 어찌 괴이한 일이라 하겠습니까. 그러므로 이러한 때에 신하가 되어서 임금을 인도하여 도에 합당하도록 하려는 이는 온갖 정성을 다 바쳤습니다. 예를 들면 장구령(張九齡)이 《금감록(金鑑錄)》을 올린 것[29]과 송경(宋璟)이 〈무일도(無逸圖)〉를 바친 것[30]과 이덕유(李德裕)가 〈단의육잠(丹扆六箴)〉을 바친 것[31]과 진덕수(眞德秀)가 〈빈풍칠월도

도가 있는가?'라고 물으니, '단서(丹書)에 있습니다.'라고 대답하였다.……왕이 단서의 말을 듣고는 매우 두려워하여 경계를 삼아서 앉은 자리 네 끝에 서서 명(銘)을 삼고 안석과 거울과 세숫대야와 기둥과 지팡이와 띠와 신과 잔과 그릇과 문과 창과 검과 활과 창에도 명(銘)을 하였다."라고 하였다.

29 장구령이……것 : 【攷證 卷3 張九齡之進金鑑錄】장구령(張九齡, 673~740)의 자는 자수(子壽)로 곡강(曲江) 사람이다. 송나라 사마광(司馬光)의 《자치통감》〈당기(唐紀)〉에 "현종(玄宗) 때 천추절에 왕공이 모두 보배로운 거울을 바쳤다. 장구령은 '거울로써 스스로 비춰보면 모습을 알 수 있고, 사람으로써 자신을 비춰보면 길흉을 알 수 있다.'라고 생각하였다. 이에 전대의 흥하고 망한 근원을 기술해서 5권의 책을 만들고 이를 《천추금감록(千秋金鑑錄)》이라 명명하여 현종에게 올렸다."라고 하였다.

30 송경이……것 : 【攷證 卷3 宋璟之進無逸圖】살펴보건대, 송경은 바로 송 광평군공(廣平郡公)이다. 일찍이 손수 《상서》의 〈무일도(無逸圖)〉를 그려 올렸다.

31 이덕유가……것 : 【攷證 卷3 李德裕之獻丹扆六箴】《예기》〈명당위(明堂位)〉에 "천자는 도끼 모양의 그림이 있는 병풍[斧扆]을 등지고 남쪽을 향해서 선다."라고 하였다. 송나라 주희의 《자치통감강목》〈당기(唐紀)〉에 "당나라 경종(敬宗) 보력(寶曆) 원년

〈豳風七月圖〉)를 올린 것³² 등은 다 임금을 아끼고 나라를 근심하는 깊은 충의와 선을 베풀고 가르침을 드리는 간절한 뜻이니, 임금으로서 깊이 유념하고 공경히 마음에 담아 두지 않아서야 되겠습니까.

신은 지극히 어리석고 지극히 비루한 몸으로 그간 여러 임금에게 입은 은혜를 저버리고 병으로 시골에 들어앉아 초목과 함께 썩어가고자 했는데, 뜻하지 않게 허명(虛名)이 잘못 알려져서 조정에 불려와 중대한 강연(講筵)의 자리에 앉게 되니, 떨리고 황송하지만 사양하여 피할 길이 없습니다. 이미 외람되이 이 자리에 나아가는 것을 면치 못한 이상, 이에 성학(聖學)을 권하여 인도하고 군덕(君德)을 도와 길러 요순(堯舜)처럼 융성한 데 이르도록 할 기약을 비록 감당할 수 없다고 사양한들 어찌 되겠습니까. 다만 신은 학문이 거칠고 언변이 어눌한데 여기에다 잇따른 병고로 시강(侍講)도 드물게 하다가 겨울철 이후로는 전폐하게 되었으니, 신의 죄는 만 번 죽어도 마땅한지라 근심되고 두려운 마음 둘 곳이 없습니다.

신이 삼가 생각건대, 당초에 글을 올려 학문을 논한 말들이 이미 성상의 뜻을 감동시켜 분발하게 해 드리지 못하고, 그 뒤로도 성상을 대하여 여러 번 아뢴 말씀이 또 성상의 계책에 조금도 도움이 되지 못하였으니,

---

(825)에 이덕유는 〈단의육잠〉을 바쳤으니, 첫 번째는 소의잠(宵衣箴)이며 두 번째는 정복잠(正服箴)이며 세 번째는 파헌잠(罷獻箴)이며 네 번째는 납회잠(納誨箴)이며 다섯 번째는 변사잠(辨邪箴)이며 여섯 번째는 방미잠(防微箴)이다."라고 하였다. 【校解】《고증》에서는 '斧'가 '丹'으로 되어 있는데, 통행본 《예기》에 의거하여 수정하였다.

32 진덕수가……것 : 【攷證 卷3 眞德秀之上豳風七月圖】살펴보건대 진덕수는 〈빈풍칠월장(豳風七月章)〉으로 도(圖)를 만들어서 농부와 아낙이 농사짓고 누에치며 수고하는 모습을 그려서, 궁중에 내걸어 의식이 어디서 오는지 알게 하여 근검한 생활을 하는 데에 힘쓰자고 청하였다.

미력한 신의 정성으로는 무엇을 말씀드려야 할지 모르겠습니다. 다만 옛 현인과 군자들이 성학(聖學)을 밝히고 심법(心法)을 얻어서 도(圖)를 만들고 설(說)을 만들어 사람들에게 도에 들어가는 문과 덕을 쌓는 토대를 가르친 것이 오늘날 세상에 행해져 해와 별같이 환합니다. 이에 감히 이것을 가지고 나아가 전하게 진술하여, 옛 제왕(帝王)들이 공송(工誦)과 기명(器銘)에 자신을 경계했던 뜻을 대신하고자 합니다. 이것은 이전의 성현들에 힘입어 장래에 유익하도록 하려는 바람에서입니다. 이에 삼가 그중에서 더욱 세상에 알려진 것만 골라 일곱 개를 얻었습니다. 그중 〈심통성정도(心統性情圖)〉는 정임은(程林隱)[33]의 그림에다가 신이 만든 두 개의 작은 그림을 덧붙인 것이요, 이 밖에 또 세 개는 그림은 비록 신이 만들었으나 그 글과 뜻은 조목(條目)과 규획(規畫)에 있어서 한결같이 옛 현인이 만든 것을 풀이한 것이지 신의 창작이 아닙니다. 이것을 합하여 〈성학십도〉를 만들고 각 그림 아래에 또 외람되게 신의 의견을 덧붙여서 삼가 정사(精寫)하여 올립니다.

다만 신은 추위에 떨고 병으로 꼼짝 못하기 때문에 스스로 힘써서 이것을 하자니 눈이 어둡고 손이 떨려 글씨가 단정하지 못한 데다 줄과 글자도 바르고 고르지 못하여 규격에 맞지 않습니다. 혹여 물리치지 않으신다면 이것을 경연관(經筵官)에게 내리시어 상세하게 논의해서 바로잡고 사리에 어긋난 것을 수정하여, 다시 글씨 잘 쓰는 사람에게 정본(正本)을

---

33 정임은 :【譯注】정복심(程復心, 1257~1340)으로, 자는 자견(子見), 호는 임은(林隱)이며, 무원(婺源) 사람이다. 벼슬은 휘주노학 교수(徽州路學敎授)를 지냈다. 어려서부터 이학(理學) 공부에 잠심하였는데, 〈심통성정도〉의 상도(上圖)와 도설(圖說)은 그가 그린 것으로, 양심(良心)과 본심(本心)에서 출발하여 사십부동심(四十不動心)과 칠십이종심(七十而從心)까지의 공부하는 과정을 그린 도표이다.

정사해서 해당 관서에 보내어 병풍 한 벌을 만들어서 평소 조용히 거처하시는 곳에 펼쳐 놓거나 혹은 별도로 조그마하게 장정(裝幀)하여 첩(帖)을 만들어서 항상 책상 위에 놓아두고서, 기거동작(起居動作)하실 때 언제나 보고 살피셔서 경계로 삼으신다면, 신의 간절한 충정(忠情)에 이보다 다행함이 없겠습니다. 그 뜻에 있어서 미진한 것은 신이 청컨대 지금 거듭 설명하겠습니다.

일찍이 듣건대, 맹자(孟子)의 말에 "마음의 임무는 생각하는 것이니, 생각하면 얻고 생각하지 못하면 잃어버리고 만다."[34]라 하였고, 기자(箕子)가 무왕(武王)을 위하여 홍범(洪範)을 아뢸 적에 또 "생각은 슬기로워야 하니, 슬기로우면 성스럽게 된다."[35]라 하였습니다. 대개 마음은 방촌(方寸)에 갖춰져 있으면서 지극히 허령하고, 이치는 하도와 낙서에 드러나 지극히 현저하고 지극히 실제적입니다. 지극히 허령한 마음을 가지고 지극히 현저하고 실제적인 이치를 구하면 마땅히 얻지 못할 것이 없을 것이니, 생각하여 얻고 슬기로워 성스럽게 되는 것이 어찌 오늘날에 징험 되지 않겠습니까. 그러나 마음이 허령하다 하더라도 주재(主宰)하는 바가 없으면 일을 당하여도 생각하지 못하고, 이치가 현저하고 실제적이라 하더라도 밝게 살펴보지 않으면 항상 눈앞에 있을지라도 보지 못하게 됩니다. 그러므로 또한 이 도(圖)를 보면서도 생각을 소홀히 해서는 안 되는 것은 이러한 까닭이 있기 때문입니다.

또 듣건대 공자(孔子)께서는 "배우고도 생각하지 아니하면 얻는 것이 없고, 생각만 하고 배우지 아니하면 위태로워진다."[36]라 하였습니다. 학

---

34 마음의……만다 : 【譯注】《맹자》〈고자 상(告子上)〉에 나오는 말이다.

35 생각은……된다 : 【譯注】《서경》〈홍범(洪範)〉에 나오는 말이다.

(學)이란 것은 그 일을 익혀 참되게 실천하는 것을 이릅니다. 대개 성문(聖門)의 학이란 마음에서 구하지 않으면 어두워져서 얻지 못하는 까닭에 반드시 생각하여 그 미묘한 이치를 통투해야 하고, 그 일을 익히지 않으면 위태로워져서 불안한 까닭에 반드시 배워서 그 실제를 실천해야 합니다. 이리하여 생각하는 것과 배우는 것이 서로 발명해 주고 도움을 주어야 합니다. 삼가 바라건대 성명께서는 이러한 이치를 깊이 살피시어 모름지기 먼저 뜻을 세우되 "순(舜)은 어떤 사람이고 나는 어떤 사람인가. 노력하면 이와 같이 된다."37라는 말을 유념하여 생각하고 배우는 이 두 가지 공부에 분연(奮然)히 힘을 쓰십시오. 그리고 또한 지경(持敬)은 생각과 배움을 겸하고 동(動)과 정(靜)을 일관하며 안과 밖을 합일하고 드러난 곳과 은미(隱微)한 곳을 한결같이 하는 도(道)입니다. 이것을 행하는 방법은 반드시 엄숙하고 장중하고 고요하고 한결같은 가운데 이 마음을 보존하고 배우며 묻고 생각하며 따져 보는 즈음에 이치를 궁구하여, 보이지 않고 들리지 않는 곳에서 경계하고 두려워하기를 더욱 엄숙히 하고 더욱 공경히 하며 은미한 곳과 혼자 있는 곳에서 성찰하기를 더욱더 정밀히 하는 것입니다.

어느 한 도(圖)를 두고 생각할 적에는 마땅히 이 도에만 마음을 오로지 해서 다른 도가 있다는 것을 알지 못하는 것처럼 하고, 어떤 한 가지 일을 익힐 적에는 마땅히 이 일에만 오로지하여서 다른 일이 있다는 것을 알지 못하는 것처럼 합니다. 아침저녁으로 변함이 없이 매일매일 계속하고, 혹 야기(夜氣)가 청명할 때에 깊이 생각하여 그 뜻을 이해하고 혹

---

36 배우고도……위태로워진다 : 【譯注】《논어》〈위정(爲政)〉에 나오는 말이다.
37 순은……된다 : 【譯注】《맹자》〈등문공 상(滕文公上)〉에 나오는 말이다.

평상시에 사람과 사물을 응대할 때에 몸소 체험하여 북돋우면, 처음에는 혹 서로 어긋나 모순되는 걱정을 면하지 못하며 또한 때로 대단히 고통스럽고 원활하지 못한 병통이 있기는 하지만, 이것이 곧 옛사람들이 이른바 '장차 크게 향상하려는 징조요 좋은 소식의 징조'라고 하겠으니, 절대로 이런 문제로 인해서 스스로 저상(沮喪)되어서는 안 되며 더욱 마땅히 자신을 가지고 힘써 노력해야 합니다. 참된 것을 많이 쌓고 오래 힘써 나가게 되면, 자연히 마음과 이치가 서로 물이 배어들 듯하여 어느새 이해하고 통달하게 되며, 익히는 것과 일이 서로 무르익어 점점 순탄하고 편하게 행해지는 것을 보게 될 것입니다. 그렇게 되면 처음엔 각각 그 하나에만 오로지하던 것이 나중에는 하나의 근원에서 만나게 될 것이니, 이것이 실로 맹자가 논한 바 "깊이 나아가기를 도로써 하여 자득하게 된 경지"이며 "생겨나면 어찌 그만둘 수 있겠는가"[38]라는 말의 증험이 될 것입니다. 또한 여기에서 나아가 부지런히 힘써서 자신의 재주를 다하게 된다면, 안자(顔子)가 인(仁)을 어기지 않은 것과 나라 다스리는 일을 물은 것[39]이 바로 그 가운데에 있고, 증자(曾子)가 충서(忠恕)로 일관(一貫)하여 자신이 도(道)를 전한 책임을 맡게 된 것[40]과 같게 될 것입니다.

---

38 깊이……있겠는가 : 【譯注】 앞의 말은 《맹자》〈이루 하(離婁下)〉에 보이고, 뒤의 말은 〈이루 상〉에 보인다. 두 말이 합쳐져서 '도로써 나아가 자득하는 경지에 이르면 학문을 그만둘 수 없다'는 의미를 지닌다.

39 안자가……것 : 【譯注】 《논어》〈옹야(雍也)〉에 "안회(顔回)는 그 마음가짐이 석 달 동안 인(仁)의 도리를 어기지 않는다.〔回也, 其心三月不違.〕"라고 하였고, 〈위령공(衛靈公)〉에 안연이 나라를 다스리는 일에 대해서 묻자, 공자가 말씀하기를 "하(夏)나라의 책력을 행하고, 은(殷)나라의 수레를 타며, 주(周)나라의 면류관을 쓰고, 음악은 순 임금의 소무(韶舞)를 써야 한다."라고 하였다.

40 증자가……것 : 【譯注】 《논어》〈이인(里仁)〉에 공자(孔子)가 증삼(曾參)을 불러서

또한 두려워하고 공경함이 일상생활에서 떠나지 않아 중화(中和)를 극치(極致)로 하여 천지 만물을 위육(位育)하는 공(功)을 이룰 수 있으며, 덕행이 인륜에서 벗어나지 않아 천(天)과 인(人)이 합일하는 묘리를 얻을 수 있을 것입니다.

이제 여기에 그 도(圖)와 설(說)을 겨우 열 폭밖에 안 되는 종이에 베풀어 놓았으니, 생각하고 익히는 것은 평소 조용히 혼자 계실 때 과정을 만들어 행할 것인데, 도를 깨달아 성인이 되는 요점과 근본을 바르게 하여 나라를 다스리는 근원이 다 여기에서 나옵니다. 오직 전하께서는 정신을 가다듬고 뜻을 더하여서 처음부터 끝까지 여러 번 반복하되, 하찮은 것이라고 소홀히 하지 마시고 번거로움이 싫다고 그만두지 않으신다면, 국가로서도 매우 다행한 일이며 신하와 백성들에게도 매우 다행한 일이라 하겠습니다. 신은 야인(野人)이 근폭(芹曝)을 올리는 정성[41]을 이기지 못하여, 전하의 위엄을 모독하는 줄 알면서도 이렇게 바치나이다. 황송하고 송구스럽습니다. 처분을 기다립니다.

"나의 도는 하나의 이치로써 모든 일을 꿰뚫고 있다.〔吾道一以貫之〕"라고 하자, 증삼이 "예, 그렇습니다."라고 곧장 대답하고는, 다른 문인에게 "부자의 도는 바로 충서이다.〔夫子之道, 忠恕而已矣.〕"라고 하였다.〈선진(先進)〉에 제자를 덕행·언어·정사·문학의 사과(四科)로 나눴는데, 그 주에서 정자(程子)는 증자가 도를 전했다고 하였다.

41 야인이……정성 :【譯注】하찮은 것이라도 임금을 생각하여 바치고자 하는 아랫사람의 정성을 가리킨다.《열자》〈양주(楊朱)〉편에 다음과 같은 내용이 있다. 송나라 농부가 햇볕을 쬐면서 그 아내에게 말하였다. "따뜻한 햇볕을 지고서 우리 임금에게 바치고자 하네." 그러자 그 마을의 부자가 그에게 말했다. "옛날에 미나리와 마름을 맛있다고 여긴 자가 있어 이것을 고을 귀족에게 올리며 칭송하자, 고을 귀족이 그것을 맛보고는 입이 얼얼하고 배가 아팠으니, 사람들이 그를 비웃었다오."

▶도판-01 제일태극도설(第一太極圖說)

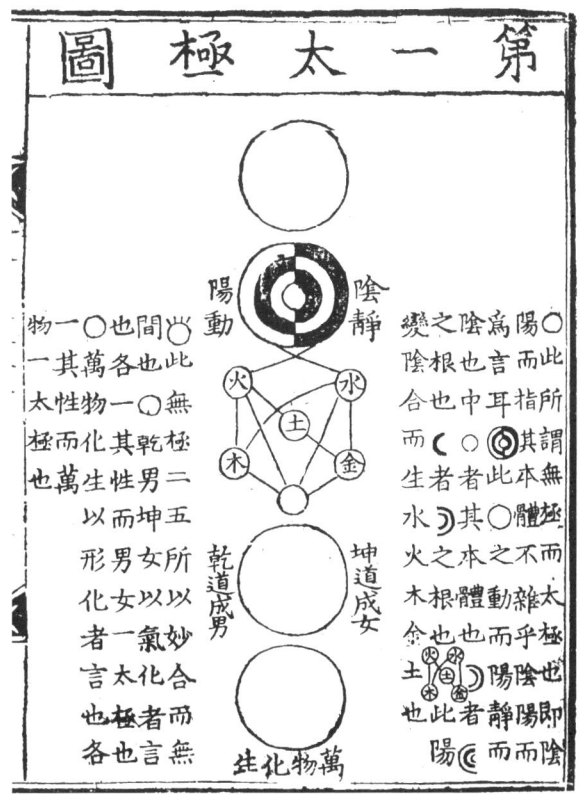

태극도설(太極圖說)

무극(無極)이면서 태극(太極)이다. 태극이 동(動)하여 양(陽)을 낳아 동이 극에 이르면 정(靜)하고, 정하여 음(陰)을 낳아 정이 극에 이르면 다시 동한다. 한 번 동하고 한 번 정하는 것이 서로 그 뿌리가 되어 음과 양으로 나누어져서 양의(兩儀)가 성립된다. 양이 변하고 음이 합하여 수(水)·화(火)·목(木)·금(金)·토(土)를 낳아서, 오기(五氣)가 순차적으로 베풀어져 네 계절이 운행된다. 오행(五行)이란 바로 하나의 음양이요, 음양이란 바로 하나의 태극이며, 태극은 본래 무극이다. 오행이 생겨남에 각각 그 성(性)을 하나씩 지닌다.

　무극의 진(眞)과 이(二 음양)·오(五 오행)의 정기(精氣)가 오묘하게 합해 응결되어, 건도(乾道)는 남성을 이루고 곤도(坤道)는 여성을 이룬다. 이기(二氣)가 교감하여 만물을 화생(化生)하니, 만물이 나고 또 나서 변화가 무궁하다. 오직 사람만이 빼어난 것을 얻어 가장 영명하니, 형체가 이미 생기매 정신이 지혜를 발(發)하며, 오성(五性)이 감동하여 선악이 나누어지고 만사가 나온다. 오직 성인은 중정인의(中正仁義)로써 정(定)하되 정(靜)을 주장하여 인극(人極)을 세우셨다. 그러므로 성인은 천지와 더불어 그 덕이 합하고, 일월(日月)과 더불어 그 밝음이 합하며, 네 계절과 더불어 그 차례가 합하고, 귀신과 더불어 그 길흉(吉凶)이 합하니, 군자는 이것을 닦아서 길하게 되고, 소인은 이것을 거슬러서 흉하게 된다. 그러므로 "하늘의 도를 세워 음과 양이라 하고, 땅의 도를 세워 유(柔)와 강(剛)이라 하고, 사람의 도를 세워 인(仁)과 의(義)"[42]라고 하며, 또 "만물의 시초를 고찰하고 만물의 마지막을 궁구하므로 삶과 죽음의 원리를 안다."[43]라 하였으니, 위대하도다《역(易)》이여, 이야말로 지극한 것이로다.

　주자(朱子)가 말하기를 "〈도설(圖說)〉은 첫머리에 음양 변화의 근원을 말하였고, 그다음에 곧 사람이 품부 받은 것으로 그것을 밝혔다. '오직

---

42 하늘의……의 :【譯注】《주역》〈설괘전(說卦傳)〉에 나오는 말이다.
43 만물의……안다 :【譯注】《주역》〈계사전 상(繫辭傳上)〉에 나오는 말이다.

사람만이 빼어난 것을 얻어 가장 영명하다'는 것은 순수지선(純粹至善)의 성(性)이니 이것이 이른바 태극이요, '형체가 생기자 정신이 발한다'는 것은 양이 동(動)하고 음이 정(靜)한 작용이다. '오성이 감동한다'는 것은 양이 변하고 음이 합하여 수・화・목・금・토의 성을 낳는 것이요, '선과 악이 나누어진다'는 것은 남성을 이루고 여성을 이루는 상(象)이요, '만사가 나온다'는 것은 만물이 화생(化生)하는 상이다. 그리고 '성인이 중정인의로써 정하되 정(靜)을 주장하여 인극(人極)을 세운다'는 것은 또한 태극의 온전한 체(體)를 얻어서 천지와 더불어 혼합하여 간격이 없다는 것이다. 그러므로 그 아랫글에 또 천지・일월・사시・귀신 등 네 가지와 합일하지 않음이 없다고 말하였다."44라 하였습니다. 또 말하기를 "성인은 수행하는 행위에 힘쓰지 않아도 저절로 그렇게 된다. 이에 이르지 못하여 수양하는 것은 군자가 길하게 되는 까닭이요, 이것을 알지 못하고 거스르는 것은 소인이 흉하게 되는 까닭이다. 수양하고 거스르는 것은 또한 공경하느냐 방종하느냐에 달려 있으니, 공경하면 욕심이 적어져서 이(理)가 밝아진다. 욕심을 적게 하고 또 적게 하여 욕심이 무(無)에 이르면, 정(靜)할 때는 허(虛)하고 동(動)할 때는 곧아서 성인을 배울 수가 있을 것이다."라 하였습니다. ○ 위는 염계(濂溪) 주자(周子)가 스스로 만든 도(圖)와 설(說)입니다. 평암 섭씨(平巖葉氏)45는 "이 그림은 〈계사(繫辭)〉의 《역(易)》에 태극이 있으니 이것이 양의(兩儀)를 낳고, 양의가 사상(四象)을 낳는다'는

---

44 도설은……말하였다 :【譯注】이상과 아래 주희의 말은 모두 〈태극도설해(太極圖說解)〉에 보인다.

45 평암 섭씨 :【攷證 卷3 平巖葉氏】이름은 채(采), 자는 중규(仲奎)이다. 주자 집안의 사위로《근사록》의 주를 냈다. 과거에 합격하여 소무군(邵武軍)을 맡아 다스렸다.

뜻을 유추하여 밝힌 것이다. 다만 《역》에서는 괘효(卦爻)를 가지고 말하고 이 도(圖)에서는 조화를 가지고 말하였다."라 하였습니다. 주자(朱子)는 "이야말로 도리의 가장 근원이 되는 곳이다."[46]라 하였고, 또 '백세(百世) 도술(道術)의 연원이다.'[47]라 하였습니다. 이제 이 그림을 첫머리에 내세운 것은 《근사록(近思錄)》에 이 〈태극도설〉을 첫머리로 삼은 의도와 같습니다.

대개 성인을 배우는 사람은 그 실마리를 여기에서부터 찾고서 《소학》과 《대학》 등에서 힘써 노력하여, 그 효과를 거두는 날에 하나의 근원을 거슬러 끝까지 올라가게 된다면, 이것이 이른바 '리(理)를 궁구하고 성(性)을 다하여 명(命)에 이른다'[48]는 것이며 이른바 '신묘함을 궁구하고 조화를 알아 덕이 성대해진다'[49]는 것입니다.

---

46 이야말로……곳이다 : 【譯注】《주자어류》 권9 〈제53조목〉에 나오는 말이다.

47 백세 도술의 연원이다 : 【譯注】《주자대전》 권71 〈기염계전(記濂溪傳)〉에 나오는 말이다.

48 리를……이른다 : 【譯注】《주역》 〈설괘전(說卦傳)〉에 나오는 말이다.

49 신묘함을……성대해진다 : 【譯注】《주역》 〈계사전(繫辭傳)〉에서 함괘(咸卦) 구사(九四) 효의 뜻을 해석한 내용 가운데 보이는 말이다.

▶도판-02-1 제이서명도(第二西銘圖)

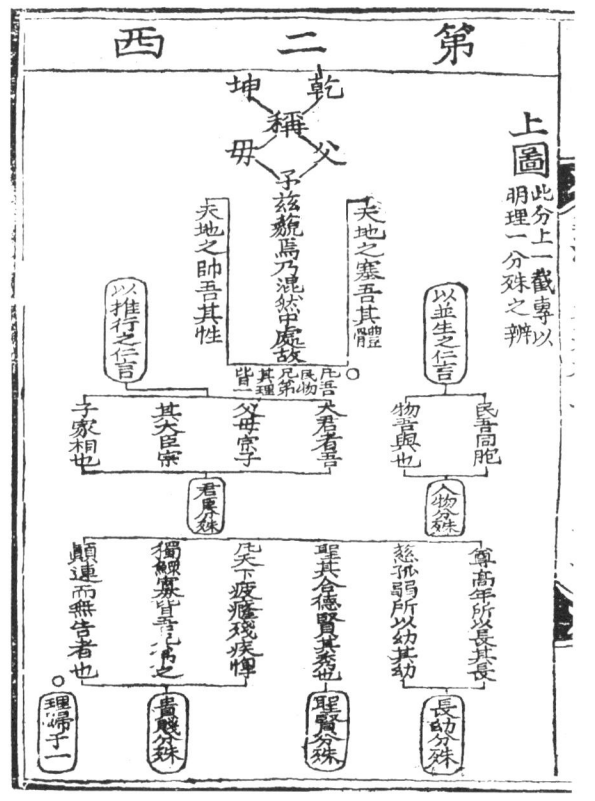

서명(西銘)

하늘을 아버지라 부르고 땅을 어머니라 부르니, 나는 미미한 몸으로 그 가운데에 섞여 있다. 그러므로 천지를 가득 채우고 있는 기운이 나의 몸이고, 천지를 주재하는 이치가 나의 본성이다. 사람은 나의 형제이고, 사물은 나의 벗이다. 대군(大君)은 내 부모의 종자(宗子)이고, 그의 대신(大臣)은 종자의 가상(家相)이다. 나이 많은 사람을 존중함은 어른을

▶도판-02-2 제이서명도(第二西銘圖)

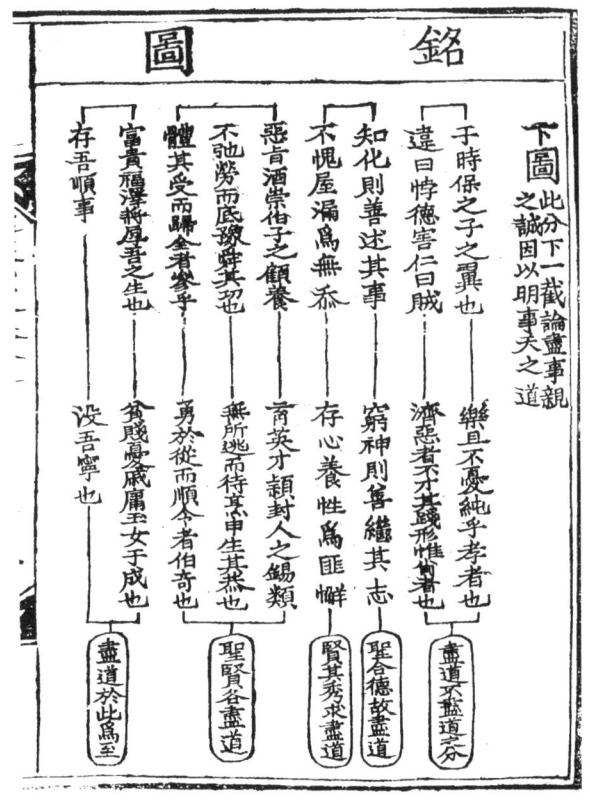

어른으로서 섬기는 것이고, 외롭고 약한 이를 자애함은 어린이를 어린이로서 사랑하는 것이다.[50] 성인은 천지와 그 덕이 합치하는 자이고,[51] 현인

---

50 사람은……것이다 :【譯注】《맹자》〈이루 상(離婁上)〉에 "사람마다 어버이를 어버이로 모시고 어른을 어른으로 모신다면 천하가 태평해질 것이다.〔人人親其親長其長, 而天下平.〕"라고 한 구절과 〈양혜왕 상(梁惠王上)〉에 "나의 어른을 어른으로 섬겨서 남의 어른에게 미치며, 나의 어린이를 어린이로 사랑해서 남의 어린이에게 미친다면 천하를 손바닥에 놓고 움직일 수 있다.〔老吾老以及人之老, 幼吾幼以及人之幼, 天下可

은 무리 가운데 빼어난 자이며, 무릇 천하의 병들고 잔약한 사람들과 환과고독(鰥寡孤獨)은 모두 나의 형제 가운데 견디기 힘든 곤란을 당해도 하소연할 곳이 없는 자이다.[52]

'이에 보전함'[53]은 자식이 공경하는 것이고, '즐거워하고 근심하지 않음'[54]은 효도에 순일(純一)한 것이다. 천리를 어기는 것을 패덕(悖德)이라 하고, 인(仁)을 해치는 것을 적(賊)이라 한다. 악행을 저지르는 자는 못난 자식이요, 형색(形色)을 실천하는[55] 자만이 부모를 닮은 자식이다. 천지의 조화를 알면 부모의 사업을 잘 조술하고, 신묘한 이치를 궁구하면 부모의 뜻을 잘 계승할 수 있다.[56] 옥루(屋漏)에서도 마음에 부끄러운

運於掌.〕"라고 한 구절을 원용한 것이다.

51 성인은……자이고 : 【譯注】《주역》〈건괘(乾卦) 문언전(文言傳)〉에 "성인은 천지와 더불어 그 덕이 합치한다.〔大人者, 與天地合其德.〕"라고 하였다.

52 천하의……자이다 : 【譯注】《맹자》〈양혜왕 하(梁惠王下)〉에 "늙어서 아내가 없는 것을 환, 늙어서 남편이 없는 것을 과, 늙어서 자식이 없는 것을 독, 어려서 부모가 없는 것을 고라고 한다. 이 네 부류는 천하의 곤궁한 백성으로서 어디에도 고통을 하소연할 곳이 없는 자이다.〔老而無妻曰鰥, 老而無夫曰寡, 老而無子曰獨, 幼而無父曰孤, 此四者, 天下之窮民而無告者.〕"라고 한 구절을 원용한 것이다.

53 이에 보전함 : 【譯注】《시경》〈주송(周頌) 아장(我將)〉에 "하늘의 위엄을 두려워하여 이에 하늘의 뜻을 보전한다.〔畏天之威, 于時保之.〕"라고 하였는데, 여기서는 하늘의 뜻을 보전하듯 부모의 뜻을 보전한다는 뜻이다.

54 즐거워하고 근심하지 않음 : 【譯注】《주역》〈계사전 상(繫辭傳上)〉에 "천리를 즐거워하고 천명을 알기 때문에 근심하지 않는다.〔樂天知命, 故不憂.〕"라고 하였다.

55 형색을 실천하는 : 【譯注】'형'은 타고난 이목구비, '색'은 웃거나 찡그리는 모습으로, 이 가운데 지극한 이치가 내재하는데, 그 이치를 제대로 발현한다는 뜻이다. 맹자가 "형색은 천성이니, 오직 성인인 뒤에야 형색을 실천할 수 있다.〔形色, 天性也, 惟聖人然後可以踐形.〕"라고 하였다. 《孟子 盡心上》

56 천지의……있다 : 【譯注】《주역》〈계사전 하(繫辭傳下)〉에 "신묘한 이치를 궁구하여 조화를 아는 것이 덕의 훌륭함이다.〔窮神知化, 德之盛也.〕"라고 한 구절과 《중용》에

일을 하지 않음은 부모를 욕되게 하지 않는 것이고,[57] 마음을 보존하고 본성을 함양함[58]은 부모를 섬기는 데 게으르지 않는 것이다. 미주(美酒)를 싫어함은 숭백(崇伯 곤(鯀))의 아들 우(禹)가 부모 봉양을 돌본 것[59]이고, 영재(英才)를 육성함은 영곡(穎谷)의 봉인(封人)이 동류에게 선을 준 것[60]과 같은 것이다. 수고로움을 늦추지 않고 부모가 기뻐하는 데까지 이르게 한 것은 순(舜)임금의 공이고,[61] 도피하지 않고 삶아 죽이기를

"효라는 것은 선친의 뜻을 잘 계승하며 선친의 일을 잘 조술하는 것이다.〔夫孝者, 善繼人之志, 善述人之事者也.〕"라고 한 구절을 원용한 것이다.

57 옥루에서도……것이고 : 【譯注】《시경》〈대아(大雅) 억(抑)〉에 "네가 집에 있을 때를 보건대, 거의 옥루에 부끄럽지 않게 한다.〔相在爾室, 尙不愧于屋漏.〕"라고 한 구절과 〈소아(小雅) 소완(小宛)〉에 "새벽에 일어나고 밤에는 늦게 자서, 너를 낳은 이를 욕됨이 없게 하라.〔夙興夜寐, 無忝爾所生.〕"라고 한 구절을 원용한 것이다.

58 마음을……함양함 : 【譯注】《맹자》〈진심 상(盡心上)〉에 "그 마음을 보전하고 그 성을 기르는 것이 하늘을 섬기는 것이다.〔存其心養其性, 所以事天也.〕"라고 하였다.

59 미주를……것 : 【譯注】 의적(儀狄)이 술을 만들었는데, 우(禹)가 이를 마시고 맛좋다고 하면서 "후세에 반드시 술 때문에 그 국가를 멸망시키는 자가 있을 것이다."라고 하고는 의적을 멀리하고 맛 좋은 술을 끊어버렸다. 맹자는 음주를 좋아하여 부모의 봉양을 돌보지 않는 것을 다섯 가지 불효 중의 하나라고 하였다.《戰國策 卷23 魏策》《孟子 離婁下》

60 영재를……것 : 【譯注】 '영곡(穎谷)의 봉인(封人)'은 춘추 시대 정나라 영곡에서 국경을 관리하던 영고숙(穎考叔)으로, 나의 천성적인 선(善)을 미루어 영재를 교육하는 것을 영고숙이 자신의 효성을 미루어 장공(莊公)에게 미쳤던 것처럼 한다는 뜻이다. 장공이 그의 아우 숙단(叔段)의 반역 때문에 그 어머니 강씨(姜氏)를 유폐한 상황에서 한번은 영고숙에게 고기를 하사했는데 영고숙이 먹지 않고는 "가지고 가서 우리 어머니에게 드리겠습니다."라고 하자, 장공이 그 효성에 감화되어 그 모자 사이가 전과 같이 되었다.《春秋左氏傳 隱公 元年 5月》

61 수고로움을……공이고 : 【譯注】 순(舜)의 아버지 고수(瞽瞍)가 항상 순을 죽이려고 했으나, 순이 효도하고 공경하는 마음을 지극히 하자 고수도 깨닫고서 즐거워하게 되었다.《맹자》〈이루 상(離婁上)〉에 "순임금이 어버이 섬기는 도리를 다하자 고수가 기뻐하

기다린 것은 신생(申生)의 공손함이다.[62] 부모에게 받은 몸을 온전히 보존하여 돌아간 자는 증삼(曾參)이고,[63] 부모에게 순종하여 명을 따르는 데에 용감한 자는 백기(伯奇)이다.[64] 부귀와 복록은 장차 나의 삶을 풍요롭게 하거니와, 빈천과 근심은 너를 옥처럼 연마하여 완성해준다.[65] 살아서는 내가 천리에 순응하여 일을 행하고, 죽을 때는 내가 마음을 편히 하여 천리에 부끄러움이 없을 것이다.

게 되었고〔舜盡事親之道, 而瞽瞍底豫〕, 고수가 기뻐하게 되자 천하가 교화되었으며, 고수가 기뻐하게 되자 천하의 부자의 도가 정해졌으니, 이것을 일러 대효(大孝)라고 하는 것이다."라고 하였다.

62 도피하지……공손함이다 : 【譯注】 춘추 시대 진(晉)나라 헌공(獻公)의 태자인 신생(申生)이 계모인 여희(驪姬)의 참소를 입고 죽게 되었으나, 도망하라는 권유를 물리치고 자신의 누명을 밝히지 않은 채 부왕의 명에 따라 목매어 자결하였다. 《春秋左氏傳 僖公 4年》

63 부모에게……증삼이고 : 【譯注】 증삼의 문인인 악정자춘(樂正子春)이 발을 다친 뒤에 증자에게 들었다면서 제자들에게 "부모님이 온전한 상태로 낳아주셨으니, 자식도 온전한 상태로 보존하여 돌아가야만 효도라고 할 수 있다.〔父母全而生之, 子全而歸之, 可謂孝矣.〕"라고 하였다. 《禮記 祭義》 증삼은 임종할 때 제자들에게 "나의 발과 손을 보아라. 《시경》〈소아(小雅) 소민(小旻)〉에 '몹시 두려워하여 깊은 못가에 선 것 같고 얇은 얼음을 밟는 것 같다.'라고 하였는데, 이제야 나는 이 몸을 훼상시킬까 하는 근심을 벗어난 줄 알겠구나〔吾知免夫〕, 얘들아."라고 하였다. 《論語 泰伯》

64 부모에게……백기이다 : 【譯注】 '백기'는 주나라 선왕(宣王) 때의 중신(重臣)인 윤길보(尹吉甫)의 큰아들로, 백기의 후모(後母)가 그의 아들인 백봉(伯封)을 후계자로 삼고자 하여 백기를 윤길보에게 참소했는데, 윤길보가 그 참소를 믿고는 백기를 내쫓았으나 백기는 부친의 명에 순종하여 변명하지 않고 쫓겨났다. 《初學記 卷2 引用 履霜操》

65 빈천과……완성해준다 : 【譯注】《시경》〈대아(大雅) 민로(民勞)〉에 "왕이 너를 옥처럼 아끼고자 하니, 이 때문에 너에게 간곡히 충고한다.〔王欲玉汝, 是用大諫.〕"라고 하였는데, 여기서는 하늘이 나를 아껴 완성해주는 것처럼 빈천과 근심이 나를 완성해준다는 뜻이다.

주자(朱子)는 〈서명에 대한 해설[西銘解]〉에서 다음과 같이 말하였습니다. "정자(程子 정이(程頤))는 〈서명〉에 대하여 리일분수(理一分殊)[66]를 밝힌 것이라고 하였다.[67] 건(乾)을 아버지로 삼고 곤(坤)을 어머니로 삼는 것은 생명이 있는 것은 그렇지 않음이 없으니, 이것이 이른바 '리일(理一)'이다. 사람과 만물이 태어남에 혈맥을 지닌 무리는 각각 그 어버이를 어버이로 여기고 그 자식을 자식으로 여기니, 그 분수가 어찌 다르지 않을 수 있겠는가. 하나로 통괄하면서도 만 가지로 다르니 천하가 한 집안과 같고 중국이 한 사람과 같다 하더라도 겸애(兼愛)의 폐단[68]에 흐르지 않고, 만 가지로 다르면서도 하나로 관통하니 친소(親疎)의 인정이 다르고 귀천(貴賤)의 등급이 다르다 하더라도 위아(爲我)의 사사로움[69]에 빠지지 않는다. 이것이 〈서명〉의 요지이다. 어버이를 친애하는 후한 마음을 미루어 무아(無我)의 공변됨으로까지

---

66 리일분수 : 【譯注】 이치는 하나이면서 현상은 각각 다른 것으로, 우주의 근원은 하나의 이치인데 그 현상은 만물의 형태로 나타나는 것을 말한다. 이는 현상계를 이법(理法)의 구현으로 보는 불교의 화엄(華嚴) 사상에서 기인한 것으로, 성리학의 핵심 명제 중 하나인데, 예컨대 월인천강(月印千江)에서 월(月)이 '리일'이라면 천강(千江)에 비친 달빛은 '분수'라고 할 수 있다.

67 정자는……하였다 : 【譯注】〈서명을 논한 양시에게 답한 편지[答楊時論西銘書]〉에 보이는 내용이다. 《二程文集 卷10 伊川文集》

68 겸애의 폐단 : 【譯注】 묵가(墨家)는 나와 남을 구분하지 않고 모두 동등하게 사랑해야 한다는 겸애설을 주장했는데, 이에 대하여 맹자는 "하늘이 만물을 낼 적에는 근본이 하나가 되게 하였는데, 이자에게는 두 개의 근본이 있기 때문에 그런 것이다.[天之生物也, 使之一本, 而夷子二本故也.]"라고 비판하였다. 《孟子 滕文公上》

69 위아의 사사로움 : 【譯注】 양주(楊朱)는 극단적인 개인주의인 위아설을 주장했는데, 이에 대하여 맹자는 "하나의 털을 뽑아 천하를 이롭게 하더라도 그렇게 하지 않는다.[拔一毛而利天下, 不爲也.]"라고 비판하였다. 《孟子 盡心上》

확대하고, 어버이를 섬기는 정성을 기반으로 하늘을 섬기는 도리를 밝힌 것을 보면, 모든 상황에서 이른바 '분수가 확정됨에 이치가 하나임을 유추한다'[70]는 경우이다." 또 "〈서명〉의 앞부분은 바둑판과 같고 뒷부분은 사람이 바둑을 두는 것과 같다."라고 하였습니다.

○ 구산 양씨(龜山楊氏)[71]는 다음과 같이 말하였습니다. "〈서명〉은 '리일분수'에 대한 내용이다. '이치가 하나임'을 알기 때문에 인(仁)을 행하고, '분수가 다름'을 알기 때문에 의(義)를 행한다. 이것은 맹자(孟子)가 '어버이를 친애한 뒤에 백성을 사랑하고, 백성을 사랑한 뒤에 만물을 아낀다.〔親親而仁民, 仁民而愛物.〕'[72]라고 말한 것과 같다. 그 분수가 같지 않기 때문에 베푸는 바에 차등이 없을 수 없는 것이다."[73]

○ 쌍봉 요씨(雙峯饒氏)[74]는 다음과 같이 말하였습니다. "〈서명〉의 전반부는 사람이 천지(天地)의 자식이 됨을 밝혔고, 후반부는 자식이

---

70 분수가……유추한다 :【譯注】〈서명을 논한 양시에게 답한 편지〔答楊時論西銘書〕〉에 보이는 내용이다. 《二程文集 卷10 伊川文集》

71 구산 양씨 :【攷證 卷3 龜山楊氏】송나라 양시(楊時, 1053~1135)로, 장락(將樂) 사람이며, 자는 중립(中立), 호는 구산, 시호는 문정(文靖)이다. 정호(程顥)·정이(程頤)의 문인으로, 사양좌(謝良佐)·유작(游酢)·여대림(呂大臨)과 더불어 '정문사선생(程門四先生)'으로 불렸다.

72 어버이를……아낀다 :【譯注】《맹자》〈진심 상(盡心上)〉에 나오는 말이다.

73 서명은……것이다 :【譯注】송나라 양시의 《구산선생어록(龜山先生語錄)》 권2에 나오는 말이다.

74 쌍봉 요씨 :【攷證 卷3 雙峯饒氏】송나라 요로(饒魯, 1193~1264)로, 요주(饒州) 여간(餘干) 사람이며, 자는 백여(伯輿)·중원(仲元), 호는 쌍봉이다. 어려서 황면재(黃勉齋 황간(黃榦))에게 수학하였는데, 성품이 단정하고 행실이 근엄하며 학술이 정통하고 분명하였다. 여러 번 관리로 천거되었으나 출사하지 않았다. 세상을 떠나자 그의 문인들이 문원(文元)이라는 사시(私諡)를 올렸다. 《明一統志 卷50》

부모를 섬기는 것처럼 사람이 천지를 섬겨야 함을 말하였다."[75]

○ 위의 〈서명〉은 횡거(橫渠) 장자(張子 장재(張載))가 지은 것입니다. 처음에 "정완(訂頑)"이라고 명명했는데, 정자가 고쳐서 "서명"이라 하고, 임은 정씨(林隱程氏)[76]가 이 그림을 만들었습니다. 성학(聖學)은 인(仁)을 구하는 것이 관건이니, 모름지기 이 뜻을 깊이 체득해야만 비로소 천지만물과 더불어 일체가 됨이 정말 그렇다는 것을 알 수가 있습니다. 그렇게 되면 '인'을 실천하는 공부가 비로소 절실하고 맛이 있어 망망하여 손댈 수 없는 걱정을 면하게 되고, 또 남을 자기로 인식하는 병통[77]도 없어져서 심덕(心德)이 온전하게 됩니다. 그러므로 정자(程子 정호(程顥))는 "〈서명〉은 뜻이 더할 나위 없이 완비되었으니, 바로 '인'의 체(體)이다."[78]라고 하고, 또 "가득 채워 더 이상 남음이 없게 되면 바로 성인이다."[79]라고 하였습니다.

---

75 서명의……말하였다 : 【譯注】명나라 심자창(沈自彰)의 《장자전서(張子全書)》 권1에 나오는 말이다.

76 임은 정씨 : 【攷證 卷3 林隱程氏】아래 〈심학도설(心學圖說)〉의 내용 가운데 보인다. 【校解】원나라 정복심(程復心, 1257~1340)으로, 무원(婺源) 사람이며, 자는 자견(子見), 호는 임은이다.

77 남을……병통 : 【譯注】묵가(墨家)의 대표적인 주장인 겸애설(兼愛說)의 폐단을 이른다.

78 서명은……체이다 : 【譯注】송나라 주희(朱熹)의 《이정유서(二程遺書)》 권2에 나오는 말이다.

79 가득……성인이다 : 【譯注】송나라 주희의 《이정유서》 권18에 나오는 말이다.

▶도판-03 제삼소학도(第三小學圖)

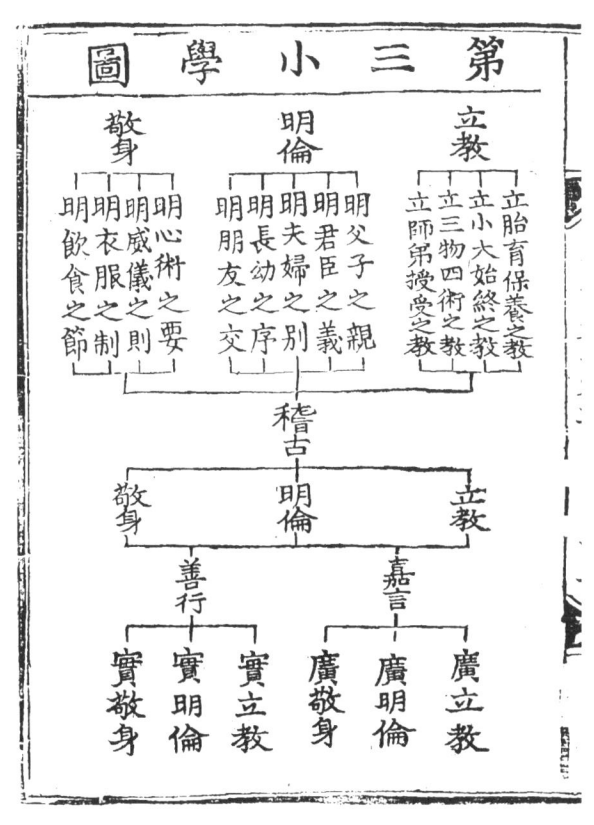

《소학》제사(小學題辭)

원형이정은	元亨利貞
천도의 변치 않는 이치이고	天道之常
인의예지는	仁義禮智
인성의 벼리이다	人性之綱
무릇 이 성(性)은 애초에	凡此厥初

착하지 않음이 없어	無有不善
성대하게 사단이	藹然四端
외물에 감촉될 때마다 나타난다	隨感而見
어버이를 사랑하고 형을 공경하며	愛親敬兄
임금에게 충성하고 어른에게 공손한 것	忠君弟長
이것이 마음속에 보존된 변치 않는 천성이니	是曰秉彛
자연스러운 것으로서 억지로 함이 없다	有順無彊
오직 성인(聖人)은 본성대로 하시는 분으로	惟聖性者
드넓은 하늘과 같으니	浩浩其天
털끝만큼 보태지 않아도	不加毫末
모든 선이 충족된다	萬善足焉
일반인은 매우 어리석으니	衆人蚩蚩
물욕이 이리저리 마음을 가리는 탓에	物欲交蔽
결국 그 벼리를 무너뜨려	乃頹其綱
저렇게 편안히 자포자기한다	安此暴棄
성인이 이를 가엾게 여겨	惟聖斯惻
학교를 세우고 스승을 두어	建學立師
그 뿌리를 북돋우고	以培其根
그 가지를 뻗게 하셨다	以達其支
소학의 교육 방법은	小學之方
물 뿌리고 쓸며 응하고 답하며	灑掃應對
집에 들어와서는 효도하고 밖에 나가서는 공손하니	入孝出恭
모든 행동에 혹시라도 어긋남이 없게 하는 것이다	動罔或悖
이를 행한 뒤에 여력이 있으면	行有餘力

《시경》을 외우고 《서경》을 읽으며	誦詩讀書
읊으며 노래 부르고 춤추며 발을 구르니	詠歌舞蹈
생각이 혹시라도 법도를 넘지 않게 한다	思罔或逾
이치를 궁구하고 몸을 닦는 것은	窮理修身
대학의 교육 방법이다	斯學之大
하늘의 밝은 명이 환하여	明命赫然
안팎이 있지 않으니	罔有內外
안으로 덕이 높고 밖으로 사업이 넓어야만	德崇業廣
그 처음의 본성을 회복하게 된다	乃復其初
이것은 옛적에도 부족하지 않았으니	昔非不足
지금이라고 어찌 남음이 있겠는가	今豈有餘
훌륭했던 세대가 멀어지고 성인께서 돌아가시자	世遠人亡
경전이 온전치 못하고 교육이 해이해져	經殘敎弛
어린이에 대한 교육이 바르지 못하고	蒙養弗端
장성하면 더욱 경조부박해진다	長益浮靡
이에 마을에는 좋은 풍속이 없고	鄕無善俗
세상에는 훌륭한 인재가 없어	世乏良材
이욕이 어지럽게 끌어당기고	利欲紛拏
이단의 학설이 시끄럽게 공격한다	異言喧豗
다행히 사람이 타고난 변치 않는 이 천성은	幸玆秉彝
하늘이 다하도록 실추되지 않기에	極天罔墜
옛날에 들은 내용을 모아	爰輯舊聞
후학을 깨우치려 한다	庶覺來裔
아, 아이들아	嗟嗟小子

이 책을 공경히 받으라	敬受此書
나의 말은 노망한 것이 아니라	匪我言耄
성인의 가르침일 뿐이다	惟聖之謨

어떤 이가 "그대는 바야흐로 사람에게 대학(大學 대인(大人)의 학문))의 도(道)를 말하려고 하면서 또 소학 공부의 글을 참고하고자 하는 것은 무슨 까닭인가?"라고 물으니, 주자가 다음과 같이 대답하였습니다. "학문의 대소는 본래 같지 않은 점이 있으나 그 도(道)는 하나일 뿐이다. 그러므로 어릴 적에 소학에서 학습하지 않으면 방심(放心)을 수습하고 덕성을 함양하여 대학의 기본을 마련할 수 없고, 장성하여서 대학에 나아가지 않으면 의리를 살피고 사업에 베풀어 소학에서의 성공을 거둘 수 없다. 지금 어린 학생으로 하여금 반드시 먼저 물뿌리고 쓸며 응하고 답하며 나아가고 물러나는 사이에, 예(禮)·악(樂)·사(射)·어(御)·서(書)·수(數)를 익히는 사이에 스스로 힘을 다하게 하고, 장성하기를 기다린 뒤에 타고난 자신의 밝은 덕을 밝히고[明明德] 백성을 도덕적으로 새롭게 변화시켜[新民] 지선(至善)의 경지에 머무는 데에 나아가게 한다. 이것은 당연한 순서이니 또 어째서 옳지 않겠는가."

어떤 이가 또 "만약 이미 장성한 나이가 되었는데 소학 공부를 미처 하지 못한 자는 어떻게 하는가?"라고 물으니, 주자가 다음과 같이 대답하였습니다. "이는 세월이 이미 지나갔으니 본래 소급할 수 없지만, 그 공부의 차례와 조목은 어찌 마침내 다시 보충하지 못하겠는가. 내가 듣건대, '경(敬)'이라는 한 글자는 성학(聖學)의 처음과 끝을 이루는 것이라고 한다. 소학 공부를 하는 자가 '경'을 말미암지 않으면 진실로 본원을 함양하여 물 뿌리고 쓸고 응하고 답하며 나아가고 물러나는 절차와 육예(六藝)의 가르침을 신중히 할 수 없고, 대학 공부를 하는 자가 '경'을 말미암지 않으면 총명을 개발하여 덕을 향상하고 학업을 닦음으로써 명명덕과 신민의 공을 이룰 수 없다. 불행히 제때를 놓치고 그 이후에 배우는 자가 진실로 '경'에 힘써 큰 학문에 나아가고 작은 학문을 아울러 보충하는 것을 꺼리지 않을 수 있다면, 그가 진보하는 것은 장차 근본이 없어 스스로 성취할 수 없음을 근심하지 않게 될 것이다."

○ 위의 《소학》에 대해서는 옛날에 그림이 없었습니다. 신이 삼가 본서(本書)의 목록에 의거하여 이 그림을 만들어 《대학》의 그림과 마주하게 하고, 또 주자의 《대학혹문(大學或問)》에서 대학 공부와 소학 공부에 대하여 통론한 설명을 인용하여 두 가지의 공부하는 대강을 드러냈습니다. 소학 공부와 대학 공부는 서로 의지하여 이루어지니, 이런 까닭에 하나이면서 둘이요 둘이면서 하나입니다. 그러므로 《대학혹문》에서 이를 통론할 수 있었고, 이 두 그림에 함께 수록하여 갖출 수 있는 것입니다.

▶도판-04 제사대학도(第四大學圖)

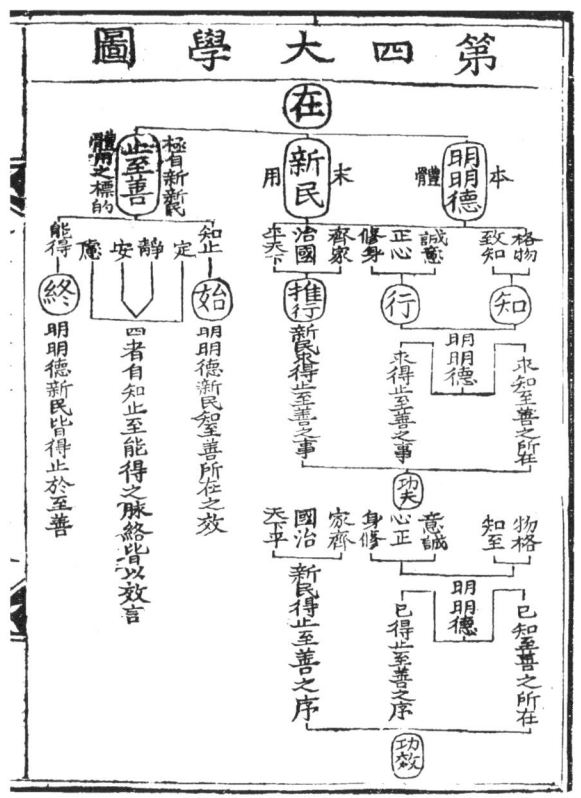

《대학》경문〔大學經〕

대학의 도는 타고난 밝은 덕을 밝히는〔明明德〕데에 있고, 백성을 도덕적으로 새롭게 하는〔新民〕데에 있으며, 이 두 가지 일이 지선(至善)에 머물러 옮기지 않음〔止於至善〕에 있다. 머물러 옮기지 않을 곳을 안 뒤에야〔知止〕뜻에 확정된 방향이 있게 되니, 뜻에 확정된 방향이 있게 된 뒤에 마음이 함부로 움직이지 않고 고요해질 수 있으며, 마음이 고요해진 뒤에 상황마다 편안해질 수 있으며, 상황마다 편안해진 뒤에 일의 처리가 정밀해질 수 있으며, 일의 처리가 정밀해진 뒤에 머물러 옮기지 않을 바를 얻을 수 있다〔能得〕. 삼강령(三綱領)에는 '명명덕(明明德)'이라는 근본적인 것과 '신민(新民)'이라는 부차적인 것이 있으며, 일에는 '지지'라는 처음과 '능득(能得)'이라는 끝이 있으니, '명명덕'과 '지지(知止)'를 먼저 할 줄 알고 '신민'과 '능득'을 뒤에 할 줄 알면 도(道)에 가까워질 것이다.

옛날에 명덕을 천하에 밝히려고 하는 자는 먼저 그 나라를 다스리고, 그 나라를 다스리려고 하는 자는 먼저 그 집안을 정돈하고, 그 집안을 정돈하려고 하는 자는 먼저 그 자신을 수양하고, 그 자신을 수양하려고 하는 자는 먼저 그 마음을 바르게 하고, 그 마음을 바르게 하려고 하는 자는 먼저 그 뜻을 성실하게 하고, 그 뜻을 성실하게 하려고 하는 자는 먼저 그 앎을 지극하게 하였으니, 앎을 지극하게 하는 것은 사물의 이치를 궁구하는 것이 관건이다. 사물의 이치가 궁구된 뒤에야 앎이 지극해지고, 앎이 지극해진 뒤에야 뜻이 성실해지고, 뜻이 성실해진 뒤에야 마음이 바르게 되고, 마음이 바르게 된 뒤에야 자신이 수양되고, 자신이 수양된 뒤에야 집안이 정돈되고, 집안이 정돈된 뒤에야 나라가 다스려지고, 나라가 다스려진 뒤에야 천하가 화평해진다.

천자로부터 서민에 이르기까지 한결같이 모두 수신(修身)을 근본으로 삼는다. 그 근본이 어지러우면서 말단이 다스려지는 경우는 없고, 후하게 해야 할 데에 박하게 하고 박하게 해야 할 데에 후하게 하는 경우는 있지 않다.

어떤 이가 "경(敬) 공부에 대하여 그대는 어떻게 힘을 쓰는가?"라고 하니, 주자가 다음과 같이 대답하였습니다. "정자(程子 정이(程頤))는 일찍이 '마음을 전일하게 하여 다른 생각을 하지 않는 것'[80]이라고 말씀하고, 또 '외면을 정제하고 엄숙하게 하는 것'[81]이라고 말씀하셨다. 그 문인인 사씨(謝氏)의 설에는 이른바 '항상 깨어 있게 하는 방법'이라는 말이 있고,[82] 윤씨(尹氏)의 설에는 '그 마음을 수렴하여 하나의 일도 용납하지 않는다.'라는 말이 있다.[83] '경'이라는 것은 마음 전체의 주재(主宰)이며 만사의 근본이다. 그 힘쓸 방법을 알면 소학 공부가 '경'을 기반으로 출발하지 않을 수 없다는 것을 알 수 있고, 소학 공부가 '경'을 기반으로 시작한다는 것을 알면 대학 공부가 '경'에 의지하여 끝맺지 않을 수 없다는 것도 하나의 이치로 꿰뚫어 의심 없이 이해할 수 있을 것이다. 이 마음이 이미 확립된 뒤에 '경'을 말미암아 격물치지(格物致知)하여 사물의 이치를 다한다면 이른바 '덕성을 높이고 학문을 말미

---

80 마음을……것 : 【譯注】송나라 양시(楊時)의 《이정수언(二程粹言)》 권상(卷上)에 "주일(主一)은 마음을 전일하게 하는 것이고, 무적(無適)은 마음이 다른 곳으로 옮겨 가지 않는 것이다.〔主一之謂敬, 無適之謂一.〕"라고 하였다.

81 외면을……것 : 【譯注】송나라 주희(朱熹)의 《이정유서(二程遺書)》 권15에 "마음을 전일하게 하는 것은 다른 것이 아니니 단지 외면을 가지런히 하고 엄숙하게 하면 마음이 전일하게 된다.〔一者無他, 只是整齊嚴肅則心便一.〕"라고 하였다.

82 사씨의……있고 : 【譯注】'사씨'는 송나라 사양좌(謝良佐, 1050~1103)로, 본관은 상채(上蔡), 자는 현도(顯道), 시호는 문숙(文肅)이고, 정호(程顥)와 정이(程頤)의 문인이다. 그는 "'경'은 항상 깨어 있게 하는 방법이다.〔敬是常惺惺法〕"라고 하였다.《上蔡語錄 卷中》

83 윤씨의……있다 : 【譯注】'윤씨'는 송나라 윤돈(尹焞, 1071~1142)으로, 본관은 낙양(洛陽), 자는 언명(彦明)·덕충(德充), 호는 화정(和靖)이고, 정호와 정이의 문인이다. 그는 경(敬) 공부에 대하여 "그 마음을 수렴해서 한 가지 일도 마음에 두지 않는 것이다.〔其心收斂, 不容一物.〕"라고 하였다.《心經附註 卷1 敬以直內章》

암는다'84는 경우에 해당하고, '경'을 말미암아 성의정심(誠意正心)하여 그 몸을 닦는다면 이른바 '먼저 그 큰 것을 세우면 작은 것이 빼앗지 못한다'85는 경우에 해당하고, '경'을 말미암아 제가치국(齊家治國)하여 천하에까지 미친다면 이른바 '자신의 몸을 닦음으로써 백성을 편안하게 하고'86 공손함을 독실히 함에 천하가 태평해진다'87는 경우에 해당하니, 이것이 모두 애초에 하루라도 '경'에서 떠나지 못하는 이유이다. 그렇다면 '경'이라는 한 글자가 어찌 성학(聖學)을 시작하고 마치는 요체가 아니겠는가."

○ 위의 내용은 공자 학단에서 남긴 《대학》의 첫 장입니다. 국초에 신하 권근(權近)이 이 그림을 만들었고, 장(章) 아래에서 인용한, 《대학혹문》의 대학 공부와 소학 공부에 대하여 통론한 뜻은 그 설명이 〈소학도(小學圖)〉 아래에 나타나 있습니다. 그러나 비단 두 가지 설명만 통괄하여 보아야 할 뿐만 아니라 아울러 상하의 여덟 그림도 모두 이 두 그림과 통합하여 보아야 합니다. 처음 두 그림은 단서를 찾아

---

84 덕성을……말미암는다 : 【譯注】《중용장구》 제27장에 "군자는 덕성을 높이고 학문을 말미암으니〔君子尊德性而道問學〕, 광대함을 이루고 정미함을 다하며 고명함을 지극히 하고 중용을 말미암는다."라고 하였다.

85 먼저……못한다 : 【譯注】《맹자》〈고자 상(告子上)〉에 "먼저 큰 것인 마음을 확립하면 그 작은 것인 이목의 욕구가 빼앗지 못하니〔先立乎其大者, 則其小者不能奪也〕, 이렇게 하면 바로 대인(大人)이 되는 것이다."라고 하였다.

86 자신의……하고 : 【譯注】《논어》〈헌문(憲問)〉에 "자신을 닦음으로써 백성들을 편안하게 하는 것〔修己以安百姓〕은 요순(堯舜)도 그렇게 하지 못할까 오히려 걱정했다."라고 하였다.

87 공손함을……태평해진다 : 【譯注】《중용장구》 제33장에 "《시경》〈주송(周頌) 열문(烈文)〉에 '드러나지 않는 덕을 제후들이 본받는다.'라고 하였다. 그러므로 군자가 공손함을 돈독히 하면 천하가 화평해진다.〔君子篤恭而天下平〕"라고 하였다.

확충하여 천리를 체득하고 천도를 다하기 위해 지극히 해야 할 부분이니 소학 공부와 대학 공부의 표준이자 본원에 해당하고, 그다음 여섯 그림은 선(善)을 명확히 알고 몸을 성실히 하여 덕성을 높이고 사업을 넓히기 위해 힘쓸 부분이니 소학 공부와 대학 공부의 실제 적용할 곳이자 사공(事功)에 해당하는데, '경'이라는 것은 위와 아래에 통하고 있으니 공부하여 효과를 거두는 데 있어 모두 '경'에 종사하여 잘못되지 않게 해야 합니다. 그러므로 주자의 말씀이 저와 같고, 지금 이 열 장의 그림도 모두 '경'을 위주로 하였습니다.

-〈태극도설(太極圖說)〉에서 정(靜)만 말하고 경(敬)을 말하지 않았으니, 주자의 주석에서 '경'을 말하여 보충하였다.-

▶도판-05 제오백록동규도(第五白鹿洞規圖)

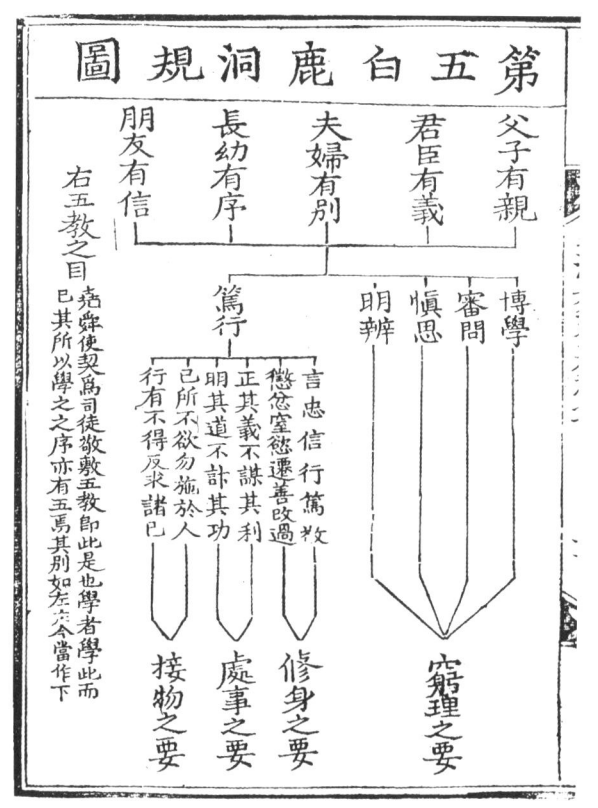

동규[88] 후서(洞規後敍)

내가 가만히 살펴보건대, 옛날 성현께서 사람에게 공부하는 것을 가르치

88 동규 : 【譯注】백록동서원(白鹿洞書院) 학규(學規)로, 송나라 주희(朱熹)가 남강군(南康軍)을 맡아 다스리면서 학문을 강론하며 정한 규정이다. 그 대략은 오교지목(五敎之目)·위학지서(爲學之序)·수신지요(修身之要)·처사지요(處事之要)·접물지요(接物之要)의 다섯 가지이고, 이에 따른 세목이 각각 있다. 《朱子大全 卷74 白鹿洞書院揭示》

신 목적은 어떤 경우든 의리(義理)를 강명하여 자신을 수양하고, 그런 뒤에 이를 미루어 남에게 미치기 위해서니, 단지 책을 읽으며 외우는 데 힘쓰거나 시문을 지어 명성을 낚고 이록(利祿)을 취하게 하고자 할 뿐만이 아니다. 오늘날 공부하는 이들은 이미 이와 반대로 한다. 그러나 성현이 사람을 가르치신 방법이 경전에 갖추어져 있으니 뜻이 있는 선비는 진실로 마땅히 숙독하고 심사숙고하며 질문하고 분변해야 한다. 만일 이치가 마땅히 그렇다는 것을 알아서 자신에게 반드시 그렇게 하도록 독려한다면 기준으로 삼을 법도와 금지하는 규정에 대하여 남이 제시하기를 기다린 뒤에 준수할 필요가 없게 된다.

근세에는 학당에 규정이 있으나 학자를 대하는 수준이 너무 낮고, 그 구체적인 방법도 딱히 고인(古人)의 뜻에 맞는다고 할 수도 없다. 그러므로 지금 우리 학당에서는 더 이상 그런 규정을 적용하지 않고, 단지 성현께서 사람에게 공부하는 것을 가르치신 바의 중요한 내용을 취하여 위와 같이 조목조목 열거하고 현판에 게시하니, 제군이 서로 강명하고 준수하여 이 규정이 자신에게 적용되도록 독려한다면 생각하고 행동하는 즈음에 경계하고 삼가며 두려워하고 조심하는 바가 틀림없이 저 규정보다 엄격함이 있게 될 것이다. 그렇게 하지 못하여 혹시 금지 규정의 범위를 벗어나는 경우가 있으면 저 이른바 규정이란 것을 반드시 취하여 적용해야 할 것이니 진실로 소홀히 할 수 없는 것이다. 제군은 명심할지어다.

○ 위의 백록동서원(白鹿洞書院) 학규는 주자가 지어서 백록동서원의 학생에게 게시한 것입니다. 백록동은 남강군(南康軍) 북쪽에 위치한 광려산(匡廬山) 남쪽에 있습니다. 당나라 이발(李渤)[89]이 이곳에 은거하면서 흰 사슴을 길들여 데리고 다녔기 때문에 백록동이라고 명명한

것입니다. 오대십국 시대 남당(南唐)이 서원을 세워[90] 국상(國庠)이라고 불렀는데 학생이 항상 수백 명이었습니다. 송나라 태종이 서적을 하사하고 동주(洞主)에게 관직을 주어[91] 총애하며 권장했는데, 중간에 황폐해졌다가 주자가 남강군 지사(南康軍知事)가 되었을 때 조정에 요청하여 중건한[92] 뒤에 학생을 모아 규정을 만들어 도학(道學)을 앞장서서 밝히자 서원의 교육이 마침내 천하에 성행하게 되었습니다.

신이 지금 삼가 규문(規文)의 본 조목에 의거하여 이 그림을 만들어 살펴보시기에 편리하게 하였습니다. 요순시대의 교육은 오륜(五倫)이 핵심이었고 삼대(三代) 시대의 학문은 모두 인륜을 밝히기 위한

---

89 이발 : 【攷證 卷3 李渤】 773~831. 당나라 낙양(洛陽) 사람으로, 자는 준지(濬之), 호는 소실산인(少室山人)이다. 형 이섭(李涉)과 함께 백록동에서 은거하였는데, 뒤에 강주 자사(江州刺史)로 부임하고는 백록동에 대사(臺榭)를 처음으로 세웠다.

90 남당이 서원을 세워 : 【攷證 卷3 南唐建書院】 살펴보건대, 오대십국 시대 후진(後晉) 석경당(石敬瑭)의 천복(天福) 2년(937)에 오(吳)나라의 서지고(徐知誥 이변(李昪))가 황제라고 일컫고 국호를 당(唐)이라고 하였으니, 이 나라가 남당이다. 열조(烈祖) 승원(昇元) 연간에 백록동에 학관을 세우고 이선도(李善道)를 동주(洞主)로 삼아 학생들의 교학을 담당하게 하니, 이것이 백록 국상(白鹿國庠)이다.

91 서적을……주어 : 【攷證 卷3 頒書籍官洞主】《정본 퇴계전서》권5 〈경상도 관찰사 심통원(沈通源)에게 올리는 편지〔上沈方伯〕〉에 보인다. 【校解】 이 편지의 내용은 1548년(명종3) 풍기 군수(豐基郡守)로 부임한 이황이 1549년 12월에 경상도 관찰사에게 백운동서원(白雲洞書院)의 사액(賜額)과 서적의 반사(頒賜)를 위한 계문을 요청한 것이다. 이에 따라 1550년에 소수서원(紹修書院)이라 사액되고 아울러 국가의 지원을 받게 되었다.

92 남강군 지사가……중건한 : 【攷證 卷3 知南康軍云云】 주자는 순희(淳熙) 5년(1178, 무술년) 8월 남강군 지사(知事)에 차임되었는데, 기해년 10월 백록동 서원을 다시 세울 것을 조정에 아뢰면서 칙액(勅額) 및 어서 석경(御書石經)과 국자감본(國子監本) 구경주소(九經注疏)를 하사하여 서원에 둘 것을 청하니, 조서를 내려 주자의 요청을 모두 들어주었다.《朱子年譜 考異 卷2》

것이었습니다. 그러므로 백록동서원 학규에서 제시한 궁리(窮理)와 역행(力行)이 모두 오륜에 근본을 두고 있는 것입니다. 또한 제왕의 학문은 그 준칙의 내용과 금지의 조목이 일반 학자와 모두 같을 수는 없습니다만, 인륜에 근본을 둔 채 이치를 규명하고 힘써 실천하여 심법(心法)의 절실하고 요긴한 점을 터득하는 면에서는 같지 않은 적이 없습니다. 그러므로 아울러 이 그림을 헌상하여 아침저녁으로 성상을 시종하는 설어(蓺御)[93]의 잠언(箴言)에 충당합니다.

○ 이상 다섯 장의 그림은 천도(天道)에 근본을 두었는데, 공부는 인륜을 밝히고 덕업에 힘쓰는 것이 관건입니다.

---

93 설어 :【譯注】임금을 측근에서 모시는 신하이다. 《국어(國語)》권17 〈초어(楚語)〉에 "수레를 타면 여분(旅賁)이 옳은 말을 바치게 하고, 위저(位宁)에서는 백관들이 서로를 바로잡게 하고, 궤안(几案)에는 암송하는 훈계를 놓아두고, 침소(寢所)에서는 설어가 잠언(箴言)을 올리게 하며, 일에 임해서는 고사(瞽史)가 진언(進言)을 하게 하고, 아무 일 없이 한가로이 있을 때에는 사공(師工)에게 시를 읊게 하였다."라고 하였다.

▶도판-06 제륙심통성정도(第六心統性情圖)

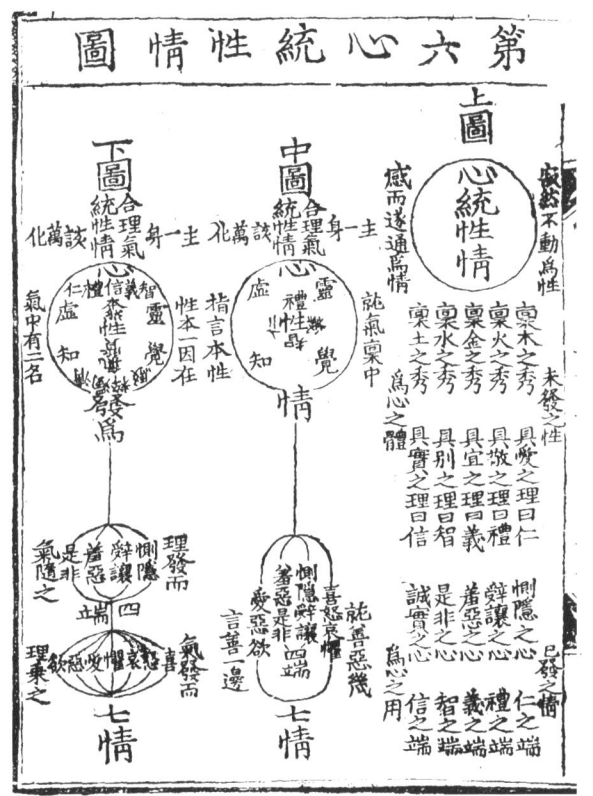

심통성정도설(心統性情圖說)

임은 정씨(林隱程氏)[94]가 다음과 같이 말하였습니다. "이른바 '심(心)이 성(性)과 정(情)을 통섭한다'는 것은 사람이 오행의 빼어난 기운을 받아

---

94 임은 정씨 :【譯注】원나라 정복심(程復心, 1257~1340)으로, 본관은 무원(婺源), 자는 자견(子見), 호는 임은이다.

태어날 때 그 빼어난 부분에 인(仁)·의(義)·예(禮)·지(智)·신(信)이라는 오성(五性)이 갖추어지고, 그 오성이 동(動)할 때 칠정(七情)이 나오니 그 '성'과 '정'을 통섭하는 것이 '심'이라는 말이다. 그러므로 그 '심'이 고요히 움직이지 않음이 '성'이니 이는 '심'의 본체이고, 물(物)에 감촉되어 통함이 '정'이니 이는 '심'의 작용이다. 장자(張子 장재(張載))께서 '심이 성과 정을 통섭한다.'라고 하셨으니, 이 말씀은 지당하다. '심'이 '성'을 통섭하기 때문에 인·의·예·지가 '성'이 되고 또 '인의의 마음'이라는 말도 있게 되며, '심'이 '정'을 통섭하기 때문에 측은(惻隱)·수오(羞惡)·사양(辭讓)·시비(是非)가 '정'이 되고 또 '측은지심·수오지심·사양지심·시비지심'이라는 말도 있게 된 것이다. '심'이 '성'을 통섭하지 못하면 미발(未發)의 중(中)[95]을 이룰 수 없어서 '성'이 천착되기 쉽고, '심'이 '정'을 통섭하지 못하면 중절(中節)의 화(和)[96]를 이룰 수 없어서 '정'이 방탕해지기 쉽다. 배우는 사람들은 이런 내용을 알아서 반드시 먼저 그 '심'을 바르게 하여 그 '성'을 함양하고 그 '정'을 단속해야만 학문이라는 도(道)가 제대로 될 것이다."

-신이 삼가 생각건대, 정자(程子 정이(程頤))의 〈안자소호하학론(顔子所好何學論)〉[97]

---

95 미발의 중 : 【譯注】마음이 정(靜)하여 성(性)의 본연(本然)을 유지한 상태로, 희로애락의 감정이 발하지 않아 편벽되거나 치우침이 없는 것이다. 《중용장구》 제1장에 "희로애락이 발하지 않은 상태를 중이라고 한다.〔喜怒哀樂之未發, 謂之中.〕"라고 하였다.

96 중절의 화 : 【譯注】마음이 동(動)하여 희로애락의 감정이 발했을 때 절도에 맞는 상태이다. 《중용장구》 제1장에 "희로애락이 발하여 모두 절도에 맞는 상태를 화라고 한다.〔發而皆中節, 謂之和.〕"라고 하였다.

97 안자소호하학론 : 【譯注】송나라 정이(程頤)가 태학에서 공부할 때, 당시 학관(學官)이었던 호원(胡瑗)이 '안자가 좋아한 것이 어떠한 학문인가에 대한 논'으로 시제(試

에는 '정을 단속한다〔約其情〕'는 말이 '심을 바르게 하여 성을 함양한다〔正心養性〕'는 말의 앞에 놓여 있는데[98] 여기에는 도리어 뒤에 있으니, 이는 '심이 성과 정을 통섭한다'는 관점으로 말하였기 때문입니다. 그러나 그 이치를 따져 말한다면 마땅히 정자의 논의가 순조롭다고 해야 합니다. ○ 그림에 온당치 못한 곳이 있어 조금 수정한 부분이 있습니다.[99] -

○ 위의 세 그림 중에 첫 번째 그림은 임은 정씨가 그리고 직접 설명한 것이고, 그 아래 두 그림은 신이 외람되게 성현이 말씀을 남겨 가르침을 드리운 뜻을 추론하여 만든 것입니다.

두 번째 그림은 기품(氣稟)의 측면에서 기품이 섞이지 않은 본연지성(本然之性)을 가리켜 말한 것이니, 자사(子思)의 이른바 천명지성(天命之性),[100] 맹자의 이른바 성선지성(性善之性), 정자(程子)의 이른바 즉리지성(卽理之性),[101] 장자의 이른바 천지지성(天地之性)[102]이

題)를 내자 정이가 이에 대해 답한 글로,《이정전서(二程全書)》권62에 수록되어 있다.

98 정을……있는데 :【譯注】송나라 정이의〈안자소호하학론〉에 "형체가 생긴 뒤에는……성(性)이 천착된다. 그러므로 깨달은 자는 그 정(情)을 단속하여〔約其情〕중도에 합치하게 하고 그 심을 바르게 하여 그 성을 함양한다.〔正其心養其性〕"라고 하였다.

99 그림에……있습니다 :【攷證 卷3 圖有未穩稍更定】살펴보건대, 정씨(程氏 정복심)가 그린 원래 그림의 권중(圈中)에는 '심(心)' 자 아래에 '통성(統性)' 자와 '통정(統情)' 자를 분배하여 좌우에 놓고, '이(理)' 자 아래 '왈인(曰仁)' 등의 글자가 없으며, '사양(辭讓)'이 '공손(恭遜)'으로 되어 있다. 이런 부분이 아마 온당치 않기에 지금의 그림으로 바꾼 듯하다.

100 천명지성 :【譯注】《중용장구》제1장에 "하늘이 명하여 준 것을 '성'이라 한다.〔天命之謂性〕"라고 하였다.

101 즉리지성 :【譯注】송나라 정이가 "'성'은 바로 '리'이다.〔性卽理也〕"라고 하였다.《二程遺書 卷22》

여기에 해당합니다. '성'을 말한 것이 이미 이와 같은 까닭에 '성'이 발현되어 '정'이 된 것도 모두 그 선량한 측면을 가리켜 말하였으니, 자사의 이른바 중절지정(中節之情), 맹자의 이른바 사단지정(四端之情), 정자의 이른바 '어찌 불선(不善)하다고 명명할 수 있겠는가.'[103]라고 했을 때의 '정', 주자의 이른바 '성(性)으로부터 흘러나오는 것은 본래 선하지 않은 것이 없다.〔元無不善〕'[104]라고 했을 때의 '정'이 여기에 해당합니다.

세 번째 그림은 리(理)와 기(氣)가 합해진 것으로 말한 것이니, 공자의 이른바 상근지성(相近之性)[105], 정자의 이른바 '성(性)이 곧 기(氣)요, 기가 곧 성이다〔性卽氣, 氣卽性〕'[106]라고 했을 때의 '성', 장자의 이른바 '기질지성(氣質之性)', 주자의 이른바 '기(氣) 가운데 있으나 기는 기요 성은 성이어서〔氣自氣, 性自性〕 서로 섞이지 않는다.'[107]라고

---

102 천지지성 : 【譯注】 송나라 장재(張載)가 "형체를 이룬 뒤에 기질의 '성'이 있으니, 본래의 선으로 돌아가면 천지의 '성'이 있게 된다.〔形而後有氣質之性, 善反之, 則天地之性存焉.〕 그러므로 기질의 '성'을 군자는 '성'이라고 하지 않는다."라고 하였다. 《張橫渠集 卷3 誠明篇》

103 어찌……있겠는가 : 【譯注】 혹자가 정자(程子)에게 "'성'은 선하고 '정'은 불선한 것입니까?"라고 묻자, 정자가 "'정'은 '성'이 발동한 것이다. 요컨대 바른 데로 돌아갈 뿐이니 어찌 불선하다고 명명할 수 있겠는가?〔情者性之動也. 要歸於正而已, 亦何得以不善名之?〕"라고 하였다. 《二程粹言 卷下 心性篇》

104 성으로부터……없다 : 【譯注】 송나라 여정덕(黎靖德)의 《주자어류》 권5 〈성리(性理)2〉에 보이는 내용인데, 《주자어류》에는 '선하다〔善〕'가 '좋다〔好〕'로 되어 있다.

105 상근지성 : 【譯注】 《논어》 〈양화(陽貨)〉에 "성은 서로 비슷하나 습관에 의하여 서로 멀어지게 된다.〔性相近也, 習相遠也.〕"라고 하였다.

106 성이……성이다 : 【譯注】 송나라 주희(朱熹)의 《이정유서(二程遺書)》 권1에 나오는 말이다.

했을 때의 '성'이 여기에 해당합니다. '성'을 말한 것이 이미 이와 같은 까닭에 '성'이 발현되어 '정'이 된 것도 '리'와 '기'가 서로 의지하거나 혹 서로 방해하는 측면으로 말한 것입니다. 예컨대 사단(四端)의 '정'은 '리'가 발현함에 '기'가 따르는 것으로서 본래 순선(純善)하여 악이 없으니, 반드시 '리'가 발현하여 미처 이루어지지 못한 사이에 '기'에 의해 가리어진 뒤라야만 흘러 불선이 되고, 칠정(七情)의 '정'은 '기'가 발현함에 '리'가 타는 것으로서 역시 불선이 없으니, 만약 '기'가 발현하여 절도에 맞지 못하여 그 '리'를 멸하면 방탕하여 악이 되는 것입니다. 이와 같기 때문에 정 부자(程夫子 정이(程頤))는 "'성'만 논하고 '기'를 논하지 않으면 완비되지 않고〔論性不論氣不備〕'기'만 논하고 '성'을 논하지 않으면 명확하지 않으니〔論氣不論性不明〕'성'과 '기'를 분리하면 옳지 않다."[108]라고 하였습니다. 그렇다면 맹자와 자사가 '리'만 가리켜 말한 것은 완비되지 않은 것이 아니니, '기'를 아울러 말하면 '성'의 본래 선함을 드러낼 수 없기 때문입니다. 이것이 두 번째 그림의 의미입니다.

요컨대 '리'와 '기'를 아우르고 '성'과 '정'을 통섭하는 것은 '심'인데, '성'이 발현하여 '정'이 되는 즈음이 바로 마음의 기미(幾微)요 온갖 변화의 중추로서 선악이 여기에서 나뉩니다. 배우는 사람이 진실로 경(敬)을 견지하는 데 전일하여 리(理)와 욕(欲)의 분별에 어둡지 않고, 여기에서 더욱 삼가서 미발(未發)의 상태에서 존양(存養)[109]의 공부가

---

107 기……않는다 : 【譯注】송나라 주희의 《회암집(晦菴集)》 권46 〈유숙문에게 보낸 답장〔答劉叔文〕〉에 나오는 말이다.

108 성만……않다 : 【譯注】송나라 주희의 《이정유서》 권2에 나오는 말이다.

깊어지고 이발(已發)의 상태에서 성찰(省察)¹¹⁰의 습성이 익숙해져 참됨이 쌓이고 힘씀이 오래되어 그치지 않으면 이른바 '정밀하게 살피고 전일하게 지켜야 진실로 중도를 잡을 수 있다'¹¹¹는 성학(聖學)과 '체를 보존하고 용을 응용하는〔存體應用〕' 심법은 모두 다른 데에서 구할 필요 없이 여기에서 얻을 수 있습니다.

109 존양 : 【譯注】존심양성(存心養性)으로, 유가(儒家)의 심성 수양론을 대표하는 말이다. 《맹자》〈진심 상(盡心上)〉에 "그 마음을 보존하여 그 성품을 기름은 하늘을 섬기는 것이다.〔存其心, 養其性, 所以事天也.〕"라고 하였는데, '존'은 잡고 버리지 않는다는 뜻이고 '양'은 그대로 따르고 해치지 않는다는 뜻이다. 주희는《중용장구》제1장의 "군자는 보지 않는 바에도 경계하고 삼가며 듣지 않는 바에도 두려워하고 조심한다.〔君子戒愼乎其所不睹, 恐懼乎其所不聞.〕"라는 내용이 정(靜)할 때의 존양 공부라고 하였다.

110 성찰 : 【譯注】인욕(人慾)이 싹트려 하는 시점에 이를 잘 살펴 막는 것을 이른다. 주희는 《중용장구》1장의 "은밀한 곳보다 더 잘 드러나는 곳이 없고, 세미한 것보다 더 잘 나타나는 곳이 없다. 그러므로 군자는 그 홀로 있을 때를 삼가는 것이다.〔莫見乎隱, 莫顯乎微, 故君子愼其獨也.〕"라는 내용이 동(動)할 때의 성찰 공부라고 하였다.

111 정밀하게……있다 : 【譯注】《서경》〈우서(虞書) 대우모(大禹謨)〉에 "인심은 위태하고 도심은 은미하니, 정밀하게 하고 한결같이 하여야 진실로 그 '중'을 잡을 것이다.〔人心惟危, 道心惟微, 惟精惟一, 允執厥中.〕"라고 하였는데, 송나라 주희 등 성리학자들은 이것을 요(堯)·순(舜)·우(禹) 세 성인이 서로 도통(道統)을 주고받은 16자심전(十六字心傳)이라고 하면서 강조하였다.

▶도판-07 제칠인설도(第七仁說圖)

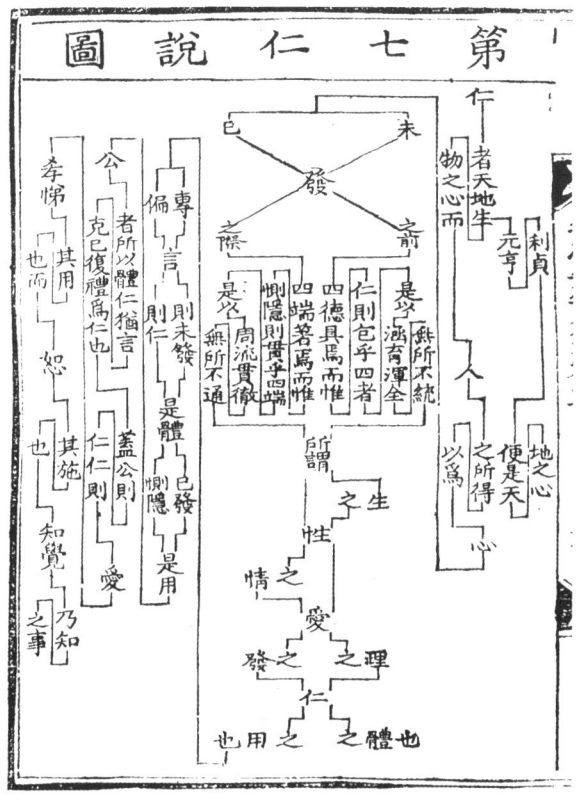

인설(仁說)¹¹²

주자가 다음과 같이 말씀하였습니다. 인(仁)이라는 것은 천지가 만물을 낳는 심(心)인데 사람이 이것을 얻어 '심'으로 삼는다. '심'의 미발(未發)

---

112 인설 : 【譯注】송나라 주희(朱熹)의 《회암집(晦菴集)》 권67에 수록되어 있다.

상태에 인(仁)·의(義)·예(禮)·지(智)라는 사덕(四德)이 갖추어져 있는데, '인'이 이 네 가지를 포괄한다. 그러므로 고요하고 온전하여 거느리지 않는 바가 없으니, 이른바 '탄생시키는 본성〔生之性〕'과 '사랑의 원리〔愛之理〕'가 '인'의 본체이다. '심'의 이발(已發) 상태에 측은(惻隱)·수오(羞惡)·사양(辭讓)·시비(是非)라는 사단(四端)이 드러나는데, 측은지심이 사단을 관통하고 있다. 그러므로 두루 흐르고 관철하여 통하지 않는 바가 없으니, 이른바 '성에서 나온 정〔性之情〕'과 '사랑의 발현〔愛之發〕'이 인의 작용이다. 넓은 의미로 말하면 '미발'이 본체이고 '이발'이 작용이며, 좁은 의미로 말하면 '인'이 본체이고 '측은지심'이 작용이다. 공(公)이라는 것은 '인'의 골자이니 "사심을 극복하여 예로 돌아감이 '인'을 하는 것이다.〔克己復禮爲仁〕"[113]라고 말하는 것과 같다. 공변되면 '인'하게 되고 '인'하면 사랑하게 되니, 효성과 공경은 '인'의 작용이고 서(恕)는 '인'의 베풂이며 지각(知覺)은 바로 지(智)의 일이다.

또 다음과 같이 말씀하였습니다. 천지의 '심'에 그 덕이 넷이 있으니 그것은 원(元)·형(亨)·이(利)·정(貞)이다. '원'이 이 넷을 통괄하지 않음이 없고, 그것이 통하여 운행하면 차례로 춘하추동의 계절이 되는데 봄의 생기(生氣)가 네 계절을 관통하지 않는 바가 없다. 그러므로 사람의 '심'에도 그 덕이 넷이 있으니 그것은 인·의·예·지이다. '인'이 이 넷을 포괄하지 않음이 없고, 그것이 발현하여 작용하면 애(愛)·공(恭)·의(宜)·별(別)의 정(情)이 되는데 측은지심이 이 네 가지를 관통하지 않음이 없다. '인'이라는 도는 바로 천지가 만물을 낳는 '심'으로서 만물을 낳는 즉시 그 만물에 존재하게 되는데, '정'이 발현되기 전에 이미 이 본체

---

113 사심을……것이다 :【譯注】《논어》〈안연(顏淵)〉에 나오는 말이다.

가 갖추어져 있고 '정'이 발현된 뒤에 그 작용이 무궁무진하니, 진실로 이것을 체인하여 보존하면 온갖 선(善)의 근원과 모든 행실의 근본이 여기에 있게 된다. 이것이 공문(孔門)의 교육에서 반드시 배우는 이로 하여금 '인'을 찾는 데 급급하게 한 까닭이다.

공자께서 "자신을 이겨 예로 돌아감이 '인'을 하는 것이다."라고 하셨으니, 이는 자신의 사심을 제거하여 천리로 돌아갈 수 있으면 이 '심'의 본체가 있지 않음이 없고 이 '심'의 작용이 운용되지 않음이 없다는 말이다. 또 "거처하는 것이 공손하고 일을 하는 것이 신중하며 타인에게 진심으로 대한다.〔居處恭, 執事敬, 與人忠.〕"[114]라고 하셨으니, 이 말씀은 역시 이 '심'을 보존하기 위한 것이다. 또 "어버이를 섬김이 효성스럽고 형을 섬김이 공손하며〔事親孝事兄悌〕[115] 남을 대함이 이해심이 많다.〔及物恕〕"[116] 라고 하셨으니, 이 말씀은 역시 이 '심'을 실행하기 위한 것이다. 이 '심'은 어떤 '심'인가? 천지에 있어서는 끝없이 만물을 낳는 '심'이고 사람에게 있어서는 따스하게 남을 사랑하고 만물을 이롭게 하는 '심'이니, 사덕을 포함하고 사단을 관통하는 것이다.

어떤 이가 "만약 그대의 말과 같다면 정자(程子 정이(程頤))의 이른바 '애'는 본래 '정'에 해당하고 '인'은 본래 '성'에 해당하니〔愛自是情, 仁自是性〕, '애'를 가지고 '인'이라고 명명하면 안 된다[117]는 말씀은 잘못된 것인

---

114 거처하는……대한다 :【譯注】《논어》〈자로(子路)〉에 나오는 말이다.
115 어버이를……공손하며 :【譯注】《효경》〈광양명(廣揚名)〉에 나오는 말이다.
116 남을……많다 :【譯注】증자(曾子)가 "선생님의 도는 다름 아닌 충서일 뿐이다.〔夫子之道, 忠恕而已矣.〕"라고 하였는데, 송나라 정이(程頤)가 "자기 마음을 미루어 남에게 미치는 것이 '서'이다.〔推己及物, 恕也.〕"라고 해석한 것을 원용한 것이다.《論語集注 里仁》

가?"라고 하니, 내가 다음과 같이 말하였다. "그렇지 않다. 정자께서 말씀하신 내용은 '애'의 발현을 가지고 '인'이라고 명명하는 사안에 대한 것이고, 내가 논의한 바는 '애'의 이치를 가지고 '인'이라고 명명한 것이다. 이른바 '정'과 '성'이라는 것이 비록 그 분계(分界)가 같지 않으나 그 맥락이 통할 때 각각 속한 바가 있으니, 어찌 한번이라도 서로 분리되어 무관한 적이 있겠는가. 나는 학자들이 정자의 말씀을 외우기만 하고 그 의미를 찾지 않아 결국 확연히 '애'를 떠난 채 '인'을 말하는 지경에 이른 것을 병통으로 여겼기 때문에 특별히 이것을 논하여 정자께서 남긴 뜻을 밝힌 것이니, 그대가 정자의 말씀과 다르다고 한 것이 어찌 잘못이 아니겠는가." 어떤 이가 "정자의 문도 중에 만물과 내가 하나가 됨[118]을 가지고 '인'의 본체로 삼은 사람도 있고, 지각(知覺)을 가지고 '인'의 명칭을 해석한[119] 사람도 있으니, 이들의 견해는 모두 잘못된 것인가?"라고 하니, 내가 다음과 같이 대답하였다. "물아일체라는 견해에서는 '인'이 사랑하지 않음이 없다는 것은 볼 수 있으나 '인'이 본체가 되는 근거의 참모습은

---

117 애는……된다 : 【譯注】송나라 주희의 《이정유서(二程遺書)》 권18에 나오는 말이다.

118 만물과……됨 : 【攷證 卷3 物我爲一爲仁】양구산(楊龜山)의 학설이다. 【校解】'양구산'은 송나라 양시(楊時, 1053~1135)로, 장락(將樂) 사람이며, 자가 중립(中立), 호가 구산, 시호가 문정(文靖)이고, 정호(程顥)・정이의 문인이다. 《구산집》 권11에 "만물이 나와 더불어 하나가 됨[萬物與我爲一]이 '인'이다."라고 하였다.

119 지각을……해석한 : 【攷證 卷3 知覺釋仁之名】사상채(謝上蔡)의 학설이다. 【校解】'사상채'는 송나라 사양좌(謝良佐, 1050~1103)로, 상채(上蔡) 사람이며, 자가 현도(顯道), 시호가 문숙(文肅)이고, 정호(程顥)・정이의 문인이다. 이 내용은 주희가 인용한 사양좌의 말에 보이는데, 사양좌는 "'심'에 지각하는 바가 있는 것이 바로 '인'이니, '인'은 마음이 일과 하나가 되는 것이다.[心有所覺謂之仁, 仁則心與事爲一.]"라고 하였다. 《論語精義 卷6》

아니다. '심'에 지각이 있다는 견해에서는 '인'이 지(智)를 포괄하는 것은 볼 수 있으나 '인'이 이름을 얻게 된 근거의 실상은 아니다. 널리 베풀어 대중을 구제하는 것이 '인'이냐고 물었던 자공(子貢)의 질문에 공자께서 대답하신 말씀[120]과 '지각을 가지고 인을 풀이하면 안 된다'는 정자의 말씀[121]을 보면 알 수 있으니, 그대가 어찌 이런 의견을 가지고 '인'을 논할 수 있겠는가."

○ 위의 〈인설〉은 주자가 짓고 아울러 직접 그림을 그린 것으로, 더 이상 남김없이 인도(仁道)를 밝혀낸 것입니다. 주자의 《대학장구》 전(傳) 3장에 "임금이 되어서는 '인'에 머문다.〔爲人君止於仁〕"라고 하였으니, 지금 옛날 제왕들이 마음을 전하고 '인'을 체득한 묘리를 찾고자 한다면 어찌 여기에 뜻을 다하지 않겠습니까.

---

[120] 널리⋯⋯말씀 : 【譯注】 자공(子貢)이 공자에게 "만약 백성에게 널리 베풀고 대중을 구제한다면〔博施於民而能濟衆〕 어떻습니까? '인'이라 할 수 있습니까?"라고 묻자, 공자가 "어찌 '인'을 일삼는 데에 그칠 뿐이겠느냐. 반드시 성인이라고 할 것이다. 요순도 그 일을 어렵게 여기셨다."라고 대답하였다. 《論語 雍也》

[121] 지각을⋯⋯말씀 : 【譯注】 송나라 정이가 "불인(不仁)한 자는 지각하는 바가 없으나, 지각을 지칭하여 '인'이라고 해서는 안 된다.〔指知覺爲仁, 則不可.〕"라고 하였다. 《二程粹言 卷上》

▶도판-08 제팔심학도(第八心學圖)

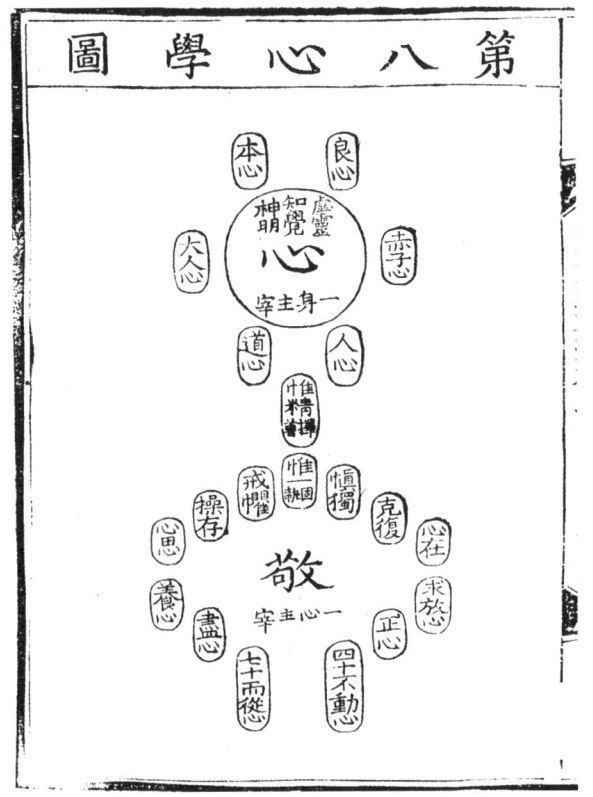

심학도[122]설(心學圖說)

---

122 심학도 : 【攷證 卷3 心學圖】 살펴보건대, 《정본 퇴계전서》 권5의 '요씨가 중화와 중용을 내외로 구분한 설명〔饒氏中和中庸分內外之說〕'으로 시작하는 〈이숙헌에게 답하다〔答李叔獻〕〉와 권8의 '논의한 정임은의 심학도〔所論程林隱心學圖〕'로 시작하는 〈조사경에게 답하다〔答趙士敬〕〉에 이 그림에 대하여 자세히 논의하였으니 참고해야 한다.

임은 정씨(林隱程氏)[123] -정복심(程復心)이다.- 가 다음과 같이 말하였습니다. 적자(赤子)의 심(心)은 인욕에 빠지기 전의 양심이니, 인심(人心)은 바로 욕구에 감발하여 생긴 것이다. 대인(大人)의 '심'은 의리가 완벽히 갖추어진 본심이니, 도심(道心)은 바로 의리에 감발하여 생긴 것이다.[124] 이는 두 가지 다른 '심'이 있는 것이 아니다. 실로 형기(形氣)에 감발되면 모두 '인심'이 없을 수 없고 성명(性命)에서 근원하면 '도심'이 되기 때문이니, 그림에서 '유정유일(惟精惟一) 택선고집(擇善固執)' 이하는 인욕을 막고 천리를 보존하는 공부가 아닌 것이 없다. '신독(愼獨)' 이하는 인욕을 막는 공부이니, 반드시 마음이 흔들리지 않는〔不動心〕[125] 경지에 이르러야 부귀가 마음을 방탕하게 하지 못하고 빈천이 절개를 옮겨 놓지 못하며 위무가 지조를 굽히게 할 수 없게〔富貴不能淫, 貧賤不能移, 威武不能屈〕[126] 되어 도가 명확해지고 덕이 확립됨〔道明德立〕[127]을 볼 수 있다. '계구(戒懼)' 이하는 천리를 보존하는 공부이니, 반드시 '심'이 하고 싶은 바를 따라 그대로 하여 저절로 법도를 넘지 않는〔從心所欲不踰矩〕[128] 경지에 이르러야 '심'은 곧 본체가 되고 '욕'은 곧 작용이 되며 본체

---

123 임은 정씨 :【譯注】원나라 정복심(程復心, 1257~1340)으로, 본관은 무원(婺源), 자는 자견(子見), 호는 임은이다.

124 적자의……것이다 :【譯注】《맹자》〈이루 하(離婁下)〉의 "대인이란 적자의 '심'을 잃지 않은 자이다.〔大人者, 不失其赤子之心者也.〕"라고 한 내용을 기반으로 설명한 것이다.

125 마음이 흔들리지 않는 :【譯注】《맹자》〈공손추 상(公孫丑上)〉에 나오는 말이다.

126 부귀가……없게 :【譯注】《맹자》〈등문공 하(滕文公下)〉에 나오는 말이다.

127 도가……확립됨 :【譯注】《맹자》〈공손추 상〉의 '부동심(不動心)'에 대한 송나라 주희의 주석에 보이는 내용이다.

128 심이……않는 :【譯注】《논어》〈위정(爲政)〉에 나오는 말이다.

는 곧 '도'가 되고 작용은 곧 '의'가 되어 목소리가 율(律)이 되고 몸이 법도가 되어[129] 생각하지 않아도 이해하고 애쓰지 않아도 중도에 맞음[不思而得, 不勉而中][130]을 볼 수 있을 것이다. 요컨대 공부의 요체는 모두 하나의 '경(敬)'에서 벗어나지 않으니, '심'이라는 것은 몸 전체의 주재자이고 '경'은 또 '심' 전체의 주재자이다. 주일무적(主一無適)[131]이라는 설명, 정제엄숙(整齊嚴肅)[132]이라는 설명, 그 마음을 수렴하라[133]든가 항상 깨어 있어야 한다[134]는 설명에 대하여 학자들이 자세히 궁구하면 공부하는 것이 극진해져서 성인의 경지에 여유롭게 들어가는 것이 또한 어렵지 않을 것이다.

○ 위의 〈심학도〉는 임은 정씨가 성현께서 심학(心學)을 논한 명언을 취하여 만든 것으로, 종류별로 나눈 뒤에 상대하여 배치하되 많은 내용을 꺼리지 않았습니다. 이로써 성학(聖學)의 심법이 한 가지가 아니

---

129 심은……되어 : 【譯注】원나라 호병문(胡炳文)의 《논어통(論語通)》 권1에 나오는 말이다.

130 생각하지……맞음 : 【譯注】《중용장구》 제20장에 나오는 말이다.

131 주일무적 : 【譯注】마음을 한곳에 집중하여 다른 생각을 일으키지 않는다는 뜻으로, 송나라 정이(程頤)가 경(敬)을 설명한 말이다.

132 정제엄숙 : 【譯注】외면을 정제하고 엄숙하게 해야 한다는 뜻으로, 송나라 정이가 주일(主一)의 방법으로 제시한 말이다.

133 그 마음을 수렴하라 : 【譯注】송나라 정이의 제자 윤돈(尹焞)이 경(敬)을 설명한 말로, "그 마음을 수렴해서 한 가지 일도 마음에 두지 않는 것이다.〔其心收斂, 不容一物.〕"라고 하였다. 《心經附註 卷1 敬以直內章》

134 항상……한다 : 【譯注】송나라 정이의 제자 사양좌(謝良佐)가 경(敬)을 설명한 말로, "'경'은 항상 깨어 있게 하는 방법이다.〔敬是常惺惺法〕"라고 하였다. 《上蔡語錄 卷中》

므로 모든 측면에서 공력을 쓰지 않으면 안 된다는 점을 보였습니다. 위에서 아래로 배열한 것은 단지 심천(深淺)과 생숙(生熟)의 대체적인 내용으로 말할 때 이와 같은 측면이 있다는 것일 뿐, 그 공부의 절차가 치지(致知)·성의(誠意)·정심(正心)·수신(修身)에 선후가 있는 것과 같다는 말은 아닙니다.

어떤 이가 의문점을 제시하여 "이미 대체적인 내용으로 서술하였다고 한다면 '놓친 마음을 찾는 것〔求放心〕'[135]은 공부의 초기 단계 때의 해야 할 일이니 '마음이 존재한다〔心在〕'[136] 뒤에 두어서는 안 된다."[137]라고 하였습니다. 신이 가만히 생각건대 '구방심'은 얕게 말하면 참으로 공부할 때 제일 처음 시작하는 부분이지만, 그 깊은 데 나아가서 극진히 말한다면 순식간에 생각이 조금 어긋나는 것도 방심에 해당합니다. 안자(顔子)조차도 석 달 뒤에는 인에서 벗어나지 않을 수 없었으니,[138] 벗어나지 않을 수 없었던 것은 방심했기 때문입니다. 그러나 오직 안자는 잠깐 어긋나자마자 즉시 어긋났다는 것을 알고, 알자마자 바로 더 이상 불인(不仁)한 마음이 싹트지 않게 하였으니,[139] 이는 역시 '구방심'의 종류입니다. 그러므로 정씨가 그린 그림의 순서가 이와 같

---

135 놓친……것 :【譯注】《맹자》〈고자 상(告子上)〉에 나오는 말이다.

136 마음이 존재한다 :【譯注】《대학장구》전(傳) 7장의 "마음이 있지 않으면 보아도 보이지 않는다.〔心不在焉, 視而不見.〕"라고 한 내용을 원용한 것이다.

137 어떤……안 된다 :【譯注】이이(李珥)는 '구방심(求放心)'을 '심재(心在)' 앞에 두어야 한다고 주장하였다.《栗谷全書 권9 上退溪先生問目》

138 안자조차도……없었으니 :【譯注】공자가 "안회는 그 마음이 석 달을 인에서 벗어나지 않는다.〔回也, 其心三月不違仁.〕"라고 하였다.《論語 雍也》

139 잠깐……하였으니 :【譯注】송나라 주희의 《이정외서(二程外書)》 권5에 나오는 말이다.

은 것입니다.

정씨는 자가 자견(子見), 본관이 신안(新安)입니다. 은거하여 벼슬하지 않고 의로운 행실이 매우 완비되며, 백발이 성성해도 경전을 연구하여 깊이 터득한 바가 있어 《사서장도(四書章圖)》[140] 3권을 저술하였습니다. 원나라 인종(仁宗) 시대에 천거를 받아 도성으로 불러 등용하려 하였는데 자견이 원하지 않자, 즉시 향군 박사(鄕郡博士)로 삼았으나 벼슬을 내놓고 돌아갔습니다. 그 사람됨이 이와 같으니 어찌 식견이 없이 함부로 이것을 지었겠습니까.

---

140 사서장도 : 【譯注】 원나라 정복심이 주희의 사서집주를 참고하여 도식을 만들고 자기의 뜻을 덧붙여 만든 책이다.

▶도판-09 제구경재잠도(第九敬齋箴圖)

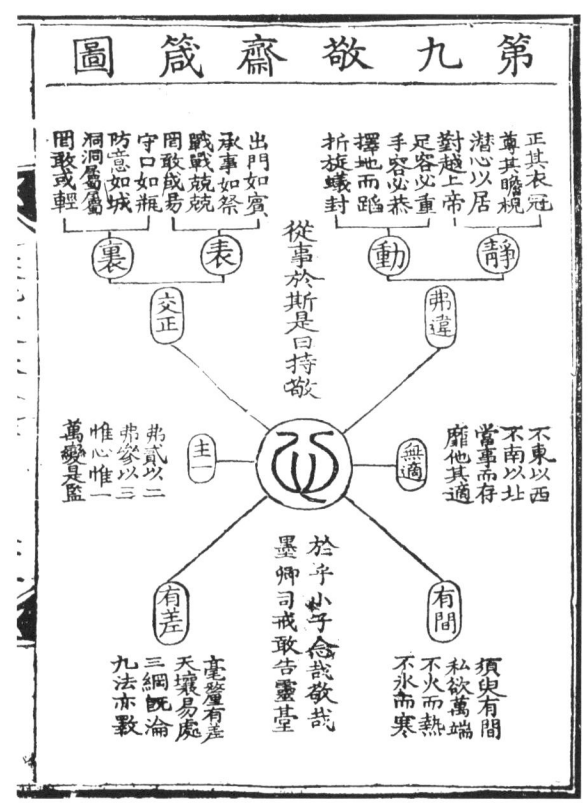

경재잠(敬齋箴)[141]

141 경재잠 : 【攷證 卷3 敬齋箴】살펴보건대, 주자가 일찍이 무원(婺源)의 담중(湛仲) 왕청경(汪淸卿)의 집에 우거할 때 고을 사람들과 강학하였는데, 그들을 위하여 〈경재잠〉을 지었다. 《朱子實紀》주자의 《명당실기(名堂室記)》에 "당 양쪽에 있는 협실에서 여가가 있을 때마다 묵묵히 앉아 독서했으니, 그 왼쪽 협실을 '경재'라고 명명하고 그 오른쪽 협실을 '의재(義齋)'라고 명명했다."라고 하였다. 【校解】이 글은 송나라 주희(朱熹)의 《회암집(晦菴集)》권85에 수록되어 있다.

의관을 바르게 하고	正其衣冠
시선을 존엄하게 하며	尊其瞻視
마음을 고요히 가라앉힌 채 거처하여	潛心以居
상제를 대하듯 경건한 자세를 가지라	對越上帝
발 모양은 반드시 안정되게 하고	足容必重
손 모양은 반드시 공손하게 하며	手容必恭
땅을 가려 발걸음을 놓아	擇地而蹈
개밋둑도 밟지 말고 돌아가라	折旋蟻封
대문을 나서면 큰손님을 뵙듯 삼가고	出門如賓
일 처리는 제사를 받들 듯 공경해야 하니	承事如祭
두려워하고 삼가는 마음으로	戰戰兢兢
감히 혹시라도 소홀히 하지 말라	罔敢或易
병의 입구를 막듯이 입을 조심하고	守口如瓶
성을 지키듯 방종한 뜻을 막아야 하니[142]	防意如城
공경하고 신중하여	洞洞屬屬
감히 혹시라도 경솔히 하지 말라	罔敢或輕
동쪽으로 가다가 서쪽으로 가지 않고	不東以西
남쪽으로 가다가 북쪽으로 가지 않아야 하니	不南以北
일을 맞닥뜨리면 마음을 보존하여	當事而存
다른 곳으로 가지 말라	靡他其適
두 개의 일이라고 마음을 둘로 하지 않고	弗貳以二

142 병의……하니 : 【攷證 卷3 守口如瓶防意如城】살펴보건대, 송나라 정국공(鄭國公) 부필(富弼)은 나이 80세에도 이 여덟 글자를 좌병(坐屛)에 써놓았다. 《說𡘷 卷19》

세 개의 일이라고 마음을 셋으로 하지 않아야 하니	弗參以三
정밀하게 살피고 전일하게 지켜[143]	惟精惟一
온갖 변화를 제대로 살펴 대처하라	萬變是監
여기에 종사하는 것	從事於斯
이것이 지경 공부이니	是曰持敬
동의 상태든 정의 상태든 어긋나지 않고	動靜弗違
안과 밖이 서로 바로잡게 하라	表裏交正
잠시라도 중단하게 되면	須臾有間
사욕이 만 가지로 일어나	私欲萬端
불을 때지 않아도 마음이 뜨거워지고	不火而熱
얼음을 대지 않아도 마음이 차가워진다[144]	不冰而寒
털끝만큼이라도 어긋남이 있으면	毫釐有差
하늘과 땅의 자리가 뒤바뀌는 것처럼 되어	天壤易處
삼강이 무너지는 것은 물론이고	三綱旣淪
구법[145] 역시 무너질 것이다	九法亦斁
아, 후학들이여	於乎小子

---

143 정밀하게……지켜 : 【譯注】《서경》〈우서(虞書) 대우모(大禹謨)〉에 나오는 말이다.

144 불을……차가워진다 : 【攷證 卷3 不火而熱不冰而寒】《장자》〈재유(在宥)〉에 "그 뜨겁기는 타오르는 불길과 같고, 그 차갑기는 꽁꽁 언 얼음과 같다.〔其熱焦火, 其寒凝氷.〕"라고 하였는데, 그 주석에 "조급하고 분노하며 걱정하고 두려워하는 모양이다."라고 하였다.

145 구법 : 【攷證 卷3 九法】홍범구주(洪範九疇)를 이른다. 당나라 한유(韓愈)의 〈쌍조(雙鳥)〉시에 "두 마리 새가 우는 것을 그치게 하지 않는다면, 나라의 큰 정치도 홍범의 구주를 잃으리라.〔不停兩鳥鳴, 大法失九疇.〕"라고 하였다.

항상 염두에 두고 삼갈지어다	念哉敬哉
묵경146에게 경계의 글을 맡아 쓰게 하여	墨卿司戒
감히 마음에 고하노라	敢告靈臺

  주자가 다음과 같이 말씀하였습니다. "'주선(周旋)이 규(規)에 맞는다'는 것은 원형으로 돌 때 규를 대고 그린 것처럼 둥글게 되고자 하는 것이요, '절선(折旋)이 구(矩)에 맞는다'는 것은 직각으로 꺾어 돌 때 구를 대고 그린 것처럼 모나게 되고자 하는 것이다.147 '의봉'은 개밋둑이다. 옛말에 '개밋둑 사이로 말을 타고 직각으로 꺾어 돌아갔다.'라고 한다. 이는 개밋둑 사이는 골목길이 구불구불하고 협소하니, 그 사이에서 말을 타고 직각으로 꺾어 돌아갈 때 말 달리는 법도를 잃지 않을 수 있는 것이 어렵다는 말이다. '병의 입구를 막듯이 입을 조심한다'는 것은 말을 함부로 하지 않는 것이다. '성을 지키듯 방종한 뜻을 막는다'는 것은 사악한 생각이 마음속에 들어오는 것을 막는다는 것이다."

  또 다음과 같이 말씀하였습니다. "경(敬)은 반드시 하나를 주장해야 한다. 처음에 한 가지 일이 있었는데 또 한 가지 일이 더해지면 곧 일이 두 가지가 되어 마음도 둘이 되고, 본래 한 가지 일이 있었는데 또 두 가지 일이 더해지면 곧 일이 세 가지가 되어 마음도 셋이 된다. '잠시 사이'라는 것은 때를 가지고 말한 것이요, '털끝만큼의 오차'라는

---

146 묵경 : 【攷證 卷3 墨卿】먹을 이른다. 한나라 양웅(揚雄)의 〈장양부(長楊賦)〉 서문에 "애오라지 붓과 먹으로 문장을 이루기 때문에 한림〔붓〕을 주인으로 삼고, 자묵을 객경으로 삼아 풍자하였다.〔藉翰林以爲主人, 子墨爲客卿以風.〕"라고 하였는데, 그 주석에 "자묵은 먹이다."라고 하였다.

147 주선이……것이다 : 【譯注】《소학집주》 권3 〈경신(敬身)〉에 나오는 말이다.

것은 일을 가지고 말한 것이다."

○ 임천 오씨(臨川吳氏)[148]의 〈주문공의 경재잠 뒤에 쓰다〔題朱文公敬齋箴後〕〉에 다음과 같이 말하였습니다. "〈경재잠〉은 모두 10장이고, 장마다 4구이다. 1장은 정(靜)의 상태에서 어긋나지 않음을, 2장은 동(動)의 상태에서 어긋나지 않음을, 3장은 외면의 바름을, 4장은 내면의 바름을, 5장은 마음이 바르게 되어 일에 통달함을, 6장은 일이 하나를 주장하되 마음에 근본을 둠을 말하고, 7장은 앞의 여섯 장을 총괄하였다. 8장은 마음이 옮겨 가지 않을 수 없는 병폐를, 9장은 일에 대하여 하나를 주장하지 않을 수 없는 병폐를 말하고, 10장은 이 한 편을 총결하였다."

○ 서산 진씨(西山眞氏)[149]의 《대학연의(大學衍義)》 권28 〈성의정심의 요체〔誠意正心之要〕〉에 다음과 같이 말하였습니다. "'경'의 의미가 〈경재잠〉에 이르러 더 이상 설명할 것이 없게 되었으니, 성학(聖學)에 뜻을 둔 사람은 의당 익숙히 반복하여 읽어야 한다."

○ 위의 〈경재잠〉 제목 아래에 주자가 직접 "장경부(張敬夫)[150]의 〈주일잠(主一箴)〉[151]을 읽은 뒤에 그가 남긴 뜻을 주워 모아 〈경재잠〉을 짓고는 서재의 벽에 써 붙여 나를 경계하였다."라고 쓰고, 또 "〈경재

---

148 임천 오씨 : 【譯注】 원나라 오징(吳澄, 1249~1333)으로, 무주(撫州) 숭인(崇仁) 사람이며, 자가 유청(幼淸), 호가 초려(草廬)이다.

149 서산 진씨 : 【譯注】 송나라 진덕수(眞德秀, 1178~1235)로, 건주(建州) 포성(浦城) 사람이며, 자는 경원(景元)·희원(希元), 호는 서산, 시호는 문충(文忠)이다.

150 장경부 : 【攷證 卷3 張敬夫】 송나라 장식(張栻, 1133~1180)으로, 본관은 광한(廣漢), 자는 경부·흠부(欽夫), 호는 남헌(南軒), 시호는 선공(宣公)이다. 장사(長沙)에 우거하였고, 관직이 우문전 수찬(右文殿修撰)에 이르렀다.

151 주일잠 : 【譯注】 송나라 장식의 《남헌집》 권36에 수록되어 있다.

잠)의 내용은 '경'의 조목이니 그 설명에 허다한 방면이 있다."라고 하였습니다.

　　신이 가만히 생각건대, '방면'이라는 설명은 공부하는 데에 근거가 있어야 하는데, 금화(金華) 사람 왕노재(王魯齋)[152] -왕백(王柏)이다.- 가 각 방면을 배열하여 이 그림을 만들었습니다. 명백하고 가지런하여 모두 이처럼 제자리에 놓여 있으니, 일상생활 속에서 보고 생각하는 사이에 항상 체득하여 음미하고 경계하여 살펴서 터득함이 있다면 '경'이 성학의 시종이 된다는 것을 어찌 믿지 않겠습니까.

---

152 왕노재 :【攷證 卷3 王魯齋】송나라 왕백(王柏, 1197~1274)으로, 무주(婺州) 금화(金華) 사람이며, 자는 회지(會之)·백회(伯會), 젊을 때의 호는 장소(長嘯), 호는 노재, 시호는 문헌(文憲)이다. 30세가 지나 《논어통지(論語通旨)》를 저술하고 "장소라는 명칭은 성문(聖門)에서 지경(持敬)하는 도리에 걸맞지 않는다."라고 탄식하고는 속히 노재라고 바꾸고 주회암(朱晦庵 주희)의 문인들과 종유하였다. 《魯齋集》

▶도판-10 제십숙흥야매잠도(第十夙興夜寐箴圖)

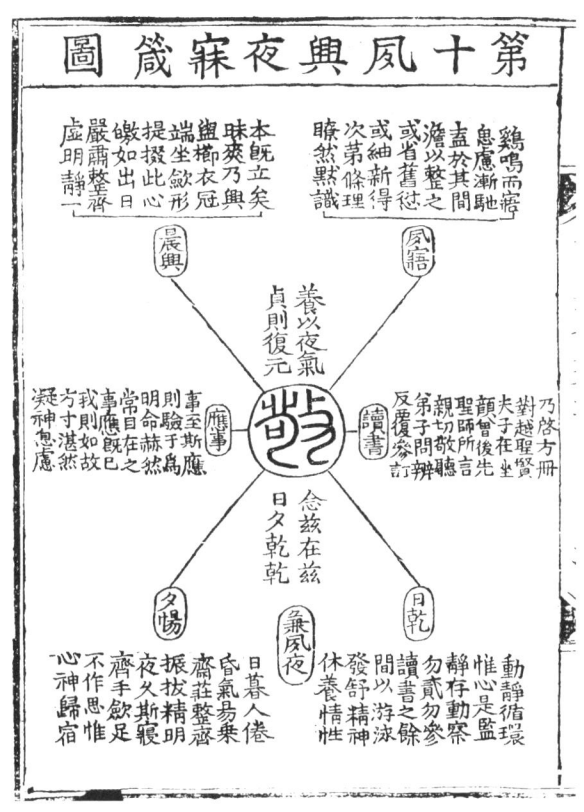

숙흥야매잠(夙興夜寐箴)[153]

닭이 울어 깨어나면 　　　　　　　　　　　　　　　　　雞鳴而寤

사려가 싹터 점차 치달리게 되나니 　　　　　　　　　　思慮漸馳

---

153 숙흥야매잠 : 【譯注】원나라 정단례(程端禮)의 《독서분년일정(讀書分年日程)》 권1에 수록되어 있다.

어찌 그사이에	盍於其間
담박한 마음으로 정돈하지 않겠는가	澹以整之
지난날의 허물을 반성하기도 하고	或省舊愆
새로 터득한 내용을 연역하기도 하여	或紬新得
순서에 따르고 조리에 맞게 하여	次第條理
말없이 명료하게 알아야 한다	瞭然默識
근본이 확립된 뒤에는	本旣立矣
동트면 곧장 일어나	昧爽乃興
세수하고 빗질하고 의관을 착용하고	盥櫛衣冠
단정히 앉아 외모를 단속하라	端坐斂形
이 마음의 정돈과 점검을	提掇此心
떠오르는 해처럼 밝게 하고	皦如出日
외면을 엄숙하고 가지런히 하여	嚴肅整齊
마음을 허명하고 정일하게 하라	虛明靜一
그런 뒤에 서책을 펴서	乃啓方冊
성현의 말씀을 마주하면	對越聖賢
공자(孔子)께서 자리에 계시고	夫子在坐
안자(顏子)와 증자(曾子)가 앞뒤에 서 있을 것이다	顏曾後先
성인께서 말씀하신 내용을	聖師所言
간절한 마음으로 공경히 듣고	親切敬聽
그 제자들의 질문과 토론을	弟子問辨
반복하여 참고하고 절중하라	反覆參訂
일이 닥쳐 대응할 때는	事至斯應
행실에서 증험하되	則驗于爲

환하게 밝은 천명을	明命赫然
항상 주시하라	常目在之
대응하는 일이 끝나면	事應旣已
나는 예전과 같아지니	我則如故
마음을 고요히 유지하여	方寸湛然
정신을 모으고 잡념을 그치라	凝神息慮
동과 정이 순환함에	動靜循環
오직 마음을 돌아볼지니	惟心是監
정의 상태엔 존양하고 동의 상태엔 성찰하여[154]	靜存動察
마음을 둘이나 셋으로 나누지 말라	勿貳勿參
독서의 여가에	讀書之餘
이따금 한가히 지내며	間以游泳
정신을 이완하고	發舒精神
성정을 함양하라	休養情性
저물녘 사람이 피곤해졌을 때는	日暮人倦
혼매한 기운이 편승하기 쉬운 법이니	昏氣易乘
엄숙하고 경건하며 정돈하고 바르게 하여	齋莊整齊

154 정의……성찰하여 : 【譯注】마음을 보존하여 그 성품을 기르는 것[存心養性]과 인욕(人慾)이 싹트려 하는 시점에 이를 잘 살펴 막는 것을 이른다. 공자는 "잡으면 보존되고 놓으면 없어져 일정한 시간과 방향 없이 움직일 수 있는 것이 마음이다.[操則存, 捨則亡, 出入無時, 莫知其鄕, 惟心之謂與.]"라고 하며 마음을 보존하는 공부를 강조했다. 《孟子 告子上》 또 "은밀한 곳보다 더 드러나는 곳이 없고, 세미한 것보다 더 잘 나타나는 것이 없다. 그러므로 군자는 홀로 있을 때를 삼가는 것이다.[莫見乎隱, 莫顯乎微, 故君子愼其獨也.]" 하였는데, 이는 움직였을 때의 성찰 공부를 말한 것이다. 《中庸章句 第1章》

밝고 깨끗한 마음을 살아 있게 하라	振拔精明
밤이 깊어 잠자리에 들 때는	夜久斯寢
손과 발을 가지런히 거두어들이고	齊手斂足
잡념을 일으키지 않아야	不作思惟
정신이 안정된다	心神歸宿
야기로써 함양하면	養以夜氣
정이 원으로 돌아오는 것처럼 되니[155]	貞則復元
항상 이를 잊지 말고 명심하여	念玆在玆
밤낮으로 자강불식하라	日夕乾乾

○ 위의 〈숙흥야매잠〉은 송나라 남당(南塘) 진무경(陳茂卿) -진백(陳柏)이다.- 이 지어 자신을 경계한 것입니다. 송나라 금화 사람 왕노재(王魯齋)가 일찍이 태주(台州)의 상채서원(上蔡書院)[156]에서 교육을 주관할 때 전적으로 이 〈숙흥야매잠〉을 교육의 교재로 삼아 배우는 사람마다 외고 익혀서 실행하게 하였습니다.

---

155 야기로써……되니 :【譯注】'야기(夜氣)'는 한밤중의 깨끗하고 맑은 기운으로, 청명한 밤의 기운을 축적하게 되면 마치 만물을 끝없이 생성해주는 하늘의 덕처럼 이튿날 아침에 새롭게 일어나서 하루하루를 보람 있게 보낼 수 있다는 말이다. 《주역》의 '원형이정(元亨利貞)'에 대하여 송나라 정이(程頤)의 주석에 "원은 만물의 시작이요, 형은 만물의 성장이요, 이는 만물의 완성이요, 정은 만물의 종결이다.〔元者萬物之始, 亨者萬物之長, 利者萬物之遂, 貞者萬物之成.〕"라고 하였다. 《孟子 告子上》《周易傳 乾卦 卦辭》

156 상채서원 :【攷證 卷3 上蔡書院】태주부(台州府) 동호(東湖) 가에 있다. 송나라 이종(理宗) 경정(景定) 연간에 태주부 수령 왕화보(王華甫)가 사당을 세워 사상채(謝上蔡 사양좌(謝良佐))를 제사하였다. 또 선거현(仙居縣) 남쪽에도 상채서원이 있으니, 선거현도 태주부의 속현이다. 《明一統志 卷47》

신이 지금 삼가 왕노재의 〈경재잠도〉를 본떠서 이 그림을 만들어 그의 그림과 상대가 되도록 하였으니, 〈경재잠〉은 공부할 때 허다한 방면이 있기 때문에 그 방면을 따라 배열하여 그림으로 만든 것이고, 이 〈숙흥야매잠〉은 시간에 따라 공부할 내용이 허다하기 때문에 그 시간을 따라 배열하여 그림으로 만든 것입니다. 도(道)는 일상생활에서 유행하여 어디를 가도 없는 곳이 없으므로 한 자리도 이치가 없는 곳이 없으니 어느 곳인들 공부를 그만두겠습니까. '도'는 잠시 사이라도 혹 정지됨이 없으므로 어느 순간도 이치가 없는 때가 없으니 어느 때인들 공부하지 않겠습니까. 그러므로 자사(子思)께서 "'도'라는 것은 잠깐 사이라도 떠날 수 없는 것이다. 떠날 수 있다면 '도'가 아니다. 그러므로 군자는 보지 않는 바에도 경계하고〔戒愼乎其所不睹〕삼가며 듣지 않는 바에도 두려워하고 조심한다〔恐懼乎其所不聞〕."[157]라고 하고, 또 "은밀한 곳보다 더 잘 드러나는 곳이 없고, 세미한 것보다 더 잘 나타나는 것이 없다〔莫見乎隱, 莫顯乎微〕. 그러므로 군자는 홀로 있을 때를 삼가는〔愼獨〕것이다."[158]라고 하였습니다. 이것은 정(靜)과 동(動)이 갈마드는 상황에서 언제 어디서나 존양(存養)과 성찰(省察)이 서로 그 공부를 지극하게 하는 방법입니다. 과연 이처럼 할 수 있다면 방면을 빠뜨리지 않아 털끝만큼의 어긋남이 없고, 때를 놓치지 않아 잠시 사이의 끊어짐이 없을 것입니다. 두 가지를 병진해야 하니, 성인이 되는 요령은 바로 여기에 있습니다.

---

157 도라는……조심한다 :【譯注】《중용장구》 제1장에 나오는 말이다.
158 은밀한……것이다 :【譯注】《중용장구》 제1장에 나오는 말이다.

○ 이상 다섯 장의 그림은 '심'과 '성'에 근본을 둔 것인데, 그 요체는 일상생활에서 힘쓰고 삼감을 존숭하는 것입니다.

KNW012(箚-4)(癸卷7:35左)(樊卷7:35左)

대제학의 사면을 청하는 차자[159] 무진년(1568, 선조1, 68세) 8월 20일【서울】

辭免大提學箚子 戊辰八月二十日

신(臣)은 몸에 고질병을 앓고 있으며 늙고 정신이 흐려져 백 가지 일 가운데 감당할 수 있는 것이 하나도 없어서, 매번 조정이 임무를 맡길 때마다 번번이 받들어 감당하지 못하고 피하며 면하기를 바랐습니다. 이 때문에 전후로 지은 죄와 허물을 이루 다 헤아릴 수 없으니 황공무지(惶恐無地)하여 또한 어찌할 바를 모르겠습니다.

하물며 이 문한(文翰)의 소임은 그 책임이 더욱 무거워, 선왕조(先王朝) 때에도 과분한 제수(除授)를 받고 재삼 사직하면 곧 체면(遞免)을 허락해 주셨습니다. 이것은 대개 소신(小臣)이 실제로 병이 있으며 거짓으로 속이는 것이 아니므로 억지로 시킬 수가 없고 간절히 사양하는 그 마음이 불쌍해서 차마 나아오도록 다그칠 수 없음을 선왕께서 깊이 통찰하셨기 때문입니다.

이후로부터 신의 병은 괴롭고 위독함이 날로 더욱 심해졌고 심기(心氣)의 질환이 생겨 쌓인 열이 몸 가운데 있어서, 조금이라도 부지런히

---

159 대제학의……차자 :【攷證 卷3 辭免大提學箚子】무진년(1568, 선조1) 8월, 대제학 박순(朴淳)이 아뢰었다. "신(臣)이 주문(主文 대제학)이 되고 이모(李某)가 제학이 되어, 고령의 큰 선비가 도리어 작은 직임을 맡고 후배인 초학자가 오히려 중한 자리에 처했으니, 조정에서 사람을 씀에 있어 전도(顚倒)된 것이 이보다 심한 것이 없습니다." 상(上)이 박순과 서로 직위를 바꿀 것을 명하자 힘써 사퇴하고 물러나고자 했으나, 도리어 판중추부사에 제수되었다.《退溪先生年譜 卷2》

일을 하거나 마음이 흔들리는 일이 있으면 심화(心火)가 불꽃처럼 솟아올라 온몸이 달아오르며 정신이 멍하고 가슴이 두근거리며[160] 눈이 침침하고 혼미해질 정도로 숨이 막혀 그 모습이 마치 실성한[161] 사람 같습니다. 간혹 심한 경우에는 얼굴이 붉어지고 헛기침이 나서 금방이라도 숨이 끊어질 듯하다가 다방면으로 자구책을 써서 땀을 흘리면 조금 숨이 쉬어지기도 합니다.

가래가 생기는 증세가 평소 중하여 온갖 병을 일으키는 원인이 되므로 겨울철에는 문을 닫고 들어앉아 웅크린 채 바람을 두려워하고 추위를 겁내어 함부로 외출할 수도 없습니다. 혹 어쩔 수 없어서 외출을 하게 되면 비록 옷을 두툼하게 껴입어도 때로는 한기가 뼈에 사무침을 면치 못하여 오한이 나고[162] 온몸이 떨려서 이로 인해 상한(傷寒)이 발병하면 가래가 심해지고 갑자기 기침이 나면서 목・등・배・갈빗대, 사지(四肢)와 백해(百骸)가 쑤시고 아프지 않은 곳이 없으니, 솜이불에 파묻혀 뒤척이는 나날을 헤아릴 수 없습니다.

지난 갑인년(1554, 명종9)・무오년(1558, 명종13) 두 해 겨울은 서울

---

160 가슴이 두근거리며 : 【攷證 卷3 怔忪】 명나라 주지번(朱之蕃)의 《해편심경(海篇心鏡)》에 "'怔'의 독음은 '정(征)'이니 두려워하는 것이다. '忪'의 독음은 '중(中)'이니 마음이 동요되어 안정되지 못한 것이다."라고 하였다.

161 실성한 : 【攷證 卷3 迷罔】 진(秦)나라 사람 방씨(逄氏)의 아들이 실성한 병에 걸려〔有迷罔之疾〕 천지와 사방, 추위와 더위까지 거꾸로 여기지 않는 것이 없었다. 《列子 周穆王》

162 오한이 나고 : 【攷證 卷3 㵖痒】 독음은 '금심(禁甚)'이다. '금'은 추위가 극심한 것이고, '심'은 추워서 병이 난 것이다. 당(唐)나라 한유(韓愈)의 〈투계연구(鬪雞聯句)〉 시에 "저마다 오한이 난 듯이 목의 깃털을 갈라 세우고, 노한 모습으로 머리를 더 높이 들려고 다툰다.〔磔毛各㵖痒, 怒瘿爭磈磊.〕"라고 하였다.

에 있으면서 이렇게 병을 얻어 네다섯 달이 넘도록 거의 죽을 지경에 이르렀다가 다시 살아나곤 해서 벼슬에 종사하지 못하고 그저 국고만 허비하였으니 도둑질하는 것과 다름이 없었습니다.

　신이 이를 경계하여 스스로 슬퍼하고 반복해서 생각해보니, 몸이 조정에 있으면 죄를 면할 계책이 없기 때문에 여러 해 동안 물러나서 겨우 목숨을 이어가고 있습니다. 지엄하신 소명을 여러 번 받았으나 급히 달려가기가 또한 어려웠으며 여러 가지 낭패가 모두 신병으로 말미암아 이르렀으니, 신이 문임(文任)을 사직하고자 청하는 죄는 오늘부터 그러한 것도 아니고 또한 번지르르하게 거짓으로 꾸며서 하는 말도 아니요, 일은 매우 중요하고 마음은 심히 괴로워서 너무나 절박한 상황에서 나온 것입니다.

　또한 지금 신의 나이가 벌써 일흔에 가까운데 병이 다시 이와 같으니, 설사 신이 일찍이 이 직임을 받았더라도 오늘에 와서는 또한 마땅히 답답한 가슴을 피력하고 호소하여 성은을 입고 무거운 짐을 벗어버릴 것을 기약했을 터인데, 도리어 옛날에 이미 사직한 중책을 오늘날 쓰러져가는 늙은 몸에 맡기는 것이 어찌 마땅하겠습니까.

　평일에 이 직임을 수행하는 것도 오히려 할 수 없거늘 하물며 선왕의 실록(實錄)은 비업(丕業)을 찬술(撰述)하여 만세에 있는 그대로 전하는 것이어서 일의 책임이 지극히 중하고 공적이 매우 큽니다. 그런데 신이 외람되게도 이 사국(史局)에 속해 있으니 어찌 이 자리를 신의 병이나 요양하는 곳으로 만들어 겨울을 지나고 봄을 넘기면서 몸소 일은 하지도 못하고 그 밥만 먹으며 내 필요한 것만 이용할 수 있겠습니까.

　신이 듣건대 아무 공적도 없으면서 윗자리에서 밥만 먹는 것을 '불공(不恭)'이라 하며, 일을 하지 않으면서 그 벼슬만 차지하고 있는 것을

'시위(尸位)'라 한다고 하니, 시위와 불공은 신하된 사람의 큰 죄입니다. 신의 망령된 생각으로는 비록 신이 사피(辭避)할 줄 모르더라도 성조(聖朝)에서 스스로 마땅히 삭직하여 떠나가게 하고 배척하여 물러나게 해야 하며, 본원(本員)[163]에 명령하고 본직(本職)[164]을 유임시켜 큰 전책(典策)[165]의 제작을 맡겨야 할 것이며, 한때의 작질(爵秩)이 높고 낮다는 작은 이유로 두 사람[166]을 쉽게 바꾸어서 반드시 신으로 하여금 스스로 시위·불공의 죄에 빠지게 한 뒤에 이것을 이유로 관직을 떠나게 하는 것은 부당한 것입니다.

　신이 삼가 보건대 홍문관의 관원인 신하 박순(朴淳)은 젊은 나이에 큰 업적을 세워 여러 번 청망(淸望)에 뽑혔으며, 임명을 받은 지 오래지 않아 중국 사신을 응접할 때 글을 지어 나라를 빛내고[167] 조금도 빠뜨리는 일이 없었는데, 모르겠습니다만 무슨 명분으로 갑자기 저 사람을 체직(遞職)시키고 신에게 맡기셨는지요? 이는 신이 감히 편안하게 받을 수 있는 것이 아닙니다. 가사 신이 늙은 나이와 신병(身病)을 아랑곳하

---

163 본원 : 【譯註】홍문관의 관원들을 말한다.

164 본직 : 【譯註】대제학의 관직을 뜻한다. 이때 대제학은 박순(朴淳)이었다.

165 전책 : 【譯註】《명종실록(明宗實錄)》을 가리킨다.

166 두 사람 : 【譯註】이황과 박순을 말한다. 박순(朴淳, 1523~1589)은 본관이 충주(忠州), 자는 화숙(和叔), 호는 청하자(青霞子)·사암(思菴), 시호는 문충(文忠)이다.

167 글을……빛내고 : 【攷證 卷3 摛文華國】살펴보건대, 당나라에 이문원(摛文院)이 있었다. 진(晉)나라 좌사(左思)의 〈촉도부(蜀都賦)〉에 "깊게 생각하여 도덕을 눈부시게 하고, 글을 지어 천자의 조정을 빛낸다.〔幽思絢道德, 摛藻揜天庭.〕"라고 하였다. ○ 또 살펴보건대, 중손타(仲孫它)가 계문자(季文子)에게 "그대는 노(魯)나라의 재상이 되어 두 분의 군주를 모셨습니다. 아내에게는 비단옷을 입히지 않고, 말에게는 곡식을 먹이지 않는 것에 대하여 사람들은 아마도 그대가 인색하고 또한 나라를 빛내지 못한다고 여길 것입니다.〔且不華國乎〕"라고 간언하였다. 《國語 魯語上》

지 않고 앞뒤를 돌아보지 아니하며 망령되게 벼슬길에 나와서 대제학의 관직을 받아들인다 하더라도, 실록을 편찬하기 시작할 기일을 손꼽아 보니 날씨가 추워질 날도 겨우 열흘이나 한 달 정도 남았을 뿐입니다. 신이 추위를 견디지 못할 것은 필연의 사실임을 지금 이미 분명히 알고 있습니다.

이러한 지경에 이르러 또 신에게서 거두어들여 저 사람에게 돌려주지 않을 수 없게 된다면 저 사람에게 있어서도 또한 번거로운 일에 가까울 것이니, 이는 성조에서 까닭 없이 인재를 등용하고 버리는 실수를 하는 것으로 소신(小臣)이 변변치 못하기 때문에 일어난 일입니다.

《시경》〈소아(小雅) 각궁(角弓)〉에, "늙은 말이 도리어 망아지처럼 행동하며, 뒷일을 돌아보지 않고 힘을 쓴다.〔老馬反爲駒, 不順其後.〕"라고 하였는데, 이는 소인이 부끄러움 없이 다만 탐욕을 부려 벼슬을 취할 줄만 알고 그 임무를 감당할 수 없음을 알지 못하는 것이 마치 늙은 말이 곤비(困憊)한데도 도리어 스스로 망아지라 여기고 그 뒷일을 돌아보지 않아 장차 직임을 감당할 수 없는 근심이 있게 될 것을 말하는 것입니다.

신이 숭정대부(崇政大夫)의 품계를 사직하고자 청한 것이 지금 반년이 지났는데도[168] 아직 윤허를 얻지 못하였고 홍문관의 소임을 사직하려고 이미 세 차례나 글을 올리는 데에 이르렀어도 허락하지 않으시니, 이처럼 늙고 곤비한 상태로 장차 직임을 감당하지 못하는 죄에 빠진다면 이것이 늙은 말이 망아지처럼 행동한다는 시인의 풍자와 무엇이 다르겠습니까.

---

168 반년이 지났는데도 : 【譯註】무진년 정월에 선조(宣祖)가 숭정대부 의정부 우찬성(崇政大夫議政府右贊成)을 제수하였으나 이황은 이를 사임하였다.

신이 이 직임을 처음 제수 받았던 그때에는 사국(史局)이 아직 설치되지 않았는데도 오히려 걸맞지 않다는 비방이 있었는데, 사국이 이미 설치되고 나서는 여론이 모두 신이 그 직임을 감당할 수 없다고 여기니 신이 어찌 감히 무릅쓰고 관직을 받을 수 있겠습니까. 이 때문에 지금을 위한 계책은 단지 두 사람을 바꾸는 것을 버리고 신을 제학(提學)으로 체직하심이 제일 나으니, 그렇게 되면 신하 박순도 또한 사피하는 바가 없을 것이며 일이 모두 온당케 될 것입니다.

바라옵건대 성자(聖慈)께서는 시험 삼아 이 계책으로써 다시 신하들에게 재차 물어 살펴보시면 신의 두렵고 간절한 마음이 속임이 아닌 것을 밝게 살피실 수 있을 것입니다. 신은 간절히 바라는 지극한 마음을 이길 수 없습니다. 재결(裁決)해 주소서.

KNW013(箚-5)(癸卷7:38右)(樊卷7:38左)

해직시켜 시골로 돌려보내 주기를 비는 차자 9월 20일 【무진년(1568, 선조1, 68세), 서울】

乞解職歸田箚子 九月二十日

신이 근간에 탑전(榻前)에서 두렵고 간절한 마음을 스스로 아뢰고 고향에 돌아가서 해골(骸骨)이나 묻힐 수 있게 허락하여 주시도록 빌었는데, 뜻이 급하고 말이 졸렬하여 정성이 하늘에 이르지 못했습니다. 삼가 성지(聖旨)를 받자오니 근엄하게 효유(曉諭)하시고 신의 청을 들어주지 않으심에 황급히 물러나왔습니다.

그 다음날 실록청(實錄廳) 총재관(總裁官) 홍섬(洪暹)[169]의 계청(啓請)으로 인하여, 신으로 하여금 실록청의 벼슬을 계속 맡게 하되 교지가 있으면 우선 신에게 통고하여 알게 하고 그런 후에 왕명을 받들도록 하니, 성자(聖慈)께서 추위에 괴로워하는 신의 병을 가엾게 여기시고 간간이 벼슬하는 것을 너그러이 허락하시는 은혜를 다시 입어 시들어가는 목숨을 거의 보존할 수 있게 되었습니다. 특별하신 은혜가 끝이 없으니 감격하여 몸 둘 바를 모르겠습니다. 다만 생각건대 신은 보잘것없고 정성이 미약하나 감히 번거롭게 해드리는 것이 두렵다 하여 다 말씀드리지 않을 수는 없습니다.

신이 전일에 말씀드렸던 예의염치(禮義廉恥)의 설(說)은, 그 죄가 신의 몸에 있고 그 일이 나라를 다스리는 대체(大體)와 관계됩니다. 옛날에

---

169 홍섬 : 【譯註】 1504~1585. 본관은 남양(南陽), 자는 퇴지(退之), 호는 인재(忍齋)이다. 선조 원년에 영의정이 되었다.

관중(管仲)은 패자(霸者)의 보좌인데도 오히려 "사유[170]가 반듯하게 펼쳐지지 않으면 나라가 멸망하고 만다.〔四維不張, 國乃滅亡.〕"라고 하였으며, 가의(賈誼)는 한대(漢代) 유자(儒者)의 무리였으나 오히려 "풍파가 일면 배가 뒤집힌다.〔風波船覆〕"라는 말로써 세상을 다스리고 마음을 경계했습니다.[171] 하물며 지금 성명(聖明)하신 조정에서 어찌 신과 같은 자로 하여금 사유(四維)의 죄를 짓게 하고 재처(裁處)하지 않을 수 있겠습니까.

대저 예의염치는 나라를 다스리는 대방(大防)이고 그 책임은 더욱 사대부가 벼슬을 사양하고〔辭〕 받고〔受〕 나아가고〔進〕 물러나는〔退〕 데에 있습니다. 신은 3품과 2품이 되었을 때는 사퇴하여 떠나가고, 1품에 이르러서는 와서 받으니 이것은 부족하면 사양하고 만족하면 받아들이는 것입니다. 가선(嘉善)이 되어서는 3일간 벼슬하고 자헌(資憲)이 되어서는 두 달 동안 벼슬하다가 번번이 물러갔는데 숭정대부(崇政大夫)의 품계에 이르러서는 나아갈 줄만 알고 물러갈 줄을 모른다면, 이것이야말로 부족하면 물러가고 만족하면 나아가는 것이니 신이 사수진퇴(辭受進退)에 있어서 예의염치를 버린 것이 또한 심하지 않습니까.

그렇지만 마땅히 받아서는 안 될 것을 잘못 받았을 때 사양할 줄 알아서 빨리 떠나가고, 마땅히 나아가서는 안 될 것을 잘못 나아갔을 때 잘못

---

170 사유 :【譯註】국가를 유지하는 중요한 네 가지 동아줄이라는 뜻으로, 예의염치(禮義廉恥)를 말한다.《管子 牧民》

171 풍파가……경계했습니다 :【攷證 卷3 風波船覆云云】가의(賈誼)가 다음과 같이 상소하였다. "지금은 사유가 갖추어지지 않았으니, 이는 강을 건너는데 밧줄과 노를 잃어버린 것과 같아 중류에서 풍파를 만나면 배가 반드시 전복될 것입니다.〔中流而遇風波, 船必覆矣.〕"《漢書 卷48 賈誼傳》

인 줄 알고 빨리 물러간다면 오히려 이전의 죄를 만의 하나라도 조금은 속죄할 수 있을 것이니, 이것이 신이 천위(天威)를 범하는 것을 무릅쓰고 사직하여 물러가기를 청하면서 마음이 지극히 절박한 까닭입니다.

또 신은 일찍이 조그마한 공적도 없이 한갓 허명으로 세상을 속이고 병들어 집에 엎드려 있으면서 벼슬을 도둑질하였고 품계를 뛰어넘고 높은 반열에 올라 여기에 이르렀습니다. 또 지금에 와서는 매사에 피할 방도를 꾀하면서도 그만둘 수 없었던 것이 오직 경연(經筵) 한 가지 일이었는데, 추운 계절이 장차 다가오니 병들어 운신하기 힘든 몸으로 직무를 태만히 하는 죄를 스스로 벗어날 길이 없어서 밤낮으로 근심합니다. 더구나 실록의 책무는 앞서 문임(文任)을 사퇴했을 때 이미 사양하여 면직이 되었는데 다시 이 책임을 맡기시니, 이 두 가지 일을 합하면 모두 막중한 책임이 되는데도 겨울과 봄 서너 달 동안 정해진 시간에 출근하는 일은 전혀 못하고, 하는 일 없이 자리만 차지하고 녹만 받아먹을 것은 의심할 바가 없습니다. 신이 비록 그 자리에 오래 머무르기를 탐내고 흠모하고자 하더라도 관중과 가의가 근심하던 그런 짓을 어떻게 하겠습니까.

그러므로 옛날 국운이 왕성할 때는 임금과 신하가 서로 이 의리를 중히 여겨 마땅히 사직해야 할 때에는 사직을 허락하고 마땅히 물러가야 할 때에는 물러가기를 허락하여서, 일찍이 감히 도리에 어긋나게 서로 구속하고 뒤따르며 대방을 무너뜨린 적이 없었습니다.

며칠 간 찬 서리에 신의 병이 날마다 더 심해지니 이때를 놓치면 훗날 비록 물러가기를 허락하시더라도 신이 추위를 무릅쓰고 돌아갈 수가 없어서, 직책을 수행하지 못하고 태만히 하는 죄를 스스로 범하게 될 것입니다. 신이 온 것은 은혜로운 소명 때문인데 지금 만약 엎어지고 자빠지는 지경에 이른다면 성스러운 조정에 수치와 모멸을 끼침이 어찌 중대하지 않겠습니까. 신은 지극한 두려움과 애통함을 견디지 못하겠습니다.

엎드려 바라옵건대 성자(聖慈)께서는 긍휼히 굽어 살피시어 신의 직임을 해임하도록 허락하시고 시골로 돌아가게 하시어서, 한편으로는 성조에서 대방을 삼가 지키는 의리를 보여주시고, 또 한편으로는 미천한 신의 변함없는 평소 마음의 소원을 이루도록 해주신다면 매우 다행이겠습니다. 재결(裁決)해 주소서.

KNW014(箚-6)(癸卷7:40右)(樊卷7:40右)

물러가기를 비는 차자 기사년(1569, 선조2, 69세) 2월 25일 【서울】
乞退箚子 己巳二月二十五日

판중추부사(判中樞府事) 신 이황(李滉)은 삼가 재배(再拜)하고 말씀을 올립니다. 삼가 생각건대 옛날부터 신하의 사수진퇴(辭受進退)는 각각 그 의리가 있으니 열 사람 백 사람이 같지 않습니다. 그중에는 자기의 분수를 편안히 여기고 뜻을 지켜서 구차하게 나아가려 하지 않는 자가 있고, 늙고 병들어서 벼슬하기 어려우므로 국록을 축내는 것을 부끄러워하는 자도 있으니 일률적으로 논할 수는 없습니다.

얼마 전 대사헌(大司憲) 백인걸(白仁傑)[172]이 "초야의 선비가 부름을 받고도 오지 않는 것은 주상(主上)께서 간언을 듣지 않으시기 때문"이라고 아뢰었습니다. 이것은 백인걸이 어떤 일로 인하여 격론(激論)하여서 성상(聖上)의 뜻을 감동시키고자 함이니 그 충성을 바치고 가르침을 드리려는 정성이 지극합니다. 진실로 성상께서 마땅히 경계하여 살피시고 생각하고 고쳐야 할 곳입니다. 그러나 만약 한결같이 이렇게 말한다면

---

172 백인걸 : 【攷證 卷3 白仁傑】 1497~1579. 본관은 수원(水原), 자는 사위(士偉), 호는 휴암(休庵), 시호는 문경(文敬)이다. 정암(靜菴 조광조(趙光祖)) 선생의 문인이다. 조정암 선생이 화를 당하자 금강산에 들어갔다가 몇 년이 지나서야 돌아왔다. 신묘년(1531, 중종26)에 생원시에 합격하고, 정유년(1537, 중종32)에 문과에 급제하였다. 을사년(1545, 명종 즉위년)에 사간원 헌납(司諫院獻納)으로서 홀로 아뢰었다가 문정왕후(文定王后)가 노하여 하옥되었다. 정순붕(鄭順朋)의 아들 정렴(鄭磏)이 자신의 아비에게 간언하여 "백모가 죽임을 당하면 아버지께서는 만세에 죄를 얻게 될 것입니다."라고 하니, 정순붕이 그를 구해주었고 체직되어 파주(坡州)로 돌아갔다. 정미년(1547, 명종2)에 안변(安邊)으로 유배되었다. 무진년(1568, 선조1)에 이조 참의(吏曹參議)에 제수되었다. 관직이 우참찬(右參贊)에 이르렀다.

혹 그 사람의 본심이 아님에도, 성상의 선(善)을 좋아하시고 선비를 구하시는 아름다운 뜻에 방해됨이 없지 않을까 두렵습니다.

백인걸이 말한 것은 조식(曺植)[173]과 이항(李恒)[174]을 지칭한 듯합니다. 신이 보건대 조식은 뜻이 고상하여 남에게 굽히지 않는 선비로 본래 세속에서 머리를 숙이고자 하지 않았으며, 이항은 학문에 종사하는 사람으로 오로지 벼슬하지 않는 것을 고상하게 여기는 것은 아니었으니, 두 사람의 마음과 행적이 또한 같지 않습니다.

이 때문에 선왕(先王)의 조정에서는 비록 두 사람 모두 일찍이 소명에 응하여 왔으나 조식은 입대(入對)하자마자 곧 물러나 고향으로 돌아갔고,[175] 이항은 명령을 받고 수령으로 나가서 수년이나 지난 뒤에 돌아갔

---

173 조식 : 【攷證 卷3 曺植】 1501~1572. 본관은 창녕(昌寧), 자는 건중(楗仲)·건중(健仲), 호는 남명(南冥)이며, 창녕에 살았다. 명나라 효종(孝宗) 홍치(弘治) 신유년(연산군7)에 태어났다. 책에 있어서는 널리 통달하지 않음이 없었고, 문장을 지음에는 기이하고 우뚝하여 기력(氣力)이 있었다. 과거시험에 나아가지 않았고 벼슬하기를 구하지 않았다. 한강(寒岡 정구(鄭逑))이 "재기(才氣)가 고매(高邁)하며 우뚝하게 서서 독실하게 행한다."라고 칭송하였다. 명종조(明宗朝)에 상서 판관(尙瑞判官)으로 불러서 들어오게 하였으나 다음날 고향으로 돌아갔다. 선조(宣祖) 2년(1569)에 조식을 불렀으나 사양하였다. 임신년(1572, 선조5)에 졸하였다. 영의정에 추증되었다. 시호는 문정(文貞)이다.

174 이항 : 【攷證 卷3 李恒】 1499~1576. 본관은 성주(星州), 자는 항지(恒之), 호는 일재(一齋)이며, 태인(泰仁)에 살았다. 이정형(李廷馨)의 《동각잡기(東閣雜記)》에 "이항은 서울에서 자랐는데 어려서부터 활쏘기와 말타기를 익혔다. 나이 서른이 넘어 공부하는 것을 비로소 알았는데 스스로 나이가 이미 많아서 만약 다른 책들을 널리 본다면 정력이 분산될까 두려워하여, 《대학》만 가지고 읽고 생각하는 것으로써 평생의 사업으로 삼았다."라고 하였다.

175 입대하자마자……돌아갔고 : 【攷證 卷3 纔入對卽去】 살펴보건대, 명종 병인년(1566)에 조식이 상의원 정(尙衣院正)으로 부름에 응하여 왔다. 상(上)이 치란(治亂)의 도를 물으니, 임금과 신하 사이에는 성의(誠意)가 서로 신뢰받는 것이 귀한 법이라

으니,[176] 그들의 행적이 같지 아니함이 이러합니다. 그러나 둘 다 늙고 병이 많으며 전에 이미 억지로 한 번 나왔다가 돌아갔으니, 어찌 다시 두 번씩이나 병든 몸을 이끌고 번거롭게 왕래할 이유가 있겠습니까.

그러므로 비록 성상의 애타게 기다리시는 부름을 받았으나 저들이 두렵고 감격한 나머지 감당하기 어려움을 스스로 헤아려, 주저하며 감히 오지 못할 뿐이니 무슨 다른 뜻이 있겠습니까. 그 청렴과 절개를 단단히 지키는 절조를 지닌 것이 숭상할 만합니다.

이 때문에 옛날의 제왕은 이러한 사람들에 대해 그들이 오면 기쁘게 맞이하고 오지 않아도 또한 가상하게 여겨 장려하였고, 일찍이 나에게 불만이 있다고 의심하여 그 사이에서 미워하고 저해하는 마음을 내지 않았으니, 이 또한 태평한 세상의 훌륭한 일이었습니다.

소신과 같은 사람은 비록 과연 물러가기를 비는 뜻이 있었으나 실은 저 두 사람과는 크게 같지 않은 점이 있는데, 백인걸이 세밀하게 생각하지 못하고 함께 아뢰었던 것입니다. 신도 이날 또한 외람되이 입시(入侍)하여서 몹시 놀랍고 황송함을 견딜 수 없었는데, 신의 죄가 만 번 죽어 마땅하므로 그 자리에서는 감히 입을 열지 못하고 물러나왔습니다.

그러나 미천한 신의 사사로운 마음을 조금이나마 전하께 스스로 아뢰

고 대답하였다. 또 "제갈량(諸葛亮)의 일을 예측하는 식견으로도 선주(先主)와 한(漢)나라 부흥을 도모하여 끝내 공을 이루지 못했으니, 공을 이루지 못할 줄 알았을 터인데 제갈량이 출사(出仕)한 것은 알 수 없습니다."라고 하고, 얼마 안 있어 사직하고 돌아갔다.

176 명령을⋯⋯돌아갔으니 :【攷證 卷3 受命出守云云】살펴보건대, 명종 병인년(1566)에 경명행수지사(經明行修之士)를 천거하라고 명하니, 이항이 학생으로서 부름에 응하여 옴에 품계를 뛰어넘어 6품직에 제수하고, 치도(治道)에 대해 자문하였다. 이윽고 임천 군수(林川郡守)에 제수되었는데, 얼마 안 있어 사직하고 돌아갔다.

지 않을 수 없습니다. 신은 젊어서부터 세속을 따르고 뒤섞여 살면서 명성을 다투고 이익을 쫓아다녔는데, 벼슬을 한 지 십여 년에 병이 너무 심하여 부득이하게 물러갔다가 부르는 교지가 내리면 또 어쩔 수 없이 다시 나아갔습니다.

중종조(中宗朝)에 이렇게 한 것이 한 번이고, 명종조(明宗朝)에 이렇게 한 것이 네 번이며, 당대에 이르러서 이렇게 한 것이 또한 한 번이었는데 이제 또 장차 물러가서 돌아가기를 빌고자 하니, 이전에 여섯 번 물러간 것은 모두 어리석고 병든 것이 이유이기도 했고, 나이가 늙고 병든 것이 이유이기도 했는데, 어찌 유독 지금 한 번의 물러감이 주상께서 간언을 받아들이시는지 여부를 가지고 그렇게 한 것이겠습니까. 결코 그럴 리가 없습니다.

엎드려 바라건대 성명(聖明)께서는 백인걸의 말을 너그러이 받아들이시되 다만 그 충성을 바치고 가르침을 드리려는 지극한 뜻만을 취하여 따르시고 그 밖의 것들에 관해서는 혹 의심하지 않으신다면 초야에 있는 선비들에게 어찌 매우 다행한 일이 아니겠습니까. 그렇게 해 주신다면 늙고 병들어 죽게 된 신 또한 죄를 면할 수 있고 마침내는 보잘것없는 신의 소원을 이룰 수 있을 것입니다. 신은 간절히 기원하는 마음을 가누지 못하겠습니다. 재결(裁決)해 주소서.

KNW015(箚-7)(癸卷7:42右)(樊卷7:42右)

치사(致仕)하고 시골로 돌아가기를 비는 차자(1) 2월 28일

【기사년(1567, 선조2, 69세), 서울】

乞致仕歸田箚子一 二月二十八日

어저께 전교(傳敎)를 삼가 받들고 두려움을 이기지 못하여 몸 둘 곳이 없습니다. 신이 듣건대 아무 공로 없이 윗자리에서 녹만 먹고 지내는 것을 불공(不恭)하다 하고, 벼슬을 잃고도 떠나가지 못하는 것을 무의(無義)하다고 하니, 불공하고 무의한 사람이 어찌 임금의 신하가 될 수 있겠습니까.

신은 산야(山野)에 묻힌 미천한 사람이고 저력(樗櫟)과 같은 쓸모없는 재목이지만 명성을 훔치고 세상을 속이며 높은 벼슬을 차지하였으니, 예의로 헤아려 보면 본래 오지 않고 사피(辭避)하기를 마지않았어야 하는데 뻔뻔한 얼굴로 조정에 들어왔으니 염치가 없다는 책망은 이미 피하기 어려워졌습니다.

이미 온 뒤에도 분수에 맞지 않는 자리, 공짜 밥을 먹는 자리는 외람되이 처할 수 없음을 분명히 알고서, 더욱 빨리 고향에 뼈를 묻을 수 있도록 빌고 국록을 반납한 뒤에 돌아가야 했으니, 그랬더라면 불공의 죄는 오히려 면할 수 있었을 것입니다. 그런데 도리어 영리를 탐하고 연연하며 우물쭈물하면서 구차하게 가을이 되어도 돌아가지 않고 겨울을 넘겨서 봄을 지나고 있으니, 그사이에 범한 죄가 산처럼 쌓였습니다. 성은(聖恩)으로 이미 애써 허물을 포용해 주셨고 여론도 신을 잊어버린 존재로 치부하고 있으니, 신이 만약에 자리를 보전하고자 하여 말을 하지 않는다면 예의염치(禮義廉恥)가 신으로 말미암아 모두 사라져버리게 될 것입니다.

　신의 벼슬이 경연에 있을 때 학문은 얕고 말은 어눌하며 정성이 하늘에 닿지 못하여서 대답을 드릴 때에 한 구절도 전하의 지혜를 깊이 계발하지 못하였으니, 이것이 신의 첫 번째 죄입니다. 감기가 고질이 되어 걸핏하면 극심하게 병이 도져 동짓달로부터 전하를 모시고 강의를 하는 자리에 빠진 일이 거의 60~70일이 되오니, 이것이 신의 두 번째 죄입니다. 선왕의 실록 편찬은 대단히 중대한 일인데 외람되게도 그 사국(史局)에 선발이 되었으나 자리를 비워두고 직무를 제대로 수행하지 못하였으니, 이것이 신의 세 번째 죄입니다. 대제학의 직임에 일찍이 제수되었는데 늙어서 정신이 흐리고 병들고 기력이 없어서 받들어 감당하지 못했으니, 이것이 신의 네 번째 죄입니다. 이조 판서라는 높은 지위를 또 외람되이 제수 받았는데, 분수를 생각하고 재주를 헤아려서 물러나기를 스스로 구했으니, 이것이 신의 다섯 번째 죄입니다. 길흉사(吉凶事)의 효성스러운 제향을 모든 관료들이 삼가 받들고 정성과 의리를 다하였으나 신은 홀로 어떠한 사람이기에 빨리 달려가 제사에 참여한 적이 드물었습니까? 이것이 신의 여섯 번째 죄입니다. 어려운 일도 사양하지 않는 것은 신하의 직분인데 매사에 피하기를 엿보고 어려운 일에는 늙고 병듦을 핑계 삼았으니, 이것이 신의 일곱 번째 죄입니다. 식견과 생각이 엉성하고 모자라며 세상일을 잘 알지 못해서 하나라도 계획한 것이 있으면 잘못되어 시행하기 어려웠으니, 이것이 신의 여덟 번째 죄입니다.

　조정 밖에 있을 때도 신이 만약 조정에 들어간다면 반드시 이러한 죄와 허물이 있을 것을 참으로 알았으니, 이 때문에 소명을 힘껏 사양했던 것인데 끝내 허락을 받지 못하였습니다. 지난가을에 물러가기를 빌었을 때도 역시 신이 만약 겨울을 지내게 되면 반드시 이런 허물이 있을 줄 알았으니, 이 때문에 힘껏 벼슬에서 물러날 것을 청하였던 것인데 또한 살펴 주심을 받지 못했습니다. 허락하지도 살펴 주지도 않으신 것은 성조에서 어찌 신에게 아직도 소임을 맡길 수 있다고 여겨서 그런 것이 아니겠습니까.

지금 신이 소임을 받아들이더라도 죄와 허물이 한결같이 이러한 데 이르렀으니, 이러고도 떠나가지 않는다면 여덟 가지 죄에 또 하나를 더해서 아홉 가지를 이루게 되어 그 죄가 더욱 커집니다.

신이 생각건대 해와 달이 아래를 비출 때 빛을 받아들일 수만 있으면 반드시 비추고, 천지가 은혜를 널리 베풀 때 제자리를 잃어버리는 존재가 없습니다. 그리고 옛날에 벼슬을 그만두고 떠나는 자도 꼭 70이 되어서야 그만두지는 않았습니다. 하물며 신은 많은 병이 있는 몸으로 앞으로 70까지는 겨우 열 달밖에 남지 않은 사람이 아닙니까.

삼가 바라건대 신이 죄를 얻은 이유를 살피시고 신에게 의를 따르는 길을 열어 주시어 덕음(德音)을 내리셔서, 신으로 하여금 예에 따라 벼슬을 그만두고 돌아가게 하시면 보잘것없는 제게 쌓인 허물이 씻길 수 있고 맑은 조정에서는 예의염치가 무너지지 않을 것입니다. 이렇게 하면 둘 다 온전하게 될 것이니 어찌 매우 다행한 일이 아니겠습니까. 신은 지극히 구구하고 간절히 바라는 마음을 견디지 못하겠습니다. 재결(裁決)해 주소서.

KNW016(箚-8)(癸卷7:43左)(樊卷7:44右)

치사(致仕)하고 시골로 돌아가기를 비는 차자(2) 2월 29일

【기사년(1569, 선조2, 69세), 서울】

乞致仕歸田箚子二 二月二十九日

    전 판중추부사(判中樞府事) 신 이황은 삼가 재배하고 말씀을 올립니다. 신은 작일(昨日)에 진심에서 우러나오는 정성을 다하여 푸른 하늘을 우러러 하소연하며 스스로 아홉 가지 죄를 말씀드리고 벼슬에서 해임되어 고향으로 돌아가기를 빌었으나 윤허를 받지 못하였습니다. 이에 두렵고 근심스러운 마음으로 물러나서 다음날이 되기를 간절히 기다렸다가 다시 위태하고 간곡한 마음을 피력하여 보잘것없는 저의 소원을 이루어 주시기를 바랐으나, 뜻밖에 오늘 제목(除目)을 보니 신을 의정부 우찬성(議政府右贊成)으로 삼으신 것입니다. 신은 저도 모르게 놀라 쓰러지고 정신이 아찔하여 얼떨떨하였으며 이어서 죽을죄를 지은 듯 부끄러워 땀이 흘러내렸습니다.

    신이 비록 감히 전하의 크신 은혜를 살과 뼈를 적시는 감격으로 여기지 않는 것은 아니지만, 또한 감히 사사로운 의리로 치포관(緇布冠)·더벅머리[177]와 흙 인형[178]처럼 대번에 버릴 수도 없기에, 하룻밤 사이에도 아홉

---

177 치포관·더벅머리 : 【攷證 卷3 弁髦】첨환백(詹桓伯)이 "어찌 치포관과 더벅머리처럼 그대로 없앨 수 있겠는가?"라고 하였다. 《春秋左氏傳 昭公 9年》진(晉)나라 두예(杜預)의 주석에 "동자(童子)가 처음 관례를 할 때, 눈썹까지 드리운 머리카락을 깎아 버린다."라고 하였다.

178 흙 인형 : 【攷證 卷3 土梗】《장자》〈전자방(田子方)〉에 "내가 배운 것은 진실로 흙 인형일 뿐이다."라고 하였는데, 진나라 사마표(司馬彪)의 주석에 "토경은 흙 사람과 같으니, 비를 맞으면 뭉개진다."라고 하였다.

번 뒤척이며[179] 눈을 붙이지 못하였습니다. 이미 그 벼슬을 받아들이기가 어렵고 또한 곧장 물러갈 수도 없으므로 이에 다시 대궐 밖으로 엉금엉금 기어가서[180] 사직을 비는 마음을 거듭 아룁니다.

신은 삼가 생각건대 옛날의 명철하신 선왕들은 인재를 아끼는데 간절하지 않음이 없었으니, 인재의 진퇴는 또한 국가의 경하고 중한 일과 관계가 있습니다. 그렇지만 신하가 부득이 떠날 수밖에 없는 상황을 만나면 임금이 반드시 마지못해 따라주었던 것은, 군신은 의(義)로써 만난 관계이니 진실로 떠나야 할 상황이 시급한데도 굳게 잡고 들어주지 않으면, 이는 임금은 신하에 대해 소나 말처럼 묶어두는 것처럼 잘못 처우하고 신하는 임금에 대해 파리나 개처럼 구차하게 빌붙는[181] 죄에 스스로 빠지는 것이라, 임금과 신하 관계는 본래 지극히 엄중하고 지극히 공경해야 할 자리이므로 이와 같이 서로 기만하고 모독해서는 안 되기 때문이 어찌 아니겠습니까. 이 때문에 비록 떠나는 것은 애석하나 허락하지 않을 수 없는데, 하물며 애석해 할 것이 없는 사람에 있어서이겠습니까.

---

179 하룻밤……뒤척이며 : 【攷證 卷3 一夕九遷】살펴보건대, 잠자리에서 편안하지 못한 것을 말한 것이요, 좋은 자리로 승진하는 것을 말하는 것은 아니다. 초나라 굴원(屈原)의 〈추사(抽思)〉에 "혼백이 하룻밤 사이에도 아홉 번 날아간다.〔魂一夕而九逝〕"라고 하였다. 【校解】《고증》에는 '逝'가 '升'으로 되어 있는데, 통행본《문선(文選)》에 의거하여 수정하였다.

180 엉금엉금 기어가서 : 【攷證 卷3 蒲伏】한나라 사마천(司馬遷)의《사기(史記)》권79 〈범수열전(范雎列傳)〉에 "무릎걸음으로 엎드려 기어간다.〔膝行蒲服〕"라고 했는데, '服'은 '伏'으로 쓰기도 한다. 한나라 반고(班固)의《한서》권34 〈한신전(韓信傳)〉에 "몸을 굽히고 그 가랑이 사이로 기어나갔다."라고 하였다.

181 파리나……빌붙는 : 【攷證 卷3 蠅營狗苟】당나라 한유(韓愈)의 〈송궁문(送窮文)〉에 "파리 떼가 앵앵거리고 개처럼 구차하여〔蠅營狗苟〕쫓아 보내도 다시 돌아온다."라고 하였다.

비록 그 은혜에 감동했어도 사직하지 않을 수 없는데, 하물며 일찍이 사직했던 사람에 있어서이겠습니까.

이번에 제수하신 벼슬은 신이 지난해 정월에 이미 과분한 은혜로 받았던 것입니다. 그때 신이 집에 있으면서 스스로 헤아려 보니 어리석고 병든 몸으로 도량은 정승의 자질이 못 되고 재주는 경륜하는 데에 부족하니, 이공(貳公)의 중요한 직임은 외람되이 처할 수 있는 것이 아니므로 목숨을 걸고 사피(辭避)하였고, 여섯 달이 넘어서 특별히 한직으로 바꾸어 주신 뒤에야 감히 올라왔습니다.

만약 신이 오늘에 이르러 이 벼슬을 받을 수 있다면 지난해 애써 주청하고 힘써 사양했던 것은 모두 본심이 아니고 꾸며낸 거짓이어서 진실한 마음이 아닌 것이 되고 맙니다. 사람됨이 이러하다면 어찌 성조(聖朝)의 등용에 합당하겠습니까? 만약 그렇지 않고 실제로 간절한 심정에서 나온 것이라면, 오늘 또한 어찌 지난해에 사양했던 바를 망령되이 받을 수 있겠습니까?

하물며 신이 지난해에 조정에 들어온 이래로 직무를 비우고 일을 피하여 쌓인 죄가 너무 많다는 것은 어제 차자에서 말씀드린 바와 같습니다. 그러므로 맡겨진 벼슬을 결코 감당할 수 없어 바야흐로 또 혈성(血誠)을 다해 아뢰고 성은께서 허락해 주시기를 바라기에도 겨를이 없습니다. 그런데 바로 이러한 때에 홀연히 높고 중요한 벼슬이 제수되는 것을 보고 도리어 전에 사양한 일을 갑자기 잊어버리고 새로운 명을 받는다면, 진실로 조금이라도 임금을 섬기는 의리를 아는 자가 어찌 이런 일을 감히 할 수 있겠습니까.

이것이 신이 성상의 은혜에 깊이 감사하오나 감히 벼슬을 받을 수 없고, 물러가기를 비는 것이 번거로워도 마침내 그만둘 수 없는 이유입니다. 나아가고 물러남은 모름지기 자신의 몸 둘 곳을 살펴야 하고, 사양하고 받아들임은 반드시 성상께서 밝게 살피시는 것을 믿어야 합니다.

　엎드려 바라건대 성자(聖慈)께서는 천지와 같은 도량을 넓히시고 일월과 같은 빛을 드리우셔서 슬프고 절박한 심정을 긍휼히 혜량하시어, 새로 제수하신 명령을 빨리 거두시고 신이 이전에 청한 것을 허락하신다면 마침내 신은 놓여나서 고향에 돌아갈 수 있을 것입니다. 신은 지극한 간절함과 두려움을 견딜 수 없습니다. 재결(裁決)해 주소서.

KNW017(箚-9)(癸卷7:45右)(樊卷7:45左)

치사(致仕)하고 시골로 돌아가기를 비는 차자(3) 3월 2일

【기사년(1569, 선조2, 69세). 서울】

乞致仕歸田箚子三 三月二日

전 판중추부사(判中樞府事) 신 이황은 삼가 죽음을 무릅쓰고 재배하며 말씀을 올립니다. 삼가 아룁니다. 신이 얼마 전에 두 번의 차자를 올려 바야흐로 사퇴를 빌었으나 갑자기 벼슬을 제수하시는 명령을 받으니, 신을 의정부 우찬성(議政府右贊成)으로 삼는다는 것이었습니다.

  신은 너무도 놀라고 두려워 어찌할 바를 모르고서, 사직을 하려다가 승진을 하는 것은 결코 받을 수 있는 도리가 없다고 여겨 이에 감히 우레와 같은 진노를 무릅쓰고 차자를 갖추어 사정을 아뢰어서, 외람되게도 굽어 살피시고 곧 체직을 명하시는 은혜를 입었으니, 천지가 만물을 생성함에 이루어주지 않는 존재가 하나도 없는 것과 같습니다. 내리신 교지를 삼가 읽어보니 감격해서 눈물이 떨어집니다. 그러나 미천한 정성과 간절한 소원을 아직 끝까지 다 아뢰지 못한 것이 있습니다. 성주(聖主)께서 과분하게 돌봐주심이 바뀌지 아니하고 어리석은 신의 사사로운 고민이 여전하므로 이에 번거로움을 피하지 않고 다시 간절하게 말씀드립니다.

  삼가 생각건대 신이 이번에 물러가기를 비는 것은 바로 죄 많은 몸이 주상의 돌봐주심을 오랫동안 그르치게 할 수 없어서인데, 전하의 교지를 받자오니 아직도 의지하고 중하게 여겨 머물게 하고자 하시는 말씀이 있었으므로, 신의 고민스럽고 답답함이 이에 지극해졌습니다.

  대저 선비가 부끄러워하는 바는 허명을 떨쳐서 실리를 취하는 것보다 심한 것이 없고 나라가 근심하는 바는 헛된 명예에 현혹되어 사람을 잘못 쓰는 것보다 더 큰 것이 없습니다. 신은 노둔한 재목이요, 두소(斗筲)의 그릇[182]으로 처신이 마땅함을 잃었고 명성이 실제보다 지나친 데 점차 이르게 되어 맹자의 지극한 경계[183]를 범하였으니, 신의 죄가 이미 깊습니다. 그런데 도리어 이로 인해서 군부(君父)를 속이고 작록(爵祿)을 꾀해서 취하며 큰 이익을 누리면서도 부끄러움을 모른다면 신의 본심을 잃어버림이 또한 심하지 않겠습니까.

또한 신이 비록 완고하고 보잘것없으나, 네 분의 성군(聖君)[184]을 만나 전후의 총애하시는 은혜가 하늘과 더불어 끝이 없음을 어찌 모르겠습니까. 물러가고자 하는 뜻이 마치 물이 반드시 동쪽으로 흘러가는 것과 같은[185] 까닭은 다름이 아니라 얻은 것은 허명이요 누린 것은 큰 이익이며, 군부를 속여서는 안 되고 병든 몸을 억지로 할 수는 없기 때문입니다. 처신의 마땅함을 자세히 생각해 보면 조정의 반열에서 하루도 편할 수 없으니, 이것이 신이 일생 동안 물러가는 것이 옳은 일이라고 스스로 판단한 이유입니다.

전에는 설사 국가가 신의 허실을 알지 못하고 잘못 등용했다 하더라도 신이 오히려 자신의 죄를 자수하여 피해야 했습니다. 지금은 그렇지 않

---

182 두소의 그릇 : 【譯註】두는 한 말, 소는 한 말 두 되 들이의 죽기(竹器)로, 여기서는 도량이 협소하고 식견이 천박한 사람을 비유한다.

183 맹자의 지극한 경계 : 【譯註】《맹자》〈이루 하(離婁下)〉에 "그러므로 명성이 실제보다 지나친 것을 군자는 부끄러워하는 것이다.〔故聲聞過情, 君子恥之.〕"라고 하였다.

184 네 분의 성군 : 【譯註】중종(中宗)·인종(仁宗)·명종(明宗)·선조(宣祖)를 말한다.

185 물이……같은 : 【攷證 卷3 如水必東】《순자(荀子)》〈유좌(宥坐)〉에 "강하(江河)의 물은 만 번 꺾여도 반드시 동쪽으로 흘러간다.〔萬折必東〕"라고 하였다. 【校解】《순자》에는 "夫水……化其萬折也必東, 似志."라고 되어 있다.

아서, 신이 전후로 스스로 아뢴 것으로 말미암아 허명임을 알 수 있고, 신이 몇 년간 벼슬을 했으나 변변치 않아서 아무 보탬도 되지 않았던 것으로 말미암아 그 실상이 없음을 알 수 있습니다. 이미 그것이 허명이고 실상이 없음을 알았다면 사직을 기다리지 않고 물리치는 것이 옳은데, 어찌하여 허명을 가리켜서 억지로 실상이라고 하며 사퇴를 하려는 것을 억지로 머무르게 하십니까?

신은 듣건대 옛날 신하된 자에게는 고향으로 돌아가 뼈를 묻을 수 있게 해달라며 물러나는 일이 있었고, 나이가 많아 벼슬을 그만두고 떠나는 일도 있었으니, 어리석어서 소임을 감당하지 못하면 물러가기를 허락하였고, 병들어 소임을 감당하지 못하면 물러가기를 허락하였으며, 늙어서 소임을 감당하지 못하면 물러가기를 허락하였습니다. 이렇게 했기 때문에 아랫사람은 윗사람에 대하여 죄를 얻지 않고 임금 또한 신하에게 은혜를 다할 수 있었습니다. 그런데 우리 조정만이 유독 이 일을 오랫동안 거행하지 않아 비록 신처럼 어리석고 게다가 쌓인 병이 있는 사람도 허명에 시달리고 군명(君命)에 재촉을 받는 지경에 처하게 되어, 계묘년(1543, 중종38)으로부터 정묘년(1567, 명종22)에 이르기까지 25년 동안 무릇 여섯 번 나아갔다가 여섯 번 물러나면서 전도(顚倒)되고 낭패(狼狽)함을 보지 않은 적이 없었으니, 그만하시는 것이 옳은 듯했습니다. 한두 해 사이에 하늘을 속이는 것은 더욱 심해지고 벼슬을 제수하시는 명령은 더욱 높아지며 재촉하여 부르심은 더욱 엄해져서, 지난해 가을에 이르러서는 또 한 번의 전도와 낭패를 면하지 못하고 올 줄을 어찌 생각이나 했겠습니까. 신은 스스로 생각건대, 이전에도 공적이 없었고 이후에도 공효를 기약할 수 없는데, 옛날부터 없었던 일을 하루아침에 지극히 어리석고 쓸모없는 이 몸에 내리시니, 하늘을 우러러 봐도 부끄럽고 땅을 굽어봐도 두려워 세상에 설 면목이 없습니다. 그런데도 간절한 사직을 허락하지 않으시고 돌아가려는 간청을 살피지 않으시니, 불안한 마음으로 외람되이 자리를 차지한 것이 벌써 몇 해가 지났습니다.

지금은 신의 어리석은 모습을 숨긴 것이 없고 신의 죄와 허물도 모두 드러내었으니 신이 성조(聖朝)를 저버린 것은 온 세상이 다 알고 있습니다. 이런 때에 이르러 고향에 뼈를 묻기를 허락해 주십사 하는 간청을 이루지 못한다면, 세월이 그럭저럭 흘러가는 사이에 성조의 얼마나 많은 일을 다시 그르치고, 미천한 이 몸이 얼마나 많은 죄를 다시 지을지 모르겠습니다. 성상의 다스림에 이익될 만한 것이 없고 어진 사람들이 나아가는 길에 방해가 되는지라, 근심에 지치고 속이 타서 심병(心病)이 날로 심해집니다. 나아가서는 안 되는데 함부로 나아간 것이 이미 일곱 번에 이르렀으니 마땅히 물러가야 할 때 꼭 물러가는 일을 어찌 마지막에 빠뜨리겠습니까.

삼가 원하옵건대 성자(聖慈)께서는 어리석은 정성을 불쌍히 여기시고 큰 은혜를 곡진히 베푸소서. 이공(貳公)의 중책은 다행히 체직의 은혜를 입었으니, 겸임하고 있는 경연춘추관사(經筵春秋館事)를 체직하여 주시기를 아울러 바랍니다. 신으로 하여금 소원대로 벼슬을 그만두고 돌아가게 하여 어리석은 신이 시위소찬(尸位素餐)하다가 죽었다는 비난을 면하고 본래의 뜻을 지킬 수 있게 해 주시길 바랍니다. 신은 지극히 정성스럽게 간절히 비는 마음을 가누지 못하겠습니다. 재결(裁決)해 주소서.

KNW018(經筵講義-1)(癸卷7:47左)(樊卷7:48右)

〈건괘 상구〉 강의 【무진년(1568, 선조1, 68세) 9월 14일 추정. 서울】
乾卦上九講義

▶도판-11 건괘상구도(乾卦上九圖)

上九	九五 임금의 자리	九四	九三	九二 신하의 자리	初九
끝까지 올라간 용이니 뉘우침이 있으리라. [亢龍有悔]	나는 용이 하늘에 있으니 대인을 만나봄이 이롭다. [飛龍在天利見大人]	이상을 상괘(上卦)라 한다 혹 뛰어오르거나 연못에 있으면 허물이 없다. [或躍在淵无咎]	이하를 하괘(下卦)라 한다 군자가 종일토록 힘쓰고 힘써 저녁까지도 두려워하면 위태로우나 허물이 없다. [君子終日乾乾夕惕若厲无咎]	나타난 용이 밭에 있으니 대인을 만나봄이 이롭다. [見龍在田利見大人]	못에 잠겨 있는 용이니 쓰지 말아야 한다. [潛龍勿用]

《주역(周易)》〈문언전(文言傳)〉에 "'끝까지 올라간 용이니 뉘우침이 있으리라.'라고 한 것은 무엇을 말한 것인가? 공자께서 '존귀하지만 지위가 없고, 높지만 백성이 없으며, 어진 사람이 아랫자리에 있지만 보필(輔弼)을 받을 수 없다. 이 때문에 움직여서 후회함이 있다.'고 하셨다."라고 하였습니다. 또 말하기를, "항(亢)이라는 말은 나아갈 줄만 알고 물러날 줄을 모르며, 존재하는 것만 알고 멸망하는 것은 알지 못하고, 얻는 것만을 알고 잃는 것은 알지 못하는 것이다. 그 오직 성인(聖人)일 것이다!

나아가고 물러나는 일, 존재하고 멸망하는 것을 알아서 그 바른 길을 잃지 않는 자는 오직 성인일 것이다!"라고 하였습니다.

　신은 생각건대 임금은 권세와 지위가 지극히 높기에, 나아감이 다하면 반드시 물러서게 되고, 존재하는 것은 반드시 멸망하게 되며, 얻음이 있으면 반드시 잃음이 있다는 이치를 진실로 알지 못하고 지극히 높은 지위에 이르게 되면, 지기(志氣)가 교만하고 넘쳐서 어진 이를 업신여기고 스스로 성인인 체하며, 혼자만의 지혜로 세상을 다스리려 하고, 신하와 더불어 마음과 덕을 같이하여, 성의로 서로 믿음을 주고받아 함께 나라 다스리는 도리를 이루는 것을 기꺼이 하려고 하지 않아서, 은택이 백성에게 내려가지 않습니다. 비유하건대 양기(陽氣)가 극도로 높이 올라가서 아래로 내려와 교류하지 않으면, 음기(陰氣)가 스스로 올라가서 양기와 교류할 길이 없는 것과 같으니, 어찌 구름을 일으키고 비를 이루어 은택이 만물에 미칠 수 있겠습니까. 이것이 이른바 "끝까지 올라간 용이 뉘우침이 있음은 궁극에 도달한 재난이다.〔亢龍有悔, 窮之災也.〕"라는 것입니다.

　이 때문에 옛날의 현명한 군주는 이 이치를 깊이 알고 항상 스스로를 낮추고 억제하고 내려오고 굽히며, 겸손하고 공경하고 마음을 비우는 것으로써 도(道)를 삼았고, 자기를 일컬어 과인(寡人)이니, 양덕(涼德)이니, 여소자(予小子)니, 묘묘여말소자(眇眇予末小子)니 하였습니다. 그 처신이 이와 같은 것은 혹시라도 교만하고 넘치며 스스로 흡족하게 여겨 위태로워서 망할 것 같은 근심이 있을까 두려워해서이니, 이른바 "가득 차는 것은 오래 갈 수 없다는 것을 능히 알아서 극도에 이르기 전에 방지한다면, 후회 있을 자가 후회 없게 될 것이다."라는 것입니다.

그러므로 〈계사전(繫辭傳)〉에, "위태로울까 함은 그 지위를 평안히 하는 것이요, 망할까 함은 그 생존을 보존하는 것이요, 어지러울까 함은 그 다스림을 두게 하는 것이다."라고 하였습니다. 《주역》〈비괘(否卦) 구오(九五)〉에 "망하지나 않을까 망하지나 않을까 하고 노심초사하는 생각이 있어야 무더기로 난 뽕나무에 매어 놓은 것처럼 안정될 것이다.〔其亡其亡, 繫于苞桑.〕"라고 하였습니다. 삼가 바라건대 성명(聖明)께서는 항상 이 경계를 지니시어 지극히 높은 자리에 올랐기 때문에 생기는 후회가 없도록 하신다면 종사(宗社)에 매우 다행이겠습니다.

KNW019(經筵講義-2)(癸卷7:49右)(樊卷7:49左)

서명 고증 강의[186] 【무신년(1568, 선조1, 68세) 11월 추정. 서울】
西銘考證講義

제주(題註): "〈정완(訂頑)〉·〈폄우(砭愚)〉"[187]

정(訂)은 평의(平議)함이요, -평(平)은 거성(去聲)이니, 평평하지 않은 것을 평평하게 하는 것을 '평'이라 한다. 그러므로 의논하고 헤아려 처치를 마땅하게 하는 것을 '평의'라고 한다.- 또한 잘못된 것을 정정(訂正)한다는 뜻이 있습니다. 완(頑)은 불인(不仁)함의 명칭입니다. 불인한 사람은 사욕(私慾)에 가려져, 남과 나를 같게 여겨서 측은지심을 미루어 갈 줄 몰라서

---

186 서명 고증 강의 : 【譯注】〈서명(西銘)〉은 송(宋)나라 장재(張載)가 서재(書齋)의 서쪽 창에 걸어 놓았던 명(銘)으로 인도(人道)의 근본 원리에 대해 밝혔는데, 주희(朱熹)가 〈서명해(西銘解)〉를 지어 해설하면서 세상에 크게 유행하였다. 〈서명고증강의〉는 이황이 경연에서 〈서명〉을 진강할 때 해설한 것이다. 【攷證 卷3 西銘考證講義】《퇴계선생연보》권2에 다음과 같은 내용이 있다. "무진년(1568, 선조1) 11월. 홍문관에 들어가 〈서명〉을 교정했다. 이때 〈서명〉을 강하려고 하였는데, 대신이 선생으로 하여금 나아가 읽게 할 것을 청하였다. 선생이 노쇠하고 병들어 기운이 없고 말소리가 작으니 성상(聖上)을 일깨워 드릴 수 없다는 이유로 사양하였다. 대신이 다시 홍문관 관원과 함께 모여 교정한 뒤에 진강하기를 청하였으므로, 명을 받들어 나아갔다. 또《서명고증》을 지어 참고에 대비했다." ○ 살펴보건대, 선생이 주자(朱子 주희)의 〈서명해〉에 나아가 그것을 고증한 것이니, "제주(題註)에 운운하였다.", "주(註)에서 운운하였다." 라고 한 것은 모두 〈서명해〉를 가리켜 말한 것이다. 【校解】송나라 주희의 〈서명해〉는 《장자전서(張子全書)》권1과 《성리대전(性理大全)》권4에 〈서명〉이라는 제목으로 수록되어 있다.

187 정완·폄우 : 【譯注】송나라 장재가 처음 서실(書室)의 양쪽 문에 명(銘)을 지었을 때, 동쪽 문에 걸어둔 것은 〈폄우〉, 서쪽 문에 걸어둔 것은 〈정완〉이라고 하였는데, 나중에 정이(程頤)의 권유를 받아들여 제목을 각각 〈동명(東銘)〉과 〈서명〉으로 고쳤다.

마음이 돌처럼 완고하므로, '완'이라 한 것입니다.

장횡거(張橫渠 장재(張載))의 이 명(銘)이 나와 천지 만물이 그 이치가 본래 하나인 까닭을 반복하여 미루어 밝혀, 인(仁)의 체(體)를 형상화하여 이로써 유아(有我)의 사심(私心)을 깨뜨리고 무아(無我)의 공심(公心)을 넓혔습니다. 그리하여 돌처럼 완악한 마음으로 하여금, 융화되고 환하게 통하여 남과 나 사이에 간격이 없어 조그마한 사심도 그 사이에 용납되지 않아, 천지를 하나의 집으로 여기고 온 나라 사람을 한 사람으로 여겨 남의 가려움과 아픔이 자신의 몸에 참으로 간절함에 인의 도가 얻어지는 것을 볼 수 있게 하였습니다. 그러므로 '정완'이라 명명한 것이니, 완악함을 바로잡아 인(仁)이 되게 한다는 뜻입니다.

사람의 어리석은 병통이 오만함을 키우고 잘못을 합리화하는 것보다 심한 것이 없습니다. 장횡거의 명이 털끝만큼의 작은 잘못도 극언하여 철저히 고친 것이, 바로 침으로 병을 치료하여 없애는 것과 같습니다. 그러므로 '폄우'라고 한 것입니다. -'砭'의 독음은 비(非)와 렴(廉)의 반절로, 일설에는 상성(上聲)이라고 한다. 돌침으로 환부를 찌르는 것이다.- 그러나 이 두 편의 말은 모두 자못 은미하고 심오하여 배우는 자들이 어지럽게 변론하고 힐문할 폐단을 초래할 수 있으므로, 정자(程子 정이(程頤))께서 논쟁의 단서를 열 것이라 여겨 〈동명(東銘)〉·〈서명(西銘)〉으로 고치게 한 것입니다.

"내 이 미미한 작은 몸이〔予玆藐焉〕"

'여(予)'자와 〈서명〉에 나오는 아홉 개의 '오(吾)'자는 진실로 사람마다 자기 자신을 일컫는 말로 가정해 쓴 것입니다. 그러니 이 글을 읽는 모든 이들이 이 10글자에 대해, 단지 장횡거 자신을 가리키는 것이라고 여기지 말아야 할 뿐만 아니라, 또한 다른 사람이 '나'라고 여기도록 양보하지도 말고, 모두 마땅히 자임하여 나의 일로 간주해야, 비로소 〈서명〉이 본래 인의 체를 형상화하여 반드시 자기를 위주로 하여 말한 것임을 알 수 있습니다. 이는 어째서이겠습니까? 옛날에 '널리 베풀어 백성을 구제하는 것〔博施濟衆〕'[188]에 대한 자공(子貢)의 질문에 공자께서 답하시기를, "인자는 자신이 서고자 함에 남도 서게 하며, 자신이 통달하고자 함에 남도 통달하게 한다.〔仁者, 己欲立而立人, 己欲達而達人.〕"라고 하였으니, 그 뜻이 이 글과 같습니다. 대개 자공이 자신에게 매우 절실한 곳에서 인을 구할 줄 모르고 너무 멀어 관계없는 곳에서 인을 구하였기 때문에, 공자께서 이렇게 말씀하시어 자공으로 하여금 자신에게 돌이켜 인(仁)의 체가 가장 절실한 곳에 있음을 알게 하려고 한 것입니다.

　지금 장횡거는 또한 '인(仁)이란 비록 천지 만물과 더불어 일체가 되나, 반드시 먼저 자기로부터 본원(本原)이 되고 주재(主宰)가 되어야 하고, 이어 모름지기 남과 내가 하나의 이치로 매우 절실하게 서로 연관되어 있다는 의미를 알아서 몸에 가득한 측은지심과 더불어 관통하고 유행하여 막힘이 없고 두루 미치지 않는 곳이 없어야, 바로 인의 실체(失體)이다.'라고 여긴 것입니다. 만약 이 이치를 알지 못하고 범범히 천지 만물이 일체가 되는 것을 인이라고 한다면, 이른바 인의

---

188 널리……것 : 【譯注】공자의 제자 자공(子貢)이 공자에게 "만일 백성에게 은혜를 널리 베풀어 많은 사람을 구제한다면 어떻습니까? 인하다고 할 만합니까?〔如有博施於民而能濟衆, 何如? 可謂仁乎?〕"라고 질문한 것을 가리킨다. 《論語 雍也》

체가 넓고 넓으니 나의 심신과 무슨 상관이 있겠습니까. -묵자(墨子)가 '사랑에는 차등이 없다'고 하는 것과 불가에서 남을 나라고 여기는 것과 같은 병통은 모두 이 뜻을 알지 못하기 때문이다.-

또 '여(予)' 자와 '오(吾)' 자는 바로 '나〔我〕'입니다. 자공이 "저는 남이 저에게 가하기를 원치 않는 것을 저도 남에게 가하지 않고자 합니다.〔我不欲人之加諸我也, 吾亦欲無加諸人.〕"라고 한 말의 '아(我)' 자·'오(吾)' 자와 같으니 이는 모두 공(公)이요, "공자는 네 가지가 전혀 없으셨으니, 사사로운 뜻이 없으셨으며, 기필함이 없으셨으며, 집착함이 없으셨으며, 이기심이 없으셨다.〔子絶四, 毋意, 毋必, 毋固, 毋我.〕"라는 말의 '아(我)' 자는 사(私)입니다. 공자께서 말씀하신 "자신이 서고자 함에 남도 서게 한다.〔己欲立而立人〕"의 '기(己)' 자는 공이요, 안자(顔子 안연(顔淵))에게 말한 "자신을 이겨 예로 돌아간다.〔克己復禮〕"의 '기(己)' 자는 사(私)입니다. 몇 글자로 일컬은 것이 본래 모두 '나'라는 한 글자의 의미인데, 한 글자 안에서도 어떤 것은 공을 뜻하고 어떤 것은 사를 뜻합니다. 천리(天理)와 인욕(人欲)의 득실이 나뉘는 것이 하늘과 땅으로 갈리는 것보다도 더 분명하여, 털끝만큼이라도 어긋나면 천 리(里)를 그르치게 되니, 더욱 살피지 않을 수 없습니다. '藐' 자는 독음이 '묘(眇)'이니 미미하게〔眇然〕 작은 모양입니다.

"천지의 가득한 기(氣)가 나의 형체가 되고, 천지의 장수인 리(理)가 나의 성(性)이 되었으니〔天地之塞, 吾其體. 天地之帥, 吾其性〕"

천지의 기(氣)가 나에게 있어 몸이 되었으므로 "나의 형체가 되고〔吾其體〕"라고 하였고, 천지의 리(理)가 나에게 있어 성(性)이 되었으므로 "나의 성이 되었다〔吾其性〕"라고 한 것입니다. ○ 주자(朱子)가 "이 글은 모두 옛사람의 말씀을 모은 것이다."라고 하였습니다. 그러므로 지금 이 글을 읽을 때 매 단락의 말마다 모름지기 먼저 그 소종래를 찾아서 옛사람이 애초에 입론(立論)한 본뜻이 어떠한지를 알고, 이 속에 한층 더 나아가서 장횡거가 말을 배치하고 글자를 쓴 어법이 이처럼 교묘하기 그지없다는 것을 알아야, 비로소 장횡거의 말과 옛사람의 말이 서로 드러나서 그 귀착되는 취지를 알 수 있습니다. 그러므로 아랫글에서 옛말을 인용한 곳에 모두 본래 고사와 본래의 말을 아울러 밝힙니다. 이 구절의 '색(塞)' 자와 '수(帥)' 자는 《맹자》에서 온 것이니 그 해설은 《맹자》 주석에 보이므로,[189] 여기서 다시 덧붙여 말하지 않겠습니다.

"형제이고〔同胞〕"

'포(胞)'는 태아를 싸고 있는 것입니다. 《시경》 〈소아(小雅) 소반(小弁)〉 정현(鄭玄)의 전(箋)에 "유독 어머니의 배 속에 있지 않았던가?〔獨不處母之胞胎乎?〕"라고 하였습니다. 그러므로 형제를 일러 '동포'라고 합니다.

---

189 이 구절의……보이므로 : 【譯注】《맹자집주》 〈공손추 상(公孫丑上)〉에 맹자가 "무릇 뜻은 기의 장수이다.〔夫志, 氣之帥也.〕"라고 하였는데, 이에 대해 주희의 집주에서 "뜻은 진실로 마음이 가는 바여서 기의 장수가 된다.〔志固心之所之, 而爲氣之將帥.〕"라고 하였고, 또 맹자가 "그 기 됨이 지극히 크고 강하니, 정직함으로써 기르고 해침이 없으면 천지 사이에 꽉 차게 된다.〔其爲氣也, 至大至剛, 以直養而無害, 則塞于天地之間.〕"라고 하였는데, 이에 대해 주희의 집주에서 "또 작위하여 이것을 해침이 없으면 그 본체가 이지러지지 않아서 충만하여 간격이 없을 것이다.〔又無所作爲以害之, 則其本體不虧而充塞無間矣.〕"라고 하였다.

"임금은〔大君〕"

《주역》〈사괘(師卦) 상육(上六)〉에 "대군이 명을 둠이니〔大君有命〕"라고 하였는데, 대군(大君)은 천자를 가리켜 말한 것입니다.

"부모의 종자이고〔父母宗子〕"

삼가 살펴보건대, 소주(小註)에 주자가 "이는 바로 아버지를 계승할 종자를 비유한 것일 뿐이다. 아버지를 계승할 종자는 형제가 그를 종자로 받드니, 부모의 적장자(嫡長子)가 아니고 무엇이겠는가?"라고 하였습니다. 이미 천하의 사람들을 나의 형제로 삼았다면, 자연히 응당 아버지를 계승할 종자라고 말할 수 있습니다. 만약 할아버지 이상을 계승하는 종자라면 모두 나의 친형제가 아닙니다.

▶도판-12 오종도(五宗圖)

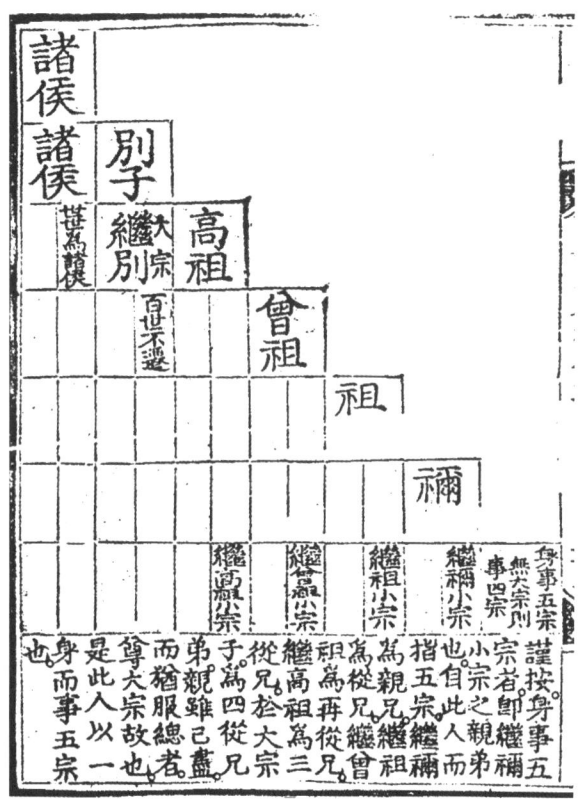

"어른을 어른으로 섬기는 것이고〔長其長〕", "나의 어린아이를 어린아이로 사랑하는 것이니〔幼其幼〕"

《맹자》에 "사람마다 그 어버이를 어버이로 여기고 그 어른을 어른으로 섬긴다면 천하가 태평할 것이다.〔人人親其親, 長其長, 而天下平.〕"라고 하였으니, 여기서 "어른을 어른으로 섬긴다〔長其長〕"는 말을 취했습니다. 또《맹자》에 "나의 어린아이를 어린아이로 사랑하는 마음으로써 남의 어린아이에게 미친다.〔幼吾幼, 以及人之幼.〕"라고 하였습니다. 여기서 "나의 어린아이를 어린아이로 사랑한다〔幼吾幼〕"는 세 글자를 따오되 '오(吾)' 자를 '기(其)' 자로 바꾸었으니, '기' 자는 바로 '나〔吾〕'를 의미합니다.

"성인은 천지와 덕이 합하고〔聖其合德〕"
《주역》〈건괘(乾卦) 문언전(文言傳)〉에 "성인은 천지와 더불어 그 덕이 합한다."라고 하였습니다.

"홀아비와 과부〔鰥寡〕", "하소연할 곳 없는 자〔無告〕"
《맹자》에 "늙고 아내가 없는 것을 '홀아비〔鰥〕'라 하고, 늙고 남편이 없는 것을 '과부〔寡〕'라 하고, 늙고 자식이 없는 것을 '무의탁자〔獨〕'라 하고, 어리고 부모가 없는 것을 '고아〔孤〕'라 합니다. 이 네 부류는 세상에서 가장 곤궁한 백성으로서 하소연할 곳이 없는 자들입니다."라고 하였으니, 여기에서 말을 취하되 그 문장을 가감하였습니다.

"몹시 곤핍하여〔顚連〕"
'엎어지고 넘어지다〔顚沛〕'라는 말과 같습니다.

"이에 잘 보전함은 자식의 공경함이요〔于時保之, 子之翼〕"
《시경》〈주송(周頌)〉의 '문왕(文王)을 명당(明堂)에 높여서 제사하여 상제(上帝)에게 배향(配享)하는 시'[190]에 "내 밤낮으로 하늘의 위엄을 두려워하여 이에 보전할지어다.〔我其夙夜, 畏天之威, 於時保之.〕"라고 하였으니, 이는 '하늘이 이미 오른쪽에 계시어 나의 제사를 흠향하시

---

190 문왕을……시 : 【譯注】《시경》〈주송(周頌) 아장(我將)〉편을 가리킨다.

니, 내가 감히 밤낮으로 하늘의 위엄을 두려워하여 하늘이 강림하여 보시는 뜻을 보전하지 않을 수 있겠는가.'라는 말입니다. 또《시경》〈대아(大雅) 문왕유성(文王有聲)〉에서 무왕(武王)이 호경(鎬京)으로 천도한 일을 말하여 "후손에게 계책을 남겨 주시어 공경하는 아들을 편안하게 해주셨다.〔貽厥孫謀, 以燕翼子.〕"라고 하였습니다. '익(翼)'은 공경한다는 뜻이니, '익자(翼子)'는 '잘 공경하는 아들'이라는 뜻으로 성왕(成王)을 가리킵니다. -'연(燕)'은 '편안하다'는 뜻이다. 계책이 그 자손에게 미친다면, 자손에게 아무런 일이 없을 것이다.- 여기에서 그 두 글자를 따서 '아들이 어버이를 잘 공경하는 것'을 말했습니다.

"즐거워하면서도 근심하지 않음은 효에 순수한 것이다.〔樂且不憂, 純乎孝.〕"
《주역》〈계사전(繫辭傳)〉에 "천리를 즐거워하고 천명을 알기 때문에 근심하지 않는다.〔樂天知命, 故不憂.〕"라고 하였으니, 이는 공자가 성인의 덕이 이와 같음을 찬미한 것입니다. 여기서 이 말을 인용해 성인이 천리를 즐거워함을 말하여, 위 구절의 '현자는 하늘을 두려워한다.'라는 말과 대를 맞춘 것입니다.《춘추좌씨전》에 영고숙(穎考叔)을 순효(純孝)라고 하였으니,[191] 여기에서 그 말을 빌려 썼습니다.

"이에 잘 보전함은〔于時保之〕"으로부터 아래로 "부모의 뜻을 용감히 따르고 부모의 명령에 순종한 이는 백기이다〔勇於從而順令者伯奇〕"까

---

191 춘추좌씨전에……하였으니 :【譯注】영고숙(穎考叔)은 춘추 시대 정 장공(鄭莊公)의 신하로, 정 장공과 그 어머니 무강(武薑)의 사이를 중재하여 모자간의 정의를 되찾게 하였으므로,《춘추좌씨전》에 수록된 군자의 논평에 "영고숙은 순효(純孝)이다. 그 어머니를 사랑하여 장공에게까지 미쳤다."라고 하였다.《春秋左氏傳 隱公 元年》

지는 모두 위 구절에서는 하늘을 섬기는 도리를 말하고 아래 구절에서는 어버이를 섬기는 일로써 밝혔으니, 주자가 말한 바처럼 "매 구절마다 모두 두 가지 뜻이 있어" 그런 것입니다.[192]

"어긋나는 것은 패덕이요〔違曰悖德〕"
'위(違)'는 천도를 어긴다는 뜻이니, 즉《논어》의 "인을 어긴다〔違仁〕"의 '위(違)' 자와 같습니다. 인을 어기는 것이 곧 천도를 어기는 것입니다.《효경(孝經)》에 "자신의 어버이를 사랑하지 않고 타인을 사랑하는 것을 패덕이라 한다."라고 하였습니다.

"인을 해치는 것은 적이며〔害仁曰賊〕"
《논어》〈위령공(衛靈公)〉에 "군자는 살기 위해 인을 해치는 일은 없다."라고 하였고,《맹자》〈등문공 하(滕文公下)〉에 "공자께서《춘추》를 완성하시자 난신적자들이 두려워하였다."라고 하였습니다.

"악을 이루는 자는 못난 것이요〔濟惡者不才〕"
《춘추좌씨전》〈노 문공(魯文公)〉 18년에 "혼돈(渾敦)·궁기(窮奇)·도올(檮杌)[193] 세 종족은 모두 못난 자식들〔不才子〕이라 대대로 흉덕을

---

192 주자가……것입니다 :【譯注】송나라 주희가〈서명〉에 대해 "매 구절마다 모두 두 가지 뜻이 있으니 유추하면 알 수 있다.〔每一句皆存兩義, 推類可見.〕"라고 하였다.《朱子語類 卷98九 張子書》
193 혼돈·궁기·도올 :【攷證 卷3 渾敦窮奇檮杌】살펴보건대, 혼돈은 환도(驩兜)이니 황제(黃帝)의 아들이고, 궁기는 공공(共工)이니 소호(少皥)의 아들이며, 도올은 곤(鯀)이니 전욱(顓頊)의 아들이다.

이루어〔世濟其凶〕 그 악명을 더하였다."라고 하였는데, 그 주석에 "대대로 흉덕을 이루어 그 몸에 악명을 더하였다."라고 하였습니다.

"부여받은 형체를 잘 실천함은 오직 어진 자이다〔其踐形惟肖〕"
《맹자》〈진심 상(盡心上)〉에 "사람의 형체와 용모는 천성(天性)이니, 오직 성인(聖人)인 뒤에야 타고난 형체와 용모를 이치대로 실천할 수 있는 것이다.〔可以踐形〕"라고 하였습니다. 주석에 나오는 주자의 설은 바로 《맹자집주》의 본래 주석입니다.[194] 《서경》〈열명(說命)〉편에 "부열(傅說)이 부암의 들에서 성을 쌓았는데 그 모습이 똑같았다.〔說築傅巖之野, 惟肖.〕"라고 하였습니다. 이는 은(殷)나라 고종(高宗)이 꿈에서 어질게 보필하는 이를 보고 초상을 그려 천하에서 구하다가 부암의 들에서 부열을 얻자 꿈에서 본 어진 이와 서로 닮았음을 말한 것입니다. 그러나 이는 다만 "유초(惟肖)" 두 글자의 출처를 밝힌 것일 뿐입니다. '초(肖)' 자의 본래 뜻은 《고금운회거요(古今韻會擧要)》 권22에 "골육이 서로 닮은 것이다."라고 하였습니다. 세상 사람들은 선조보다 못한 것을 일컬어 "불초(不肖)하다."라고 하니, 예컨대 《맹자》〈만장 상(萬章上)〉에 "단주(丹朱)가 불초함에 순(舜)의 아들 또한 불초하였다."라고 한 것이 그것입니다. 또 《전한서》〈형법지(刑法志)〉에 "사람은 천지의 모양을 닮았다.〔人肖天地之貌〕"라고 하였는데, 그 주석에 "머리가 둥근 것은 하늘을 형상화한 것이고, 발이 모난 것은 땅을 형상화

---

194 주석에……주석입니다 :【譯注】여기서 말하는 주석은 《장자전서》 권1 〈서명〉과 《성리대전》 권4 〈서명〉의 "기천형유초(其踐形惟肖)" 구절 아래 소자로 수록된 "주자왈(朱子曰)" 이후의 구절을 말하는데, 이는 《맹자집주》〈진심 상(盡心上)〉의 주석을 그대로 전재(轉載)한 것이다.

한 것이다. 용렬하고 망령된 사람을 '불초'라고 하는 것은 그 모습에 닮은 데가 없음을 말한 것이다."라고 하였습니다. 지금 살펴보건대, 장횡거가 이 '초(肖)' 한 글자에 대해, '그 선조를 닮는다'는 본래 뜻을 '천지를 닮는다'는 뜻으로 바꾸고, 그 문장은 "부열이 그 모습이 똑같았다."는 말을 사용했으니, 그 교묘하기 그지없고 여운이 있는 것이 이와 같습니다.

"천지의 조화를 알면 그 일을 잘 잇고, 신을 궁구하면 그 뜻을 잘 계승하며〔知化則善述其事, 窮神則善繼其志〕"

《주역》〈계사전(繫辭傳)〉에 "신을 궁구하여 조화를 앎이 덕의 성함이다.〔窮神知化, 德之盛也.〕"라고 하였고, 《중용장구》 제19장에 "효는 어버이의 뜻을 잘 계승하며 어버이의 일을 잘 준행하는 것이다.〔夫孝者, 善繼人之志, 善述人之事者也.〕"라고 하였습니다. 지금 살펴보건대, 《중용》의 두 개의 "인(人)" 자는 어버이를 가리켜 말한 것입니다. 그런데 여기서는 "기(其)" 자로 고쳐 썼으니, 이 또한 어버이를 가리키는 말이지만 뜻이 실제로는 하늘을 가리키니, 그 뜻이 깊고 오묘합니다. '술(述)'은 '좇는다〔循〕'는 뜻이니, 예컨대 《중용장구》 제18장에 "아버지가 시작을 하시거늘 아들이 계술하였다.〔父作之, 子述之.〕"라고 한 것이 그것입니다. 또 '닦는다〔修〕'는 뜻이요, '잇는다〔纘〕'는 뜻입니다. 그러므로 남의 일을 끝마치는 것과 남의 말을 찬술(纂述)하는 것을 모두 '술(述)'이라고 합니다. ○ 소주(小註)에 나오는 주자의 설은 매우 깊이 음미해야 합니다.[195]

---

195 천지의……합니다 : 【攷證 卷3 知化…小註朱子說】주자가 다음과 같이 말하였다.

"옥루에도 부끄럽지 않게 함이 부모를 욕되게 하지 않는 것이요〔不愧屋漏 爲無忝〕"

위 무공(衛武公)이 〈억(抑)〉 시를 지어서 악관(樂官)으로 하여금 아침 저녁으로 외우게 하여 스스로를 경계했습니다. 그 시에 "네 거실에 있음을 보건대, 거의 옥루에 부끄럽지 않게 하여라.〔相在爾室, 尙不愧 於屋漏.〕"라고 하였습니다. '상(相)'은 본다〔視〕는 뜻입니다. '이(爾)'는 악관의 입장에서 무공을 가리켜 말한 것입니다. '옥루(屋漏)'는 방의 서북쪽 모퉁이이니, 햇빛이 먼저 새어 들어오는 곳입니다. 옛날 사람들은 방의 문은 동남쪽 모퉁이에 두어 사람이 출입하게 했으니, 서북쪽 모퉁이는 방의 깊숙하고 은밀한 곳입니다. 이는 '네가 방 안에 있을 때를 봄에도 오히려 마땅히 조심하고 두려워하여 깊숙한 옥루에서도

"천지에 있어서의 성인은 부모에게 있어서의 효자와 같다. 조화〔化〕는 천지의 용(用)으로, 한 번 지나가면 자취가 없는 것이다. 조화를 알면 천지의 용이 나에게 있으니, 이는 아들이 아버지의 일을 잇는 것과 같다. 신(神)은 천지의 마음으로, 항상 있으나 헤아릴 수 없는 것이다. 신을 궁구하면 천지의 마음이 나에게 있으니, 이는 아들이 아버지의 뜻을 잘 계승하는 것과 같다. 그 마음을 얻은 뒤에야 그 용을 말할 수 있으므로, '신을 궁구하여 조화를 안다.〔窮神知化〕'라고 말한 것이다. 그리고 《중용장구》 제1장에 '중(中)과 화(和)를 지극히 하면 천지가 제자리를 편안히 하고, 만물이 잘 생육될 것이다.'라고 한 것 또한 이것을 이르는 말일 것이다." 또 주자가 다음과 같이 말하였다. "예컨대 이러한 것이 삶임을 알고 이러한 것이 죽음임을 알며 이러한 것이 소멸임을 알고 이러한 것이 생장임을 아는 것, 이것이 모두 천지의 뜻을 계승하는 것이다. 그에 따라 이러한 진퇴(進退)·소식(消息)·영허(盈虛)가 때와 더불어 행해진다. 작은 것으로 말하자면, 배고프면 먹고 목마르면 마시며, 나가서 일하고 들어와서 쉬는 것이다. 큰 것으로 말하자면, 군신 사이에 의(義)가 있고, 부자 사이에 인(仁)이 있는 것이다. 이는 모두 천지의 일을 잇는 것이다. 조화란 것은 기(氣)이므로 천지의 일이라고 하고, 신이란 것은 리(理)이므로 천지의 뜻이라 한 것이다. 신을 궁구하는 것은 천지의 뜻을 엿보는 것으로, 여기에는 형적이 없는데, 저 조화란 것은 도리어 모두 볼 수 있다." 《張子全書 卷1 西銘 小註》《性理大全 卷4 西銘 小註》

부끄럽지 않게 해야 한다.'라는 것을 말한 것입니다. 이는 하늘을 섬기는 일입니다. 주(周)나라 대부가 난리를 만나서 형제가 서로 경계한 시[196]에 "일찍 일어나고 밤늦게 자서, 너를 낳아주신 분을 욕되게 하지 말지어다.〔夙興夜寐, 無忝爾所生.〕"라고 하였습니다. '첨(忝)'은 욕되게 한다〔辱〕는 뜻입니다. '소생(所生)'은 부모를 말합니다. 이는 '불선(不善)한 짓을 하여 부모를 욕되게 하지 말라'는 것을 말한 것입니다. 여기서는 이를 인용해 비유하여 '이는 하늘을 욕되게 하지 않는 아들이다.'라는 것을 말했습니다.

"마음을 보존하여 성을 기르는 것이 게을리하지 않는 것이다〔存心養性爲匪懈〕"

《맹자》〈진심 상(盡心上)〉에 "그 마음을 보존하여 그 성을 기름은 하늘을 섬기는 것이다.〔存其心, 養其性, 所以事天也.〕"라고 하였는데, 주자의 주석에 "심(心)은 사람의 신명(神明)이니, 모든 리(理)를 갖추고 만사에 응하는 것이다. 성(性)은 심에 갖추어져 있는 리요, 천(天)은 또 리가 나온 출처이다. 존(存)은 잡고 놓지 않음을 이르고, 기름〔養〕은 순종하여 해치지 않음을 이른다. 섬김〔事〕은 받들고 어기지 않는 것이다."라고 하였고, 정자(程子)는 "심과 성과 천은 똑같은 리이다. 리의 측면에서 말하면 '천'이라 이르고, 품부받은 측면에서 말하면 '성'이라 이르고, 사람에게 보존된 측면에서 말하면 '심'이라고 이른다."라고 하였습니다. 《시경》〈대아(大雅) 증민(烝民)〉에 "밤낮으로 게을리하지 아니하여, 한 사람을 섬기도다.〔夙夜匪懈, 以事一人.〕"라고 하였

---

196 주나라……시 : 【譯注】《시경》〈소아(小雅) 소완(小宛)〉 시를 가리킨다.

으니, 시인은 본래 중산보(仲山甫)가 충성을 다해 임금을 섬긴 것을 읊은 것입니다. 그런데《효경》에서 이것을 인용하여 "경대부(卿大夫)가 충성을 다하여 임금을 섬기는 것이 곧 효도하는 것이다."라고 하였습니다. 그러므로 장횡거가 이를 효자가 어버이를 섬기는 일이라 여겨, 이로써 '하늘을 섬기는 일에 게을리하지 않음'을 비유한 것입니다.

"맛있는 술을 싫어함은 숭백의 아들이 부모의 봉양을 돌본 것이요〔惡旨酒, 崇伯子之顧養〕"

의적(儀狄)이 술을 만들었는데, 우왕(禹王)이 그것을 마시고 맛있다고 여겨 "후세에 반드시 술 때문에 그 나라를 망칠 자가 있을 것이다."라고 말하여, 마침내 의적을 멀리하고 맛있는 술을 끊었습니다. 숭(崇)은 나라 이름이요, 백(伯)은 관작입니다. 우 임금의 아버지 곤(鯀)이 숭 땅에 봉해졌으므로《국어》에서 '숭백'이라 하였습니다. '그 아들'은 우 임금을 말합니다.《맹자》〈이루 하(離婁下)〉에 '장기 두고 바둑 두며 술 마시기를 좋아하여 부모의 봉양을 돌보지 않는 것〔博奕好飮酒, 不顧父母之養〕'을 다섯 가지 불효 중 하나로 삼았습니다. 그러므로 장횡거가 이것을 인용하되 그 말을 뒤집어서 '우 임금이 맛있는 술을 싫어한 것은 바로 인욕을 막고 천리를 보존한 것으로, 이는 자식이 술 마시기를 좋아하지 않고 부모 봉양을 잘 돌보는 것과 같다.'라고 한 것입니다.

"영재를 육성함은 영 봉인이 동류에게 선을 준 것이다.〔育英才, 穎封人之錫類.〕"

《맹자》〈진심 상〉에 "천하의 영재를 얻어서 교육하는 것이 세 번째 즐거움이다.〔得天下英才而敎育之, 三樂也.〕"라고 하였습니다. 영고숙(穎考叔)은 춘추 시대 정 장공(鄭莊公)의 신하이니, 봉강(封疆)의 일을 맡은 관원이었으므로 봉인(封人)이라 한 것입니다. 정 장공은 아우 공숙단(共叔段)의 반란으로 인해 어머니를 성영(城潁)에 안치(安置)하고 맹세하기를 "황천(黃泉)에 가기 전에는 만나지 않겠다."라고 하였는데, 이윽고 이를 후회하였습니다. 영고숙이 이것을 듣고 장공을 뵈었으니, 장공이 영고숙에게 음식을 하사했는데 영고숙이 고깃국을 먹지 않고 "청컨대 어머니에게 드리게 해 주십시오."라고 하였습니다. 장공이 "너는 어머니가 있는데, 나만 유독 없구나."라고 하자, 영고숙이 "무슨 말씀이십니까?"라고 물었습니다. 장공이 사연을 말했는데, 영고숙이 "샘물이 나오는 곳까지 땅을 파서 땅속 굴에서 만난다면, 누가 맹세대로 하지 않았다고 말하겠습니까?"라고 하였습니다. 장공이 이 말을 따라서, 모자(母子) 사이가 마침내 처음과 같이 되어, 매우 즐겁고 화목하였습니다. 군자가 이에 대해 "영고숙은 순효(純孝)이니, 자신의 어머니를 사랑하는 마음을 미루어 장공에게까지 영향을 미쳤다. 《시경》에 '효자의 효심은 끝이 없어서, 영원히 너의 동류에게 영향을 끼친다.〔孝子不匱, 永錫爾類.〕'라고 한 것이 아마도 이것을 이르는 말일 것이다."라고 논평하였습니다. -불궤(不匱)는 효심이 끝이 없는 것이다. 류(類)는 동류(同類)이다.- 장횡거가 이것을 인용하여 '군자가 자신의 선한 천성을 미루어 천하의 영재를 가르쳐서 그들을 모두 선하게 하는 것이, 영고숙이 자신의 효심을 미루어 장공에게 영향을 미쳐서 장공 또한 효자가 되게 한 것과 같다.'는 것을 말했습니다.

"노력을 게을리하지 않아 기뻐함에 이르게 한 것은 순임금의 공이요.〔不

弛勞而底豫, 舜其功.]"

《맹자》〈이루 상(離婁上)〉에 "순임금이 어버이를 섬기는 도리를 다함에 고수가 기뻐함에 이르렀다[瞽瞍底豫]. 고수가 기뻐함에 이르자 천하의 부자지간에 있는 자들이 안정되었으니, 이를 일러 대효(大孝)라 한다."라고 하였습니다. 대개 순임금의 아버지 고수가 항상 순임금을 죽이려고 하여 순임금으로 하여금 창고를 고치게 하고 우물을 파게 하였는데, 순임금이 고생스럽다는 이유로 효도하고 공경하는 마음을 해이하게 하지 않고 지극히 정성을 다했습니다. 그러므로 고수가 감동받아 깨달아서 또한 기뻐함에 이르게 된 것입니다. 이는 '군자가 이와 같이 하늘을 섬긴다면, 하늘을 감동시키는 공이 순임금이 아버지를 기쁘게 한 공과 같다.'는 것을 말한 것입니다.

"도망갈 곳이 없다 하여 팽형을 기다린 것은 신생의 공손함이다.[無所逃而待烹, 申生其恭.]"

"천지 사이에 도망갈 곳이 없다.[無所逃於天地之間]"[197]라는 말은 《장자》에서 나왔습니다. 진 헌공(晉獻公)이 여희(驪姬)의 참소를 듣고 태자 신생(申生)을 죽이려고 하였습니다. 어떤 사람이 신생에게 스스로 무죄임을 밝히라고 권유했으나, 신생이 불가하다고 하였고, 다른 나라로 도망가라고 하였으나 신생이 또한 듣지 않았습니다. 마침내 신생이 자살하였으니, 시호를 '공(恭)'이라고 했습니다. 지금 "팽형을 기다

---

197 천지……없다 : 【譯注】《장자》〈인간세(人間世)〉에 "신하가 임금을 섬기는 것은 의(義)이다. 어느 곳인들 임금이 다스리는 곳이 아님이 없으니, 천지 사이에 도망할 데가 없다.[臣之事君, 義也. 無適而非君也, 無所逃於天地之間.]"라는 중니(仲尼)의 말이 실려 있다.

렸다.〔待烹.〕"라고 한 것은 '삶아 죽이는 형벌도 피하지 않았다.'라는 말과 같습니다. 이는 '군자가 환란에 처하여 이처럼 절조를 지켜 변심하지 않을 수 있다면, 그 하늘을 공경하는 마음이 신생의 공손함과 같다.'는 것을 말한 것입니다.

"부모에게서 받은 몸을 온전히 하여 돌아간 이는 증삼(曾參)이로다.〔體其受而歸全者, 參乎!〕"

"부모가 온전하게 낳았으니, 아들이 온전하게 하여 돌아간다.〔父母全而生之, 子全而歸之.〕"라는 말은 악정자춘(樂正子春)이 일컬은 공자의 말이니, 《예기》〈제의(祭義)〉에 보입니다. -또한 《소학》에 보인다.- 《효경》에, 공자가 증자(曾子)에게 일러 "신체발부(身體髮膚)는 부모님에게서 받은 것이니, 감히 훼손하지 않는 것이 효의 시작이요, 입신하여 도를 행하여 후세에 이름을 떨쳐서 부모님을 드러나게 하는 것이 효의 마침이다."라고 하였는데, 증자가 종신토록 이 가르침을 따랐습니다. 그러므로 증자가 병이 들어 임종할 적에 문하의 제자들을 불러서 "이불을 열어 내 발과 손을 보아라. 《시경》에 이르기를 '전전긍긍하여 깊은 못에 임한 듯이 하고 얇은 얼음을 밟는 듯이 하라.'라고 하였으니, 이제야 나는 이 몸을 훼상할까 하는 근심에서 벗어난 것을 알겠노라. 제자들아."라고 하였습니다. 이는 증자가 부모에게 받은 몸을 온전히 하여 돌아간 것을 말한 것입니다. "삼호(參乎)" 두 글자는 《논어》〈이인(里仁)〉의 "삼아! 우리 도는 한 가지 이치가 만 가지 일을 꿰뚫고 있다.〔參乎! 吾道一以貫之.〕"라는 구절의 말을 쓴 것입니다. 이는 '사람이 하늘에 대해 부여받은 몸을 온전히 하여 돌아갈 수 있다면, 이는 하늘에게 증삼과 같은 효자가 되는 것'임을 말한 것입니다.

"백기이다〔伯奇也〕"

이 일은 주석에 보입니다.[198] 이는 사람이 하늘에 대해 동서남북 어디든지 오직 명령대로 쫓으면, 이는 하늘에게 백기와 같은 효자가 됨을 말한 것입니다.

"그대를 옥처럼〔玉汝〕"

"왕이 너를 옥으로 만들고자 하시기에, 이 때문에 크게 간하노라.〔王欲玉汝, 是用大諫.〕"[199]라고 하였으니, 이는 주 여왕(周厲王) 때 같은 반열에 있는 대부들이 서로 경계한 말입니다. '너〔汝〕'는 같은 반열에 있는 이를 가리킨 것입니다. 옥(玉)은 보배로 여기고 아낀다는 뜻입니다. 이는 '왕이 너를 옥으로 여겨 보배로 여기고 아끼고자 하므로, 내가

---

198 백기이다……보입니다 : 【譯注】백기(伯奇)는 주 선왕(周宣王) 때의 중신(重臣) 윤길보(尹吉甫)의 큰아들로 효성이 지극했으나, 후모(後母)의 참소 때문에 쫓겨났다. 【攷證 卷3 伯奇事見註中】소주(小註)에 다음과 같은 내용이 있다. "황암손(黃巖孫)이 말하였다. 〈이상조(履霜操)〉는 백기(伯奇)가 만든 곡이다. 윤길보가 후처의 말을 듣고 백기를 쫓아냈다. 백기는 연잎을 엮어 옷을 만들어 입고 문배나무 꽃을 따서 먹었다. 맑은 날 아침에 서리를 밟으면서 자신이 아무 죄도 없이 쫓겨난 것을 스스로 슬퍼하여, 이에 거문고를 연주하며 노래했다. 곡이 끝나자 강에 몸을 던졌다. 《공자가어(孔子家語)》에 「증삼이 아내를 버리고 아들에게 『고종(高宗)은 후처 때문에 효기(孝己)를 죽였고, 윤길보는 후처 대문에 백기를 죽였다』라고 고하였다.」라고 하였다. 백기는 후모(後母)를 지극한 효성으로 섬겼는데 후모는 그를 참소했으니, 백기가 이에 산속으로 도망간 것이다. 《설원(說苑)》에는 「왕국의 아들 기의 일이 이와 꼭 같다.」라고 하였으니, 필시 하나가 잘못되었다.'"《張子全書 卷1 西銘 小註》《性理大全 卷4 西銘 小註》 ○ 살펴보건대, 한나라 유향(劉向)의 《열녀전(列女傳)》에 "윤백기의 후모가 벌을 잡아 독을 제거하고 옷 위에 매달아 두었다. 백기가 그것을 제거하려 하자 후모가 큰 소리로 '백기가 나를 끌어내려 한다.'라고 하니, 윤길보가 의심을 하여 백기가 자살했다."라고 하였다.

199 왕이……간하노라 : 【譯注】《시경》〈대아(大雅) 민로(民勞)〉에 나오는 말이다.

왕의 뜻을 써서 너에게 크게 간하여 바로잡고자 한다.'라고 말한 것이니, 이는 왕의 뜻을 가탁하여 서로 경계한 것입니다. 지금 이것을 인용하여 '하늘이 실로 너를 보배로 여기고 아껴 너를 성취시키고자 한다.'는 것을 말했습니다. '너〔汝〕'는 하늘을 가탁하여 자신을 가리킨 것입니다.

주석: "나로 하여금 선을 쉽게 행하도록 한다.〔使吾之爲善也輕〕"[200]
  '경(輕)'은 쉽다〔易〕는 것과 같습니다. 《맹자》〈양혜왕 상(梁惠王上)〉에 "백성이 명령을 따르기가 쉽다.〔民之從之也輕〕"라고 하였습니다.

"죽어서는 내 편안하리라.〔歿吾寧也〕"에 대한 주석: "내가 바름을 얻어 죽고자 한다.〔吾得正而斃焉〕"
  《예기》〈단궁(檀弓)〉편에 다음과 같은 내용이 있습니다. "증자(曾子)가 병으로 눕게 되자 아들인 증원(曾元)이 발치에 앉았고, 동자는 촛불을 잡고 구석에 앉아 있다가 말하기를 '화려하고 고우니, 대부의 대자리이겠군요.'라고 하였다. 그러자 증자가 두려워하며 '그렇다. 이것은 계손씨(季孫氏)가 보내 준 것인데, 내가 아직 바꾸지 못하였다. 원(元)아, 일어나서 대자리를 바꾸어라.'라고 말했다. 증원이 '아버지의 병이 위중하여 바꿀 수 없습니다. 바라건대 내일 아침이 되면 공경히 바꾸겠습니다.'라고 하였다. 그러자 증자가 '너는 나를 사랑하는 것이 저

200　주석……한다 : 【攷證 卷3 註使吾爲善也輕】송나라 주희의 〈서명해〉 본주(本註)에 "부귀와 복록은 나를 크게 받들어 나로 하여금 선을 쉽게 행하도록 하려는 것이요, 빈천과 걱정은 나를 뜻대로 하지 못하게 하여, 나로 하여금 뜻을 독실하게 행하도록 하려는 것이다."라고 하였다. 《張子全書 卷1 西銘》《性理大全 卷4 西銘》

동자만 못하구나. 군자는 남을 사랑하기를 덕으로써 하고, 소인은 남을 사랑하기를 고식(姑息)으로써 한다. 내가 어느 쪽을 바라겠느냐. 나는 바름을 얻어 죽고자 하니, 이러할 뿐이다.'라고 하였다. 이에 증자를 부축하여 대자리를 바꾸었는데, 자리에 도로 편안히 눕기도 전에 증자가 세상을 떠났다." 이에 대해 주자가 "옛사람은 예법에 신중하여 생사로 인해 지키는 바를 바꾸지 않는 것이 이와 같았다. 사람들로 하여금 '한 가지 일이라도 불의를 행하며 한 사람이라도 죄 없는 이를 죽이고 천하를 얻는 것은 모두 하지 않겠다'는 마음을 갖게 하였으니, 이는 긴요한 곳이다."라고 하였습니다.

후론(後論)[201] : "어버이를 어버이로 섬기는 후한 마음을 미루어 나가 무아의 공으로 확대한다.〔推親親之厚, 以大無我之公.〕"

이상의 한 단락은 "건은 아버지를 일컫는다.〔乾稱父〕"로부터 아래로 "몹시 곤핍하여 하소연할 곳이 없는 이들이다.〔顚連而無告者〕"까지가 이렇다고 말한 것입니다.

"어버이를 섬기는 정성으로 인하여 하늘을 섬기는 도리를 밝힌다.〔因事親之誠, 以明事天之道.〕"

이하 한 단락은 "이에 잘 보전함은〔於時保之〕"으로부터 아래로 "죽어서는 내 편안하리라〔歿吾寧也〕"까지가 이렇다고 말한 것입니다. ○《예기》〈애공문(哀公問)〉에 다음과 같은 내용이 있습니다. "공자가 애공

---

201 후론 : 【譯注】송나라 주희의 〈서명해〉 말미에 수록된 "논왈(論曰)" 이후 부분을 가리킨다.

에게 '어진 사람은 어버이를 섬기기를 마치 하늘을 섬기듯 하고, 하늘을 섬기기를 마치 어버이를 섬기듯 합니다.〔仁人之事親也如事天, 事天如事親.〕'라고 대답하였습니다." 〈서명〉 아래 한 단락의 뜻은 여기에 근본한 것입니다.

"사물을 저울질하여 베풂을 공평하게 한다.〔稱物平施〕"
 《주역》〈겸괘(謙卦) 상전(象傳)〉에 "군자가 보고서 많은 데에서 취하여 적은 데에 더해 주어, 사물을 저울질하여 베풂을 공평하게 한다.〔君子以, 裒多益寡, 稱物平施.〕"[202]라고 하였습니다. 양구산(楊龜山)이 이천(伊川)에게 올린 첫 번째 편지[203]에서 "〈서명〉은 체(體)만 말하고 용(用)은 언급하지 않아 그 유폐(流弊)가 마침내 겸애(兼愛)에 이를까 두렵습니다."라고 의문을 품었습니다. 그러자 정이천의 답서(答書)[204]

---

202 군자가……한다 :【攷證 卷3 裒多益寡稱物平施】송나라 정이(程頤)의《역전(易傳)》에 "많은 자에게서 덜어내 취하여 적은 자에게 더해 주어 물건의 많고 적음을 저울질해서 그 베풀어줌을 고르게 하여 공평함을 얻게 하는 것이다.〔裒取多者, 增益寡者, 稱物之多寡, 以均其施與, 使得其平也.〕"라고 하였다.

203 양구산이……편지 :【譯注】양구산은 양시(楊時, 1053~1135)를, 이천(伊川)은 정이(程頤, 1033~1107)를 가리킨다.【攷證 卷3 龜山第一書】송나라 양시의《구산집(龜山集)》권16〈이천 선생에게 부치다〔寄伊川先生〕〉에 다음과 같은 내용이 있다. "도가 행해지지 못하는 이유는, 지혜로운 자는 지나치기 때문입니다. 〈서명〉이란 글은 지나친 데 가까운 듯합니다.……〈서명〉은 성인의 은미한 뜻이 지극히 심오함을 드러내 밝혔습니다. 그러나 체(體)만 말하고 용(用)은 언급하지 않아 그 유폐(流弊)가 마침내 묵자의 겸애(兼愛)에 이르게 될까 두려우니, 후세에 성현이 나와 근본을 미루어 논한다면 장횡거에게 죄를 돌리게 되고 말 것입니다."

204 정이천의 답서 :【攷證 卷3 伊川答書】송나라 정이의《이천문집(伊川文集)》권10〈양시가 서명을 논한 편지에 답하다〔答楊時論西銘書〕〉에 다음과 같은 내용이 있다. "〈서명〉은 이치는 하나이지만 그 나뉨은 다양함〔理一而分殊〕을 밝혔고, 묵씨(墨氏)는

에서 '이치는 하나이지만 그 나뉨은 다양함에〔理一分殊〕 인과 의가 아울러 극진하니〔仁義兼盡〕, 묵씨(墨氏)에 비할 바가 아니다.'라는 것을 깊이 말하여 그를 깨우쳤습니다. 양구산이 이전의 잘못을 조금 깨달아, 두 번째 편지205에서 이 말을 인용하여, 〈서명〉에서 이(理)를 미루어 의(義)를 보전한 뜻을 밝혔으니, 그 뜻이 비록 잘못되지는 않았으나

근본을 둘로 하되 나뉨이 없다〔二本而無分〕. 내 노인을 공경하고 내 어린아이를 사랑하여 남에게까지 미침은 이치가 하나인 것이고, 사랑함에 차등이 없는 것은 근본이 둘인 것이다. 나뉨이 다양한 것〔分殊〕의 병폐는 사(私)가 이겨 인(仁)을 잃는 것이요, 나뉨이 없는 것〔無分〕의 문제는 겸애하여 의(義)가 없는 것이다. 나뉨〔分〕이 서고 나서 이(理)가 하나임을 미루어 이로써 사가 이기는 유폐(流弊)를 바로잡는 것이 인을 행하는 방법이요, 분별이 없어서 겸애에 미혹되어 '아비가 없는〔無父〕 지경에 이르는 것은 의를 해치는 적이다. 그대가 묵씨에 비기어 똑같게 여긴 것은 지나치다. 그리고 '체(體)만 말하고 용(用)은 언급하지 않았다.'라고 말한 것에 대해서는, 저 사람은 사람들로 하여금 이것을 미루어 행하게 하고자 하였으니 본래 용인데, 도리어 '언급하지 않았다.'라고 하니 또한 이상하지 않은가."

205 두 번째 편지 : 【攷證 卷3 龜山第二書】송나라 양시의 《구산집》권16 〈이천 선생에게 답하다〔答伊川先生〕〉에 다음과 같이 말하였다. "성인이 사물을 저울질하여 베품을 공평하게 하였으니〔稱物平施〕, 이 때문에 인(仁)이 지극하고 의(義)가 극진한 것입니다. 무엇을 일러 '사물을 저울질한다〔稱物〕'고 합니까. 원근(遠近)과 친소(親疏)에 있어 각각 그 분수에 합당하게 하는 것이 이른바 '저울질한다〔稱〕'는 것입니다. 무엇을 일러 '베품을 공평하게 한다〔平施〕'고 합니까. 베풀려고 할 적에 그 마음이 하나인 것이 이른바 '공평하게 한다〔平〕'는 것입니다. 제가 예전에 '〈서명〉이란 글은 베품을 공평하게 하려는 마음은 있지만 사물을 저울질하는 뜻은 없다'고 여겼으므로, '체만 말하고 용은 언급하지 않았다'고 말한 것입니다. 이는 인과 의를 가리켜 말한 것입니다. 그러므로 인이 지나치면 그 유폐(流弊)는 나뉨이 없는 것이니, 나뉨이 없으면 의를 해치게 되고, 의가 지나치면 그 유폐는 사사롭게 하는 것이니, 사사롭게 하면 인을 해치게 됩니다. 이 두 가지는 실질은 비록 다르지만 성문(聖門)에 죄를 짓는 것은 똑같습니다. 〈서명〉의 뜻은 은미하고 심오하여 알기 어려우니, 진실로 이전의 성인이 드러내지 못한 것입니다. 전에 보낸 편지에 논한 것에서 '지나치다'라고 한 것은 그 말에 아뢰지 못한 것이 있다고 여겼기 때문일 뿐입니다."

말에 분명하지 못한 점이 있었습니다. 그러므로 주자가 특별히 그의 설을 거론하여 이와 같이 해설해서[206] 양구산의 미진한 뜻을 드러내 밝혔으니, 이천이 양구산에게 가리켜 보인 은미한 뜻이 비로소 남김없이 드러났습니다.

"희가 이미 해설을 하였다.〔熹旣爲此解〕"의 아래 부분
정자의 〈양구산에게 답한 편지〔答龜山書〕〉 및 주자의 《연평문답(延平問答)》의 여러 설은 〈서명〉의 뜻과 인의(仁義)의 이치를 드러내 밝힌 것이 지극히 정밀하지만, 글이 길어 번거로울 듯하기에 감히 다 진강(進講)하지 않습니다. 바라건대 한가로우신 때에 예람(叡覽)해 살피시어 침잠해 깊이 탐색하신다면, 큰 보탬이 있을 것입니다.

〈서명총론(西銘總論)〉에 수록된 임천 오씨(臨川吳氏)의 설
이 설의 결어(結語)에 반복하여 서로 연관 되고 얕은 데로부터 깊은 데로 이르는 뜻이 있으니, 대개 그 끝의 "연(然)"자 이하가 결어가 됩니다.[207] "천지의 조화를 알면〔知化〕"으로부터 "게을리하지 않는 것

---

206 주자가……해설해서 :【攷證 卷3 朱子擧其說解說】〈서명후론(西銘後論)〉에서 주자가 다음과 같이 말하였다. "이른바 '사물을 저울질하여 베품을 공평하게 한다〔稱物平施〕'는 것은 바로 사물의 마땅함을 저울질하여 내가 베푸는 것을 공평하게 함을 이를 뿐이다. 만약 사물의 마땅함을 저울질 하지 않으면, 또한 베푸는 것의 공평함을 어찌 알겠는가. 양구산(楊龜山 양시(楊時))의 두 번째 편지는 이 뜻을 드러내 밝히고자 한 것이다. 그러나 말은 미진하지만 이치는 남음이 있다."《張子全書 卷1 西銘》《性理大全 卷4 西銘》

207 연……됩니다 :【攷證 卷3 然字以下爲結語】〈서명총론〉에서 임천 오씨(臨川吳氏)가 다음과 같이 말하였다. "그러나 '천지의 조화를 아는 자〔知化者〕'는 신(神)을 궁구할

이다〔匪懈〕"까지 두 장(章)은 "지화(知化)"・"궁신(窮神)"・"불괴옥루(不愧屋漏)"・"존심양성(存心養性)" 네 가지가 위에서 대구가 되고, "선술사(善述事)"・"선계지(善繼志)"・"무첨(無忝)"・"비해(匪懈)" 네 가지가 아래에서 대구가 됩니다. "하늘의 조화를 아는 자〔知化者〕"로부터 "옥루에도 부끄럽지 않게 할 수 있다〔能不愧屋漏〕"까지는 위 대구의 네 가지가 반복하여 서로 연관됨을 말하였고, "그 일을 잘 잇는 자〔善述事者〕"로부터 "부모를 욕되게 하지 않을 수 있다〔能無忝〕"까지는 아래 대구의 네 가지가 반복하여 서로 연관됨을 말하였습니다. "마음을 보존하여 성을 기르는 뒤에야〔存心養性然後〕"로부터 "천지의 조화를 안다〔有以知化〕"까지는 위 대구의 네 가지가 얕은 데로부터 깊은 데로 나아감을 말하였고, "게을리하지 않은 뒤에야〔匪懈然後〕"로부터 "그 일을 잘 잇게 된다〔善述事也〕"까지는 아래 대구의 네 가지가 얕은 데로부터 깊은 데로 나아감을 말하였습니다. 모름지기 자세히 살펴보아야 바야흐로 그 맛을 알게 됩니다.

수 있는데, 신을 궁구한 뒤에야 천지의 조화를 알 수 있다. '옥루에도 부끄럽지 않게 할 수 있는 자〔能不愧屋漏者〕'는 마음을 보존하여 성(性)을 기를 수 있는데, 마음을 보존하여 성을 기른 뒤에야 옥루에도 부끄럽지 않게 할 수 있다. '그 일을 잘 잇는 자〔善述事〕'는 그 뜻을 잘 계승할 수 있는데, 뜻을 잘 계승한 뒤에야 그 일을 잘 이을 수 있다. '부모를 욕되게 하지 않는 자〔無忝者〕'는 게을리하지 않을 수 있는데, 게을리하지 않은 뒤에야 부모를 욕되게 하지 않을 수 있다. 부모를 욕되게 하지 않은 뒤에야 그 뜻을 잘 계승하게 되고, 뜻을 잘 계승한 자라야 그 일을 잘 이을 수 있다."《性理大全 卷4 西銘總論》

KNW020(啓議-1)(癸卷7:62左)(樊卷7:63右)

문소전에 관하여 올리려던 의[208] 도판을 병기함 【기사년(1569, 선조2, 69세) 2월 6일경 추정. 서울】

擬上文昭殿議 幷圖

▶도판-13 후침오간전전삼간도(後寢五間前殿三間圖)[209]

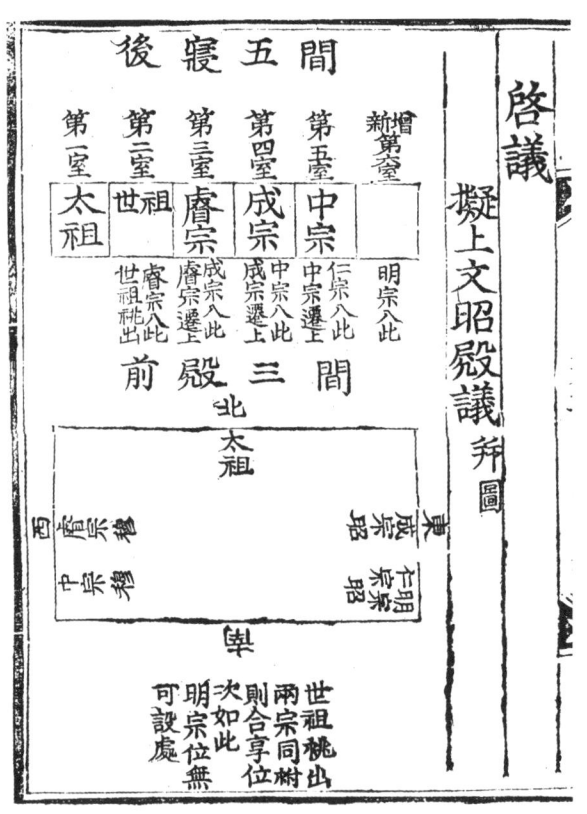

208 문소전에……의 : 【攷證 卷3 擬上文昭殿議】문소전은 경복궁(景福宮) 성안의 동쪽에 있는데, 지금은 폐쇄하였다. ○《퇴계선생연보》권2에 다음과 같은 내용이 있다. "기사년(1569, 선조2) 정월 경술일. 처음에 세종(世宗)이 한(漢)나라 원묘(原廟)의 제

도를 본떠서 문소전을 세워서 사친(四親)과 태조(太祖)의 신주를 봉안했다. 후침(後寢)에 신주를 안치하되 하나의 사당 안에 감실(龕室)을 따로 두고 서쪽을 윗자리로 삼았으며, 사시(四時)에 대향(大享)을 지낼 적엔 전전(前殿)에서 협향(祫享)하였다." 《국조고사(國朝故事)》에 다음과 같은 내용이 있다. "처음에 인종(仁宗)을 문소전에 모시려 했는데, 이기(李芑) 등이 왕위에 올라 1년을 넘기지 못한 임금이라는 이유로 연은전(延恩殿)에 임시로 봉안했으니, 나라 사람들이 슬퍼하고 분개했다. 이때에 이르러 여론이 명종(明宗)의 담제(禫祭) 뒤에 인종을 명종과 함께 문소전에 모시려 하였는데, 옛 제도에 태조는 남쪽을 향하고 2소(昭)와 2목(穆)은 동쪽과 서쪽에서 서로 마주보는데, 사당이 동서는 길고 남북은 짧아서, 위(位) 하나를 둘 만한 남은 자리가 없었다. 이황이 '옛날 합향의 예는, 태조는 동쪽을 향하고 소와 목은 남쪽과 북쪽을 향합니다. 만약 이번 기회에 태조의 신위가 동쪽을 향하도록 바로잡고, 소와 목은 남쪽과 북쪽에서 서로 마주 본다면, 전우를 트는 폐단이 없을 것이고 속습(俗習)을 고례(古禮)로 돌이키는 아름다움이 있을 것입니다.'라고 하였다." ○ 살펴보건대, '의(擬)' 자는 상고해 보아야 한다.

209 후침오간전전삼간도(後寢五間前殿三間圖) : 【攷證 卷3 第二室】 세조(世祖)이다. ○ 살펴보건대, 제1실에서 제5실까지 모두 1행으로 썼는데 여기만 유독 2행으로 쓴 것은, 아마도 세조가 지금 조천(祧遷)해야 하기 때문에 다른 실보다 특별해서인가? 다시 상고해 보아야 한다.

▶도판-14 주자주대협도(朱子周大祫圖)·주시협도(周時祫圖)[210]

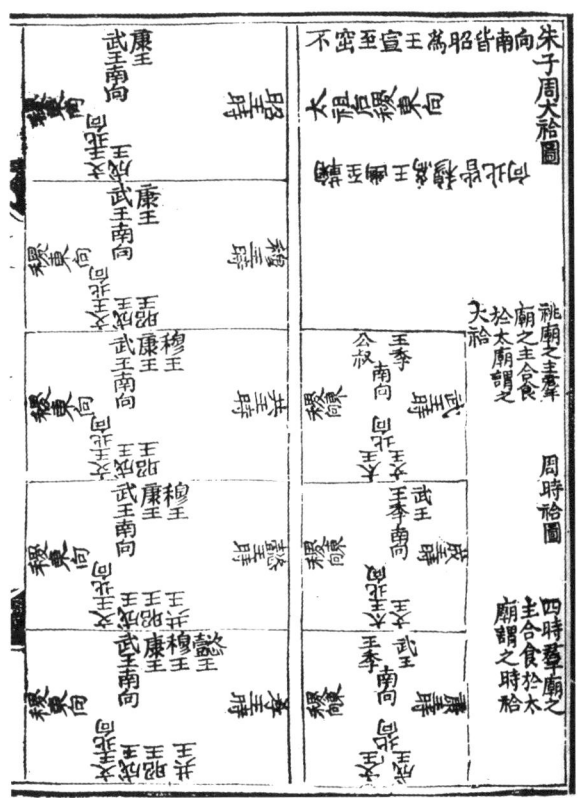

210 주자주대협도·주시협도 : 【攷證 卷3 不窋至宣王爲昭】주(周)나라 후직(後稷)의 아들 불줄(不窋), 국도(鞠陶)의 아들 공류(公劉), 경절(慶節)의 아들 황복(皇僕), 차불(差弗)의 아들 훼유(毁隃), 공비(公非)의 아들 고어(高圉), 아어(亞圉)의 아들 조감(組紺), 태왕(太王)의 아들 왕계(王季), 문왕(文王)의 아들 무왕(武王), 성왕(成王)의 아들 강왕(康王) 희쇠(姬釗), 소왕(昭王)의 아들 목왕(穆王) 희만(姬滿), 공왕(共王)의 아들 의왕(懿王) 희간(姬囏), 효왕(孝王)의 아들 이왕(夷王) 희섭(姬燮), 여왕(厲王)의 아들 선왕(宣王) 희정(姬靖)이다.【攷證 卷3 鞠至幽王爲穆】불줄의 아들 국도, 공류의 아들 경절, 황복의 아들 차불, 훼유의 아들 공비, 고어의 아들 아어, 조감의 아들 태왕, 왕계의 아들 문왕, 무왕의 아들 성왕 희송(姬誦), 강왕의 아들 소왕 희하(姬瑕), 목왕의 아들 공왕 희예호(姬繄扈), 의왕의 아우 효왕 희벽방(姬辟方), 이왕의

▶도판-15 주자의정송협향위차도(朱子擬定宋祫享位次圖)[211]

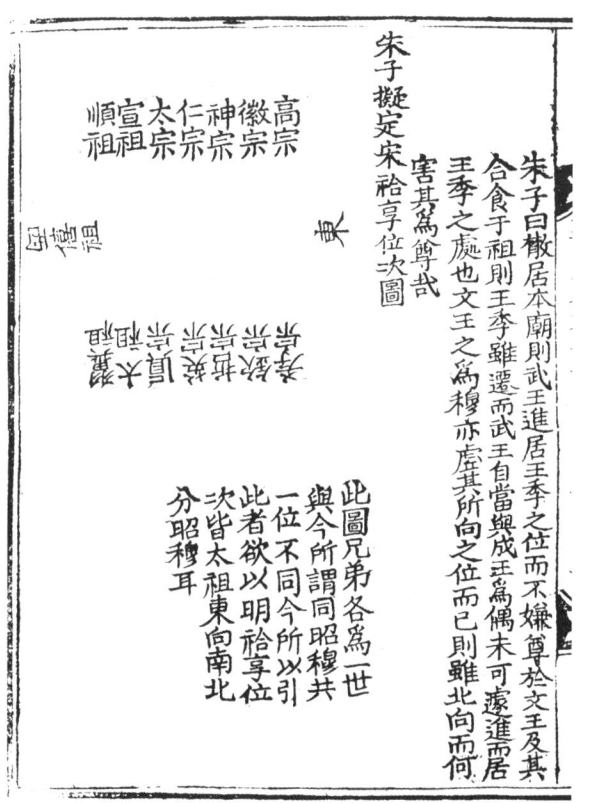

아들 여왕 희호(姬胡), 선왕의 아들 유왕(幽王) 희궁열(姬宮涅)이다.【攷證 卷3 祧廟】 원(元)나라 웅충(熊忠)의 《고금운회거요(古今韻會擧要)》권6에 다음과 같은 내용이 있다. "《설문해자(說文解字)》에 '사당을 옮기는 것이다.'라고 하였으니, 먼 조상의 사당을 '조(祧)'라 하고, 조를 떠나면 단(壇)을 만든다. '조'는 초연히 떠나간다는 뜻이다."

211 주자의정송협향위차도 :【攷證 卷3 宋合享位次僖祖至孝宗】원나라 탁극탁(托克托)의 《송사(宋史)》〈예지(禮志) 종묘지제(宗廟之制)〉에 다음과 같은 내용이 있다. "송(宋)나라 태조(太祖) 건륭(建隆) 원년 경신년(960)에 판 태상시 두엄(竇儼)이 의견을 올려, 태조의 고조인 조조(趙眺)를 추존하여 희조(僖祖)로 삼고, 증조인 조정(趙珽)을 추존하여 순조(順祖)로 삼고 조부인 조경(趙敬)을 추존하여 익조(翼祖)로 삼고, 선고(先考)인 조홍은(趙弘殷)을 추존하여 선조(宣祖)로 삼았다." ○ 살펴보건대, 송 태조의

▶도판-16 금의정문소전도(今擬定文昭殿圖)

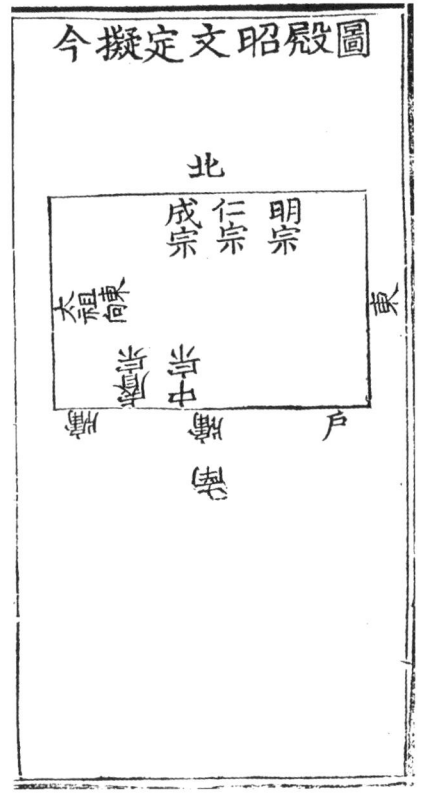

지난달 20일에 조정 신하들이 의계(議啓)하되, '문소전에 명종(明宗)을

이름은 광윤(匡胤)이니 선조의 아들이다. 태종(太宗)은 이름이 경(炅)이니 태조의 아우이다. 진종(眞宗)은 이름이 항(恒)이니 태종의 아들이다. 인종(仁宗)은 이름이 정(禎)이니 진종의 아들이다. 영종(英宗)은 이름이 서(曙)이니 복안의왕(濮安懿王) 조윤양(趙允讓)의 아들이다. 신종(神宗)은 이름이 욱(頊)이니 영종의 아들이다. 철종(哲宗)은 이름이 후(煦)이니 신종의 아들이다. 휘종(徽宗)은 이름이 길(佶)이니 신종의 아들이다. 흠종(欽宗)은 이름이 환(桓)이니 휘종의 아들이다. 고종(高宗)은 이름이 구(構)이니 휘종의 아홉째 아들이다. 효종(孝宗)은 이름이 신(愼)이니 태조의 후손인데 고종이 아들로 삼았다.

부묘(祔廟)할 때에 인종(仁宗)도 연은전(延恩殿)[212]으로부터 또한 옮겨와 한꺼번에 부묘해야 한다.'라고 하였으니, 그러면 전보다 위(位) 하나가 늘어나니 응당 문소전 실(室)의 수를 늘리고 전(殿)의 규모를 넓혀야 할 듯합니다. 청컨대 먼저 전의 형태와 구조를 봉심(奉審)한 뒤에 서로 의논하여 상께 여쭈어 정하는 일을, 성지(聖旨)를 받들어 삼가 대신(大臣)과 예관(禮官)을 따라서 반드시 모두 참작하여 마땅한 바를 얻어 아뢰겠습니다. 그런데 미천한 신의 어리석은 소견을 또한 망령되이 아뢰고자 합니다.

삼가 생각건대, 문소전은 한(漢)나라의 원묘(原廟)[213]입니다. 세종대왕(世宗大王)께서 이를 세우신 뜻은 지금 우선 말씀드리지 않겠습니다만, 그 제도를 논하자면 이러합니다. 후침(後寢) 5칸은 사친(四親)인 고조(高祖)·증조(曾祖)·조(祖)·고(考) 및 태조(太祖) 다섯 위(位)의 신주(神主)를 봉안하고, 전전(前殿) 3칸은 매번 사시(四時)의 대제(大祭)들을 지낼 때마다 다섯 신주를 받들어 꺼내어 여기에서 합향(合享)합니다. 태조의 신위가 북쪽에 위치하여 남쪽을 향하면 소(昭)의 두 위(位)는

---

212 연은전 : 【攷證 卷3 延恩殿】 경복궁 성안 서북쪽 모퉁이에 있다. 성종조(成宗朝)에 황조(皇朝 명(明)나라)에 주청하여 덕종(德宗)을 추존해 회간왕(懷簡王)으로 삼고, 종묘에 부묘(祔廟)한 뒤 이어서 이 전을 지어 신어(神御)를 봉안했는데, 그 향사(享祀)는 문소전에 비견되게 하였다. 대개 덕종은 즉위하지 않았으므로, 연은전에서 따로 제향한 것이다.

213 한나라의 원묘 : 【譯注】 원묘는 정묘(正廟) 이외에 별도로 세우는 사당을 말한다. 【攷證 卷3 漢之原廟】 살펴보건대, 《한서》 권43 〈숙손통전(叔孫通傳)〉에 "숙손통이 원묘(原廟)를 만들기를 청하였다."라고 하였는데, 당(唐)나라 안사고(顔師古)의 주석에 "원(原)은 거듭(重)이라는 뜻이다. 앞서 이미 사당(廟)이 있어, 지금 다시 사당을 세운 것이다."라고 하였다.

동쪽에 있어 서쪽을 향하고 목(穆)의 두 위는 서쪽에 있어 동쪽을 향하니, 이것이 당초에 제정된 제도입니다. 그 사이에 형제간에 왕위를 계승한 경우가 있으면, '형제는 소·목이 같으니 함께 하나의 위가 된다[同昭穆共一位]'는 법이 《오례의(五禮儀)》²¹⁴ 〈종묘도설(宗廟圖說)〉에 보입니다. 그러나 하나의 실(室) 안에서 하나의 자리를 함께 쓸 수는 없으므로, 마땅히 하순(賀循)²¹⁵의 '칠실가일(七室加一)'²¹⁶한다는 주장와《송사》의 '동위이좌(同位異坐)'²¹⁷한다는 대목을 따라야 합니다. 인종과 명종의 경우는 소목(昭穆)이 같습니다. 인종을 부묘할 때, 세조(世祖)는 또한 명종에게 고조가 되어 조천(祧遷)할 수 없으므로, 실과 위의 수가 자연히 하나씩 더해져 여섯이 됩니다. 이러하다면, 마땅히 본침(本寢)과 본전(本

---

214 오례의 :【攷證 卷3 五禮儀】세종(世宗) 32년(1450)에 허조(許稠) 등에게 명하여, 예의(禮儀)를 정하되《홍무예제(洪武禮制)》및《동국의례(東國儀禮)》를 모아서 참작하고 가감하여《오례의》를 편찬하게 하였다.

215 하순 :【攷證 卷3 賀循】260~319. 자는 언선(彦先)이다. 동진(東晉) 원제(元帝) 때 사람으로, 예학을 잘 알았다. 강동(江東)에서 나라를 창건할 적에 의문스러운 것이 있으면 모두 하순에게 물어 결정했다.【校解】《고증》에서 하순의 자를 '언광(彦光)'이라 한 것은 오류이다.

216 칠실가일 :【譯註】사당은 일정한 수가 정해져 있는 것이 아니라, 봉안할 신주(神主)에 따라 수를 가감하면 된다는 주장이다.《예기》〈왕제(王制)〉에 의하면, 천자의 사당은 칠묘(七廟)를 두게 되어 있다. 그런데 진(晉)나라 경제(景帝)와 문제(文帝)는 형제 사이였기 때문에 같이 1묘(廟)에 모셔 왔는데, 원제(元帝)·명제(明帝) 때가 되자 대(代)가 불어나 사당이 10실(室)까지 늘어나서,《예기》의 원칙에 어긋나게 되었다. 이에 하순이 상황에 따라 사당의 수를 가감할 수 있다는 의견을 제시했다.《晉書 卷68 賀循列傳》

217 동위이좌 :【譯註】형제간에 왕위를 이었을 경우, 위(位)를 같이하고 자리만 달리하는 것을 말한다. 송나라 진종(眞宗) 함평(咸平) 1년(998)에 예관 송식(宋湜) 등의 말을 따라서 태조(太祖)와 태종(太宗)의 위를 같이 하고 자리만 달리하였다.《宋史 禮志 宗廟之制》

殿) 안에서 적당한 변례(變禮)를 의논하여 처리하면 될 뿐입니다. 어찌 다른 의견을 부당하게 내서 다른 묘(廟)에 따로 넣을 수 있단 말입니까.

삼가 살펴보건대, 성종(成宗)을 부묘할 때 조정 공론이 종묘 7칸이 실의 수에 부족하다고 여겨 실을 하나 더 늘리고자 하였으나 끝내 실행하지 못하여, 대뜸 문종(文宗)을 서협실(西夾室)로 옮기고 성종을 제7실에 부묘하였습니다. 이는 당시 논의한 신하들과 예관(禮官)들의 죄이니, 민심이 애통하게 여긴 바였습니다. 중종(中宗)을 부묘할 때에는 예관 윤개(尹漑)[218] 등이 이것이 예에 어긋난다는 것을 알아서 4개의 실을 더 세우길 청하여 문종의 신위를 받들어 돌아오고 중종을 제9실에 들였습니다. 대개 이미 세(世)의 수를 바르게 세우지 못했으니, 그 예를 적용함에 변통하는 것이 진실로 이와 같아야 합니다. 어찌하여 단지 종묘에 대해서만 변통할 줄 알고 원묘에 대해서는 변통할 줄 몰라서, 마침내 인종의 신주를 원묘에 들이지 않고 다른 전에 따로 두어 사람과 귀신이 억울하게 여긴 지 20여 년이 되었단 말입니까. 더구나 그 당시 명종의 성지(聖旨)에 "인종은 훗날 마땅히 부묘해야 한다."라고 하였으니, 이는 《승정원일기》에 보입니다. 명종의 유지(遺旨)가 본래 이와 같음을 알 수 있으니, 더욱 그 아름다운 뜻을 이루지 않아서는 안 됩니다.

다행히 지금 성상께서 선대왕의 뜻을 계승함에 인종과 명종을 함께 부묘해야 한다는 청을 이미 받아 주셨으니, 예전(禮典)의 잘못을 바로잡아 귀신과 사람들의 바람을 위로할 수 있습니다. 그러나 인종과 명종을 함께 부묘하는 시기와 상세한 절목(節目)은 반드시 자세히 토론하여 살

---

218 윤개 : 【攷證 卷3 尹漑】 1494~1566. 자는 여옥(汝沃)이고, 파평(坡平) 사람이다. 호는 회재(晦齋)이다. 관직은 영의정에 이르렀다.

펴 처리해야 합니다.

우선 후침(後寢)의 실(室) 수에 대해 말씀드리겠습니다. 세조는 지금 친진(親盡)이 되었으니, 응당 조천(祧遷)하여 그 실을 비우고 예종(睿宗)이 이 실에 들어갈 것입니다. 그 이하 분들을 차례로 올려 인종을 제5실에 들여 부묘할 것이요, 또 명종의 1위가 있으니 전처럼 6위가 되어서 들어갈 실이 없습니다. 그러므로 지금 동편에 나아가서, 종묘의 실을 늘리는 고사(故事)를 따라 새로 한 칸을 세워 명종의 신위를 봉안하려 하니, 이는 바로 실의 수로서 신주(神主)의 수를 제한하지 않는 옛사람의 뜻에 꼭 맞습니다. 이것이 바로 〈후침육간도(後寢六間圖)〉에서 밝힌 내용입니다.

전전(前殿) 3칸의 경우는, 오로지 여러 신위를 합향(合享)하기 위해 마련한 것입니다. 그 제도가 남북은 짧고 좁으며 동서는 길고 넓습니다. 종전에 신위를 세운 것은 북쪽에서 남쪽으로 딱 5개 신위를 세울 수 있을 뿐 그 외 더 이상 남는 자리가 없으니, 지금 1개 신위를 더 세우는 것이 실로 난처합니다. 만약 이를 염려하여 제도를 고쳐 크게 지어서 그 자리를 넓히고자 한다면, 전옥(殿屋)을 터서 고치는 것이 그리 가볍지 않은 일이요, 큰 재목을 얻기 어려움에 공역이 쉽지 않으니, 아마도 부묘하기 전에 이루어질 수 없을 듯합니다.

신이 삼가 들건대, 옛날의 합향은 모두 태조는 동쪽을 향하고 남북으로 좌우 소목(昭穆)의 서열을 나누어 서쪽에서 동쪽으로 나아가게 했다고 하니, 이는 만세토록 마땅히 지켜야 할 법입니다. 지금 남향의 자리가 협소하여 합향을 행하기 어려운 것이 이와 같으니, 상황에 따라 적절하게 처리하여 옛 합향의 제도로써 지금 합향의 문제점을 변통하여 거행해서 불가함이 하나도 없게 하는 것이 더 낫습니다. 신은 이미 앞에 전도(殿

圖)를 그려 남향으로 합향을 행하기 어려운 까닭을 드러냈고, 이어 주자(朱子)의 〈주대협도(周大祫圖)〉·〈주시협도(周時祫圖)〉와 〈송협향위차도(宋祫享位次圖)〉로써 합향은 반드시 동향으로 해야 한다는 뜻을 밝혔고, 끝에 다시 전도(殿圖)를 그려 동향으로 하는 것이 예에 맞음을 드러냈습니다.

삼가 바라건대, 전하께서는 도(圖)를 살펴보고 예에 근거하고 의리로 헤아려 보시어, 다만 전 안에 나아가 북쪽에 있던 것을 서쪽으로 옮겨서 태조는 서쪽 벽에 자리하여 동쪽을 향하게 하고, 예종·중종은 남쪽에 자리하여 북쪽을 향하게 하고, 성종·인종·명종은 북쪽에 자리하여 남쪽을 향하게 하소서. 세조는 지금 비록 조천(祧遷)하더라도 그 자리는 그대로 비워두고, 성종은 예전대로 중종과 마주 보아서 감히 세조의 빈 자리에 올리지 않아야 합니다. 대개 예종이 북향 자리에 있기에 성종이 감히 남향하여 예종과 마주 앉을 수 없으니, 이는 주자의 협도(祫圖)에서 '무왕(武王)은 감히 문왕과 마주할 수 없다.'라고 한 뜻입니다. -만약 고조(高祖)가 소(昭)의 자리에 있다면, 응당 빈 자리로 올라가서 목(穆)과 서로 마주 보아야 한다.- 이렇게 하면, 전옥을 터서 고치는 번거로움을 면할 수 있고, 또 자리가 협소하여 합향을 행하기 어려운 근심이 없으니, 조상을 받들고 효를 생각하는 도리에 있어 진실로 편리하고 합당할 것입니다.

혹자가 의문을 품기를 '남향으로 신위를 두는 것이 여러 왕에 걸쳐 준행한 지 이미 오래되었는데, 지금 그것을 고치기는 어려울 것이다.'라고 합니다.[219] 신은 삼가 생각건대 그렇지 않다고 여깁니다. 원묘(原廟)

---

219 혹자가……합니다 : 【攷證 卷3 或疑南向云云】살펴보건대, 《국조고사》에 다음과 같은 내용이 있다. "대신이 선생이 소(昭)·목(穆)에 대해 건의한 내용에 대해 '옛 원묘

가 지금 소·목이 같은 두 임금으로 인하여 절로 여섯 신위가 되었으니, 신위 하나를 둘 곳이 없습니다. 설사 전을 세울 당시에 이런 일이 있었더라도 세종의 지혜와 인효(仁孝)로 반드시 이미 변통하여 행했을 것이니, 응당 한 가지 설을 고집하여 오늘에 이르지는 않았을 것입니다. 이로써 말하건대, 지금 하늘에 계신 영령이 내려와 밝게 살펴주니, 개정하는 일에 대해서도 필시 예(禮)의 바름을 얻었다고 허여해주고 더욱 두텁게 복을 내려주실 것입니다. 이에 대해 오히려 다시 무슨 의심을 하겠습니까.

이상 동향으로 하는 것과 남향으로 하는 것 두 가지 예(禮)는 각각 한쪽 일에 근거하여 말한 것이 이러합니다. 다만 선왕의 예는 실(室)과 당(堂) 두 가지 일을 실로 한 번에 겸하여 행하되, 당의 일보다 실의 일이 더욱 중요합니다. 지금 이 일을 처리하고자 한다면 모름지기 고례(古禮)의 근본 취지를 잘 알아야 합니다. 그러므로 또 별도로 도(圖) 하나를 그려서 밝힙니다.

(原廟)의 법이니 지금에 시행할 수 없고, 이 위(位)를 세워둔 지 이미 140년이 지났는데 지금 바꾼다면 조종(朝宗)의 영령이 또한 괴이하게 여길 것이다.'라고 하였으므로, 선생의 논의가 마침내 행해지지 않았다."

▶도판-17 고종묘후침각위일묘도(古宗廟後寢各爲一廟圖)

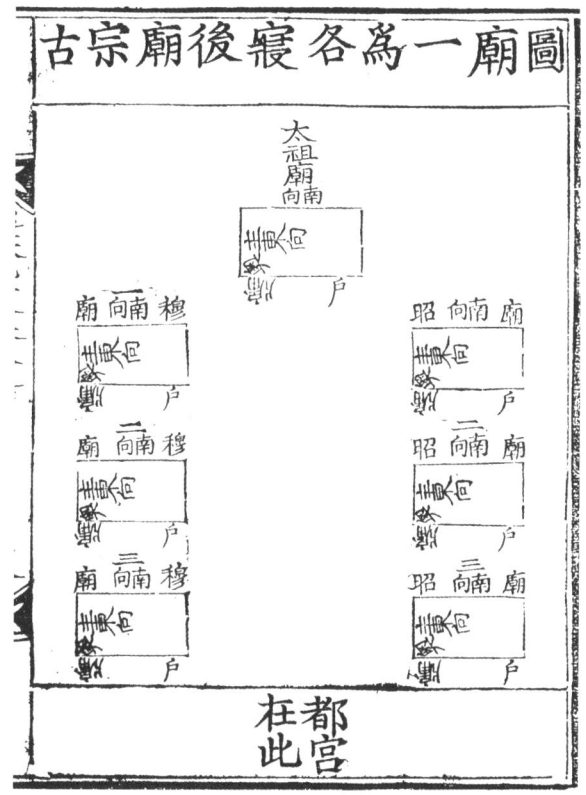

주자가 "각 사당에 나누어 모시니, 무왕은 왕계의 자리에 나아가 처해도 문왕보다 높다는 혐의가 없다.〔散處各廟, 則武王進居王季之位, 而不嫌尊於文王.〕"[220]라고 한 것은 이것을 가리켜 말한 것입니다.

220 각……없다 : 【譯注】송나라 주희의 〈주대협도(周大祫圖)·주시협도(周時祫圖)〉 말미에 나오는 말이다.

▶도판-18 천자칠묘시협실당이위도(天子七廟時祫室堂異位圖)

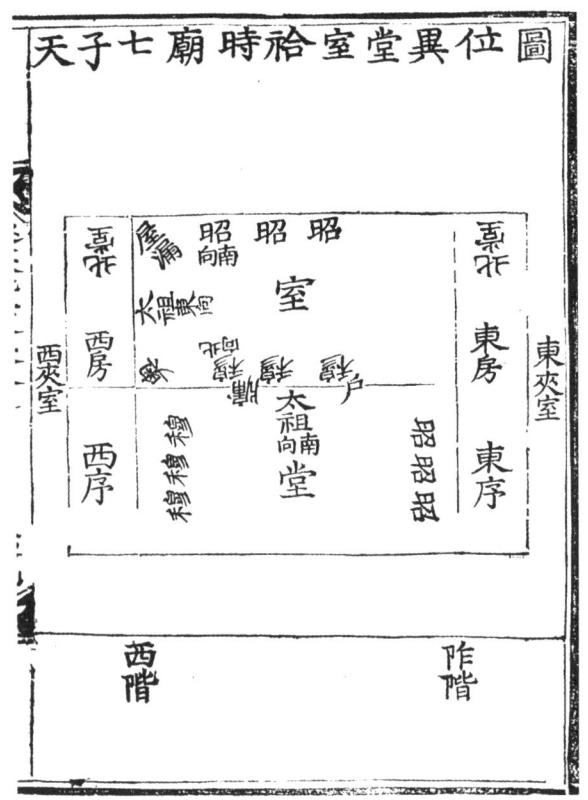

이상은 천자의 사당에서 사시(四時)에 협향(祫享)하는 예입니다. 대개 한 번 제향할 때 아홉 번 잔을 올리는 것이, 실(室)에서 시작하고 중간에 당(堂)에서 했다가 실에서 끝납니다. 시동(尸童)을 맞이하여 실에 들어가면, 왕이 울창주(鬱鬯酒)²²¹를 시동에게 올리고 시동이 이

---

221 울창주 : 【攷證 卷3 鬱鬯】살펴보건대, 주나라 사람은 향취(香臭)를 숭상하여, 울창주를 부어서 신령을 강림하게 하였는데, 또한 '거서(秬黍)'라고도 한다. 거(秬)는 검은 메기장이고, 창(鬯)은 향초이다. 메기장[黍米]을, 울금초(鬱金草)를 찧어서 낸

를 땅에 붓고 전(奠)을 맛보는 것[222]이 일헌(一獻)입니다. 왕이 나와서 희생을 맞이하면 왕후가 울창주를 따라 두 번째로 올리는 것이 이헌(二獻)입니다. 시동이 나와 당에서 남면(南面)함에, 조천(朝踐)[223]의 일을 행하여 날고기를 올리면 왕이 예제(醴齊)[224]를 따라 올리는 것이 삼헌(三獻)입니다. 왕후가 예제를 올리는 것이 사헌(四獻)입니다. 다시 실의 동쪽에 시동의 자리를 마련하여 당 위의 제수(祭需)를 옮기고 그 앞에 두어 쑥을 태운 뒤, 시동을 맞이하여 실에 들어가 궤식(饋食)의 예를 행하면, 왕과 왕후가 각각 앙제(盎齊)를 올리는 것이 오헌(五獻)이며 육헌(六獻)입니다. 시동이 먹기를 마치면, 왕이 예제를 따라 시동이 입가심[225] 하게 하는 것이 칠헌(七獻)입니다. 왕후가 앙제를

즙을 끓인 것과 섞어서 술을 빚는다.

222 맛보는 것 : 【攷證 卷3 啐】《예기》〈잡기 하(雜記下)〉에 "소상(小祥)의 제사에 주인이 작(酢)을 받으면 입에만 대고[嚌], 여러 손과 형제는 모두 입에 넣는다[啐]."라고 하였는데, 한나라 정현(鄭玄)의 주에 "이를 대는 것을 제(嚌)라 하고, 입에 넣는 것을 쵀(啐)라 한다."라고 하였고, 당나라 육덕명(陸德明)의 음의(音義)에 "'啐'의 독음은 칠(七)과 내(內)의 반절(反切)이다."라고 하였다.

223 조천 : 【攷證 卷3 朝踐】《주례》〈춘관(春官) 사준이(司尊彝)〉에 "조천에 두 개의 사준(獻尊)을 사용한다.〔其朝踐用兩獻尊〕"라고 하였는데, 한나라 정현의 주에 "조천은 피와 날고기를 올리고 예주를 따른 뒤 비로소 제사를 행하고, 왕후가 이에 조사(朝事)의 두(豆)와 변(籩)을 올리는 것을 이른다."라고 하였으니, 조천은 곧 조헌(朝獻)이다. '천(踐)'이라는 것은 '변과 두가 질서 정연히 놓여 있다.〔籩豆有踐〕'라는 말이다.

224 예제 : 【攷證 卷3 醴齊】원(元)나라 웅충(熊忠)의 《고금운회거요(古今韻會擧要)》 권12에 "예(醴)는 술을 한 번 재워 익힌 것이다. 예(醴)는 체(體)와 같다."라고 하였다. 《주례주소》〈천관총재 하(天官冢宰下)〉의 한나라 정현의 주에 "예(醴)는 술이 익었을 때 술 원액과 술찌끼가 서로 섞여 있는 것으로, 오늘날의 염주(恬酒 감주)와 같다. '齊'의 독음은 재(才)와 예(詣)의 반절이니, 술을 절도를 헤아려서 만드는 것을 '제(齊)'라고 한다."라고 하였다.

225 입가심 : 【攷證 卷3 酳】운서(韻書)에 "'酳'의 독음은 윤(胤)이니, 술로 입가심하는

올리는 것이 팔헌(八獻)입니다. 신하들이 한 잔을 올리는 것이 구헌(九獻)입니다.

신이 살펴보건대, 선왕의 묘제(廟制)는 실이 뒤에 있고 당이 앞에 있습니다. 관례(祼禮)와 궤식(饋食)은 실 안 동향의 위치에서 행하였으니 헌(獻)이 일곱 번이요, 조천(朝踐)은 당 안 남향의 위치에서 행하였으니 헌(獻)이 두 번입니다. 대개 관례는 신을 강림하게 하는 것이요, 궤식은 상식(上食)과 같으며, 조천은 조전(朝奠)과 같습니다. 관례와 궤식은 중요한 것이기에 실에서 행하고, 조천은 중요하지 않은 것이기에 당에서 행하였으니, 실에서 동향으로 하는 것이 본(本)이 되고 당에서 남향으로 하는 것이 말(末)이 됨을 알 수 있습니다.

송(宋)나라 원풍(元豊) 3년(1080)에 상정(詳定)한 예문(禮文)에 다음과 같은 내용이 있습니다. "'옛날에는 종묘에 구헌(九獻)을 했으니, 왕과 왕비가 각각 사헌(四獻)씩 하고, 신하들은 일헌(一獻)을 하였습니다. 한(漢)나라 이래로 삼헌(三獻)을 하여 왕후는 종묘에 들어가는 때가 없었으니, 지금까지 이렇게 하고 있습니다. 시향(時享)의 경우는 실에서 행하고 당에서는 행하지 않습니다. 체(禘) 제사와 대협(大祫)은 당에서 행하고 실에서는 행하지 않으며 궤식만 하고 조천은 하지 않습니다. 지금 상황에 마땅한 것을 헤아려 옛날 구헌의 뜻을 갖추어

것이다."라고 하였다.《예기주소》〈관의(冠義)〉의 당나라 공영달(孔穎達) 소(疏)에 "윤(酳)은 부연한다[演]는 뜻이니, 음식을 다 먹은 뒤에 술을 마셔 그 기운을 편안하게 하는 것이다."라고 하였다.

아룁니다. 청컨대 실 안에서는 아랫목의 동면(東面)하는 곳에 신위(神位)를 두며, 당 위에서는 문밖 서쪽 -즉 당 안이다.- 의 남면(南面)하는 곳에 신위를 두소서. 황제께서 문 안에 서서 서향으로 관창(祼鬯)을 하는 것이 일헌(一獻)이 되고, 문을 나와 병풍 앞에 서서 북향으로 날고기를 올리는 조천의 예를 행하는 것이 재헌(再獻)이 되고, 황제께서 문 안에 서서 서향으로 익은 음식을 올리는 궤식의 예를 행하는 것이 삼헌(三獻)이 됩니다.' 조서를 내려 묘제(廟制)가 이루어진 것을 살펴 재가를 받게 하였다."

신은 살펴보건대 송나라 신료들이 말한 것이 위와 같습니다. 삼대(三代) 이후로 이미 실과 당에서 모두 거행한 예가 없고, 또 조천(朝踐) 한 가지 일도 없었으니, 혹 당에서 거행하더라도 또한 선왕의 '당 안에서 남향으로 하는 예'를 회복한 것이 아닙니다. 더구나 구헌 가운데 칠헌은 실에서 행하여 예악을 갖추고 헌(獻)과 작(酢)을 교대로 하여 제사의 처음과 끝이 모두 여기에서 이루어지니, 조천에 올리는 두 번의 헌은 그 사이 하나의 절차일 뿐입니다. 중요하게 여기는 바는 끝내 여기에 있지 않습니다. 그러므로 주자가 〈주송협십도(周宋祫十圖)〉를 만들 때 모두 실 안에서 신위가 동향하도록 하고, 남향하는 한 가지 일을 언급한 적이 없는 것은 그 근본을 든 것입니다. 당초에 세종대왕의 성신(聖神)한 지혜로 이것을 모두 살피셨을 것이니, 이렇게 위를 설치한 까닭은 진실로 우러러 헤아리기 어렵습니다.

그러나 삼가 제 생각으로는, '혹 아버지를 목의 자리에 둔다면 아들이 소의 자리에서 남향으로 아버지와 마주 앉을 수 없다'라고 여기신 것이 아니겠습니까. 이 한 가지 일은 선정신이 이미 논변했고, 주자의 도설이 후세에 명백히 보였으므로, 신이 이번에 도(圖)를 만든 것 또한 이를 본떠서 만들었습니다. 삼가 바라건대, 아울러 밝게 살펴주시어, 우연히 정한 위의 자리를 고치기 어렵다는 것에 구애되어 끝내 사정에 맞게 옛 법도를 회복하는 전례를 그르치지 마소서. 그렇게 해주신다면 매우 다행이겠습니다.

덕흥군 추숭에 관하여 올리려던 의[226] 【기사년(1569, 선조2, 69세) 1월 20일경 추정. 서울】

擬上追崇德興君議

지난해 12월 모일에, 영의정 이준경(李浚慶)[227]이 아뢴 '덕흥군(德興君)을 추숭하는 일'로 예문(禮文)을 상고하여 널리 의논하여 아뢰라고 전교하셨습니다. 신 황은 삼가 생각건대, 대통(大統)을 입승(入承)하는 일은 의리가 지극히 중요하니 반드시 펼쳐져야 하고, 사친(私親)을 숭봉(崇奉)하는 일은 은혜에 지나친 바가 있으니 마땅히 굽혀져야 합니다.

대개 하늘에는 두 태양이 없고 사물에는 두 근본이 없으며, 집에는 두 어른이 없고 나라에는 두 임금이 없습니다. 이 때문에 선왕께서 예법을 제정하여, 남의 후사(後嗣)로서 아들이 된 자로 하여금 양부모를 위해 참최(斬衰)·자최(齊衰) 삼년복(三年服)을 입게 하고, 생부모에 대해서는 도리어 부장기(不杖期)로 입게 하였으니, 이는 의리만을 중시하고 은혜에는 일부러 박하게 한 것이 아닙니다. 자신이 이미 출계(出系)하여 남의 후사가 되었으므로 선조의 제사를 이어받는 의리를 양부모에게 융

---

226 덕흥군……의 : 【譯注】명종(明宗)이 후사 없이 승하한 뒤에 덕흥군 이초(李岹)의 아들인 하성군(河城君)이 왕으로 즉위하였으니, 바로 선조(宣祖)이다. 선조는 생부 이초를 왕으로 추존하고자 하였다. 【攷證 卷8 擬上追崇德興君議】살펴보건대, 덕흥군은 상의 생부이다. 이때 하동군부인(河東郡夫人) 정씨(鄭氏)의 상을 마치고 반혼(返魂)하려 하였는데, 사저(私邸)에 나아가 사당을 세우고자 하여 2품 이상은 의견을 아뢰라고 명하였다.

227 이준경 : 【譯注】1499~1572. 본관은 광주(廣州), 자는 원길(原吉), 호는 동고(東皐)·남당(南堂)·홍련거사(紅蓮居士)·연방노인(蓮坊老人)이다.

성하게 해야 하니, 낳아주신 은혜가 본래 크다고는 하나 이에 이르러서는 복을 낮출 수밖에 없습니다. 만약 낮출 줄 모르고서 양부모와 더불어 나란히 높인다면, 이는 근본을 둘로 하는 것이요 두 어른을 두는 것이니, 하늘의 법칙을 어기고 인류의 기강을 어지럽혀 조상을 높이고 종통(宗統)을 공경하는 도리를 잃게 됩니다. 그러므로 성인이 이러한 일을 대처함에 반드시 권도를 살펴 은혜를 줄이고, 의리를 펴서 인류를 온전하게 한 것이 이와 같았습니다.[228] 더구나 제왕이 왕위를 계승함에 종묘사직의 중대함을 이어받고 억조 신민의 통치자가 되니, 그 의리가 은혜를 누르는 것이 또 보통 사람으로 남의 후사가 된 경우보다 중대합니다. 그러니 어찌 사사로운 은혜 때문에 그 의리에 대해 범하거나 어지럽힐 수 있겠습니까.

한(漢)나라 이래로 지손(支孫)으로서 왕위를 계승한 효선제(孝宣帝)[229], 광무제(光武帝)[230], 진(晉)나라 원제(元帝)[231] 같은 임금은 비록

---

228 성인이……같았습니다 : 【譯注】《의례》〈상복(喪服)〉'부장기장(不杖期章)'의 경문(經文)에 "남의 후사가 된 사람은 그 부모를 위해 기년복(期年服)으로 보답한다.〔爲人後者, 爲其父母報.〕"라고 하였는데, 그 전(傳)에 "대종(大宗)의 후계자가 된 사람은 어째서 자기 부친에 대하여 기년복을 입어야 하는가? 부친에 대한 참최복(斬衰服)을 두 번 입을 수는 없기 때문이다."라고 하였다.

229 효선제 : 【攷證 卷8 孝宣】유순(劉詢, B.C.91~B.C.49)으로, 한(漢)나라 무제(武帝)의 증손이자, 사황손(史皇孫)의 아들이다. 소제(昭帝)가 붕어한 뒤 후사가 없자, 곽광(霍光)이 맞이하여 황제로 세웠다. 원강(元康) 원년(B.C.65)에 황고(皇考)의 사당을 세우고 봉명원(奉明園)의 호구(戶口)를 늘려 봉명현(奉明縣)으로 삼았다. 봉명원은 바로 황고인 사황손의 무덤이다.

230 광무제 : 【攷證 卷8 光武】유수(劉秀, B.C.5~B.C.57)로, 한나라 고조(高祖)의 9대손이고, 아버지는 남돈 현령(南頓縣令) 유흠(劉欽)이다. 건무(建武) 3년(27)에 낙양(雒陽)에 친묘(親廟)를 세워, 아버지 남돈군(南頓君)으로부터 용릉절후(舂陵節侯)까지를 제사지냈다.

이 의리를 대략 알았으나 잘못이 오히려 많았으니 본받을 만하지 못합니다. 그 외 애제(哀帝)[232]·안제(安帝)[233]·환제(桓帝)[234]·영제(靈帝)[235]와 같

---

231 진나라 원제 : 【攷證 卷8 晉元】사마예(司馬睿, 276~323)로, 진(晉)나라 무제(武帝)의 증손이자, 낭야공왕(琅琊恭王) 사마근(司馬覲)의 아들이다. 태흥(太興) 2년(319)에 '낭야공왕을 황고(皇考)라 칭해야 한다'고 조령을 내렸는데, 하순(賀循)의 의론에 "예전(禮典)의 의리는 아들이 감히 자신의 작위를 아버지의 칭호에 더할 수 없습니다."라고 하니, 원제가 또 그 말을 따랐다. 낭야공왕의 비(妃) 우씨(虞氏)를 추존하여 왕후로 삼고 능 옆의 집을 수리해 묘(廟)로 만들게 하고, 태흥 3년(320)에 왕후를 추시(追諡)하고 태묘(太廟)에 부묘(祔廟)했다.

232 애제 : 【攷證 卷8 哀帝】유흔(劉欣, B.C.25~B.C.1)으로, 한나라 원제(元帝)의 서손(庶孫)이자 정도공왕(定陶恭王)의 아들이다. 건평(建平) 원년(B.C.6)에 정도공왕을 추존하여 공황제(恭皇帝)로 삼고 경사(京師)에 침묘(寢廟)를 두고 나서 소목(昭穆)의 차서를 배열하는 의례를 효원제(孝元帝)처럼 하였다. 정도왕(定陶王) 유경(劉景)을 옮겨 신도왕(信都王)으로 삼아 다시 정도왕이 후계가 되지 않게 한 것은 스스로 자신을 후계로 삼았기 때문이다.

233 안제 : 【攷證 卷8 安帝】유호(劉祜, 94~125)로, 한나라 숙종(肅宗)의 손자이다. 아버지는 청하효왕(淸河孝王)이다. 건광(建光) 원년(122)에 조모인 송 귀인(宋貴人)을 추존하여 경은후(敬隱后)로 삼고, 그 능을 경북릉(敬北陵)이라 하였으며, 아버지 청하효왕을 추존하여 효덕황(孝德皇)이라 하고 어머니를 효덕후(孝德后)라 하였다. 청하의 사왕(嗣王)은 제사를 받들 뿐이었다.

234 환제 : 【攷證 卷8 桓帝】유지(劉志, 132~168)로, 하간효왕(河間孝王)의 손자이다. 아버지는 여오후(蠡吾侯)이다. 한나라 질제(質帝)가 붕어한 뒤, 양 태후(梁太后)와 양기(梁冀)가 맞이하여 황제로 세웠다. 즉위한 뒤에 양 태후가 조령을 내려, 하간효왕을 목황(穆皇)으로 삼고 그 부인은 효목후(孝穆后)라 하고 묘는 청묘(淸廟)라 하고 능은 낙성릉(樂成陵)이라 하였으며, 여오후를 효숭황(孝崇皇)이라 하고 묘는 열묘(烈廟)라 하고 능은 박릉(博陵)이라 하였다.

235 영제 : 【攷證 卷8 靈帝】유굉(劉宏, 157~189)으로, 하간효왕의 증손이다. 아버지는 해독정후(解瀆亭侯)이다. 한나라 환제(桓帝)가 붕어하고 아들이 없자, 황태후가 맞이하여 황제로 세웠다. 즉위한 뒤에 두 태후(竇太后)가 조령을 내려 황조(皇祖) 유숙(劉淑)을 추존하여 효원황(孝元皇)으로 삼고 그 부인 하씨를 효원후(孝元后)라 하고 능을 순릉(淳陵)이라 하고 묘를 정묘(靖廟)라 하고, 황고(皇考) 유장(劉萇)을 효인황

은 경우는 모두 어리석고 망령되이 행동하여 전해 내려온 대통을 소홀하게 여겨서 버리고 생부를 참람되게 높여, 대륜(大倫) 대법(大法)이 무너진 지 오래되었습니다.

송(宋)나라 영종(英宗)[236]의 경우에는 황형(皇兄) 복안의왕(濮安懿王)[237]의 아들로서 인종(仁宗)의 후사로 들어갔습니다. 복안의왕을 숭봉(崇奉)하는 전례(典禮)를 의논할 때, 대신 중에 '황고(皇考)'라 칭하고자 하는 사람도 있고, '친(親)'이라 칭하고자 사람도 있었습니다.[238] 그 당시에 사마광(司馬光)·범진(範鎭)·여회(呂誨)·범순인(範純仁)·여대방(呂大防)·여공저(呂公著) 등의 정인군자(正人君子)가 모두 경전에 의거하여 정도를 지키고 삿된 설을 철저히 물리쳤습니다.[239] 그들의 대의는 다

(孝仁皇)으로 삼고 그 부인 동씨(董氏)를 원귀인(元貴人)으로 삼고 능을 진릉(眞陵)이라 하고 묘를 환묘(奐廟)라 하였다.

236 송나라 영종 : 【攷證 卷8 宋英宗】 조서(趙曙, 1032~1067)이다. 초명은 종실(宗實)이다. 송(宋)나라 인종(仁宗)의 형인 여남왕(汝南王) 조윤양(趙允讓)의 아들이다. 인종이 후사가 없자 궁중에 데려와 키워서, 대통을 이었다.

237 복안의왕 : 【攷證 卷8 濮安懿王】 바로 조윤양(995~1059)이다. 처음에 여남왕에 봉해졌는데, 죽은 뒤에 복왕(濮王)에 추봉(追封)되었다. 시호는 안의(安懿)이다.

238 대신……있었습니다 : 【攷證 卷8 執政有欲稱皇考欲稱親】 송나라 영종 치평(治平) 2년(1065)에 한기(韓琦) 등이 "예는 근본을 잊지 않습니다. 복안의왕은 덕이 성대하고 지위가 높아 마땅히 예를 높여야 하니, 청컨대 유사의 의견을 하문하소서."라고 하였다. 왕과 부인 왕씨(王氏)·한씨(韓氏)·임씨(任氏)의 전례(典禮)에 대해, 왕규(王珪)는 황백(皇伯)으로 칭해야 한다는 사마광의 주장을 아뢰었고, 구양수(歐陽修)는 《의례》〈상복〉을 인용하여 "남의 후사가 된 자는 그 부모를 위해 복을 낮추어 기년복을 입고 부모의 이름을 없애지 않으니, 이로써 복은 낮출 수 있지만 이름은 없앨 수 없음을 알 수 있습니다. 낳아준 생부를 '황백'으로 개칭하는 것과 같은 일은 전대를 낱낱이 살펴보아도 모두 전거가 없습니다."라고 하였다. 태후가 직접 조서를 내려 대신들이 '황고'라 칭하기를 주장한 것을 꾸짖었고, 또 직접 조서를 내려 '복왕'을 '복안의왕'이라 높이고 생모인 왕부인을 '후(后)'라 칭했다. 《宋史紀事本末 卷7 濮議》

음과 같습니다. "인종 황제가 종실의 많은 사람들 가운데 성명(聖明 영종(英宗))을 가려 뽑아 대업을 주셨습니다. 복안의왕은 폐하에 대해 비록 낳아준 부모가 되고 길러준 은혜가 있으나, 폐하께서 왕위와 종묘 제사

239 사마광……물리쳤습니다 : 【攷證 卷8 司馬光 範鎭 呂誨 範純仁 呂大防 呂公著等 云云】 사마광의 의론에 " 남의 후사가 되어 그 아들이 된 사람은 감히 자신의 사친(私親)을 다시 돌아보지 않습니다. 신은 복왕을 고관대작으로 높여 '황백'이라 칭하고 이름을 일컫지 않아야 한다고 여깁니다."라고 하였고, 범진의 의론에 "폐하께서는 이미 인종을 황고(皇考)로 삼으셨는데, 또 복왕을 황고로 삼는다면 그 잘못이 작지 않습니다."라고 하였다. 여회·범순인·여대방이 소장을 일곱 번 올렸으나 답을 받지 못하자, 마침내 한기의 권력을 독점하고 아첨한 죄를 탄핵하여 "소릉(昭陵)의 흙이 아직 마르지 않았는데, 대뜸 복왕을 추숭하여 폐하로 하여금 생부를 후하게 대하고 양부를 박하게 대하며 소종(小宗)을 높이고 대종(大宗)을 끊어버리게 하고자 했습니다."라고 하였다. 또 함께 탄핵하기를 "구양수가 삿된 의론을 앞장서서 열어 도를 굽히고 임금을 기쁘게 하며 이익을 가까이하고 선제(先帝)를 저버려서, 폐하를 잘못된 일에 빠뜨렸습니다. 그리고 증공량(曾公亮)과 조개(趙槩)는 바르지 않은 의논에 부회(附會)했으니, 모두 폄척(貶斥)하시기를 바랍니다."라고 하였다. 여공저의 의론에 "'친(親)'이라고 칭하는 설은 한나라 사황손(史皇孫)의 고사로, 사황손은 바로 선제(宣帝)의 생부인데, 아버지 선제가 소제(昭帝)의 후사가 되었으므로 이 때문에 형의 손자로서 멀리 할아버지의 통서(統緖)를 이은 것이니, 고(考)가 둘이라는 혐의가 없습니다. 지금 폐하께서는 방계 자손으로서 대통을 이으시어 원묘를 건립하여 왕의 아들로서 복왕의 제사를 받들었으니, 복왕에 대해서는 아버지의 의리를 끊는 점이 없고, 인종(仁宗)에 대해서는 고가 둘이라는 혐의가 없습니다. '친' 자는 칭호를 세우기가 어렵고 의리상 온당하지 않으니, 정지하고 그만두시기를 바랍니다."라고 하였으나, 황제가 대답하지 않았다. ○ 여회(1014~1071)는 자가 헌가(獻可)이다. 사마온공(司馬溫公)이 그의 선견지명은 미칠 수 없다고 칭송했다. 임종 때 사마온공에게 천하의 일에 힘쓰라 면려했다. ○ 범순인(1027~1101)은 자가 요부(堯夫)이고 시호는 충선(忠宣)이다. 범중엄(範仲淹)의 둘째 아들이다. 천하의 어진 이들이 공의 진퇴를 보고 세상의 성쇠로 여겼다. ○ 여대방(1027~1097)은 자가 미중(微仲)이고 경조 남전(藍田) 사람이다. 원우(元祐) 연간의 정당(正黨)으로, 순주(循州)에 폄척되었는데 건주(虔州)에 이르러 죽었다. 시호는 정민(正湣)이다. ○ 여공저(1018~1089)는 자가 회숙(晦叔)이요, 여이간(呂夷簡)의 아들이다. 삼공(三公)으로서 평장군국(平章軍國)이 되었다. 시호는 정헌(正獻)이다.

를 계승하여 널리 천하를 소유하여 자자손손 만세토록 전하게 된 것은 모두 선제(先帝)의 덕입니다. 신들은 삼가 생각건대, 복왕은 마땅히 선조(先朝)에서 기복친(朞服親)을 입는 존속(尊屬)을 봉증(封贈)한 고사를 따라 고관(高官)과 대국(大國)을 가지고 높여 황백(皇伯)이라 칭하고 이름을 부르지 않고, 세 부인은 모두 태부인(太夫人)에 봉하는 것이 예법에 따르는 것입니다. 한대(漢代)에 생부를 '황고(皇考)'라 칭하고 '제(帝)'라 칭하고 '황(皇)'이라 칭하고, 침묘(寢廟)를 세우며 소목(昭穆)을 배열한 것은 모두 당시에 비난당하고 후세에 비판을 받았으니, 성명께서 본받아야 할 것이 아닙니다."

당대의 진유(眞儒)인 정이(程頤)가 이렇게 논했습니다. "인종 황제께서 폐하를 후사로 삼아서 조종의 대통을 이으셨으니, 인묘(仁廟)는 폐하의 황고요, 폐하께서는 인묘의 적자이십니다. 복왕은 폐하의 생부이나 친속으로는 폐하의 백부가 되고, 폐하께서는 복왕의 출계(出繼)한 아들이니 친속으로는 복왕의 조카가 됩니다. 이는 천지의 대의(大義)요 사람의 대륜(大倫)이니, 하늘과 땅의 자리가 정해져 있음에 바꿀 수 없는 것과 같습니다. 그러나 낳아주신 의리가 지극히 높고 크니, 비록 정통(正統)에 온 마음을 쏟아야 하지만 어찌 사사로운 은혜를 다 끊을 수 있겠습니까. 지성(至誠)으로 마음을 한결같이 하여 부자(父子)의 도리를 다하는 것은 대의(大義)요, 낳아준 것을 잊지 않고 그 은의(恩義)를 다하는 것은 지정(至情)입니다. 선왕께서 예를 제정하여 이미 대의를 밝혀 통서(統緖)를 바로잡고, 다시 지정을 두어 자식으로서의 마음을 다하게 하였습니다.……" 이어 '친'이라 칭하는 것의 그릇됨과 봉작을 더해서는 안 됨을 극론하여 이렇게 말했습니다. "마땅히 복왕의 다른 아들로 작위를 이어받아서 제사를 받들게 하고, 복왕을 높여 '복국대왕(濮國大王)'이라 칭해야 합니다. 이렇게 하면 확연히 칭호가 다르고 동렬(同列)과 현격히 차이가 나니, 천리와 인심에 진실로 부합하여 만세의 법이 될 수 있을 것입니다."

이에 영종이 의(義)를 두려워하고 선(善)을 좇아 오직 예를 따라서, 비록 황태후가 직접 조서를 내려 '친'이라 일컫도록 허락했으나 또한 감히 받들지 않아서 단지 '영(塋)'을 '원(園)'이라 하고 원에 사당을 세워 복왕의 자손들로 하여금 제사 지내게 했습니다.[240] 이 일은 여전히 끝나지 않다가 신종조(神宗朝)에 이르러 마무리되어 행해졌는데, 복왕의 아들 복국공(濮國公)에게 봉작을 더하여 왕으로 삼아서 세사(世嗣)를 교체하지 않게 하였으니, 위로는 이미 대통을 오로지 높이게 되고 아래로는 또 사사로운 은혜를 폐하지 않을 수 있게 되었습니다. 주희(朱熹)가 감탄하여 "천리의 자연스러움이요 사람의 안배에 의한 것이 아니다."라고 한 것[241]이 이를 말하는 것입니다.

그 뒤에 효종(孝宗)이 먼 친족인 수왕(秀王)의 아들로서 고종(高宗)의 후사로 들어가 왕위를 이었는데, 또 그 공렬을 삼가 준수하여 바꾸거나 실추하지 않았습니다.[242] 삼대 이후로 황가의 법도가 올바른 것은 송조

---

240 원에……했습니다 : 【攷證 卷8 卽園立廟云云】《송사》 권245 〈복왕윤양열전(濮王允讓列傳)〉에 "치평(治平) 3년(1066)에, 복왕의 원묘(園廟)를 세우고, 왕자 종의(宗懿)를 복국공(濮國公)으로 삼아 제사를 주관하게 하였다. 신종(神宗) 희녕(熙寧) 10년(1077)에 복왕의 아들 종박(宗樸)을 봉하여 복양군왕(濮陽郡王)으로 삼았다."라고 하였다.

241 주희가……것 : 【譯注】《주자어류(朱子語類)》 권127 〈본조(本朝) 영종조(英宗朝)〉에 "복왕에 대한 논쟁은 왕도(王陶)가 한공을 공격하여 죽이고 구공(歐公)을 의론하는 데에서 결말을 지었다.……천리의 자연스러움이요 사람이 안배하는 것이 아님을 볼 수 있다.〔可見天理自然, 不由人安排.〕"라고 하였다.

(宋朝)만한 때가 없었는데, 이 한 가지 대법(大法)은 더욱 바꿀 수 없는 규범입니다. 이는 '천지에 세워도 어긋나지 않으며, 귀신에게 질정해도 의심이 없으며, 백세에 성인을 기다려도 의혹(疑惑)되지 않는 것'[243]이라고 할 만하니, 진실로 후대 왕이 본받아야 할 바입니다.

삼가 생각건대, 주상 전하께서 왕실의 지친(至親)으로서, 선왕께서 간택하신 명을 받들어 후사로 들어와 왕위에 오르셨습니다. 전하와 명종(明宗)의 관계는 또한 송 영종과 송 인종의 관계나 송 효종과 송 고종의 관계와 같습니다. 덕흥군과의 관계는 복왕이나 수왕의 경우와 같습니다.

무릇 왕업을 잇고 대통을 높임에 낳아준 부모에게 낮추어 보답하는 것[244]은 본래 송조의 바꿀 수 없는 법이 있으므로 지금 마땅히 일일이 의거하고 준용(遵用)해야 합니다. 큰 기강이 이미 올바르게 된다면 그 중의 소소한 곡절은 시대와 나라 풍속에 따라 마땅한 바가 다르므로 또한 참작하고 가감해야 하니, 요는 의리에 맞게 하고 정리(情理)를 극진히 하면 될 뿐입니다. 지금 장차 해야 할 일들을 뒤에 갖추어 나열하니, 그 항목은 여섯 가지입니다.

---

242 효종이……않았습니다 :【攷證】卷8 孝宗以踈屬秀王之子云云】송나라 고종(高宗) 32년(1245) 5월에 왕위(王瑋)를 세워 황태자로 삼고 이름을 '신(愼)'으로 고쳤다. 6월에 황태자의 생부인 자칭(子偁)을 추봉하여 수왕(秀王)이라 일컬었다. 조서를 내려 자칭의 봉작 문제를 논의하게 하였는데, 호부 시랑 왕응진(汪應辰)이 그 호칭을 '황태자 친아버지〔太子本生之親〕'라고 정했다. 논의가 들어가자, 효종이 내강(內降)하여 "황태자의 생부이니 수왕으로 봉하고 시호는 안희(安僖)로 하고, 생모 장씨(張氏)는 왕부인(王夫人)으로 삼는다."라고 하였다.《宋史紀事本末 卷19 孝宗之立》

243 천지에……것 :【譯注】《중용장구》제29장에 나오는 말이다.

244 낳아준……것 :【譯注】생부모에 대해 참최복(斬衰服)을 입지 않고 기년복(期年服)으로 낮추어 입는 것을 말한다.《儀禮 喪服》

1. 속호(屬號)는 마땅히 '태백부(太伯父)'로 해야 합니다. 삼가 살펴보건대, 송 영종과 송 효종은 모두 생부를 '황백부(皇伯父)'라고 일컬었습니다. 그러나 '황(皇)' 자를 조고(祖考)에게 붙인다는 것은 《예기》에서 상하에 통틀어 말했으므로, 역대 상하에서 이를 통용했으니, 지금 종묘에서 칭하는 바와 같은 것이 이것입니다. 방친(傍親)에게 '황' 자를 붙인다는 것은 《예기》에서 말하지 않았으니, '황형(皇兄)'·'황숙(皇叔)'과 같은 것은 모두 '황제(皇帝)'의 '황(皇)' 자이므로 우리나라에서 사용하는 것이 온당치 않을 듯합니다. 이 때문에 단지 '백부'라고만 칭한다면, 또 제부(諸父)를 범범히 일컫는 것과 같으니 더욱 온당치 않습니다. 그러므로 지금 '태(太)' 자로 대신하기를 청하고자 합니다.

1. 추호(追號)는 덕흥대군(德興大君)으로 하고, 부인은 '대부부인(大府夫人)'이라 해야 합니다. 삼가 살펴보건대, 송 영종과 송 효종은 모두 생부모를 높여 '모국대왕(某國大王)'·'모국부인(某國夫人)'이라 하였으니, 지금 응당 이를 따르되, '국(國)' 자와 '왕(王)' 자를 빼야 합니다. 신의 생각에 또 하나의 설이 있으니 감히 아뢰지 않을 수 없습니다. 살펴보건대, '복국대왕(濮國大王)'이 특별한 칭호가 된 까닭은 오로지 '대(大)' 한 글자에 있습니다. 그런데 지금은 단지 '대군'이라 칭하니, 보통 일컫는 대군과 서로 혼동되어 특별한 칭호가 됨을 보지 못하겠습니다. 신의 생각에는 마땅히 당나라 때 이세민(李世民)[245]이 천책부상장군(天策府上將軍)을 특별히 둔 예를 본떠 '덕흥부상대군(德興府上大君)'이라 칭한다면, 정이가 '확연히 칭호가 다르고 동렬(同列)과 현격히 차이가 난다.'라고 한 것과 부합하여 더욱 합당할 것입니다.

---

245 이세민 : 【攷證 卷8 世民】당나라 태종(太宗)의 이름이다.

1. 입후(立後)는 적장자로서 세습해야 합니다. 삼가 살펴보건대, 송조(宋朝)에서 복왕(濮王)과 수왕(秀王)의 자손 중에 나이가 많고 품행이 뛰어난 자를 택하여 사복왕(嗣濮王)과 사수왕(嗣秀王)으로 봉하였고, 그들이 죽으면 또 자손을 택하여 바꾸어 봉해주었습니다. 지금 바꾸어 봉해주는 제도는 형세 상 불편하니, 오직 적장자로 '군'의 봉작(封爵)을 세습하다가, 5대가 지나 친진(親盡)한 뒤에 이르러 또한 응당 적당한 이를 골라 관직을 주고 제사를 길이 받들게 해야 합니다.

1. 사당은 본가에 만들어야 합니다. 삼가 살펴보건대, 복왕과 수왕 두 왕은 모두 침원(寢園)에 나아가 사당을 세웠습니다. 그렇게 한 까닭은 사당이 경사(京師)에 있으면 태묘(太廟)에 혐의되는 바가 있을까 걱정해서입니다. 지금 만약 이렇게 하여 묘소에 나아가 사당을 세운다면 불편한 점이 많으니, 오직 본가에 가묘(家廟)를 세워야 합니다. 그 법식과 체제가 본래 모두 태묘와는 현격히 다르니, 무슨 혐의될 것이 있겠습니까. 묘소의 경우에는 수직(守直)할 사람 약간 명을 헤아려 배치하여 지키고, 속절(俗節)에는 상황에 맞추어 제사를 지내야 합니다.

1. 묘주(廟主)는 시조로 삼아 백세토록 조천(祧遷)하지 말아야 합니다. 복왕과 수왕 두 왕은 사왕(嗣王)의 친진(親盡) 여부를 막론하고 대대로 제사를 지냈습니다. 지금 마땅히 이를 따라야 하니, 이는 실로 옛날에 대종(大宗)의 시조를 백세토록 조천하지 않는 뜻[246]입니다.

---

246 대종의……뜻 : 【譯注】시조로부터 적장자로 이어지는 집안을 '대종'이라 하는데, 대종은 대수가 오래 지나도 조천(祧遷)하지 않고 계속 제사를 모신다. 《예기주소》〈대전(大傳)〉에 "백세토록 조천하지 않는 종(宗)이 있고, 5대가 지나면 조천하는 종이 있다."라고 하였는데, 당나라 공영달(孔穎達)의 소(疏)에 "백세토록 조천하지 않는 종

1. 제사에 쓰는 전지와 녹봉은 관에서 제공한 물자를 쓰지 말아야 합니다. 복왕과 수왕 두 왕의 제사는, 어디에서 물자를 제공했는지 역사서에서 말하지 않았습니다. 그러나 그 묘소가 침원에 있어 단지 그 묘주(廟主)만을 제사 지내고 제사를 주관하는 자손이 왕래하며 일을 행한 것을 보건대, 이는 필시 유사가 물자를 제공했던 것이 분명합니다. 그러나 옛날에 이미 '사친(私親)을 위한 복을 낮추고 제사 지내지 않는다'는 조문이 있습니다.[247] 또 지금 사당이 본가에 있어 자손이 대대로 제사 지내니, 몇 대가 지난 뒤에 자손의 신주(神主) 또한 소목(昭穆)으로서 사당에 들어가지 않을 수가 없습니다. 그렇다면 한 사당 안에서 하나의 제사를 차리는데, 어찌 할아버지는 관에서 제공한 물자로 제사 지내고 자손은 사적인 물자로 제사 지낼 수 있겠습니까. 그러므로 마땅히 전답과 장획(臧獲)[248]을 두어 그로써 자성(粢盛)을 마련하고 일할 사람을 두어 대대로 조심스럽게 전하게 하고, 번번이 분할(分割)할 수 없으니 사중(四仲)의 시제(時祭)에는 유사가 희생으로 돼지 한 마리를 제공하고 나머지는 모두 집안에서 갖추어야 합니다. 그리하면

을 대종(大宗)이라 한다."라고 하였다.

247 옛날에……있습니다 : 【譯注】남의 양자가 된 사람이 생부모에 대한 복을 낮추어서 참최복(斬衰服)이 아닌 기년복(期年服)을 입는 것을 말한다. 《의례》〈상복(喪服)〉'부장기장(不杖期章)'의 경문(經文)에 "남의 후사가 된 사람은 그 부모를 위해 기년복으로 보답한다.〔爲人後者, 爲其父母報.〕"라고 하였는데, 그 전(傳)에 "대종(大宗)의 후계자가 된 사람은 어째서 자기 부친에 대하여 기년복을 입어야 하는가? 부친에 대한 참최복을 두 번 입을 수는 없기 때문이다."라고 하였다.

248 장획 : 【攷證 卷8 臧獲】《풍속통(風俗通)》에 "옛날에는 노비가 없었는데, 장죄(臧罪)를 지은 자를 가산을 관에서 몰수하고 노비로 삼았다. 획(獲)은 도망간 자를 붙잡아 노비로 삼은 것이다."라고 하였다. 《古今事文類聚 後集 卷17》

위로는 사친을 제사 지내지 않는 뜻에 부응하며 아래로는 경사에서 종묘와 대등하다는 혐의를 피하여, 폐단 없이 길이 전해질 것이니, 진실로 편리하고 합당합니다. 그런데 그 설치하자는 뜻이 한결같이 조정에서 나왔으니 주상께서 생부모를 잊지 않는 지극한 정리에 또한 유감이 없을 수 있을 것입니다.

신이 삼가 정이(程頤)의 상소를 보니 말미에 다음과 같이 말했습니다. "간사한 사람이 은혜를 바라고 총애를 견고하게 하여 스스로 자신을 위하는 꾀를 내고 의와 효를 해쳐 폐하를 곤란에 빠뜨렸습니다. 지금 이미 공론이 이와 같음에 주저하지 않음이 없어 온갖 계책을 찾아내 교묘하게 꾸미는 데 힘써 성상을 기망했고, 말하는 자를 저지하여[249] 바른말을 살피지 않음에 교묘한 언변이 이미 지극하여 폐하의 마음에 깨달을 방도가 없게 하였습니다. 삼가 바라건대, 성상의 마음속으로 잘 판단하시어 간사한 사람으로 하여금 더불어 의논하게 하지 마소서. 그 마음 씀씀이와 의도가 남의 말을 배격하고 형적(形跡)을 감추고서 폐하를 몰래 찬미하려는 자가 바로 간사한 사람입니다. 바라건대 폐하께서 살펴 분별하시어 그의 말을 쓰지 마소서."

이때 송나라 영종의 지극한 인효(仁孝)와 명철함으로, 충성스러운 말과 바른 논의를 들음에 전혀 의심하지 않아 단호히 그 말을 따른 덕분에, 간사한 사람이 그 틈을 타지 못하여 마치 해와 달이 하늘에

---

249 저지하여 :【攷證 卷8 支吾】《한서》권31〈항적전(項籍傳)〉에 "감히 저지하지 못했다.〔莫敢枝梧〕"라고 하였는데, 당나라 안사고(顏師古)가 인용한 신찬(臣瓚)의 주석에 "작은 기둥이 '지(枝)'이고, 비스듬한 기둥이 '오(梧)'이다."라고 하였다. 혹은 '지오(枝梧)'로 되어 있다.

운행하듯이 대륜대법(大倫大法)을 환하게 밝혀 후세 제왕의 법도가 된 것이 지극히 밝았으니, 마땅히 다른 도를 두지 말아야 합니다. 그런데 어찌하여 명(明)나라 가정 황제(嘉靖皇帝)가 입계(入繼)한 초기에 양정화(楊廷和) 등의 의론으로 인해 효종(孝宗)을 높여 황고(皇考)로 삼았으니,[250] 무종(武宗)이 대통(大統)을 전해준 한 가지 의리에 대해 전적으로 소홀한 듯하여[251] 이미 인심을 만족시키지 못하였단 말입니까. 그런데 뜻밖에 그 뒤에 간신 석서(席書)와 장총(張璁) 등이 사설(邪說)을 일으켜 성상을 미혹시켜서,[252] 마침내 번복하여 효종[253]을 황

250 명나라……삼았으니 : 【攷證 卷8 嘉靖皇帝入繼之初云】가정 황제는 황명(皇明) 세종황제(世宗皇帝)이니, 휘는 후총(厚熜)이다. 명(明)나라 헌종(憲宗)의 손자이자, 무종(武宗)의 종제이다. 연호를 가정(嘉靖)이라 했다. 청나라 장정옥(張廷玉) 등의 《명사》 권190〈양정화열전(楊廷和列傳)〉에 다음과 같은 내용이 있다. "무종 정덕(正德) 16년 신사년(1521) 3월에 상께서 붕어하셨는데 후사가 없자, 자수황후(慈壽皇后)가 의론을 정하여, '형이 죽으면 아우가 잇는다'는 선대왕의 유지에 따라 흥왕(興王)을 맞이하여 대통을 입계(入繼)하였다. 5월에 조서를 내려 효종황제(孝宗皇帝)를 황고(皇考)라 칭하고, 자수황태후의 존호를 올려 성모소성자수황태후(聖母昭聖慈壽皇太后)라 하였다. 또 성모(聖母)의 뜻을 받들어 생부모의 존호를 올려 흥헌제(興獻帝)와 흥국태후(興國太后)라 하였다."

251 무종이……듯하여 : 【攷證 卷8 武宗傳統闊略】무종은 이름이 후조(厚照)이니, 효종(明孝宗)의 장자이다. ○ 살펴보건대, 세종황제가 무종의 뒤를 이었는데 효종을 황고라 했으니, 이는 대통(大統)을 전해준 이에 대해 소홀한 것이다.

252 석서와……미혹시켜서 : 【攷證 卷8 席書張璁等倡邪說云云】청나라 장정옥 등의 《명사》 권196〈장총계악열전(張璁桂萼列傳)〉에 다음과 같은 내용이 있다. 남경(南京) 병부 시랑 석서가 형부 주사 장총·계악(桂萼) 등과 의견을 내세워, "금상(今上)은 성조(聖祖)의 '형이 죽으면 아우가 잇는다〔兄亡弟及〕'는 유훈으로, 양자로 들어가 대통을 이었습니다. 한나라·송나라와는 일의 체모가 같지 않으니, 마땅히 실상에 걸맞게 해야 합니다."라고 하였다. 몇 년 동안 논쟁을 하다가 가정 3년(1524)에 상이 석서를 불러 조정으로 와서 논의를 모으게 하였다. 장총 등이 상언하기를 "삼대의 법에 아버지가 죽으면 자식이 잇고, 형이 죽으면 아우가 있습니다. 지금 효종은 무종을 후사로 삼았으

백고(皇伯考)로 삼고 생부인 흥헌(興獻)을 황고(皇考)로 삼기에 이르렀습니다. 그들이 한 짓은 모두 조종의 정통을 위배하고 본래의 의리를 어겨 만세의 인륜과 법도에 죄를 지은 것입니다.

삼가 살펴보건대, 석서와 장총 등의 마음 씀씀이와 의도가 정이가 논한 말에 한 번 나왔으니, 그들이 삿된 마음과 흉악한 입으로 어지럽고 자질구레하게 말한 것은 모두 지금 번거롭게 논할 것도 없습니다. 유독 애석한 것은, 가정 황제가 대의를 무시하고 사사로운 은혜를 높여 간사한 무리에게 농간을 당하는 데에 빠져, 효종·무종과 흥헌의 부자 군신 관계가 전복되고 참람되어 조금도 합당하지 않도록 만들어, 불효하고 불의한 죄에 스스로 빠진 것입니다. 그렇다면 간사한 무리의 죄를 이루 다 주벌할 수 있겠습니까. 전대의 잘못을 경계하지 않아서야 되겠습니까.

니, 애초에 황상을 세워 후사로 삼은 적이 없습니다. 사람은 두 개의 근본을 두지 않습니다. 효종은 백(伯)이니 황백고(皇伯考)라 칭해야 하고, 헌황제(獻皇帝)는 아버지이니 황고(皇考)라 칭해야 합니다. 무종은 형이니 황형(皇兄)이라 칭한다면 천리에 부합하고 인심에 마땅하여, 대통 대륜이 모두 올바르게 될 것입니다."라고 하자, 상이 윤허하였다.

253 효종 :【攷證 卷8 孝宗】주우탱(朱祐樘, 1470~1505)으로, 명나라 헌종(憲宗)의 장자(長子)이다.

퇴계선생문집

권 8

풍기 군수를 사직하며 감사에게 올리는 사장 (1) 기유년(1549, 명종4, 49세) 9월 【6일 추정. 풍기(豊基)】

辭豐基郡守上監司狀一 己酉九月

저는 허약해지고 초췌해지는 심기(心氣)의 병이 있는데 지난 8월부터 담수(痰嗽)와 한열(寒熱) 증세가 나타났기에 말미를 받아 조리하여 조금 나아진 듯하였습니다. 그리하여 간간이 병을 무릅쓰고 공무를 행하던 차에, 이전 증상이 더 심해져 폭수(暴嗽)와 담역(痰逆)이 나타남에 허리와 옆구리가 당기고 아프며 트림이 나고 신물이 올라오고 배한(背寒)과 심열(心熱)이 서로 번갈아 나타나면서 때때로 현기증이 나 쓰러질 듯하니, 그르치는 일이 많아 어제 일을 오늘 잊어버리며 아침 일을 저녁에 잊어버립니다. 밤에 자주 악몽을 꿈에 기혈(氣血)이 손상되고 정신이 쇠약해짐에 식은땀이 절로 나서, 잠이 쏟아지고 몹시 피곤합니다.

　위와 같이 병의 뿌리가 몹시 깊어 병이 나아 회복되기를 기약하기 어려울 뿐만 아니라, 전부터 가을과 겨울 날씨가 추울 때 이러한 증상이 서너 달 동안 이어져서, 문밖에 나가지 않아야만 겨우 연명할 수 있습니다. 이러하므로 공무가 가장 긴급한 때에 직무를 방기(放棄)한 까닭에 하루도 관직에 있을 수 없으니, 지극히 황공하고 민망하므로, 저의 직임은 체차하라고 본조에 이문(移文)하도록 행하(行下)하소서.……

KNW023(辭狀啓辭-2)(癸卷8:1左)(樊卷8:1左)

풍기 군수를 사직하며 감사에게 올리는 소장 (3) 기유년(1549, 명종4, 49세) 12월 【22일 이후 추정. 풍기(豊基)】

辭豊基郡守上監司狀三 十二月
두 번째 사장은 빠져 있다.

저는 전부터 원기가 허약해지고 피로하여 초췌해지는 병이 있었는데 추위와 더위, 바람과 습기 때문에 다른 증상이 번갈아 나타나 점점 깊은 고질병이 되어, 갈수록 더욱 심해짐에 누차 위태로운 지경에 이르렀으니, 간신히 조섭하고 지탱하고 있습니다. 그러던 차에 심한 추위에 병을 무릅쓰고 직무에 나아감에 이전의 증상이 더 심해져 심열(心熱)이 오르내려 정신이 어지럽고 혼미합니다. 혹 구역질을 하기도 하고 혹 등에 한기를 느끼기도 함에 피골이 상접하였으며 낯빛이 누렇게 뜨고, 정기(精氣)가 마르고 혈(血)이 손상됨에 숨이 간당간당하고 온갖 맥이 빠르게 뛰며 눈은 안개가 낀 듯 뿌옇고, 다리가 마비됨에 근력이 전혀 없어 걷는 것도 몹시 힘들며, 일에 임해서는 혼미하여 전에 한 일을 잊고 뒤에 할 일을 놓치며, 몹시 피곤하고 허약해져 밤에 악몽을 많이 꿉니다.

이와 같이 거의 죽을 듯한 중증(重症)인데, 또 이번 달 21일에 지진의 해괴제(解怪祭)[1] 헌관(獻官)으로 일하다가 한증(寒症)이 나타나서 더욱 나을 기약이 없습니다. 관직에 있으면서 조리할 수 없을 뿐더러 직무를 방기(放棄)였기에 황공하고 민망하여 몸 둘 곳이 없으므로, 저의 본직은 체차하라고 이조에 이문(移文)하도록 하소서.……

---

1 해괴제 : 【攷證 卷3 解怪祭】《대전통편(大全通編)》〈예전(禮典)〉에 "서너 고을 이상에서 지진이 발생하면 중앙이 되는 고을에서 해괴제를 지낸다."라고 하였다.

풍기 군수를 멋대로 버린 것을 추고한 데 대한 함답[2] 문서
경술년(1550, 명종5, 50세) 1월 【예안(禮安)】
擅棄豐基郡守推考緘答狀 庚戌正月

저는 까닭 없이 멋대로 임소(任所)를 떠난 것이 아닙니다. 본래 원기가 허약해지고 피로하여 초췌해지는 병증이 있는 데다가 추위와 더위, 바람과 습기 때문에 번번이 다른 병이 생겨 누차 위태로운 지경에 이르렀으니, 간신히 조섭하고 지탱하고 있습니다. 그러던 차에 지난해 8월에 한열(寒熱) 증세가 나타나, 말미를 받아 조리하여 겨우 연명할 수 있었습니다. 또 9월에 심열(心熱)·배한(背寒)·폭수(暴嗽)·담역(痰逆) 증세가 발작하여 여러 날 동안 출근하지 못하여 사장(辭狀)을 올린 터에, 말미를 주셨을 뿐이고 사장은 수리하지 않으셨습니다. 그 때문에 심한 추위에 몸조리하지 못하여 간간이 병을 무릅쓰고 공무에 나아간 탓에 이전의 증상이 날로 점차 가중되어 심기(心氣)가 허약해져 때때로 현기증이 나 쓰러질 듯하고 정력과 혈기가 쇠함에 피골이 상접하며 낯빛이 누렇게 뜨고, 머리가 빙빙 돌고 눈이 어두움에 온갖 맥이 빠르게 뛰고 다리에 힘이 없어 걷는 것이 몹시 힘들며, 하는 일마다 그르쳐 전에 한 일을 잊고 뒤에 할 일을 놓치며, 몹시 피곤하고 허약하여 밤에 악몽을 많이 꿉니다. 하루라도 공무를 행하면 혹 며칠이나 누워 앓으니 지극히 민망합니다. 그러던 차에 또 12월 21일에 지진의 해괴제(解怪祭) 헌관(獻官)으로 일하다가, 상한(傷寒) 증세가 더해져 더욱 나을 기약이 없으니, 관

---

2 함답 : 【攷證 卷3 緘答】 지금의 원정(原情)과 같다.

직에 있으면서 조리하기 어려울 뿐만 아니라, 직무를 방기(放棄)함에 폐를 끼친 것을 헤아릴 수 없습니다. 그런 까닭에 재차 사장을 올렸는데 그 뒤에 병세가 더욱 위독해져 그대로 머물러 명을 기다릴 수 없기에, 어쩔 수 없이 세 번째 사장을 올리고 즉시 본가에 온 것이니, 살펴 시행하소서.

저는 병이 심부(心腑)에 있어 점점 깊은 고질이 되었고, 임인년(1542, 중종37)과 계묘년(1543, 중종38)으로부터 모든 직무를 다 감당하지 못하였습니다. 그리하여 혹 사직하고 체차되기도 하고 혹 파직되기도 한 것이 일 년 동안에 혹 네다섯 번에 이르렀습니다. 제가 묵은 병으로 쇠약해져 공무를 행할 수 없는 실상은 사람들이 모두 아는 것이니, 아무런 까닭 없이 직임을 피하려고 할 정리가 전혀 없으므로, 아울러 상고하여 분간하여 시행하소서.……

… KNW025(辭狀啓辭-4)(癸卷8:3左)(樊卷8:3左)

사헌부 집의의 사면을 청하는 계 임자년(1552, 명종7, 52세) 5월 26일 【서울】

辭免司憲府執義啓 壬子五月二十六日

소신은 성품이 본래 엉성하고 우매하여 사정에 밝지 못해서 당세의 직무에 대해 전혀 알지 못하니, 비록 평범한 백관(百官)의 직임이라도 오히려 감당할 수 없습니다. 더구나 사헌부 집의는 관계된 바가 지극히 중대하니, 신처럼 보잘것없는 사람이 결코 외람되이 차지할 수 없습니다.

또 소신은 평소 허약하고 피로해지는 심기(心氣)의 병이 있는데, 계묘년(1543, 중종38)·갑진년(1544, 중종39) 이후로 병세가 더욱 심해져 벼슬에 종사하지 못하여, 혹 한미한 관직에 제수되거나 혹 파직되어 지방에 있거나 하였습니다. 지난 무신년(1548, 명종3)에 신이 풍기 군수(豐基郡守)로서 병이 위중하여 본가에 돌아와서, 멋대로 임소를 떠났다는 죄를 받았습니다.

삼 년 동안 한가로이 지내면서 조리함에 조금도 회복되지 않아 날로 심각해져 구학(溝壑)에서 죽을 각오를 하였습니다. 그런데 지난번에 시종신 직임에 제수하는 은혜를 입어 소명(召命)을 받게 되었기에,[3] 황공하여 몸 둘 곳이 없어 간신히 억지로 몸을 이끌고 올라와서 겨우 형체만 남았으니 보는 자들이 모두 놀랐습니다. 경연에서 가까지 모시는 직임은 외람되이 차지하고 있는 것이 편치 않으므로 즉시 사직하고 물러나고자

---

3 지난번에……되었기에 : 【譯注】이황은 1552년(명종7) 4월에 홍문관 교리 지제교 겸 경연시독관 춘추관 기주관 승문원 교리에 제수되었다. 《退溪先生年譜 卷1》

하였으나, 다만 이제 막 서울에 왔기에 마음대로 떠나기가 어려워 마지못해 있으면서[4] 날을 보냈습니다. 그런데 뜻밖에도 이번에 이 중대한 직임에 제수되었습니다. 본부의 업무가 바쁜 자리에 신처럼 고질이 된 중병을 앓는 사람이 결단코 하루도 공무를 행할 수 없으니 더욱 황공합니다. 청컨대, 속히 신의 직명을 체차해 주소서.……

---

4 마지못해 있으면서 :【攷證 卷3 黽勉】《시경》〈패풍(邶風) 곡풍(穀風)〉의 "민면(黽勉)"에 대한 송나라 엄찬(嚴粲)의 주석에 "힘으로 감당하지 못하는 바요 마음으로 하고자 하지 않는 바이지만 억지로 하는 것을 '민면'이라 한다."라고 하였다.

첨지중추부사의 사면을 청하는 사장 을묘년(1555, 명종10, 55세)

4월【25일 추정. 예안(禮安)】

辭免僉知中樞府事狀 乙卯四月

지난 3월 22일 우승지의 서장에 "네가 병으로 고향 집에 돌아갔다는 말을 듣고, 관찰사로 하여금 식물(食物)을 제급(題給)하게 하였노라. 또 서울에서는 의약을 널리 물어 쉽게 치료할 수 있을 것이다. 지금 첨지중추부사에 제수하니, 속히 조리하고 올라오라."라는 유지가 있었습니다.

  신은 명을 받고 황공하여 몸 둘 곳이 없으니, 응당 그날로 길을 나서서 은명(恩命)이 내린 것에 사은했어야 합니다. 그런데 허약하고 보잘것없는 신이 어려서부터 병이 많아 오랜 세월이 흐르자 마침내 치료하기 어려운 고질병을 갖게 되었습니다. 비록 외람되이 여러 대의 조정에서 은혜를 입어 매양 청현직(淸顯職)을 차지했으나, 조금도 보탬이 되지 못했기에 항상 부끄럽고 황공한 마음을 품고 있었습니다. 전에 불안하고 간절한 심정을 누차 아뢰어 향리(鄕里)로 물러난 것이 두세 번에 이르렀으나 이윽고 돌아오라는 부름을 받아서, 사직하고 물러날 방도가 없었습니다.

  임자년(1552, 명종7)에 조정에 돌아온 뒤로 작질(爵秩)은 더욱 높아지고 저의 병은 더욱 깊어졌으니, 직무를 수행하지 못한 책임이 전보다 더 무거워졌습니다. 올해 봄에 이르러서는 어쩔 수 없이 첨지중추부사에서 해임되기를 청하고 이어 물러나서 고향으로 돌아가고자 하는[5] 바

---

5 고향으로 돌아가고자 하는 :【攷證 卷3 首丘】《예기》〈단궁 상(檀弓上)〉에 "여우가 죽을 때 저가 살던 언덕으로 머리를 똑바로 향한다.〔狐死正丘首〕"라고 하였으니, 이는

람을 이루었으니, 성은이 망극함에 저 혼자 속으로 감축하였습니다. 그런데 뜻밖에도 위문하고 돌보아 주라는 명이 또 제가 이미 조정을 떠난 뒤에 내려서, 이미 식물(食物)을 하사하여 가난함을 돌보아 주셨고, 다시 녹질(祿秩)을 주어 치료에 편리하도록 해 주셨습니다. 하나의 좀벌레와 같은6 신이 어찌 감히 염치를 무릅쓰고 이러한 특별한 은혜를 받을 수 있겠습니까.

더구나 신은 이번에 내려올 때 여윈 몸을 억지로 이끌고서 깊은 강을 건너고 험한 산을 넘어 온 탓에 습증(濕證)이 심하게 생겨, 배가 퉁퉁 붓고 다리가 저려 발걸음을 옮기기가 몹시 힘들어 병의 뿌리가 더욱 깊어졌으니, 비록 조리하여 올라가고자 하나 병이 나아 회복되기를 기약하기 어렵습니다. 본도에 보내 주신 식물(食物)을 삼가 이미 받고서 따로 전문을 지어 사례의 말씀을 아뢰는 것 외에, 새로 첨지중추부사에 제수하신 명은 바라건대 즉시 파직해 주시어 미천한 신이 낭패를 면하고 여생을 마칠 수 있게 해주소서.……

근본을 잊지 않는 것이다.

6 하나의 좀벌레와 같은 : 【譯注】매우 보잘것없다는 뜻의 겸사이다.【攷證 卷3 如一蠹】정자(程子)가 "남에게 공덕을 베푸는 것 없이 세월만 헛되이 보내니, 태연히 천지간에 하나의 좀벌레가 되었다."라고 하였다.《宋史 卷427 程頤列傳》

KNW027(辭狀啓辭-6)(癸卷8:5右)(樊卷8:5右)

첨지중추부사의 사면을 청하는 사장 (2) 병진년(1556, 명종11, 56세) 4월 【예안(禮安)】

辭免僉知中樞府事狀二 丙辰四月

이 사장은 비록 초고가 이미 완성되었지만 번거롭게 해드릴까 두려워서 올리지 못했는데, 마침 부제학(副提學)을 제수한다는 소명이 있어 결국 올리지 못하였다.

  신이 지난해 6월 즈음에 승정원 서장(書狀)을 받으니, 신이 질병 때문에 고향으로 돌아가겠다는 데 대하여 효유하는 전교를 곡진하게 내리셨는데, 신이 전에 제수 받은 첨지중추부사의 직은 사면을 허락하지 않으시고, 우선 안심하고 조리하되 오래 걸리든 곧 올라오든 상관하지 말도록 하라는 유지가 있었으니, 신은 지극히 두렵고 황공한 마음을 이길 수 없었습니다.

  신은 병이 조금 낫기를 기다려 명을 받들고 싶었지만 신병(身病)은 날로 더해졌고, 끝내 사직하기를 청하고 싶었지만 번거롭게 해드리기는 더욱 어려웠습니다. 이 두 가지 때문에 어찌할 바를 몰라서 이리저리 미루어 온 것이 일 년이 되었습니다.

  그러나 신이 삼가 생각건대, 명을 받고서 은혜에 보답할 길이 없는 것보다는 또한 몽매함을 무릅쓰고라도 위태함과 간절함을 하소연하는 것이 어찌 더 낫지 않겠습니까. 이에 참람함을 피하지 않고 감히 다시 아뢰어 청합니다.

  신은 타고난 품성이 거칠고 노둔하며 어려서부터 질병을 앓았는데, 세월이 오래될수록 쇠약함이 더욱 심해져 실낱같은 목숨을 겨우 부지할 뿐 다시 근력을 강하게 할 수 없었고, 뜻과 생각도 시들어 없어지고 정신은 혼미하여 구구한 견마(犬馬)의 정성도 바칠 길이 없었습니다. 그런데도 여러 대의 조정에서 과분하게 은혜를 베풀어 매양 요현직(要顯職)에 앉게 하시니, 시위소찬(尸位素餐)하는 데 대한 주벌(誅罰)을 더욱 두려워하였습니다.

계묘년(1543, 중종38) 이후로 매번 사직한 이유는 다만 죽기 전에 조금이나마 죄책을 면해 보고 싶었던 것뿐이었습니다. 게다가 지금은, 몸은 시골에 있으면서 이름은 조정의 반열에 있으니, 신하된 직분에 어찌 하루인들 편안히 있을 수 있겠습니까.

또한 신이 예전부터 병이 중해서 벼슬에 종사할 수 없다는 것은 여러 사람이 분명히 알고 있는 바입니다. 지금은 또 뱃속에 적괴(積塊)가 가득 차서 가끔 허리가 북처럼 커지기도 하며, 눈이 침침하고 숨이 끊어질 듯해서 위태하고 얕은 목숨을 조석 간에도 자신할 수가 없습니다.

신이 설령 억지로 가마에 의지하여 궐하(闕下)에 나아가려 한다 하더라도 길가에서 죽지 않는다고 어찌 보장할 수 있겠습니까. 또 비록 죽지 않고 나아간다 하더라도, 하루도 직임을 받들지 못하고 즉시 도로 비틀거리면서 시골로 돌아오게 될 것입니다. 분토 같은 천한 목숨이야 돌아보고 구제할 겨를도 없습니다만, 은혜를 저버린 나머지 위급한 상황이 이에 이르게 된다면 어찌 조정의 수치요 사방의 웃음거리가 되지 않겠습니까.

바야흐로 지금은 변방이 매우 소란스러운 때이니, 지혜와 힘을 겸비한 자가 달려가서 공로를 세워 국가에 보답하면 바로 중한 작록(爵祿)으로 대우해야 하는데, 도리어 허명 때문에 썩고 버려져 아무 쓸모없는 신과 같은 자를 제수해 주셨습니다. 이는 신의 잘못 때문에 공로 있는 자가 녹식(祿食)에 빠지게 되는 처사인 것입니다. 신의 죄 스스로 면할 길 없음을 너무도 잘 알고 있기에 지극히 황공한 마음이 더욱 깊어집니다. 신이 전에 제수 받은 첨지중추부사의 직을, 해조(該曹)에 명하여 내쳐서 파직하여 조정(朝政)을 바로잡고 신자(臣子)의 구구한 뜻을 편안케 하여 주시기를 삼가 바라옵니다.…….

KNW028(辭狀啓辭-7)(癸卷8:6左)(樊卷8:6左)

홍문관 부제학 소명에 대해 사면을 청하는 사장 5월 【병진년 (1556, 명종11, 56세) 5월 23일 추정. 예안(禮安)】

辭免弘文館副提學召命狀 五月

신이 지난해 6월 즈음에 승정원 서장(書狀)의 내용을 삼가 보니, 신이 전날 병으로 첨지중추부사를 사직했던 소청에 대해 사면을 허락하지 않으시고 이어 말씀을 내리시어 신으로 하여금 안심하고 조리한 뒤 시일의 더디고 빠름을 상관하지 말고 올라오라는 유지가 있었습니다.

돌아보건대 신의 깊게 쌓인 고질병은 지난해부터 시작되었는데 복부가 팽창하는 병이 덧나 그 증세가 더욱 심했으므로 이미 달려가서 사은(謝恩)할 수 없었으며, 그렇다고 번거롭게 두 번씩이나 사면을 청하기도 어려웠으므로 일 년 내내 두려워하고 불안해하면서 날마다 죄에 대한 견책(譴責)을 기다렸습니다.

금년 5월 23일 다시 승정원의 서장을 받아보니, 거기에는 신을 홍문관 부제학(弘文館副提學)으로 삼고 역마를 타고 속히 올라오라는 유지가 있었습니다. 신은 명을 듣고 두렵고 놀라서 몸 둘 바를 모르겠습니다. 은혜를 받는 일이 중첩되니 무엇으로 보답할 수 있겠습니까.

어리석고 비루하며 허술한 신은 본래 세상에 쓰이기에 자질이 모자라고 몸에 얽힌 질병은 거의 20년이 되었습니다. 매번 자리를 비우고 직무를 보지 못하였기에, 지극히 부끄럽고 두려워 누차 사직하고 돌아갔지만 즉시 소환되곤 하였습니다. 그런데도 오히려 또 벼슬에 종사하지 못하고, 병은 해마다 더욱 심해져서 다시 회복될 희망이 없으니 이는 사람들이 환히 알고 있는 바입니다. 그런 까닭에 네 차례나 다만 지난해 향리로 내려간 것은 곧 몹시 낭패하여 부득이한 상황에서 나온 것이니, 어찌 다른 의도가 있었겠습니까. 지금 신은 배가 부어서 왕왕 마치 한 말의 물을 안고 있는 듯하며, 원기는 쇠약하고 정신은 소모되었으며, 말을 하거나 사물을 접함에 앞뒤를 잊어버리고, 근시에 난청까지 있으며, 용모는 초췌하고 비쩍 말랐습니다. 게다가 심기(心氣)가 두근거리고 쇠약해져 조금만 몸을 잘못 돌봐도 혹 재발하는 지경이 되기에, 마음속으로 의심하고 두려워하여 평소에도 가슴이 두근두근합니다. 이처럼 중병에 걸린 사람으로서 논사근밀(論思近密)의 자리[7]에 하루라도 무릅쓰고 처하는 것이 어찌 합당하겠습니까.

　한둘의 재신(宰臣)이 신의 병이 낫지 않고 더해짐은 알지 못하고, 물러가서 일 년 동안 쉬었으니 아마도 회복되었으리라 생각한 까닭에 천청(天聽)에 잘못 진달하여 지금 이 명을 내리신 것이므로 더욱 온당하지 않습니다. 하오나 신하된 본분에 천은(天恩)이 지중(至重)하니, 외람되게 받았다는 기롱과 책망은 따져볼 겨를도 없이 서둘러 훈목(薰沐)[8]하고 길을 떠나려던 참인데 마침 더위 먹은 증세가 겹쳐 갑자기 복질(腹疾)이 심해졌고 평소보다 갑절이나 기운이 없었습니다. 억지로 부축 받고 길에 오르면 모든 병이 틀림없이 동시에 일어날 것만 같은 형국이었으니 그렇게 되면 약도 써보지 못하고 길에서 죽을 지도 모를 일입니다. 혹 죽지 않고 서울에 당도한다 하더라도 봉직하지 못하고 넘어지고 비척거리면서 돌아오게 되어 여러 사람들의 웃음거리가 될 것입니다. 그렇게 된다

---

7 논사근밀의 자리 : 【譯注】임금을 가까이 모시고서 학문을 논하고 계책을 건의하는 경연(經筵) 같은 자리를 말한다.

8 훈목 : 【譯注】향료를 뿌리고 목욕하는 것으로, 경건한 몸가짐을 뜻한다.

면 미천한 신의 한 몸이야 돌아보고 불쌍히 여길 것도 없지마는 위로 잊지 않고 불러주신 뜻에 누를 끼치고 조정의 수치가 될까 참으로 두렵습니다. 이 때문에 진실로 사사로운 의리를 좇아서 감히 가마에 실려 가지 못하고는, 반성하면서 땅에 엎드려 두려워하며 벌벌 떨고 있습니다.

  삼가 생각건대 신은 지난해 여름부터 지금까지 한 해 동안 세 번 부르시는 교지를 받았는데 한 번도 나아가지 못했으니, 그 죄 만 번 죽어 마땅합니다. 삼가 사실(私室)에서 석고대죄하며 새로 제수하신 홍문관 부제학의 자리를 즉시 파직해 주시기를 기다리겠습니다. 차서를 갖추어서 잘 계달해 주십시오.……

KNW029(辭狀啓辭-8) (癸卷8:8右) (樊卷8:8右)

첨지중추부사 소명에 대해 사면을 청하는 사장 6월 【병진년(1556년, 명종11, 56세) 6월 8일 추정. 예안(禮安)】

辭免僉知中樞府事召命狀 六月

신이 지난 5월 23일에 승정원의 서장을 삼가 받았사온데, 거기에 신을 홍문관 부제학으로 삼으니, 속히 역마편으로 올라오라는 전교가 있었습니다. 신은 병이 깊어 그 명에 달려갈 수가 없으니 파직해 줄 것을 비는 사연을 장계로 써서 올렸습니다. 바야흐로 매우 두렵고 떨려서 엎드려 죄견을 기다리고 있는데, 또다시 이달 6월 8일에 승정원의 서장(書狀)을 삼가 받았습니다. 거기에 신을 두고서 '한가롭게 시골에 살면서 조정에 나와 벼슬하지 않으나, 나의 마음속에서 잊을 수가 없으니 속히 올라와서 임무를 맡아 간절하게 구하는 나의 뜻에 부응하라. 또한 본도 감사에게 식물(食物)을 제급(題給)하라고 하였으니, 그것을 사양하지 말라'는 전교를 내렸습니다. 이 서장은 이전 서장이 내려오기 3~5일 전에 내리신 전하의 교지로, 이에 따라 절차대로 은혜를 입어 소명(召命)과 하사(下賜)가 있었으며, 마침내 전하의 교지까지 내려지게 되었습니다. 그 총애의 영광은 대단히 지나쳐 용렬하고 천박한 신이 감당할 바가 아니니, 신은 떨리고 황공하여 몸 둘 바를 모르겠습니다.

　산야의 한미한 신은 지극히 어리석고 비루한데 다행스럽게도 태평성대를 만나게 되었으니, 잘못 돌아보시는 사랑이 앞뒤로 거듭 이르러 이런 상황에 이르게 되었습니다. 신이 비록 미련하여 보잘것없지만 어찌 그 은혜에 감격, 분발하여 달려가 있는 힘을 다 바쳐 누의(螻蟻)와 견마(犬馬)의 미천한 정성을 조금이나마 바칠 줄을 알지 못하겠습니까. 또한 충성을 다하여 나라에 보답하는 것은 신하의 지극한 바람이니 모든 관직에 있는 자들은 다 그렇습니다. 더구나 신은 세 조정에서 받은 은혜가 하늘처럼 끝이 없는데, 오늘에 이르러 더욱 두터운 은혜를 받으니 무슨 심정으로 기꺼이 벼슬에 나아가지 않겠습니까. 다만 신이 오랫동안 병중에 있었는데 또다시 병이 더쳐서 형세가 대단히 군색하기에 사면(辭免)을 호소하지 않을 수 없어서 전에 올린 서장(書狀)의 내용을 삼가 갖추어 외람되이 아뢰니, 삼가 전하께서는 굽어살피셔서 재가해 주시기 바랍니다.

신은 또 다른 어려운 사정이 있기에 죽음을 무릅쓰고 아뢰겠습니다. 신은 계묘년(1543, 중종38) 이후로 여러 번 벼슬에서 물러나 고향으로 돌아갔습니다. 처음에는 사람들이 간혹 신을 그르다고 하였으나, 지금은 모든 사람이 신이 병이 깊어 벼슬하기 어려운 것을 알고 있습니다. 그러므로 모두 신이 귀향한 것을 당연하다고 여깁니다. 신이 또한 보기에도 온 조정 신하들 가운데 신처럼 병이 깊은 자는 없습니다. 항상 걸맞지 않은 자리에 눌러앉아 녹봉만 받고서 날마다 부지런히 해야 할 일을 전혀 하지 않고 있으니, 위로는 국법이 두렵고 아래로는 여론에 부끄럽습니다. 신이 비록 영화를 탐하고 은총을 받고자 하나, 오랫동안 반열을 더럽히고 있으니 어찌 감히 하루라도 편안하겠습니까. 신이 반드시 벼슬에서 물러나 고향으로 돌아가고픈 것은 다름이 아니라 죽기 전에 죄책에서 조금이나마 벗어나려는 것뿐인데, 무슨 연유로 거짓되어 실상에 가깝지 않은 저의 이름이 위로 전하에게까지 알려지게 되어서 자리를 비워 놓고 어진 이를 예로 대하는 일이 미천하고 졸렬한 신에게 미치게 되었는지 모르겠습니다. 삼가 신의 죄를 생각건대 용서받을 길이 없습니다.

또한 가령 지금 세상에 실제로 염퇴(恬退)한 사람[9]이 있어서 이미 그러한 명성을 얻었다면, 더욱 마땅히 조심하여 그 실상을 지킬 경우 혹여 옳다고 여길 수도 있지만, 만약 이미 염퇴함으로써 자신의 집안이 임금의 은혜를 입었는데 또다시 총애를 받음으로써 조정에 나가 기용된다면 양쪽 이익을 다 차지한다는 기롱이 반드시 그 사람에게 돌아올 것입니다. 더구나 신은 본래 명리를 구하였다가 병으로 인해 스스로 벼슬에서 물러났으니, 애초부터 청렴하여 삼가지도 않았는데 어찌 염퇴함이 있겠습니까. 여러 차례 장려함을 받은 것도 이미 매우 외람되게 훔친 격인데, 만일 다시 염퇴하였다는 걸맞지 않은 명성을 쥐고서 전하의 은총에 달려간다면 사람들이 장차 신이 병으로 이익을 도모하고, 물러남으로 나아감을 추구했다고 할 것입니다. 소신은 한 시기에 더러운 이름을 얻게 될 뿐 아니라 또한 조정도 후대에 기롱을 받게 될까 두려우니, 신이 비록 죽더라도 어떻게 스스로 그것을 밝힐 수 있겠습니까.

다만 이것뿐만이 아닙니다. 설령 어떤 사람이 기롱을 무릅쓰고 나아간 저를 보고서 '신하가 비록 조금도 수고한 것이 없는데 참으로 허명이 있으면 임금과 사람들을 충분히 속여서 좋은 벼슬과 중요한 직책을 편안히 누워서 얻을 수 있다'고 할 것입니다. 이런 풍조가 한번 열리게 된다면 습속이 점차 천박해져서 참과 거짓이 뒤섞이게 되어 말류의 폐단을 막을 수 없게 될 것이니, 어찌 거룩한 다스림에 누를 끼치지 않겠습니까.

현재 변경(邊境)에는 일이 많아 문무의 신하들이 지혜와 노력을 경주하고 있으니, 그 노고에 보답하고 충성을 권장하려면 참으로 중한 작록

---

9 염퇴한 사람 :【攷證 卷4 恬退之人】병진년(1556, 명종11) 5월에 어찰(御札)로 부르면서 이르기를 "다만 그대는 탁월하고 청간(淸簡)하여 공명을 탐하지 않으니 그 염퇴의 절조를 가상하게 여겨, 항상 서울로 돌아올 날을 고대한다.……"라고 하였다.《退溪先生年譜 卷1》

이 필요합니다. 신이 첨지중추직을 하는 일 없이 지니고 있은 지 해가 지나 저 공로가 있는 자들이 이 녹질을 받지 못하였으니, 어진 이를 방해하고 정사에 해를 끼친 신의 죄 또한 무겁습니다. 비록 신이 어리석기는 하지만 옛날 군신의 예에 대해서는 강론하여 들은 것이 익숙하니, 어찌 의리를 잊고서 사사로움을 따르겠습니까. 다만 신의 병은 나을 기약이 없으므로 제가 벼슬에 나아갈 날이 없을 것인데도 이름이 사판(仕版)에 올라 있기 때문에, 이러한 특명 이외에도 또한 전례에 따라 하사하는 서적 등의 물건이 때때로 외진 저의 집까지 내려옵니다. 이에 더더욱 조심하며 지내는데 면직을 하소연할 길이 없어서 나아가고 물러남에 준거를 잃게 되었으니, 밤낮으로 숨을 죽이고 두려워하며 어떻게 하면 이 직책을 면할까 생각하지만 아직 면직되지 못하고 있습니다.

  다만 이에 감히 다시 참람되게 아뢸 한 가지 일이 있습니다. 옛날에 신하가 벼슬하기 어려우면 반드시 치사(致仕)를 청하였으니, 다만 대신(大臣)만 그러한 것이 아니었으며 또한 반드시 나이가 차야만 물러나는 것도 아니었습니다. 신이 감히 그러한 예에 해당하는 고사를 널리 인용하지는 못하지만, 송(宋)나라 진치선(陳致善)[10]은 왕부교수로서 치사를 청할 때 임금께서 가상하게 여겨 허락하였습니다. 진치선의 벼슬은 겨우 일명관(一命官)으로 나이는 아직 일흔이 되지 않았는데도 오히려 그 청을 허락받았습니다. 당시에는 선비의 처신이 응당 그렇게 어렵지 않았을 것인데도 이렇게 하였으니, 어찌 의리를 잊고서 그렇게 하였겠습니까. 신하로서의 의리에 유종의 미를 거두고 잘못됨이 없도록 하기 위함이었습니다.

---

10 진치선 :【攷證 卷4 陳致善】자세하지 않다.

신이 삼가 바라건대, 성조께서는 신의 고질병을 가엾게 여기시고 신의 광견(狂狷)[11]을 용납하여 진치선의 예에 의거하여 해조에게 신의 사적(仕籍)을 깎아버리게 허락하시어 신으로 하여금 한가롭게 지내다가 목숨을 마치도록 해 주신다면, 미천한 신이 처신할 곳을 얻게 되어 성조께서 예로써 사람을 물러나게 하는 도리를 온전하게 할 수 있으며, 거짓으로 세상의 눈을 속여 벼슬에 나아가는 문을 막고 전하의 은혜가 끝까지 보존되어 또한 교화의 만 분의 일이라도 도움이 있게 될 것입니다.

신이 분수를 넘어서 청을 드리는 것이 지극히 외람된 것을 아오나 이미 위로 거룩한 조정을 그르쳐서 이렇게 분수에 넘는 은혜를 받게 되었으니, 신이 만약 소외된 사람과 같이 행동하여 마음속에 잊지 못하는 생각을 지닌 채 전하께 아뢰지 않고서 남몰래 번민하다가 죽는다면, 이는 더욱 스스로 그 죄를 무겁게 하는 일입니다. 이에 감히 간절히 바라는 마음을 드러내어 전하의 엄명을 삼가 기다립니다. 이상의 절박한 사연을 차서를 갖추어서 잘 계달해 주십시오.……

---

11 광견 : 【譯注】광(狂)은 뜻이 높은 반면 행동이 미치지 못하는 사람을 말하고, 견(狷)은 지식수준은 조금 떨어지지만 행동을 잘 단속하는 사람을 말한다. 《논어》〈자로(子路)〉에 "중도(中道)를 행하는 사람과 함께할 수 없다면 반드시 광자나 견자와 함께 하겠다.〔必也狂狷乎〕"라고 하였다.

신병으로 공조 참판의 면직을 비는 소장 무오년(1558, 명종13, 58세) 12월【9일 추정 서울】

工曹參判病告乞免狀 戊午十二月

　신은 다년간 중병을 앓았기에 대사성에 제수된 이후로 비록 두 달이 지났지만, 그동안 출근한 것은 며칠이 되지 않습니다. 그런데 바람과 추위를 맞아 심열이 위로 올라오는 증세가 심하게 나타나고 담옹(痰壅)과 복창(腹脹)으로 날이 갈수록 더욱 병이 깊어 힘이 듭니다. 마지못하여 세 차례나 사직소를 올린 결과 바라는 대로 체직되었으며 곧바로 군직(軍職)을 내려 주셨으니, 천은이 망극하옵니다.

　신의 병은 우연히 얻어진 것이 아니라 병의 뿌리가 깊은 고질병입니다. 원기가 손상되어 몸은 파리하고 바짝 여위었으며 피골이 상접하여 얼굴에는 생기가 전혀 없어 겨우 목숨만 부지하고 있는 즈음에 또 다른 증세가 발생하여 이미 위급한 지경에 놓여 있습니다. 지금까지 사은숙배(謝恩肅拜)하지 못하고 밤낮으로 숨을 죽이고 두려워하던 차에 뜻밖에도 이달 7일 정사(政事)에서 특명으로 가선대부로 직계를 올려 공조 참판으로 삼았습니다. 신은 명을 듣자 놀라고 두려워 몸 둘 바를 몰랐습니다.

　소신은 용렬하고 노둔하여 비할 데 없이 형편없는 사람인 데다가 병이 고황(膏肓)에 들어 번번이 나라의 은혜를 저버렸으니, 그 답답하고 안타까운 사정을 전에 이미 피를 토하며 하소연한 것이 한두 번이 아닙니다. 구구한 저의 진심을 전하께서 깊이 이해하지 못하시어 마침내 사퇴를 위한 간절함이 도리어 승진하는 계제가 되었으니, 은명이 거듭 어그러졌으며 여론이 대단히 놀라고 괴이하게 여깁니다. 벼슬자리를 비워 놓고 녹봉을 도둑질하는 것은 신하의 큰 죄이며, 2품 아경(亞卿)은 그 작위가 가볍지 않습니다. 가령 신이 시비를 돌아보지 않고서 몽매함을 무릅쓰고 이 자리를 받는다면 이는 죄를 스스로 숨기는 것이 되며 이익을 보고서 분수를 망각하는 것입니다. 본래의 품계에 있을 때는 병을 구실로 물러나려고 하였는데 직급이 오르게 되자 뻔뻔한 얼굴로 외람되이 훔쳤으니, 어찌 부끄럽지 않겠으며 누군들 비루하다고 침을 뱉지 않겠습니까.

신은 차라리 꾸지람과 벌을 달갑게 받을지언정 감히 명기(名器)[12]를 더럽힐 수 없습니다. 더구나 지금은 전최(殿最)[13]를 매기는 때인데 해조(該曹) 당상 세 사람은 참의로 북경에 가서 돌아오지 않았으며, 판서 한 사람뿐이니 사체(事體)에 있어서 더욱 온당하지 않습니다. 신에게 새로 제수하신 가선대부와 참판직을 모두 본래 임명한 것에서 바꿔 주십시오.……

---

12 명기 :【譯注】명호와 기물이라는 뜻으로, 여기서는 신하를 임명하는 임금의 권한이란 의미로 사용되었다.【攷證 卷4 名器】《춘추좌씨전》성공(成公) 2년 조에 위(衛)나라 손환자(孫桓子)가 제(齊)나라와의 싸움에서 패하였는데, 신축(新築) 사람 중숙우혜(仲叔于奚)가 그를 구해주어 곤경을 면하게 되었다. 뒤에 위나라가 중숙우혜에게 상으로 읍(邑)을 주려 하자, 그는 읍을 사양하면서 제후들이 쓰는 악기와 말 장식을 쓰게 해달라고 청하였고 위나라는 그것을 허락하였다. 공자(孔子)가 이를 듣고 말씀하기를, "애석하다. 명호(名號)와 기물(器物)은 남에게 빌려주어서는 안 되는 것이다."라고 하였다.

13 전최 :【攷證 卷4 殿最】한나라 응소(應劭)의 《한서음의(漢書音義)》에 "제일 뛰어난 성적을 최(最)라고 하고 제일 낮은 성적을 전(殿)이라 한다."라고 하였다. 같은 책에서 항대(項岱)는 "전(殿)은 패하다〔負〕는 의미이며, 최(崔)는 잘하다〔善〕의 의미이다."라고 하였다.

KNW031(辭狀啓辭-10)(癸卷8:12右)(樊卷8:12右)

공조 참판으로 사은한 뒤에 사면을 청하는 계 12월 【무오년 (1558, 명종13, 58세) 26일 추정. 서울】

工曹參判謝恩後辭免啓 十二月

신은 이번 달 7일의 정사(政事)에서 특명이 내려왔음을 삼가 들었으나 다만 병 때문에 나아가 사은하지 못하였을 뿐 아니라 저에게 올려서 주신 직계는 결코 소신이 감당할 바가 아닙니다. 형편과 사정이 다급하고 딱하게 되어 만 번 죽을 것을 무릅쓰고 개정해 줄 것을 애걸하여 아뢰었으나, 저의 호소를 전하께서 깊이 이해하지 못하시어 다만 말미만 허락되었습니다. 이와 같은 것이 두 번째이기에 지금은 마지못하여 억지로 와서 사은하지만, 신의 포만(逋晚)한 죄는 죽어도 용납될 수 없을 터인데 번거롭게 다시 계를 올리니 지극히 황공하옵니다.

신은 초야의 미천한 몸으로 품부 받은 본성이 어리석은데 처음 벼슬길에 나선 이후로 오랫동안 병으로 임무에 나아가지 못해 알거나 경험한 것이 없어 세무(世務)에 정통하지 못하니 전혀 쓸모가 없습니다. 또한 올바르게 처신하는 도리에 어두운데 실상에 걸맞지 않은 허명을 훔쳐 차츰차츰 -원문 1, 2자 결락- 를 속여서 지위를 훔쳐 하는 일 없이 녹봉을 받고 있으니 그 죄가 이미 극에 달하였습니다.

요즈음 조정 신하들이 이렇듯 병폐(病廢)된 저를 조금도 동정하지 않고 부질없이 실상에 걸맞지 않은 허명으로 계를 올리거나 주의(注擬)함으로써 성상께서 선발을 잘못하시어 은명이 여러 차례 내려오게 되었습니다. 보잘것없이 미천한 신이 나아가고 물러남에 준거(準據)를 잃어 하늘을 속인 죄에 빠졌으니, 신의 답답한 근심은 벗어날 길이 없습니다.

한편 2품의 관직은 국정에 참여하는데, 어찌 가부를 따져보지 않고서 일단 맡겨본단 말입니까? 또한 감당하지 못하는 것을 분명히 알면서 함부로 제수한단 말입니까? 더구나 현재 국사(國事)를 위해 노고를 바친 자 가운데 어떤 이는 십 년이나 오래되어도 승진하지 못하고 있는데, 신은 아무런 공로도 없으며 통정(通政) 이후 실제로 임무를 맡은 것은 겨우 두어 해 정도 밖에 되지 않는데도 갑자기 승진하였습니다. 이처럼 문란하고 어그러졌으니 어떻게 공론이 만족스럽게 여기겠습니까.

일반 관원은 하루라도 출근하지 않으면 대간의 탄핵이 따르며, 또한 병으로 만 30일을 결근한 자에 대한 법[14]이 《경국대전》에 실려 있는데, 지금 신은 출근하지 않은 지 이미 60일이 다 되어갑니다. 그런데 다만 벌을 내리지 않을 뿐 아니라 도리어 직급을 높이셨으니, 신은 홀로 어떤 사람이건데 벌을 받아야 할 상황에서 상을 내린단 말입니까.

신이 지금 비록 억지로 나오긴 하였으나 고질병을 여전히 지니고 있으니, 위로는 국법이 두렵고 다음으로 공론이 두려워 반복하여 생각해 보아도 내리신 벼슬을 어리석음을 무릅쓰고 처하여 -원문 1, 2자 결락- 없습니다.[15] 내리신 관직과 직급을 청컨대 개정하여 공로가 있는 사람에게 내리십시오.

---

14 병으로……법 : 【攷證 卷4 病滿三十日之法】《경국대전(經國大典)》〈이전(吏典) 고과(考課)〉에 "만 일 년 동안에 병으로 만 삼십 일을 결근한 자는 임금에게 계를 올려 보고하고 파직시킨다."라고 하였다.

15 무릅쓰고……없습니다 : 【攷證 卷4 冒處】'처(處)' 아래 글자가 빠졌다. 아마도 '소(所)' 자 인 듯하다.

KNW032(辭狀啓辭-11)(癸卷8:13左)(樊卷8:13左)

공조 참판 소명에 대해 사면을 청하는 사장 기미년(1559, 명종 14, 59세) 7월【초순 추정. 예안(禮安)】

辭免工曹參判召命狀 己未七月
첫 번째와 두 번째 소장은 빠졌다.

신이 지난달 8일에 삼가 받은 승정원 서장(書狀) 안에 신이 병이 낫지 않아 두 번째로 올린 사장(辭狀)에 대해 신으로 하여금 더 조리하고 올라오라는 내용으로 전지를 내렸습니다. 신은 당초에 말미를 받고 내려갔다가 병으로 인해 사직을 청하였는데, 격식을 넘어선 은혜로운 말미를 거듭 받게 되니 황공하고 감격하여 몸 둘 바를 모르겠습니다.

  곧바로 서둘러 올라가는 것이 마땅하오나 견마(犬馬)와 같이 미천한 신이 고통스럽게 질병에 걸린 지 오랜 세월이 흘렀으므로 온갖 고질병이 생겨 혈기와 피부, 근육이 남김없이 손상되어 겨우 형체만 남아 실낱같은 목숨을 간신히 보존하고 있습니다. 피로에 기력이 손상되어 허손증(虛損證)[16]이 극에 달해 심장의 병〔心疾〕이 더욱 심해져서 정신이 제자리를 지키지 못하고 눈은 어찔하며 가슴이 두근거리는 지경에 이르렀습니다. 평소에도 아무런 까닭 없이 울적하고 우울하여, 새 울음소리나 사람들의 말만 들어도 이따금 두려워하고 놀라니 억지로 그 고통을 억누르려 하면 반드시 정신을 잃어버린 지경에 이릅니다. 이에 항상 근심 걱정하

---

16 허손증 :【譯注】양기(陽氣)가 몸 하부(下部)에서 쇠약해지면 한궐(寒厥)이 되고 음기(陰氣)가 하부에서 쇠약해지면 열궐(熱厥)이 되는데, 한궐과 열궐은 모두 허손증이다. 궐증(厥證)이란 대개 손발이 끝에서부터 거슬러 오르면서 차가워지는 증상을 말한다.

고 두려워하며 간신히 목숨을 지탱하고 있습니다.

근력은 다 소진되어 걸음을 걸으면 숨이 차면서 갑자기 넘어지기도 하고, 정신이 혼미하여 일을 만나면 앞뒤 상황을 까맣게 잊어버립니다. 창만(脹滿), 습종(濕腫), 위상(胃傷), 담옹(痰癰) 등의 병이 갈마들며 오가는 바람에 예방과 치료가 넉넉하지 못하였는데, 서증(暑證)까지 겹쳐 복통이 갑자기 도지고 아울러 음식물까지 토하게 되었습니다. 토할 때 선혈이 나오고 배꼽과 배가 꼬인 듯이 아프며 삼초(三焦)[17]가 꽉 막히어 뻣뻣하게 굳으니 그만 죽고 싶습니다.

이로부터 비장과 위장이 허약해져서 조금도 음식 생각이 나지 않으며 음식을 먹어도 또한 소화가 되지 않으니 날로 더욱 파리하고 초췌하며 피부색은 누렇게 떠서 거의 숨이 넘어갈 정도로 힘이 듭니다. 본래 중병을 앓는데다가 이런 독한 증상들이 더하니 기한을 정하고서 병이 낫는 것은 어려운 일입니다. 이렇기 때문에 일어나 출발할 수가 없고 서울을 향해 올라갈 수 없으니, 절박한 마음은 끝이 없습니다. 신의 직책을 교체해 주실 것을 차서를 갖추어서 잘 계달해 주십시오.……

---

17 삼초 : 【譯注】 한의학에서 일컫는 육부(六腑)의 하나로 상초(上焦)·중초(中焦)·하초(下焦)를 합해 일컫는 말인데, 이는 음식의 흡수·소화·배설 등을 맡는 기관이라고 한다.

KNW033(辭狀啓辭-12) (癸卷8:14右) (樊卷8:14右)

소명에 대해 사면을 청하는 사장 신유년(1561, 명종16, 61세) 2월
【1~4일 추정. 예안(禮安)】

辭免召命狀 辛酉二月

    신이 지난 정월 15일에 삼가 받은 승정원의 서장(書狀) 안에 중국 사신이 나오기 때문에 신으로 하여금 역마를 타고 올라오라는 내용으로 전지를 내렸습니다. 신은 명을 듣고 두려움에 몸 둘 바를 모르겠습니다.

    신은 용렬하고 보잘것없는데, 몸은 노상(勞傷)의 병을 지니고 있고 심장은 허손(虛損)의 병에 얽어진 지가 지금 30여 년이 되었습니다. 추위와 더위에 수고스러운 일을 맡게 되면 곧바로 병이 크게 도져서 점차로 고질병이 되어 자주 사경을 헤매다가 마침내 폐인이 되었으니, 이 때문에 위로 국은을 저버린 것이 전후로 한두 번이 아닙니다.

    지난 무오년(1558, 명종18) 서울에 올라갈 때 도중에 병이 나서 결국 병세가 몹시 위중하여 관직에 있는 대여섯 달 동안 출근은 열흘도 하지 못했으니, 자리를 비워두어 황공하고 난처하였습니다. 부득이하게 말미를 받아 고향으로 내려왔는데, 서울로 돌아가 벼슬에 나아갈 수 없었기에 두세 차례 사면을 청하였지만, 너그러운 은전으로 죄를 주지 않고 공조의 직으로 바꿔주시고는 다시 동지중추부사에 서임하였습니다. 그러나 3년이 지난 지금에도 사은(謝恩)할 길이 없으며 또한 사면할 방법도 없으니 그저 두렵고 답답한 마음만 쌓여 있습니다.

    지금 부르심을 받았으니, 이번 기회에 서울에 올라가 사은할 수 있을 것이기에 개인적으로 다행스럽게 여기던 차에 때마침 동기간(同氣間)의 상(喪)이 났다는 소식을 들었습니다. 이에 급히 달려가다가 말이 놀라

얼음이 언 시냇물 속으로 떨어져서 옷과 행장이 온통 젖는 바람에 감기에 걸렸으며 오른쪽 어깨가 삐어 돌아갔습니다. 온몸이 두들겨 맞은 듯 아픈데 한기와 열기가 번갈아 일어나며 몸을 괴롭히니 기혈이 통하지 않아 손발이 뻣뻣하게 부으며 여러 증상이 한꺼번에 일어났습니다.

  뜸과 약으로 치료하면서 조금 차도가 있기를 기다려 날짜를 잡아 서울로 올라갈 생각을 하였으나, 다만 회복될 기약이 없을 뿐만 아니라 심하게 다친 터라 본래 앓던 병이 틈을 타서 병세가 시간이 지날수록 더욱 심해졌습니다. 살갗에서는 땀이 나는데 몸은 덜덜 떨리니 여위고 파리한 몸은 마치 하루를 넘기지도 못할 것 같았습니다. 심장의 병〔心疾〕은 더욱 심하니, 낮에는 눈이 어지럽고 가슴이 두근거리며 밤에는 잠자다 놀라고 가위에 눌립니다. 이따금 호흡은 가늘어 꽉 막혀 통하지 않다가 한참 뒤에야 다시 이어지니, 가냘픈 목숨은 아침저녁도 보장할 수 없습니다. 이처럼 위독한데도 억지로 부축을 받아 출발하여 눈바람을 맞으며 걷다가 길 위에서 넘어지고 여관에서 시체처럼 누워 있게 된다면, 살아날 길이 없을 것입니다. 이 때문에 신은 두려움에 길을 나섰다가도 뒤로 물러나고 곧 출발하려다가도 다시 그만두었습니다.

  신이 삼가 생각건대, 신과 같이 거의 죽어가는 몰골로 중국의 사신을 영접하는 자리에 임무를 맡아 참여하는 것은 감히 생각도 할 수 없으며, 이로 말미암아 사은하는 것도 또한 이룰 수 없는 일입니다. 하늘을 우러러 부끄럽고 땅을 굽어보아 두려운 일이니, 그 죄는 만 번 죽어 마땅합니다. 신이 바라옵건대, 성조(聖朝)는 저의 이런 위급한 간청을 살피셔서 이전의 명을 거두시고 일찍이 받은 동지중추부사의 직책을 아울러 깎아내어, 미천한 신으로 하여금 얼마간의 세월이라도 구차히 연장하여 전원에서 신하의 의리를 다 하게 해 주십시오. 차서를 갖추어서 잘 계달해 주십시오.……

KNW034(辭狀啓辭-13)(癸卷8:15左)(樊卷8:15左)

동지중추부사의 사면을 청하는 사장 (1) 을축년(1565, 명종20, 65세) 3월 【예안(禮安)】

辭免同知中樞府事狀一 乙丑三月

소신이 지난 기미년(1559, 명종14) 봄에 공조 참판으로 말미를 받아 고향에 내려왔다가 묵은 병이 도져서 서울로 올라가지 못하고 사면장을 올려 면직이 되었습니다. 얼마 지나지 않아 외람되이 주상의 은혜를 입어 동지중추부사에 임명되었으나 다만 신병(身病)이 전과 같아 달려가 사은할 길이 없었습니다.

신유년(1561, 명종16) 정월이 되어 중국 사신이 곧 오게 되자 관례에 따라 지방의 문신들을 불러 모았는데, 신의 이름도 또한 그 안에 들어 있었습니다. 신은 당시 바야흐로 한질을 심하게 앓고 있었으니, 가마에 실려 길에 올랐다가 눈과 바람을 맞게 되면 길에서 죽을 것이 분명하였기에 사유를 갖추어 아뢰었으며 아울러 동지중추부사의 직책도 사면해 줄 것을 청하였습니다. 얼마 후에 받든 교지에서 올라오지 말라고 허락하셨으니, 성은이 하늘과 같아서 감격스럽기 그지없어 신의 몸이 가루가 되어도 갚을 수 없습니다. 다만 사직하는 일 한 가지에 대해서는 아직 윤허를 받지 못하였습니다.

이로부터 세월이 하염없이 흘러 오늘에 이르렀는데 견마(犬馬)와 같이 미천한 저는 더욱 쇠약해지고 오래 앓은 지병은 해마다 더욱 깊어지고 있습니다. 지난해 가을 또다시 풍습병(風濕病)이 발병하여 다리와 무릎이 마비되니 걸음을 걷기도 어려워 절룩거리며, 이따금 온몸의 기혈이 전혀 통하지 않습니다. 겨울부터는 한질(寒疾)로 변하여 담기(痰

氣)로 가슴이 막히고 오장과 온몸이 번갈아 가면서 병을 앓으며 냉기와 열기가 서로 부딪혀 치료약을 쓰기도 어렵습니다. 지금 여러 종류의 병증을 다 말씀드리자면 천청(天聽)을 번거롭게 할 것이니 감히 다 아뢸 수 없습니다.

신이 항상 이런 상황을 아뢰어 힘써 사면을 청하려고 하였는데 소원한 신하가 천청(天聽)을 번거롭게 할까 황공한 마음만 깊이 쌓였으며, 또한 내달려서 서울로 올라가고 싶어도 병든 몸이라 잡아맨 듯하여 일어나 떠날 수가 없었습니다. 은명(恩命)을 지체한 것이 6~7년이나 오래 되었으니, 낭패함과 군색함은 시간이 지날수록 더욱 심하여 어찌할 바를 모르면서 그저 죄책이 내리기를 엎드려 기다리고 있습니다. 그런데 어찌하여 그대로 놔두다가 끝내 법망에서 벗어나게[18] 하십니까.

신이 삼가 생각건대, 예로부터 신하가 능력을 펼쳐서 반열에 나아가면 신명을 다 바쳐 직무를 다하고, 늙고 병들어 일을 맡을 수 없으면 사직하고 물러나야 하니, 이밖에 다시 다른 길이 없습니다. 그런데 신은 유독 어떤 사람이길래 몸은 향촌에 폐칩되어 있으면서 이름은 반열에 올라 있는 것입니까. 분수를 헤아려보고 의리를 따져보면 그 죄는 만 번 죽어 마땅합니다. 이처럼 벼슬자리를 외람되이 훔쳤는데 끝내 만약 면직되지 않고 있다가 위태로운 목숨이 하루아침에 끊어진다면 죄를 짊어지고 한을 품은 채 죽을 것이니, 몸은 비록 땅에 묻히더라도 눈을 감을 수 없을 것이기에 밤낮으로 근심하고 두려워하며 몸 둘 바를 모르겠습니다. 이에

---

18 법망에서 벗어나게 : 【攷證 卷4 漏網】한나라 반고(班固)의 《한서(漢書)》 권23 〈형법지(刑法志)〉에 "한나라가 일어난 초기에 약법삼장(約法三章)이 있었으나 배를 삼킬 만한 큰 고래도 빠져나가듯 법망이 허술하였다."라고 하였다.

감히 어리석음을 무릅쓰고 전하께 아뢰니, 삼가 사실(私室)에 거적을 깔고 엎드려서 위명(威命)이 내려오기를 기다립니다.

　또한 신이 병으로 벼슬에 나아가기 어려운 것은 모든 사람이 아는 바이며, 신의 직책을 마땅히 파면해야 한다는 것은 온 나라의 여론입니다. 만일 아랫사람들에게 물으신다면 미천한 신의 절박한 사정과 여론의 비난하는 실상을 분명하게 아실 수 있을 것입니다. 삼가 바라건대 자애로운 성상께서 특별히 긍휼히 여기셔서 신이 전에 받은 동지중추부사의 직책을 파면할 것을 허락하신다면, 미천한 신은 분수를 지키고 병든 몸을 보호하며 신하의 의를 다하여 흙으로 돌아갈 수 있을 것입니다.……

KNW035〈辭狀啓辭-14〉〈癸卷8:17右〉〈樊卷8:17右〉

동지중추부사 소명에 대해 사면을 청하는 사장 (2) 병인년

(1566, 명종21, 66세) 1월 【27일 추정. 영주(榮州)】

辭免同知中樞府事召命狀二 丙寅正月

신이 이달 14일에 전지(傳旨)가 담긴 서장을 삼가 받았는데, 전 공조 참판(前工曹參判)으로 신을 부르시고 이어서 제수하는 명을 받들었으며 또다시 신을 동지중추부사로 임명하셨으니, 이는 모두 특별한 은혜에서 나온 것입니다. 신은 놀랍고 두려우며 감격스러움을 견디지 못하여 몸 둘 바를 모르겠습니다.

신은 지난여름에야 비로소 벼슬이 체직되는 명을 받들어 한가하게 되었으니 천은(天恩)이 망극하였습니다. 그러나 이 몸의 병은 심해지기만 할 뿐 차도가 없었고, 겨울이 끝날 때가 되자 한질(寒疾)이 극심하여 허리와 옆구리가 당기고 아파서 움직일 수가 없었으며 차가운 담(痰)이 가슴을 막고 기침으로 뱃속이 결리고 당기니, 몸은 파리하여 뼈만 남은 채로 날로 더욱 시달리며 고통스러웠습니다.

그런데 뜻밖에도 소명과 제수를 받들었으니 이미 명을 지체할 수 없었으나 한편으로 한기를 범할까 두려워서 여러 날을 머뭇대다가 억지로 부축을 받고 길을 나섰습니다. 이때 마침 큰 눈이 내려 천지가 얼어붙는 날씨를 만났는데, 극도로 허약한 몸에 바람과 한기가 뼛속까지 닿으니 노증(勞證)이 크게 일어나 온몸이 쑤시고 아프며 정신이 어지럽고 식은 땀이 흐르며 항상 열이 나는 증상이 있게 되었습니다. 숨은 곧 끊어질 듯하여 하루도 넘기지 못할 것 같았는데, 억지로 부축을 받아 길을 나아가니 나날이 더욱 위독해져서 비쩍 여위고 쇠잔한 몸이 틀림없이 곧바로 죽을 것 같았습니다.

 소신은 미천한 몸으로 외람되이 두터운 국은을 입고도 어리석음과 병으로 인하여 은혜를 갚지 못하였을 뿐 아니라 도리어 이 때문에 처신에 오활하여 실상에 걸맞지 않는 헛된 명성을 훔쳐서 세상을 속였으며, 나아가서는 성상의 총명을 오도(誤導)하여 은명(恩命)이 자주 내려오기에 이르렀습니다. 그러나 이 병으로 인해 매번 달려가서 봉직(奉職)하지 못하였으니, 신의 죄는 응당 만 번 죽더라도 참으로 달게 받을 것입니다.

 다만 신이 외람되이 전하의 남다른 지우를 받고도 상경하는 길에 쓰러져 초야에 명을 버리게 된다면[19] 실로 전하의 은혜로운 뜻에 누가 되어 조정의 수치가 되고 사방에 웃음거리가 될 것이니, 더욱 근심스러워 어찌할 바를 모르겠습니다. 삼가 바라건대, 자애로운 성상께서는 저의 위급한 간청을 불쌍하게 여기셔서 소명을 거두어주시고 전례에 의거하여 직무를 바꿔주어 물러가게 해 주신다면, 미천한 신은 고향으로 돌아가 죽어 수구초심(首丘初心)의 바람을 이룰 수 있을 것이니 애타게 우러러 비옵니다. 이상의 사연을 차서를 갖추어서 잘 계달해 주십시오.……

---

19 초야에……된다면 : 【攷證 卷4 棄命草野】《춘추좌씨전》애공(哀公) 15년 조에 "이는 우리나라 임금님의 명을 풀밭에 버리는 것입니다."라고 하였다.

KNW036(辭狀啓辭-15)(癸卷8:18右)(樊卷8:18右)

동지중추부사 소명에 대해 사면을 청하는 사장 (3) 2월 【병인년(1566, 명종21, 66세) 2월 13일 추정. 【예천(禮泉)】

辭免同知中樞府事召命狀三 二月

이달 10일에 신이 풍기군(豊基郡)에서 전지(傳旨)가 담긴 서장(書狀)을 삼가 받들었는데, 그 안에 벼슬을 사면하고 소명을 그만두시라는 신의 청을 허락하지 않으니 신으로 하여금 잘 조리하고서 천천히 서울로 올라오라고 하였으며, 인하여 내의관(內醫官) 연수담(延壽聃)을 보내어 병을 진찰하고 아울러 여러 가지 좋은 약을 하사하였습니다. 이는 참으로 평범하지 않은 대단히 드문 예우로 전혀 생각지도 못했던 것이라 몹시 두려워서 어찌할 바를 모르겠습니다.

신이 인하여 삼가 생각해 보건대, 옛날부터 임금이 이러한 성대한 예로써 그에 걸맞은 사람을 얻어서 합당하게 시행하였으니 참으로 아름다운 일이 되었습니다. 그러나 용렬하고 비루하여 여러 신하 가운데서도 가장 못난 저는 일찍이 벼슬길을 더럽혀 지위가 2품에 이르렀는데도 실낱만큼도 보탬이 되지 못하고 오활하고 못난 점만 무수히 드러난 것을 온 세상이 다 알고 있으니 많은 사람들의 눈을 가리기는 어렵습니다. 잘 모르겠습니다만 그런데도 누가 성조(聖朝)를 오도(誤導)하여 이전에 없던 이런 성대한 일을 무슨 까닭으로 느닷없이 가장 못난 저에게 베푼단 말입니까.

신이 만약 다만 은총을 탐내어 분수를 망각하고 부끄러움도 잊은 채 예의를 돌아보지 않고 나아간다면, 한 시대의 청의(淸議)와 만 대의 정론(正論)은 성조의 이런 행위를 무슨 예의라고 하겠으며, 소신의 이런 행동을 무슨 의리라고 하겠습니까. 우인(虞人)을 정(旌)으로 불렀더니 우인이 감히 가지 못하였는데,[20] 어리석은 자를 어진 이처럼 예우하시니 어리석은 제가 어찌 감히 가겠습니까. 설사 미천한 저에 대해서는 논의에 올릴 만한 가치가 없다 하더라도 애석하게 여기지 않을 수 없는 것은 조정의 사체(事體)이기 때문에, 성상께서 베푸시는 뜻이 너무 지나치며 어리석은 제가 외람되게 나아가는 죄는 더욱 큽니다.

더구나 소신의 늙고 쇠약한 몸에 온갖 병이 얽혀 있는 상황은 앞뒤에 걸쳐 자세히 아뢰었으며 이번에 의관도 또한 자세히 진찰하였으니, 지척에 계신 하늘같은 위엄을 어찌 속이겠습니까. 또한 신하가 되어 임금을 섬기면서 충성과 노고를 바치는데, 다만 이 마음〔心〕이 가장 중요합니다. 마음이 만약 병들면 장차 무엇으로 임금을 섬기며 장차 무엇으로 정사에 종사하겠습니까. 소신이 앓는 온갖 병 가운데 심장〔心〕의 병이 더욱 깊으니, 조용한 곳에 있으면 조금 괜찮은 듯하다가도 조금이라도 힘들게 움직이거나 길을 걸으면 곧바로 크게 발병하곤 합니다.

지난번 노독(路毒)으로 허손(虛損)이 극심하여 바야흐로 이 병을 앓고 있는데, 마침 놀랍고 고민스러운 일이 닥쳐 밤낮으로 근심하고 두려워하니 마음을 진정시키려 할수록 더욱 두근거립니다. 만약 이 증세가 그치

---

20 우인을……못하였는데 : 【譯注】 우인은 왕실의 정원이나 동산을 지키는 하급 관리이다. 우인을 부를 때는 피관(皮冠)을 사용하고 사대부를 부를 때는 정(旌)을 사용하는데, 신분이 낮은 우인을 정으로 부르니 감히 가지 못한다는 말이다. 《맹자》〈등문공하(藤文公下)〉에 "옛날에 제 경공(齊景公)이 사냥할 적에 우인을 정으로 불렀는데 오지 않으니 장차 그를 죽이려 했다. 공자께서 우인을 칭찬하시기를, '지사는 시신이 도랑에 버려짐을 잊지 않고, 용사는 자기 머리를 잃을 것을 잊지 않는다.' 하셨으니 공자께서 어찌하여 그를 취하셨는가? 자기의 신분에 맞는 부름이 아니면 가지 않음을 취하신 것이니, 만일 부름을 기다리지 않고 간다면 어떻겠는가?"라고 하였다.

지 않는다면 목숨을 보존하여 사람이 되지 못하고 죽을 것이기에 더욱 답답합니다.

  신은 소명을 받은 이후로 억지로 있는 힘을 다해 부축을 받고서 어렵사리 예천군(醴泉郡)에 이르렀는데, 이전부터 앓아온 온갖 병들이 틈을 타서 함께 일어나 기력이 탕진하고 현기증이 나서 피곤에 지쳐 쓰러져 다시 한발도 나아가지 못하고 있는 지라, 하늘에 호소하고 피를 토하면서 땅에 엎드려 명을 기다리고 있습니다. 신은 지금 위태로운 지경에 있으면서도 감히 향리로 돌아갈 가망도 없습니다. 원컨대 숨이 붙어 있는 동안에 벼슬을 그만두고 돌아가라는 허락을 받는다면 죽어도 여한이 없을 것입니다. 신은 구구하고 절박한 바람을 견디지 못하겠습니다. 이상의 사연을 차서를 갖추어서 잘 계달해 주십시오.……

KNW037(辭狀啓辭-16)(癸卷8:19左)(樊卷8:19左)

공조 판서 소명에 대해 사면을 청하는 사장 (1) 3월 1일

【병인년(1566, 명종21, 66세). 안동(安東) 광흥사(廣興寺)】

辭免工曹判書召命狀一 三月一日

신이 전달 25일에 예천군(禮泉群)에서 삼가 전지(傳旨)가 실린 서장(書狀)을 받들었는데, 그 안에 이전과 마찬가지로 신이 벼슬에서 물러나 향리로 돌아가는 것을 허락지 않으니 신으로 하여금 조섭하고서 천천히 올라오라고 하였습니다. 신은 명을 듣고 두려움에 떨며 더욱 깊이 번민하며 여러 차례 사양하여 천청(天聽)을 번거롭게 하였으니 황공하기 그지없습니다.

그러나 신의 병은 우연히 생긴 것이 아니라 벌써 생긴 지 40여 년이 되었으며 날로 달로 더욱 깊어가 고질병이 되어 자주 사경을 헤매었으니, 간신히 목숨을 부지하여 오늘에 이르렀습니다. 더구나 이번에는 과로로 병이 도졌는데 여전히 서울로 올라가는 길에 객고에 시달리고 있는 상황에서, 날을 정해놓고 조섭하면서 오랜 세월 묵었다가 도진 이 병을 치료하려고 하니 어찌 매우 어렵지 않겠습니까.

이런 까닭으로 정월부터 지금까지 석 달이 넘도록 병세가 엎치락뒤치락 좋아졌다가 나빠짐을 반복하여 나을 기약이 없으니 대단히 걱정스럽습니다. 오랫동안 관사에 있으면서 병을 조섭하기가 불편하여 이달 26일에 부득이 안동(安東) 지역의 산사로 옮겨 들어와 외진 곳에서 석고대죄하며 날을 보내고 있습니다.

신이 삼가 서장의 겉면을 보니 공조 판서로 직함을 채우셨는데, 서장 안에서는 이 일에 대해서는 거론하지 않았으며 신 또한 아직 정목(政目)

을 보지 못하였으니 어찌된 연유인지 헤아릴 길 없기에 다만 두려움과 놀라움만 더할 따름입니다. 그러나 또한 한마디 말로 미천한 저의 진심을 토로하지 않을 수 없습니다.

소신은 지난 무오년(1558, 명종18)에 일로 인해 조정에 돌아왔다가 성균관 대사성이 되었습니다. 그러나 신병이 매우 심하여 두세 달 동안 출근한 날은 4~5일도 되지 않아 바야흐로 처벌이 내릴까 두려워하였는데, 도리어 품계를 올린다는 명을 내려 본조의 참판으로 삼으니 억지로 두 달을 재직하는 동안 또 겨우 사흘을 출근하고는 더 이상 국은에 보답할 조금의 힘도 남지 않게 되었습니다. 이로 말미암아 황공하여 조정에 있을 수 없어 비틀거리는 걸음으로 물러나 향리로 돌아왔는데, 지금 아무런 까닭 없이 갑자기 승진시켰으니 예로부터 어찌 이런 일이 있었겠습니까. 설령 과연 있었다 하더라도 반드시 여론의 비판으로 인하여 이미 처분을 받았을 것에 대해서는 미천한 제가 외람되이 주절주절[21] 아뢸 필요가 없을 것입니다.

다만 소신은 오랜 병으로 숨만 가쁘게 내쉬고 있으며 피골이 상접하여 사람 모습이 아닙니다. 여위고 누렇게 뜬 모습은 보는 이들이 놀라 혀를 차며, 숨이 실낱같아 목숨이 위태로운 지경이니 매번 한 가지 병이 도지면 곧바로 죽을 것 같습니다. 임금의 명을 지체하고 어겼으니 그 죄가

---

21 주절주절 : 【攷證 卷4 喋喋】 원나라 웅충(熊忠)의 《고금운회거요(古今韻會擧要)》에 "말이 많은 모양이다."라고 하였다. 한나라 사마천(司馬遷)의 《사기》 권102 〈장석지열전(張釋之列傳)〉에 "주발(周勃)과 장상여(張相如)는 장자(長者)라고 알려졌으나 두 사람이 일을 말할 때에 일찍이 입에서 말을 제대로 내지 못했으니, 어찌 이 색부(嗇夫 송사를 담당하는 관리)의 주절거리는 언변으로 민첩하게 대답함을 본받겠습니까."라고 하였다.

두렵지만, 신의 딱한 사정은 다만 온 나라 사람이 다 알 뿐만 아니라 천지의 귀신도 보고 있는 바입니다. 삼가 바라건대 자애로운 성상께서는 특별히 불쌍하게 여기셔서 신에게 벼슬을 그만두고 물러남을 허락하시고, 지난해 4월 20일에 신의 동지중추부사를 체직하신 지휘에 의거하시어 신을 벼슬이 없는 자리에 두셔서 조금이라도 목숨을 연장하였다가 의리를 다하고 죽을 수 있도록 해 주십시오. 차서를 갖추어서 잘 계달해 주십시오.……

KNW038(辭狀啓辭-17)(癸卷8:21右)(樊卷8:21右)

공조 판서 소명에 대해 사면을 청하는 사장 (2) 3월 14일

【병인년(1566, 명종21, 66세) 안동(安東) 봉정사(鳳停寺)】

辭免工曹判書召命狀二 三月十四日

  이달 13일 신이 안동에 있는 산사에서 삼가 승정원 서장(書狀)을 받들어 보니 "감히 물러나기를 구하지 말고 마음을 편히 하여 병을 조리하고 올라오라."라는 전지가 있었습니다. 어리석고 늙고 병든 소신은 현직에 나아갈 수 없는 연유를 일찍이 반복해서 진달(陳達)하였으니, 이제 감히 다시 번거롭게 성상께 아뢰지 못하겠습니다. 오활(迂濶)하고 완고한 소신이 참람(僭濫)하게 큰 은혜를 입었는데 마땅히 처신할 바를 모르니 죄가 만 번 죽어 마땅하옵니다.

  신은 앞서 종2품인 아경(亞卿)의 직책도 오히려 감당할 수 없어 사양한 지 여러 해 만에 비로소 물러가도록 허락받았으니, 성상의 은혜 망극하옵니다. 그런데 이제 이어 아무런 까닭 없이 대번에 정2품으로 품계를 올려 육경(六卿)의 직책을 내리셨습니다. 신이 만약 앞뒤를 돌아보지 않고 함부로 벼슬을 받아 작은 벼슬은 사양하고 큰 벼슬을 받으며 물러남으로써 승진을 꾀한다면 그 간교함과 더러움은 이루 다 형언하기 어려울 것입니다. 가령 미천한 소신이야 더불어 예의에 대해 말할 사람이 못 되지만, 알지 못하겠습니다만 성조(聖朝)는 이처럼 이익을 탐하여 부끄러움을 모르고 지조를 잃은 신의 행동을 보시고도 신에게 무엇을 취할 게 있길래 굳이 높은 관직을 내리려 하십니까?

  신이 삼가 보건대 옛날에 신하 중에 이와 같은 자를, 당시에는 사정을 살피지 않고 등용하였다가 끝내는 실패하여 천하를 망치게 한 경우가 있었으니, 신은 비록 지극히 어리석으나 정녕코 차마 그 소행을 본받을 수 없사옵니다. 더욱이 미관말직이라도 반드시 그 자력(資歷)과 공로를 따진 뒤에 승직(陞職)함이 상례임에 있어서이겠습니까. 그런데 신은 본조의 참판이 되어 겨우 3일 일하고서 이제 판서로 승직하였으니, 이는 고금에 전무한 일일 뿐만이 아닙니다. 국가에서 관작을 내리는 법이 이로부터 문란해지지 않을까 깊이 우려되오니 진실로 작은 일이 아닙니다. 신은 이어 생각건대 오랜 병이 고질이 된 터에 석 달 동안 명을 기다리면서 근심하고 두려워하여 병세가 심해져서 나을 날을 기약할 수 없습니다. 이제 새로이 제수하신 관직은 의리와 분수, 자격과 경력으로 헤아려 볼 때 받을 만한 이치가 하나도 없는데 만일 다시 이처럼 시일을 보내며 명을 기다린다면 이는 또 분에 넘치는 기회를 엿보고 승진을 탐내는 뜻이 있는 것으로, 신의 죄가 더욱 무겁게 됩니다. 이 같은 처지에서 그대로 기다리고 있을 수 없으니 황공하기 그지없습니다.

  이상의 사연을 차서를 갖추어서 잘 계달해 주십시오.……

KNW039(辭狀啓辭-18)(癸卷8:22右)(樊卷8:22右)

지중추부사 소명에 대해 사면을 청하는 사장 7월 9일 【병인년 (1566, 명종21, 66세), 예안(禮安)】

辭免知中樞府事召命狀 七月九日

신이 지난 4월 17일 삼가 승정원(承政院) 서장(書狀)을 받들어 보니 신의 간곡한 사양으로 인하여 우선 신이 겸직하는 본직(本職)과 문한(文翰)의 소임을 체차(遞差)하고, 이어 한가한 벼슬을 주어서 신에게 마음을 편히 하고 병을 조리하여 병세가 좋아지기를 기다려 올라오도록 하라는 전지가 있었습니다. 신은 지극히 어리석고 고루한데 과분한 은혜를 여러 번 입어서 등급을 뛰어넘어 장려하고 발탁하는 전지를 거듭 내리시기에 길에서 병을 얻어 넘어질 듯, 엎어질 듯하며 여러 번 사양하였지만 허락하시지 않으셨습니다. 바야흐로 뇌정(雷霆) 같은 벌이 내릴까 두렵던 차에 다시 문한(文翰)의 직임을 제수하셨으니, 비단 신이 두려움에 넋을 잃어 더욱 위축되는 계기가 되었을 뿐만 아니라, 이런 물정(物情)에 대해 어떤 사람이든 해괴하게 여기지 않는 이가 없었습니다. 그런데도 성상께서는 넓은 도량으로 포용하시고 밝으심으로 골고루 비추어 이미 너그럽게 죄를 용서하시고, 또 신의 처지를 가엾게 여기시어 두 가지 직임을 모두 체차하여 한가한 직책에 처하게 하시니 성대한 은혜 넓고도 커서 한편으로 감격하고 한편으로 두려워 몸 둘 곳이 없습니다.

　신은 심장병과 허로증(虛勞症)을 앓은 지 3, 40년이 되었고, 이후로 창비(脹痞)[22]와 담음(痰飮)[23]의 증세가 해마다 더하고 달마다 심해지더

22　창비 : 【譯注】 배가 부풀고 뱃속이 결리는 병이다.

니 합하여 고질병이 되었습니다. 추위와 더위, 바람과 습기를 무릅쓰면서 몸을 움직이는 일은 전혀 견디지 못하여 걸핏하면 발병하고 발병하면 반드시 악화하여 위독해지곤 합니다. 전에 네 차례 소명에 달려가서 혹은 삼사 년 동안 머물고 혹은 네다섯 달을 머물렀는데, 모두 직무를 제대로 수행하지 못하고 녹만 먹다가 부끄럽게 성은을 저버리고 물러날 뿐이었습니다. 올해 신의 나이가 장차 칠십에 가까운데, 오래된 병으로 더욱 늙어서 정신과 기력이 더 이상 몸을 지탱하지 못합니다. 넘어질 듯 엎어질 듯 향리로 돌아오니 근심과 두려움에 병이 더하여 지쳐 쓰러져서 기혈(氣血)이 고갈되고 허손(虛損)하여 가슴이 두근거리는 심장병 증세와 헛배가 차는 창비증 때문에 왕왕 정신을 차리지 못하고 넘어지려 합니다. 이에 여러 병이 번갈아 침범하는지라 죽어서 구렁텅이에 버려지기를 기다릴 뿐이요, 병이 나을 날을 전혀 기대할 수 없습니다. 이런 이유로 소명(召命)에도 서울로 달려 올라가지 못하오니 신의 불민함이 이에 더욱 심합니다. 성상의 특별하신 은혜를 끝내 받들지 못하오니 신의 죄만 번 죽어 마땅하여 스스로 속죄할 길이 없사옵니다. 이뿐만 아니라 지난번 종2품직도 참람(僭濫)하게 거저 얻어 명기(名器)[24]를 막심하게 더럽혔는데, 더욱이 지금 거듭 더해 주신 자헌대부(資憲大夫)의 품계와 지사(知事)의 직책을 어찌 이유 없이 뛰어넘어 올라야만 하겠습니까.

또 벼슬을 사면함으로 인하여 더 높은 벼슬을 얻게 된다면 선비들의 기풍이 더욱 문란해질 것이며 관작을 가볍게 여겨 적합하지 못한 자를

---

23 담음 : 【譯注】위와 장에 물기가 있어 출렁거리는 소리가 나며 가슴이 답답한 병이다.

24 명기 : 【譯注】어떤 직위와 그에 따르는 수레나 옷이라는 뜻으로, 벼슬자리를 비유적으로 이르는 말이다.

제수하여 국가의 법이 더욱 무너질 것이니 관계되는 일이 지극히 중대한지라 신이 사사로이 할 수 있는 바가 아닙니다. 이에 신은 감히 부월(斧鉞)의 벌을 피하지 않고, 다시 작은 소회를 아뢰오니 황공하기 그지없습니다.

　역대의 신하 중에 혹은 늙거나 혹은 병들면 벼슬의 크고 작음을 막론하고 모두 치사(致仕)하도록 허락하였으니, 우리 조종조(祖宗朝)에 이르러서도 그렇게 하였습니다. 바라옵건대 인자하신 성상께서는 신의 어리석은 충정을 깊이 살피시어 특별히 해당 관서로 하여금 신에게 내린 자헌대부의 품계와 차례로 제수한 관직을 모두 환수하여 개정하도록 하시고, 종전의 직책과 품계로 예(例)에 따라 치사하게 하여 한가한 임무를 맡겨 주시면, 위로는 벼슬을 내려주고 박탈하는 조정의 권세를 삼가게 하고, 아래로는 분수에 맞게 편안하려는 어리석은 신의 소망을 이루게 할 것입니다. 이것이 저의 지극한 소원이오니, 간절히 빌어 마지않습니다.

　이상의 사연을 차서를 갖추어서 잘 계달해 주십시오.……

KNW040(辭狀啓辭-19)(癸卷8:23左)(樊卷8:23左)

예조 판서로 사은한 뒤에 사면을 청하는 계 정묘년(1567, 선조 원년, 67세) 8월 1일 【서울】

禮曹判書謝恩後辭免啓 丁卯八月一日

신은 신병으로 외지에 나와 있습니다. 지난해 4월 지중추부사(知中樞府事)를 제수하신 은혜는 다만 신이 노병으로 위독하여 글을 올려 사면(辭免)을 청하였으니, 비록 윤허를 받지 못했으나 또한 신의 죄를 더 묻지 않으셨기에 성상의 은혜 망극하옵니다. 올해 봄에는 명나라 사신이 올 때 제술관(製述官)을 맡으라는 소명을 내리시어 신이 억지로 부축받으며 상경하였으나 혹심한 더위에 병이 더하고, 도성에 들어간 지 3일 만에 미처 사은숙배(謝恩肅拜)도 하지 못한 채 갑자기 국상(國喪)[25]을 당하여 울부짖으며 애통해한 나머지 피로가 쌓이고 기운이 거듭 손상되었습니다. 원기(元氣)가 달리니 날로 더욱 피곤하고 위장병이 함께 발병하여 전혀 음식 생각이 없는 데다 음식을 먹어도 소화되지 않으므로 몸이 극도로 수척하여 뼈만 앙상합니다. 또 심기가 허손(虛損)하여 정신은 흐릿하고 가슴이 두근거림에 건망증이 심하니, 마치 넋이 나간 사람 같아서 겨우 한 가닥 목숨줄을 이어가고 있는 사정을 여러 사람이 분명히 알고 있습니다. 뜻밖에 전조(銓曹)에서 신에게 본직을 주의(注擬)하여 제수하니, 신은 이 명령을 듣고서 놀랍고 두려워 몸 둘 바를 모르겠습니다. 더욱이 본조(本曹)는 천지신명과 선왕의 영혼에 대한 제례를 관장하고 교화를 맡으며 대국을 섬기고 이웃 나라와의 외교를 담당하여 직무가

---

25 국상 : 【譯注】 명종(明宗)의 승하를 가리킨다.

무겁고 일이 많습니다. 신 같은 경우에는 몽매하고 문장이 졸렬한데 게다가 이처럼 병이 위중하니 결코 감당할 수 없습니다. 바라옵건대 신의 직책을 거두어 현능(賢能)한 이에게 맡겨주소서.

KNW041(辭狀啓辭-20)(癸卷8:24左)(樊卷8:24左)

다시 올린 계 같은 날 【정묘년(1567, 선조 원년, 67세) 8월 1일. 서울】
再啓 同日

다시 계사(啓辭)를 올리게 되어 황공하옵니다. 신은 젊을 때 얻은, 몸이 파리하고 허로(虛勞)한 병이 이제 40여 년이 되었는데 해마다 더하고 달마다 심해져 온몸의 혈기가 소모되고 고갈되어 관직을 감당할 만한 근력이 전혀 없으니 부끄럽고 황공합니다. 매양 사퇴할 것을 청하는데도 가끔 부름을 받아 상경하였으나 여전히 직무를 수행하지 못하고 또다시 물러나 귀향하곤 하였으니, 신의 불민함은 이와 같아 그 죄를 용서받을 수 없습니다. 그런데 선왕께서는 너그럽게 용서하시고 도리어 허명(虛名)으로 인하여 여러 번 관작을 올려주셨고, 지난해 봄에는 공조판서(工曹判書)에 오르게 하셨습니다. 육경(六卿)의 반열은, 임무가 크고 책임이 무거우니 결코 자리만 지키며 녹을 먹을 수 없기에 죽음을 무릅쓰고 사면을 청하여 은혜롭게도 체직되었습니다. 지금 신의 노병(老病)은 지난해보다 심하고, 본조[26]의 임무는 공조보다 무게가 갑절이나 되옵니다. 지난번 공조 판서의 임무도 오히려 감당하지 못했는데, 오늘날 본조의 중임을 어찌 감히 함부로 맡을 수 있겠습니까? 지금은 새로운 정사에 대한 예문(禮文)과 세 도감[三都監][27]에 대한 의식이 많은데, 그 임무가 모두 본조에 있어서 사무가 매우 많으니, 하루도 장관이 없어서는 안

---

26 본조 : 【譯注】예조를 가리킨다.

27 세 도감 : 【攷證 卷3 三都監】빈전(殯殿)・국장(國葬)・산릉(山陵)에 설치하니, 빈전도감(殯殿都監)・국장도감(國葬都監)・산릉도감(山陵都監)을 말한다. 《國朝五禮儀》

됩니다. 바라옵건대 속히 신의 직책을 거두어 현능(賢能)한 이에게 맡겨 주시고 신의 치사를 허락하시어 전리(田里)로 돌아가게 해주소서.

KNW042(辭狀啓辭-21)(癸卷8:25右)(樊卷8:25右)

신병으로 예조 판서의 면직을 비는 소장 (1) 2일 【정묘년(1567, 선조 원년, 67세) 8월. 서울】

禮曹判書病告乞免狀一 二日

신은 여러 해 앓아 온 지병이 피로로 인하여 덧나서 원기가 크게 손상되어 날이 갈수록 더 여위어 살이 빠지고 수척하여 겨우 가죽과 뼈만 남았고, 몸이 허약하고 정신이 혼미하여 위독한 상태입니다. 신이 억지로 출사하더라도 일하느라 수고롭게 움직인 뒤에는 열이 나고 상기(上氣)하여 하루도 못 가서 기운이 다할 것이오니 몹시 민망합니다. 신의 직책을 거두어 주소서. 차서를 갖추어서 잘 계달해 주십시오.……

KNW043(辭狀啓辭-22)(癸卷8:25左)(樊卷8:25左)

신병으로 예조 판서의 면직을 비는 소장 (2) 5일 【정묘년(1567, 선조 원년, 67세) 8월. 서울】

禮曹判書病告乞免狀二　五日
세 번째 상소는 빠져 있다.

신은 나이가 칠십에 가까운데 온갖 질병이 몸을 얽어 죽을 지경에 여러 번 빠짐에 실오라기 같은 목숨줄이 붙어 있을 뿐이어서 임무에 종사할 만한 근력이 전혀 없기에 비록 견마(犬馬)의 정성이 있으나 펼칠 길이 없습니다. 그런데 모람(冒濫)하게 자리나 지키면서 녹을 먹는다면 그 죄가 더욱 무거울 것이므로 벼슬을 피하고 귀향하여 농사를 지으며 국가의 벌을 조금이나마 면하길 바랍니다. 신이 이런 고충을 겪어온 지 30여 년이 되었는데, 세 조정을 거쳐 오면서 모두 네 차례 물러갔다가 네 차례 부름을 받고 상경하였습니다. 그런데 서울로 돌아올 때마다 직무를 수행하는 어려움이 전보다 배나 더하였으므로 부득이 또다시 물러가곤 하였습니다. 지난해에 이르러서는 신의 병이 더욱 악화하고 국은(國恩)이 더욱 무겁게 내린 터라, 신은 황공하고 곤급(困急)하여 만 번 죽기를 무릅쓰고 사면을 청하였습니다. 선왕께서는 넓은 도량으로 허물을 포용하시고[28] 신의 정상을 가엾게 여겨 죄를 묻지 않으셨으니 하늘 같은 성은에

---

28 허물을 포용하시고 : 【攷證 卷3 含垢】《춘추좌씨전》 선공(宣公) 15년 조에 "천택(川澤)은 더러운 것을 받아들이고, 산의 숲은 악물을 감추어 주고, 아름다운 옥은 흠결을 숨겨 간직하고, 나라의 임금은 더러운 것을 포용하나니, 이것이 바로 하늘의 도이다.〔川澤納汚, 山藪藏疾, 瑾瑜匿瑕, 國君含垢 天之道也.〕"라고 하였는데, 원(元)나라 음경현(陰勁弦)의 주석에 "'垢'는 본래 '詬'로 쓰니, 욕보인다는 뜻이다."라고 하였다.

미물인 제가 살 곳을 얻게 되었습니다. 뜻밖에도 올해 다시 제술관의 소명을 내리시니, 매번 사양하기가 몹시 송구한 터라 억지로 몸을 부축하고 도성에 들어왔는데 겨우 3일이 지나 갑자기 선왕께서 승하하시는 망극한 변을 당하니 경황이 없고 쓰러질 듯하여 병든 몸을 부지할 수 없었습니다. 이때 마침 예조 판서를 제수하는 명령을 받고 단 하루도 나가 벼슬하지 못한 채 사양하기에 이르렀습니다. 지금은 명철한 성상께서 대를 이어 천하를 비추시어 만물이 기대하며 바라보고 있으니, 이는 신하들이 충성을 바치고 힘을 다할 기회인데 어리석은 신은 고질병이 들고 몸이 쇠잔하여 한 군데 쓸모도 없는 채로 이 지경에 이르렀습니다. 하는 일 없이 윗사람에게서 밥을 얻어먹는 것을 옛사람들은 불공(不恭)하다 하였고, 능력이 없으면서도 그만둘 줄 모르는 것을, 주임(周任)은 일찍이 '이런 자를 어디다 쓰랴.'[29]라고 비판하였습니다. 신이 장차 무슨 낯으로 은혜와 영화를 탐하여 능력이 없으면서도 그만두지 않아 위로는 훌륭한 조정을 욕되게 하고 아래로는 선비의 기풍을 더럽히고 훼손할 수 있겠습니까. 가령 신이 벼슬할 만한 기력이 있었던들 지난 세 조정에서 넘치는 총애가 저러하였는데 어찌 애써 벼슬하지 않으면서 궁핍을 달갑게 여겼겠습니까. 지금 새로운 정사를 만나 성상의 은혜가 이러한데 어찌 또다시 벼슬을 원치 않는다고 사양하여 애써 치사를 청하겠습니까.

---

29 이런……쓰랴 : 【譯注】 공자의 제자인 염유(冉有)와 자로(子路)가 계손씨(季孫氏)의 가신(家臣)으로 있으면서 계손씨가 전유(顓臾)를 정벌하려는 것을 막지 못하자, 공자는 이들을 꾸짖기를, "옛날 주임(周任 주나라 대부(大夫))이 말하기를, '힘을 다하여 대열에 나아가 봉직하되 직책을 제대로 수행할 수 없으면 그만두라.'라고 하였으니, 위태로운데도 잡아 주지 못하며 넘어지는데도 붙들어 주지 못한다면 저 재상과 가신을 어디에다 쓰겠는가."라고 하였다. 《論語 季氏》

바라옵건대 인자하신 성상께서는 죽음이 드리운 신의 목숨을 불쌍히 여기시고 의리를 다하려는 신의 소원을 살피시어 치사하도록 허락하셔서 신이 전리(田里)로 돌아가 죽을 수 있게 하옵소서.……

KNW044(辭狀啓辭-23)(癸卷8:26左)(樊卷8:26左)

동지경연사 소명에 대해 사면을 청하는 사장 10월 29일

【정묘년(1567, 선조 원년, 67세), 예안(禮安)】

辭免同知經筵召命狀 十月二十九日

신이 이달 23일에 삼가 동부승지(同副承旨)의 서장(書狀)을 받들어 보았는데, 경연에서 성상을 모시게 되었으니 파발마를 타고 속히 올라오라는 전지가 있었습니다. 신은 명을 듣고서 두려워 몸 둘 바를 몰랐으니, 곧장 대궐로 달려가서 삼가 직무를 수행함이 마땅하였습니다. 더욱이 지금은 즉위하신 초기로 성상의 학문이 날로 진보하고 자나 깨나 현자와 영걸들을 생각하시어 많은 인재를 함께 뽑아 등용하는 때입니다. 이에 신은 더더욱 응당 나아가 충성을 다할 것을 생각하고 함께 공경하는 마음으로 서로 도와서 작은 보답이라도 할 수 있길 바랍니다. 다만 신은 병에 시달려 좌절한 지가 여러 해인데 한갓 허명(虛名)으로 여러 조정을 잘못되게 하면서 은혜를 받고도 매번 보답하지 못하였고, 현직에 있을 때는 걸핏하면 직무를 제대로 수행하지 못했기에 부끄럽고 황공하여 부득이하게 여러 번 물러났으니, 그 죄를 이미 용서받기 어렵습니다. 올해 여름 도성에 들어갔다가 갑자기 망극한 변을 당하여 급박하고 경황이 없는 나머지 신병이 악화하여 몸이 축 늘어지고 정신이 점점 시들어 목숨이 다하려는 듯했습니다. 이때 마침 예조 판서를 제수하시는 은혜를 입었으니 새로운 정사에 우악한 은총이 이보다 큰 것이 없는데 마침내 단 하루도 직무를 수행하지 못하고 교체되니 신하 된 도리가 다 쓸려나간 듯하였습니다. 또 이미 맡은 직무를 수행할 수 없으면 오직 마땅히 속히 떠나야 하는데, 마침내 자리나 지키며 녹을 먹다가 죽을까 두려웠습니다. 이 때문에 두려워 산릉(山陵)의 역사가 끝나기도 전에 황급히 물리가 전리로 돌아갔으니, 이는 비록 형세가 급박하고 도리가 위축되어 부득이한 일이었지만 시종(始終)의 의리로 헤아려 봄에 부족함이 있는 줄을 잘 압니다. 신을 비판하는 여론이 번다하게 일어나 신에게 죄책을 돌리므로 신은 장차 조신(朝臣)의 반열에 끼이지 못할 것입니다. 신은 지금 사실(私室)에서 석고대죄하며 잘못을 반성하고 허물을 징계하면서 주벌이 이르기를 기다리고 있습니다. 그런데 이제 뜻밖에도 성은이 넓고 두터워 감싸주시고 허물을 깨끗이 씻어 주시며 도리어 거두어 불러 주시어 간곡하고 따뜻하게 효유(曉諭)를 하시니, 신은 감격하고 황공함에 비록 분골쇄신한들 이 은혜를 어떻게 갚을 수 있겠습니까.

다만 신의 거듭된 죄행이 앞에서 말씀드린 바와 같은데 지금 또 옛 병이 거듭 발병하여 밖으로는 풍한(風寒)에 상하고 안으로는 심열이 쌓여 심신이 허손(虛損)하고 가슴이 두근거리며 피로로 병세가 위독함에 담음(痰飮)과 천식이 번갈아 나타나 겨우 남은 목숨을 부지하고 있으니, 이처럼 추운 겨울철을 당하여 먼 길을 달려간다면 병증을 건드려 아침 아니면 저녁에 갑자기 위중하게 될 것입니다. 들에서 죽는다면 그래도 아까울 게 없겠으나 만일 죽지 않고 도성에 이른다면 은혜를 받고도 보답하지 못하며 맡은 직임을 제대로 수행하지 못하는 잘못이 전보다 곱절이나 더할 것이니, 위로는 성상께서 현자(賢者)를 기다리시는 지극한 뜻을 저버리고 아래로는 청의(淸議)의 무거운 꾸지람을 받아 조정의 수치가 될 것이며, 또 필시 헛되이 물러나고 말 것입니다. 신의 전후의 소행이 이처럼 불민하니 죽어도 남을 죄가 있을 것입니다.

바라옵건대 인자하신 성상께서는 신의 가엾은 사정을 굽어살피시어 신에게 내린 소명을 멈추도록 특별히 명하시고, 신의 강직(講職)을 교체하소서. 그리고 신이 예에 따라 치사하도록 허락하시어 어리석고 천한 신에게 물러가 분수에 편안히 살아 전원에서의 의(義)를 다하도록 해주시길 바라옵니다. 차서를 갖추어서 잘 계달해 주십시오.……

소명에 대해 사면을 청하는 사장 무진년(1568, 선조1, 68세) 1월 9일 【예안(禮安)】

辭免召命狀 戊辰正月九日

　신은 늙고 병이 든 데다 정신마저 흐릿하여 백 가지 일을 폐하고 감당할 수 없기에 매번 성은을 저버리니 죄와 허물이 깊고도 무겁습니다. 예(禮)를 다해 부르시는 성지(聖旨)를 받들고 감당하기 어렵기에 이미 한 차례 소청하여 파면하여 주시기를 빌고 이어 치사(致仕)를 청하였습니다. 이제 중국 사신의 응접에 관한 일로 성지가 있어 그 서장(書狀)을 이달 8일 공손히 받아 응당 곧바로 달려가고자 하였습니다.

　다만 신이 나이가 많은데다 병까지 들어 몸의 기혈이 허약하고 심열이 쌓여 조그마한 추위라도 겪으면 곧 한질(寒疾)을 일으킵니다. 이렇게 되면 냉기가 뼈에 사무쳐 몸이 떨리고 오한이 나면서 심열과 상기(上氣) 두 가지 증세가 일시에 함께 발작하니 조리하고 땀을 내지 않으면 순식간에 성명(性命)을 보전하기 어려운 지경에 이릅니다. 지난해 이 무렵에도 한질과 천식이 생겨 두세 달 고통을 겪으며 거의 죽다가 가까스로 살아났습니다. 이제 그 시기를 맞으니 지난번의 증상이 간간이 나타나기에 마침내 심하게 도질까 두려워 문을 굳게 닫고 조리하며 밤낮으로 두려움에 떨며 어렵게 보전하고 있습니다.

　지금 봄추위가 바야흐로 심하기가 겨울과 다르지 않으니 도중에 추위를 만나 죽으면 정녕코 이 미천한 목숨도 오히려 몹시 불쌍하겠거니와 게다가 전에 내리신 성지를 받들지 못하게 된다는 사연을 소장에 하나하나 적어 진달(進達)하였습니다. 두렵고 죽음을 면치 못할 죄인은 석고를 하고 명을 기다립니다. 차서를 갖추어서 잘 계달해 주십시오.……

KNW046(辭狀啓辭-25)(癸卷8:29右)(樊卷8:29右)

소명을 삼가 받고 올리는 소장 (2) 1월 29일 【무진년(1568, 선조1, 68세). 예안(禮安)】

召命祇受狀二 正月二十九日
첫 번째 소장은 빠져 있다.

신이 도승지(都承旨)가 보낸 서장(書狀)을 이달 29일에 삼가 받아 보니, "진퇴를 혐의하지 말고 올라오도록 하라."는 성지가 있었습니다. 신은 명을 받고 놀랍고 두려워 죽고자 하였으나 죽지를 못하였습니다. 신은 여러모로 불초하여 언제나 국은(國恩)을 저버리니, 죄가 주멸을 당해 마땅하옵니다. 사연(辭緣)은 소명의 사면을 구하는 소장에 마음을 다하여 말씀드렸습니다. 삼가 석고를 하고 땅에 엎드려 날마다 위명(威命)이 내리기를 기다립니다. 이상의 사연을 차서를 갖추어서 잘 계달해 주십시오.……

소명을 삼가 받고 올리는 소장 (4) 4월 7일 【무진년(1568, 선조1, 68세). 예안(禮安)】

召命祗受狀四 四月七日
세 번째 소장은 빠져 있다.

신이 다행히 성대(聖代)를 만나서 신하로서 보잘것없음에도 조정에 잘못 알려져 과분한 성은이 계속 더해짐에 위명을 여러 번 욕되게 하였으니, 쇠약하고 정신이 혼미하여 왕명에 서둘러 달려가야 하는 신하의 도리를 어긴 지 오래되었습니다. 지난번 상소를 올렸을 때 마음속 충정을 모두 말씀드려 애처롭게 여겨 보살펴 주시기를 바랐는데, 뜻밖에 보잘것없는 정성은 받아들여지지 않고 성은은 더욱 융숭하여 이달 6일 천문습독관(天文習讀官) 유희서(柳希瑞)가 또 교서를 받들고 와, 성상의 뜻을 알림에 곡진하게 돌보고 타이르시는 말씀이 산처럼 무게를 더하였습니다. 신이 공손히 교서를 받고 돌아올 적에 정신과 혼백이 흩어지는 듯하여 몸을 던져 죽으려 해도 죽을 곳이 없었습니다. 신이 아무리 스스로 슬퍼하고 자책하여도 정성이 성상께 미치지 못하고 꾸며대는 헛말이 되어 이 지경에 이르고 말았으니, 성상을 속이고 하늘을 기만한 죄 피할 길 없어 두렵고 괴로워 몸 둘 바를 모르겠나이다. 이러한 사연을 차서를 갖추어서 잘 계달해 주십시오.……

KNW048(辭狀啓辭-27)(爻卷8:29左)(樊卷8:29左)

우찬성의 사면과 단자·향의 회납을 비는 사장 5월 9일 【무진년(1568, 선조1, 68세). 예안(禮安)】

辭免右贊成乞回納段香狀 五月九日

신이 과한 간택을 받아 누차 준엄한 부름을 받고도 사사로운 의리 때문에 백 번에 한 번도 받들어 행하지 못하였습니다. 신의 위태롭고 간곡한 사정을 정성껏 말씀드리는데도 오래도록 윤허를 받지 못한 터라 황급히 달려가야 할 명을 또 늦추게 되니 신의 죄 만 번 죽어 마땅하며 스스로 속죄할 길도 없사옵니다.

다만 신이 전에 조정 있을 때도 언제나 병을 앓아 오래도록 직무를 수행하지 못하여 자리만 차지하고 녹만 먹은 데 대한 벌을 받아야 함에도 우연히 천망(天網)[30]을 벗어나 물러났습니다. 근래 조정에서는 신료들이 병을 핑계로 직무를 회피하는 죄를 엄히 다스리고 있습니다.[31] 신은 생각하옵건대, 제신(諸臣)이 우연히 얻은 병으로도 저토록 여론의 지탄을 받는데, 신 같은 경우는 오랜 병을 앓는 사람으로서 언제나 직무를 회피하고 있었사오니 지난날의 죄과를 이루 다 헤아릴 수 없습니다. 어찌 감히 뻔뻔하게 다시 나아가 국헌(國憲)을 범할 수 있겠습니까. 더욱이

---

30 천망 : 【譯注】 악한 사람을 잡기 위하여 하늘에 쳐 놓았다는 그물로, 그물코가 크고 성기지만 절대로 놓치는 일이 없다고 한다. 《노자(老子)》 73장에 "하늘의 그물은 넓고 넓어서 성글지만 놓치지 않는다.〔天網恢恢, 疏而不失.〕"라고 하였다.

31 근래……있습니다 : 【攷證 卷3 峻治臣僚稱病避事之罪】 살펴보건대, 이때 문신 나흡(羅恰)과 이충범(李忠範)이 평사(評事)에 제수되었는데 병을 핑계로 부임하지 않아 모두 죄를 범하였고, 회령 부사 장필무(張弼武)도 부임하지 않으니 대간이 처벌할 것을 계청하였다.

지금은 중국 사신을 맞이하느라 일이 몹시 바쁜 때인데 애써 궐에 나아가 밤낮으로 분주히 뛰어다니다 보면 비단 언제 병이 날지 예측하지 못할 뿐만이 아닐 것입니다. 가령 죽지는 않고 고병(告病)한 채 목숨만 부지한다면 이는 거듭 직무를 회피하는 죄에 빠져드는 것이니 지난번과 비교하면 더욱 큰 죄를 범하는 것입니다. 신이 주저하고 두려워하며[32] 의혹하는 터라 심병(心病)이 날로 나빠지니 민망하고 절박한 심정을 가눌 길 없습니다.

신은 지난번 교서를 통해 늙고 병든 저를 애처롭게 여겨 고된 직무를 허락하지 않으시는 성은을 입었습니다. 특별한 은혜가 이에 이르니 신으로서는 감히 당해내지 못할 뿐만이 아니지만 진실로 교지처럼 하려 하신다면, 홍화(弘化)의 중한 직책은 우선 면하도록 해주시옵소서. 신은 이에 땅에 엎드려 빌면서 또 날마다 은명(恩命)이 내려오기를 기다리겠습니다. 엎드려 비옵건대, 인자하신 성상께서는 애처로운 사정을 곡진하게 굽어살피시어 아울러 품계를 올린 자급(資級)도 특별히 저의 소원에 따라 거두도록 하신다면 신에게는 영광이요 다행이니, 몸이 부서진다 한들 어찌 보답할 수 있겠습니까.

신이 또 스스로 생각건대, 매우 온당치 않게 여기는 것이 있습니다.

---

32 주저하고 두려워하며 : 【攷證 卷3 首鼠】한나라 사마천의 《사기(史記)》 권107 〈무안후열전(武安侯列傳)〉에 "한(漢)나라 무안 후(武安侯) 전분(田蚡)이 어사대부(御史大夫) 한안국(韓安國)을 불러 수레에 태우고서 성을 내며 '내가 장유(長孺)와 함께 대머리 늙은이 하나를 함께 처치할까 하였는데, 어찌하여 머리 내민 쥐처럼 진퇴를 결정하지 못한 채 머뭇거린단 말인가.〔與長孺共一老禿翁, 何爲首鼠兩端.〕'라고 했다."라고 하였는데, 남송(南宋) 배인(裴駰)의 주석에 "쥐는 성질이 의심이 많아 쥐구멍을 나올 때 결행하지 못할 때가 많다. 이 때문에 양 끝 사이에서 머뭇거리는 태도를 수서라 한다."라고 하였다.

지난 3월 초 중국 사신이 회정(回程)한 뒤 여러 신하에게 단자와 향 등의 예물을 하사하셨습니다. 이는 바로 우리 성조(聖朝)에서 황은을 극진히 받들어 즐거움을 온 조정이 함께 누리는 것이기에 한편으로는 큰 경사를 더욱 크게 하는 것이고, 한편으로는 백관들의 노고에 대한 보답인데 신도 그 반열에 과분하게 끼이게 되었습니다. 신은 아직 찬성(贊成)의 명을 배수하지도 않았으니, 관직에 맞추어 내리신 하사품을 진실로 삼가 받기 어렵습니다. 또 신은 먼 곳에 떨어져 있어서 중국 사신의 내왕과 관련해 작은 공적 하나 없으니 무슨 명목과 의리로 감히 제신(諸臣)과 함께 하사품을 받겠습니까. 전에 내리신 단자(段子) 1필과 향 2봉을 삼가 천부(天府)에 회납(回納)하기를 바라니 윤허하여 주시길 청하옵니다. 신이 미약하고 구구한 분의(分義)를 편안히 지키도록 해주신다면 매우 다행이겠습니다. 번독(煩瀆)한 처신이 황송하여 오랜 뒤에야 사정을 아뢰어 죽을 죄를 청합니다. 이러한 사연을 아울러 차서를 갖추어서 잘 계달해 주십시오.……

숭품의 개정과 하사품의 회납을 비는 소장 (1) 5월 19일 【무진년(1568, 선조1, 68세). 예안(禮安)】

乞改正崇品幷回納賜物狀一　五月十九日

신이 삼가 우승지(右承旨)가 보낸 서장(書狀)을 받들어 보니, 찬성의 직책은 한사코 사양하므로 미약한 정성을 굽어살펴 특별히 체차(遞差)를 명하고, 이어 지경연사(知經筵事)로 속히 불러올리도록 하라는 유지가 있었습니다. 신은 비천하고 보잘것없는데 과분한 성은을 입은 것이 이처럼 지극한 데에 이르렀으니 만물을 생성(生成)하는 천지의 은택과도 같은 은혜에 무엇으로 보답하겠습니까. 신이 곧바로 달려가야 마땅하지만 마침 사사로운 사정으로 인하여 지병이 더욱 심해져 심열로 고통을 겪고 있기에, 이처럼 기승을 부리는 더위를 무릅쓰고 길을 나서는 것은 불로써 불을 부르는 격이라 몹시 걱정스럽습니다. 바라옵건대 날짜를 조금 늦추고 심열이 점차 가라앉기를 기다려 몸을 이끌고 나아가면 무더운 여정에 죽는 일이 없게 될 것이니, 궐에 나아가 은명(恩命)에 사례할 수 있으리라 생각됩니다. 다만 보잘것없는 정성으로 일품(一品)의 분수에 넘치는 지위를 끝내 받아들일 도리가 없으니 모두 함께 개정하여 주시기를 바라옵니다. 지난번에는 이 일과 하사품의 회납을 건의하는 문제로 또다시 글을 올려 감히 성상의 위엄을 번독하게 하고 말았습니다. 엎드려 비옵건대 자애로운 성상께서는 더욱 덕의(德意)를 넓히시고, 아울러 숭품의 개정과 하사품의 회납을 함께 허락하여 큰 은혜를 베푸소서. 신은 간절히 바라고 다행으로 여기는 구구한 마음을 가눌 길 없습니다. 이상의 사연을 차서를 갖추어서 잘 계달해 주십시오.……

KNW050(辭狀啓辭-29)(癸卷8:32右)(樊卷8:32右)

숭품의 개정을 비는 소장 (2) 7월 4일 【무진년(1568, 선조1, 68세), 문경(聞慶)】

乞改正崇品狀二 七月四日

번거롭게 말씀을 올려 황공하옵니다. 신이 분에 넘치는 숭품(崇品)의 사면을 빈 탓에 소명을 지체시킨 지 어느덧 반년이 지나니 죽을죄를 면할 길 없습니다.

　지난번 다행히 신료들의 계청(啓請)에 따라 찬성의 직책을 체차(遞差)하는 성상의 명을 받게 되었으니, 실상은 본품(本品)으로 돌려 제수하려던 조치였습니다. 사랑하는 마음이 이와 같음에 신은 감격하는 마음을 이기지 못하여 곧 글을 올려 사정을 말씀드리면서 아울러 숭품 일체를 아울러 개정하길 빌고, 본품으로 낮춰 한직에 머물도록 허락하시길 빌려 하였습니다. 이에 신이 겨우 붙어 있는 목숨을 억지로나마 부지하며 의진(擬進)하여 성은에 사례를 드리려 하다가 무더위로 병만 더한 채 간신히 여정 중간쯤에 이를 뿐이었습니다. 그사이 제수 목록을 삼가 보니 이어 판중추부사로 품계를 올려 제수하셨기에, 신은 갑자기 희망하던 뜻을 잃었지만, 오히려 서장(書狀)을 올려 아뢴 뒤 저의 소원에 따라 낮추어 제수하여 주시리라 멋대로 생각하고 있었습니다. 그런데 서장으로 아뢴 뒤에도 아직 윤허를 받지 못하였으니, 신의 처지가 너무나 어긋나서 진퇴가 근거를 잃어 괴롭고 걱정스러워 몸 둘 바를 모르겠습니다.

　만약 신과 같은 보잘것없는 자질로도 승탁(陞擢)의 영광을 감당할 수 있었다면 올봄 초에 명을 받고 즉시 달려가 소임을 맡았을 것이니, 무슨 까닭으로 성상의 노여움을 사면서까지 목숨을 걸고 애써 사양하며 시일만 끌었겠습니까. 이제 다행히 조정 대신들이 신의 미약한 정성의 딱한 사정을 아뢰고, 은혜로운 성상께서 허락하시어 큰 은총을 내려주셨습니다. 그런데 이내 중도에 그쳐 끝을 맺지 못하고 종전처럼 과분하게 제수하시니, 신이 전후의 소장에서 감히 함부로 받아들일 수 없다고 애써 드린 호소가 모두 허사로 돌아갈 뿐입니다. 신은 끝내 하늘을 속이고 세인을 미혹하여 자리를 훔치고 은총을 차지하려 한 죄를 면치 못할 것이오니 장차 무슨 면목으로 조신(朝臣)의 반열에 들 수 있겠습니까.

엎드려 바라옵건대 성상께서는 작은 충정을 통촉하시고 분수를 지키려는 정성을 굽어살펴 주옵소서. 성상께서 내린 명을 성상께서 거두시는 일은 문의 지도리를 돌리는 것과 같을 테니 무슨 어려움이 있겠습니까. 더욱이 과분한 직책을 사면받고 본래의 직임으로 돌아가는 것이 신의 진실한 소원이니 폄직(貶職)이나 삭탈(削奪)하는 조치가 아닌데 무슨 문제될 것이 있겠습니까. 신이 충정을 간직하면서 성상의 뜻을 얻어 종욕(從欲)[33]하게 된다면 신에게 내리신 영광과 총애는 더불어 비할 데가 없을 것입니다. 신은 간절히 바라고 비는 마음을 가눌 길 없습니다. 이상의 사연을 차서를 갖추어서 잘 계달해 주십시오.……

---

33 종욕 : 【譯注】 일흔 살을 말하는데, 여기서는 벼슬에서 물러나 종용(從容)히 나이 들어가는 것을 말한 것이다. 《논어(論語)》〈위정(爲政)〉에 "일흔 살에는 마음이 하고자 하는 바를 좇아서 했지만, 법도를 넘지 않았다.〔七十而從心所欲, 不踰矩.〕"라고 하였다.

숭품의 개정을 비는 소장 (3) 7월 13일【무진년(1568, 선조1, 68세). 충주(忠州)】

乞改正崇品狀三 七月十三日

7월 10일 내려보낸 동부승지(同副承旨) 서장(書狀)을 신이 이달 13일에 삼가 충주(忠州)에서 받들어 보니, 신의 판중추부사 사면과 숭품의 개정을 허락하지 않는다는 성지(聖旨)가 있었습니다.

  신이 길을 나선 뒤로부터 복질(腹疾)과 노열(勞熱)[34]이 수시로 나타나 맹렬한 더위를 무릅씀에 어렵게 목숨을 부지할 뿐 빨리 걷지 못하였습니다. 게다가 함께 길을 나선 손자가 병을 얻어 거의 죽게 될 지경이어서 중도에 버려두면 목숨을 구하지 못할 상황이라 데리고 가는 일이 긴요하였습니다. 이로 인하여 역사(驛舍)에서 지체하며 폐를 끼치니 국법을 현저히 어기게 되어 두려운 마음으로 대죄하고 있습니다.

  신이 종전에 세상을 속이고 은총을 독차지하려 한 죄가 올해 들어 더욱 심해졌는데 사면받아 면직될까 기대하였지만, 정성이 성상께 미치지 못하고 또 윤허도 받지 못하여 다시 진걸(陳乞)하고자 하니 공연히 죄만 가중될까 두렵습니다. 그러나 보잘것없는 정성을 성상께서 막지 않으시기에 이에 또다시 부월(鈇鉞)을 피하지 않고 하소연하고 있습니다.

  신은 생각건대, 반열의 차례와 품계가 자헌대부(資憲大夫)와 숭정대

---

[34] 노열 :【譯注】허로(虛勞)로 인해 열(熱)이 나는 것이다. 주된 증상은 기운이 가슴으로 치밀어 오르고 옆구리 아래가 답답하면서 치받치는 느낌이 있고 가슴이 답답하면서 등도 아프다.

부(崇政大夫) 사이에 실로 한 계급만 있을 뿐이니,[35] 이 직위는 매우 빛나고 존중받아야 할 자리입니다. 근래 변방의 장수가 병사를 이끌고 오지에 들어가[36] 적의 소굴을 소탕한 공이 없지 않아서 조정에 이 품계로 상을 내리도록 하였는데,[37] 대간들은 오히려 과한 것이라고 논집(論執)하고 있습니다. 신은 전후로 조그마한 노고와 털끝만한 보답도 없이 궁벽한 산중에 묻혀 있었는데, 알지 못하겠습니다만 무슨 명목으로 이 계급을 넘어 일품(一品)으로 승진할 수 있겠습니까. 이는 옛날이나 지금이나 세상에 절대 없던 일인데, 신이 불행히도 이런 일을 만난 것입니다. 신이 이런 까닭으로 우러르면 부끄럽고 굽어보면 두려워 몸에 가시가 돋은 듯하여 도망을 가려 해도 갈 곳이 없고 모면을 하려 해도 길이 없어 명을 받고도 지체하여 위엄을 범하게 되었으니 처지가 엎어져 옴짝달싹하지 못하는 형국입니다. 지금 상경한 이유는 이런 와중에도 품계를 낮추어 제수하신 은혜를 입었기 때문에 감격하여 달려가 사례를 드리려

---

35 자헌대부와⋯⋯뿐이니 : 【攷證 卷3 資憲崇政之間有一階】 곧 정헌대부(正憲大夫)를 말하니, 정2품 상(正二品上)의 관직이다. 숭정대부(崇政大夫)는 종1품 하, 자헌대부(資憲大夫)는 정2품 하이다.

36 오지에 들어가 : 【攷證 卷3 罙入】 원나라 웅충의 《고금운회거요》에 "'미(罙)'는 '깊다'는 뜻이다."라고 하였다. 《시경(詩經)》〈상송(商頌)〉에 "그 험한 곳을 무릅쓰고 들어가 형(荊)의 무리들을 모은다.〔罙入其阻, 裒荊之旅.〕"라고 하였다.

37 변방의⋯⋯하였는데 : 【攷證 卷3 邊將率兵云云】《국조고사(國朝故事)》에 다음과 같은 내용이 있다. "강계(江界)의 서쪽 양평(洋坪) 지역은 본래 우리 땅으로 토지가 비옥하여 호인(胡人)들이 와서 살았는데 내쫓으면 다시 돌아오곤 하였다. 이들을 몰아낼 때 지나는 길이 몹시 좁았는데, 위로는 절벽, 아래로는 깊은 연못이 있어 허공교(虛空橋)라고 불렀다. 절도사 김덕룡(金德龍)이 이곳에서 패하자 조정은 김수문(金秀文)으로 교체하고 강계 부사(江界府使) 장필무(張弼武)와 함께 몰래 군대를 움직여 급습하게 하여 부락에 불을 질러 남녀노소가 모두 타죽었다. 이로 인하여 조정에 승전을 보고하고 승자(陞資)되었다."

함이지, 구차한 말씀을 되뇌려 함은 아닙니다. 나아가고 물러남에 모두 처신을 제대로 하지 못하여 이와 같은 데에 이르렀으니 신의 참람한 죄 죽어 마땅합니다.

 삼가 생각건대, 성상의 마음에 이미 내린 명을 공연히 거두고 본래의 계급으로 도로 제수하시는 데에 어려움이 없을 수 있겠습니까. 그러나 숭정대부의 관작은 신이 아직 배수하지도 않았으니 제수한 뒤에 환수하는 것과는 비교할 바가 아닙니다. 이제 만약 자헌대부로부터 한 품계만 올려 제수하여 한직에 있도록 하시면, 이는 숭정대부로부터 등급을 낮추어 제수하는 게 아니라 바로 자헌대부로부터 등급을 올리는 것입니다. 성조(聖朝)는 과분하게 장려했던 뜻을 충분히 보일 수 있고, 미천한 신도 참람한 승직을 면하는 소원을 조금이나마 이루는 것입니다. 공로를 포상하는 데도 오히려 아껴야 할 막중한 자리를 공로도 없이 무릅쓰고 나아가는 미천한 신에게 주시니 지극한 영광과 행운을 비할 수 없을 것입니다. 성상의 우악한 은총을 어찌 뛰어넘겠습니까. 신이 진실로 이 자리의 막중함을 알았다면 신에게 있어서도 또한 참람한 짓이 되옵고, 이미 성상께서 마음을 다하여 과한 은혜를 내리심에 이처럼 하지 않으면 받들 수 없기에 감히 망령되고 우매함을 무릅쓰고 번거롭게 아룁니다. 삼가 바라건대 성상의 명철함으로 우매한 정성을 가련히 여기시어 덕음(德音)을 내리셔서 소원에 따라 숭품을 개정하여 주신다면, 신은 벼슬자리를 훔쳐 멋대로 나아가는 죄를 면하게 될 것이고 조정은 벼슬을 내리는 법도를 어지럽히는 잘못을 피하게 될 것이니, 어찌 두 가지를 온전하게 하는 도리가 아니겠습니까. 신은 두렵고 간절히 비는 마음을 감당할 수 없사옵니다.……

판중추부사로 사은한 뒤에 올리는 계 7월 24일 【무진년(1568, 선조1, 68세), 서울】

判中樞府事謝恩後啓 七月二十四日

소신은 어리석고 미혹하여 분수에 맞지 않는 직분에는 감히 염치없이 나아가지 않는 줄만 알았을 뿐, 임금의 부름에 급히 달려가야 하는 의리에는 도리어 제때 못한 점이 있습니다. 지난해 10월 이후로 소명(召命)이 거듭 이르러 아홉 번이 되고 열 번이 되도록 이제껏 끌어오다가 지금 와서야 사은하게 되니 법에 있어서 용서받을 수 없습니다. 신은 황공한 마음을 견디지 못하고 죄를 기다립니다.

KNW053〔辭狀啓辭-32〕〔癸卷8:35右〕〔樊卷8:35右〕

다시 올리는 계 같은 날 【무진년(1568, 선조1, 68세) 7월 24일. 서울】
再啓 同日

번거로움을 끼쳐 지극히 황공하옵니다. 신의 죄가 죽어 마땅하오나 성은(聖恩)이 너그러이 용서하여 주심에 목숨을 보전하여 대궐로 달려와 용안(龍顔)을 우러러 뵈오니 감격한 마음 가슴에 간직하여[38] 분골쇄신할 것을 생각할 뿐입니다. 다만 신이 늙고 병들어 죽음이 가까운 날에 초야에 묻혀 지내면서 세상을 속이고 은총을 받아 경(卿)의 서열에 이르니, 이미 참람함이 극에 달했는데 그래도 부족하여 다시 과분한 은혜를 입고 발탁되어 높은 품계에 이르렀으니 못나기 짝이 없습니다. 게다가 신이 본래 받은 품계는 사양하고 물러났다가 승진된 품계를 받는다면 이는 물러나서 명성을 구하고 다시 나아와서 이익을 누리는 것이니, 행적은 천박하고 명예와 절조는 땅을 쓴 듯 잃는 것입니다.

신은 전후로 올린 소장(疏狀)에서 그 잘못된 점을 극진히 아뢰었습니다. 그런데 이제 되레 그렇게 한다면 결국 죽는 날까지 돌이킬 수 없는 악행이 되어 천지간 어디에도 숨을 곳이 없는 신세가 될 것입니다. 신이 비록 아는 것은 없으나 부끄러운 줄 아는 마음이 아예 없지는 않으니, 어찌 감히 임금의 명을 핑계 삼아 함부로 관직을 받고 슬그머니 자리를 차지하여 청반(淸班)을 욕되게 하고 사풍(士風)을 무너뜨리겠습니까.

신이 죄를 지고 부끄러움을 품은 채 조정에 서기 어려운 이유가 바로

---

38 가슴에 간직하여 : 【攷證 卷8 銜戢】 살펴보건대, 즙(戢)은 간직하는 것이니, 감격한 마음을 가슴 속에 품어 간직하는 것이다.

여기에 있습니다. 삼가 바라옵건대 이 못난 성심을 가엾게 여기시고 특명을 내리시어 높은 품계를 고쳐서 바로잡고 준직(準職)에 임명하신 명을 환수하신다면, 소신은 거의 구구한 의리를 지킬 수 있을 것이요 성조(聖朝) 또한 작위와 상벌을 문란하게 한 허물이 없을 것이니, 이보다 큰 다행이 없겠습니다.

KNW054(辭狀啓辭-33)(癸卷8:35左)(樊卷8:35左)

홍문관 제학으로 사은한 뒤에 사면을 청하는 계 8월 5일

【무진년(1568, 선조1, 68세). 서울】

弘文館提學謝恩後辭免啓 八月五日

문한(文翰)의 막중한 책임은 신과 같이 늙고 병들어 혼매한 사람이 염치 없이 차지할 자리가 아닙니다. 지난 병인년(1566, 명종21)에 명종대왕께서 소신을 대제학에 임명하셨으나 신은 늙고 병들어 직임을 감당할 수 없었기에 바꾸어달라고 사양하였습니다. 그런데 이제 다시 제학에 임명하시니, 그 임무가 비록 대제학과는 직책의 경중이 현격히 다르기는 하지만 늙고 병든 몸이 직임을 감당할 수 없기는 마찬가지입니다.

　신은 늙고 병들어 혼매한 것이 예전보다 더욱 심하니, 청컨대 제학을 바꾸어 직임을 감당할 수 있는 사람을 가려서 제수하시기 바라옵니다. 또 소신에게 주강(晝講)과 석강(夕講)[39]에 다 들어오라는 전교가 있었습니다. 이는 소신이 특별히 다른 일이 없으면서 다시 정해진 규정 밖의 일을 하는 것이니 황공하여 감히 사양하옵니다.

---

39 주강과 석강 :【攷證 卷8 晝夕講】《퇴계선생연보》권2에 "전례에는 지경연(知經筵)만이 조강(朝講)에 들어갔는데, 정언(正言) 오건(吳健)의 계(啓)로 인하여 이황도 함께 주강과 석강에 들어가도록 명하였다."라고 하였다.

KNW055(辭狀啓辭-34)(癸卷8:36右)(樊卷8:36右)

신병으로 판중추부사 겸 대제학의 면직을 비는 소장 (1)

8월 8일【무진년(1568, 선조1, 68세), 서울】

判中樞府事兼大提學病告乞免狀一 八月八日

신은 심기(心氣)의 질환이 일로 인해 발병하고 조열(燥熱)까지 겸하여 온몸에 열이 나고 눈앞이 어질어질하며 가슴이 두근거려 이를 없애려 해도 더욱더 심해질 뿐만 아니라, 매년 추운 겨울이면 가래와 기침이 뿌리가 되고 온갖 병이 따라 발생하여 자주 죽을 지경이 되곤 합니다. 쌀쌀한 철을 만나 감기라도 걸리면 담증(痰症)이 갑자기 발작하여 심한 기침과 가래가 나면서 다른 병이 틈을 타서 복합적으로 되풀이되어 벼슬에 종사할 수 없으니 지극히 황공하옵니다. 신의 직책은 그대로 두되 또 이번 달 초 3일에 홍문관 제학으로 겸하여 임명하셨습니다. 신이 늙고 병들어 혼미하여 직책을 감당할 수 없으므로 바야흐로 간절히 사양하는 즈음에 초 6일에 이르러 대제학 박순(朴淳)[40]이 외람되이 잘못 추양(推讓)함으로 인해 문형(文衡)의 직임을 신에게 전가하여 맡겼으니, 신은 놀랍고 두려우면서 군색하고 급박한 마음을 이길 수 없어 몸 둘 바를 모르겠습니다.

신이 노둔한 재질로 이런 중병까지 더해지다 보니 책을 폐하고 읽지

---

40 박순 :【譯注】1523~1589. 본관은 충주(忠州), 자는 화숙(和叔), 호는 사암(思菴), 시호는 문충(文忠)이다. 대제학·이조판서·우의정·좌의정 등을 두루 거친 다음 1572년(선조5) 영의정에 올라 약 15년간 재직하였다. 일찍이 서경덕(徐敬德)에게 학문을 배우고 중년에 이황을 사사(師事)하였으며, 만년에는 이이(李珥) 및 우계(牛溪) 성혼(成渾)과 깊이 사귀었다. 저서로《사암집》이 있다.

않은 지가 삼사십 년이 되었으므로, 옛것은 잊어버리고 새것은 어두워 하나도 기억하지 못하며 손은 뻣뻣하고 생각은 메말라서 글을 짓기 더욱 어렵습니다. 지난 선왕조(先王朝 명종(明宗))에서 이 직책을 맡으라는 명을 받고 신이 사유를 갖추어 재삼 사양하였더니, 즉시 은혜를 입어 면한 지 이제 3년이 지나 늙고 병들어 혼미한 것이 날로 더욱 심합니다. 그런데 뜻밖에 과분한 중명(重命)을 받았으니 감당할 수 없는 일이라 결코 염치 없이 받을 의리가 없습니다. 하물며 더구나 이처럼 지극히 중요하고 지극히 엄선해야 할 직임을 이미 그 적임자를 얻어 맡겼는데, 어찌 일시적인 작질(爵秩)의 고하 때문에 쉽게 바꿀 수 있겠습니까? 보잘것없는 신은 간절히 바라오니 신에게 과분하게 숭정대부(崇政大夫)의 품계를 내린 것을 저의 바람대로 바로잡아서 본래의 품계인 자헌대부(資憲大夫)로 내려 주시면, 제학(提學)의 직임이 비록 타당하지 않더라도 신 또한 감히 굳이 사양하지 않겠습니다.

삼가 바라옵건대 성상께서는 자세히 살피시고 가엾게 여기시어 속히 윤허하여 어리석고 병들어 보잘 것 없는 신으로 하여금 그 분수를 지키도록 해 주시기 바라옵니다. 차서를 갖추어서 잘 계달해 주십시오.……

신병으로 판중추부사 겸 대제학의 면직을 비는 소장 (2)

8월 12일 【무진년(1568, 선조1, 68세), 서울】

判中樞府事兼大提學病告乞免狀二 八月十二日

신은 신병으로 사직하고 은혜를 입어 말미를 받아 며칠간 조리하였으나 차도를 보지 못한 채 외람되이 분에 넘치는 직책을 맡아 벼슬에 나아가지 못하니 더욱 황공함이 심합니다. 신의 직책은 그대로 두더라도 문형(文衡)의 직임은 지극히 중대하니 국가의 사명(辭命 임금의 말씀과 명령)을 관장하여 사대교린과 공덕을 찬술하는 등 일체 글을 짓고 윤색하는 일을 맡아서 책임지지 않는 것이 없습니다. 소신은 늙고 혼미하며 병이 들어 정신과 근력이 전부 고갈된 상태이니 힘든 것을 참아가며 문장을 짓는 일은 평상시라도 결코 감당할 수 없는 일인데, 더구나 선조(先朝)의 실록을 수찬(修撰)하려고 이제 개국(開局 담당 부서를 설치함)을 하였으니 총재(總裁) 이하 이를 의논하여 결정하는 것이 오로지 주문(主文 문형)의 책임입니다.

  신은 매년 겨울이면 가래와 기침 등 한질(寒疾)로 걸핏하면 위독한 상태가 되곤 하는데, 지난 겨울과 봄 네다섯 달 동안에는 문을 닫고 나가지 않아 벼슬에 종사할 수 없었습니다. 지금 비록 망령되이 은명(恩命)을 받는다고 하더라도 오래지 않아 일을 못 하고 자리를 비워서 부득이 도로 교체하지 않으면 안 될 것입니다. 박순(朴淳)은 나이가 젊고 학업이 뛰어나니 선임되어 직무를 수행함에 결함이 없고 진실로 중망(衆望)에 부합합니다. 그런데 하루아침에 한갓 신의 외람된 직위를 올리기 위해 함부로 교체해 버린다면 박순에게는 대제학을 정중히 대하는 예가 아니며,

제가 망령되이 받았다가 도로 면직하게 되면 신에게는 또 분수에 넘치고 어진 이를 방해하는 죄를 더하게 되는 것일 뿐만 아니라 성조(聖朝)의 처사에 있어서도 또한 매우 잘못된 일입니다.

　이 일의 곡절을 환히 살펴서 속히 대제학을 바꾸어 뽑으라는 명을 도로 거두도록 명하시고 종전대로 박순에게 맡기신다면, 조정의 조치에는 하자가 없고 신하들은 각기 마땅함을 얻게 될 것입니다. 차서를 갖추어서 잘 계달해 주십시오.……

신병으로 판중추부사 겸 대제학의 면직을 비는 소장 (3)

8월 15일 【무진년(1568, 선조1, 68세), 서울】

判中樞府事兼大提學病告乞免狀三 八月十五日

신은 심열(心熱)[41]과 담연(痰涎)[42]이 한꺼번에 발병하여 재차 말미를 받아 조리하였으나 병이 낫지 않아서 여러 날 자리를 비우고 일을 하지 못하였으니 황공하여 몸 둘 곳이 없습니다. 신의 직책은 그대로 두더라도 이제 동지사(冬至使)의 문서를 마감(磨勘)[43]하는 일과 실록청(實錄廳)을 개설함에 문형(文衡)의 직임은 하루라도 결원이 있어서는 안 됩니다. 신이 본래 늙어서 정신이 혼미한데다 계절마다 병을 더한 것이 이와 같아서 직임을 감당할 수 없다는 것은 많은 사람이 다 아는 사실일 뿐 아니라, 겨울이 다가옴에 네다섯 달 동안 한질(寒疾)로 일을 보지 못하여 막중한 소임을 수행하지 못하리라는 것을 분명히 알 수 있으니, 어찌 함부로 나아갈 수 있겠습니까. 신이 감히 받들어 시행할 수 없을 뿐만 아니라 세상 사람들이 모두 온당치 않다고 여길 것입니다. 신에게 대제학을 겸하도록 하신 명을 아울러 거두어들이시고 그대로 전임에게 내리시길 아뢰옵니다.……

---

41 심열 : 【譯注】 심기(心氣)나 심화(心火)가 성(盛)해서 일어나는 여러 가지 열증으로 얼굴이 붉어지거나, 가슴이 답답하고, 가슴이 아프며, 손바닥에서 열이 나고, 입이 마르는 등의 증상이 나타난다.

42 담연 : 【譯注】 '느침'이라고 하며, 가래가 섞여 길게 흐르는 끈적거리는 침을 말한다.

43 마감 : 【譯注】 송나라 때 마감원(磨勘院)을 설치하여 관리들의 성적을 고과(考課)한 데에서 유래한 말로, 회계(會計)를 마무리 짓거나 일을 매듭짓는다는 뜻으로 쓰인다.

KNW058(辭狀啓辭-37)(癸卷8:38左)(樊卷8:38左)

대제학으로 사은한 뒤에 사면을 청하는 계 (1) 8월 23일 【무진년(1568, 선조1, 68세). 서울】

大提學謝恩後辭免啓一 八月二十三日

신은 문임(文任)을 감당할 수 없는 고민스럽고 절박한 심정을 이미 아뢰었으므로, 감히 번거롭게 낱낱이 다시 들지 않겠습니다. 그중에 심질(心疾)이 가장 심한데, 30년 전 거상(居喪)⁴⁴할 때 기운이 허약하여 이 증세가 심하게 나타나서 거의 정신을 잃기도 하였습니다. 그 뒤로 비록 간신히 소생하기는 하였으나 병의 뿌리가 깊이 고질이 되어 약간만 잘못 조리해도 다시 발병하곤 합니다. 이렇게 노쇠한 상황에서 갑자기 중책을 맡게 되니 산이 머리를 짓눌러 이마가 깨질 듯하고 가슴이 떨려 잠시도 편안하지 못합니다. 실로 이것은 심병(心病)으로 인한 것으로 밤낮으로 두렵고 곤욕스러우니 억지로 임무를 수행한다면 장차 구제하기 어려울 것입니다. 감히 다시 죽음을 무릅쓰고 아뢰오니, 엎드려 바라옵건대 속히 윤허해 주셔서 대제학을 개차(改差)하여 주옵소서.

---

44 거상 : 【譯注】상중(喪中)에 있다는 뜻으로, 이황이 1537년(중종16) 모친 박씨(朴氏) 부인의 상을 당하여 3년 상을 치른 것을 말한다.

KNW059〔辭狀啓辭-38〕〔癸卷8 : 39右〕〔樊卷8 : 39右〕

두 번째 올리는 계 같은 날 【무진년(1568, 선조1, 68세) 8월 23일. 서울】

再啓 同日

문인의 타고난 재능은 또한 저마다 같지 않아서 관각(館閣) 사륜(絲綸)[45]의 글도 있고, 초야(草野)의 한미하고 곤궁한 글도 있습니다. 신은 본래 문재(文才)가 없어 비록 문장을 꾸미는 일[46]에 대해서 대략 일부를 엿보기는 하였으나[47] 다만 초야의 한미하고 곤궁한 습관에 젖은 글이니, 어찌 관각 사륜의 글에 쓰일 수 있겠습니까. 하물며 표전(表箋)과 같은 대구(對句)의 글에는 어두워 체재(體裁)가 어떠한지 모릅니다. 옛사람이 이르기를, "미리 인물을 알지 못하여 그 재주에 걸맞지 않은 지위에 있게 한다면 이는 사람을 버리는 것이다."라고 하였습니다. 또 이르기를, "사람은 각각 능함과 능하지 못함이 있으니 윗사람이 아랫사람을 부릴 때 그 능하지 못한 것을 억지로 시키지 않으므로 아랫사람이 윗사람에게 죄를 얻지 않는다."라고 하였습니다.

---

45 사륜 : 【譯注】임금이 내리는 말과 글. 조서(詔書)를 말한다. 《예기(禮記)》〈치의(緇衣)〉에 "임금의 말이 실과 같지만 밖으로 나가면 명주실처럼 커지고, 임금의 말이 명주실 같지만 밖으로 나가면 밧줄처럼 굵어진다.〔王言如絲, 其出如綸, 王言如綸, 其出如綍.〕"라고 하였다.

46 문장을 꾸미는 일 : 【攷證 卷3 雕篆】한나라 양웅(揚雄)의 《법언(法言)》 권2〈오자(吾子)〉에 "부(賦)라는 것은 동자 시절에나 짓던 조충전각(雕蟲篆刻)과 같은 일로서 장부가 되어서는 짓지 않았다."라고 하였다.

47 일부를 엿보기는 하였으나 : 【譯注】원문의 '규일반(窺一斑)'은 '규표일반(窺豹一斑)'의 줄임말로, 대통 구멍으로 표범을 보면 전체의 무늬를 보지 못하고 겨우 일부의 무늬만을 볼 뿐이라는 '관중규표(管中窺豹)'와 같은 말이다.

이제 신이 이 직임을 받으면 '재주에 걸맞지 않은 지위에 있게 하여 사람을 버리는' 셈이니, 신이 감히 무지와 무능을 아뢰지 않고서 억지로 그 책무를 감당한다면 자리를 비우게 되는 죄를 얻고 조정에 수치를 끼치는 일이 반드시 있게 될 것입니다. 그때 가서 비록 다시 신의 죄를 다스리고 고치려 해도 후회막급이 될 것입니다. 그러므로 신은 간절히 사면을 청하오니 어찌 다만 사사로운 근심 때문이겠습니까. 삼가 바라옵건대 속히 시행하셔서 대제학을 개차(改差)하옵소서.

KNW060(辭狀啓辭-39)(癸卷8:39左)(樊卷8:39左)

세 번째 올리는 계 같은 날 【무진년(1568. 선조1. 68세) 8월 23일. 서울】
三啓 同日

신에게 있어 문형(文衡)의 막중한 임무는 나이로나 건강 상태로나 재능으로나 모두 감당할 수 없는 것입니다. 게다가 겨울 추위가 임박하니 실록청의 직임 또한 감당할 수 없습니다. 처음에 의견을 모을 때 대신들이 범범하게 말하였는데,[48] 이제는 사람들의 평이 모두 감당할 수 없을 것이라고 하니 대신들이 어찌 듣고서 알지 못하겠습니까. 엎드려 바라옵건대 다시 자문을 구하셔서 막중한 임무를 속히 정한다면 이보다 다행한 일이 없겠습니다.

---

48 대신들이 범범하게 말하였는데 : 【攷證 卷3 大臣泛論云云】《퇴계선생연보》권2에서 총재관(總裁官) 홍섬(洪暹)이 계(啓)하기를 "이황은 사문(斯文)의 숙유(宿儒)로서 필삭(筆削)을 논의할 때 없어서는 안 될 사람이니, 명하여 실록청 당상으로 삼으소서."라고 하였다.

네 번째 올리는 계 8월 24일 【무진년(1568, 선조1, 68세), 서울】

四啓 八月二十四日

엊그제 내리신 전교(傳敎)에 "심질(心疾)을 잘 조리하여 저절로 편안해지도록 하라."고 하시니, 신은 황공함을 이기지 못하겠습니다. 대개 심질의 조리는 가장 어려운 일이니, 10년을 보양(保養)하여 간신히 조금 나았다가도 하루라도 다시 도지게 되면 전에 공력을 들인 것이 모두 허사가 되고 말아서, 한번 촉발하면 요동하여 찌는 듯 타올라서 차분히 다스리고자 해도 그럴수록 더욱 심합니다. 하물며 문형(文衡)의 직임은 온갖 책임이 집중되는 곳이니 어찌 감당할 수 있겠습니까.

한유(韓愈)가 말하기를, "억지로 직임을 수행한다면 반드시 미친병이 날 것이다."[49]라고 하였습니다. 한유는 바야흐로 기운이 왕성할 나이였는데도 오히려 이러한 근심이 있었습니다. 신의 경우는 죽음이 가까운 칠십의 나이로 실낱같은 목숨에 심질이 거듭 발병하니 억지로 누를수록 타올라서 끝내 어찌 될지 알 수 없습니다. 이 때문에 근심스러워 어찌할 줄을 모르겠사오니, 삼가 바라옵건대 대제학을 개차(改差)하도록 속히 명하옵소서.

---

49 억지로……것이다 : 【攷證 卷3 抑而…狂疾】당나라 한유(韓愈, 768~824)가 덕종(德宗) 정원(貞元) 15년(799) 2월에 쓴 〈장 복야에게 올리는 편지[上張僕射書]〉에 나오는 말이다.

다섯 번째 올리는 계 같은 날 【무진년(1568, 선조1, 68세) 8월 24일, 서울】
五啓 同日

여러 번 아뢰어 황공하옵니다. 비록 본래 글에 능한 사람이라 할지라도 나이가 많고 기운이 쇠하면 지은 시문(詩文)이 마치 몽당붓으로 글씨를 쓴 것처럼 조금도 예리한 기세가 없고 무딘 칼로 그릇에 새긴 것처럼 형상을 이루지 못하니, 이는 고금의 공통된 근심입니다. 소신은 젊을 때부터 글을 잘 짓지 못하였는데다 병으로 글을 읽지 못하였으니, 이제 이미 죽음이 가까운 나이로 어찌 능히 문장을 지어 이 막중한 책임을 감당할 수 있겠습니까. 되풀이해서 헤아려 보아도 결코 감당할 수 없으니, 청컨대 대제학을 개차(改差)하도록 속히 명하옵소서.

KNW063(辭狀啓辭-42)(癸卷8:41右)(樊卷8:41右)

여섯 번째 올리는 계 같은 날 【무진년(1568, 선조1, 68세) 8월 24일. 서울】
六啓 同日

지금 세상의 의론이 모두 신이 대제학의 직임을 감당할 수 없을 것이라고 들 하니, 그 사람들이 어찌 신에게 사사로운 감정을 가지고 저의 편의를 봐주려는 것이겠습니까. 신이 늙고 병들어 혼미하여 근력과 정신이 결코 감당할 수 없음을 사람들은 모두 알고 있으므로, 그 말이 약속이라도 한 듯 같은 것입니다. 이제 중론(衆論)을 돌아보지 않으시고 중요한 직임 을 감당하지 못할 사람에게 가벼이 주신다면 일을 망치고 나라를 욕되게 할 터이니 이 일을 어찌하겠습니까?

'성교(聖敎)는 항상 중요한 직임을 가벼이 고칠 수 없다.'라고 하였으 니, 신이 비록 사은(謝恩)하고서 이어서 계속 사직하였으나 아직 윤허의 명을 받지 못하였사온데, 이는 본래 하던 사람에게 그대로 일을 맡기는 것이요 실로 명을 고치는 것이 아니니 무슨 어려움이 있겠습니까. 청컨 대 속히 윤허해 주셔서 문임(文任)의 중요한 직책을 정하시옵소서.

KNW064(辭狀啓辭-43)(癸卷8:41左)(樊卷8:41左)

신병으로 이조판서의 면직을 비는 소장 (1) 기사년(1569, 선조2, 69세) 1월 6일 【서울】

吏曹判書病告乞免狀一 己巳正月六日

신은 지난달 숙배(肅拜)한 뒤로 며칠 동안 벼슬에 나갔다가 한질(寒疾)이 다시 발병하여 원기(元氣)가 허약해지고 심열(心熱)이 더욱 심해져서 잠결에도 놀라고 꿈에도 놀라며 번번이 객오(客忤)[50]에 걸리며 담이 차고 흉격이 막히며 얼굴에는 부기가 올라 갖가지 위험한 증상이 추위를 타면 더욱 심해집니다. 엎드려 나라의 명을 기다리던 차에 뜻밖에도 외람되이 이조판서에 제수되는 은명(恩命)을 입었으나, 신병(身病)이 깊어 때맞추어 벼슬에 나아갈 수 없을 뿐만 아니라 신은 지난날 본조(本曹 이조(吏曹))의 낭관(郎官)도 지낸 적이 없으니 한결같이 관리 임용의 제도와 원칙에 대해 전혀 알거나 익숙하지 못합니다. 또 근래에는 오랫동안 먼 시골에 있느라 당대의 인재와 여론에 대해 까마득히 분별하지 못합니다. 막대하고 중요한 직임을 신과 같이 못나고 막힌데다 혼미하여 고질병까지 더한 사람이 어찌 감히 함부로 훔치고 자리를 비게 하여 성스러운 덕치(德治)에 누를 끼칠 수 있겠습니까. 신은 황공하고 절박함을 견디지 못해 스스로 몸 둘 곳이 없습니다. 신의 직책을 경연관(經筵官)·춘추관(春秋官)과 아울러 모두 본래대로 거두어 주소서.

---

50 객오 : 【譯注】 사기(邪氣)에 해당하는 객기(客氣)가 갑자기 몸에 침범하여 정신을 잃는 증상이다. 집 밖에서 주로 걸리며 객오에 걸리면 생명이 위중해진다.

KNW065(辭狀啓辭-44)(癸卷8:42右)(樊卷8:42右)

신병으로 이조판서의 면직을 비는 소장 (2) 1월 11일 【기사년 (1569, 선조2, 69세). 서울】

吏曹判書病告乞免狀二 正月十一日

    신의 병은 우연히 발병하는 것이라 다 말씀드리지 못합니다만, 세월이 오래되어 추운 계절이면 더 잘 발병하여 날로 깊어져 고질이 되었으니, 차도를 보아 벼슬에 나아가려 해도 기약을 정하기 어렵사옵니다. 노쇠하고 혼미하며 심질(心疾)과 건망증으로 오늘은 어제의 일을 기억하지 못하고 저녁이면 벌써 아침의 일을 잊어버리며, 흑백과 청탁을 까마득하게 분별하지 못하는데, 한 나라의 허다한 인물과 관직의 서열들을 어떻게 자질과 높낮이를 헤아려 알맞게 조처하여 성대한 정치에 만에 하나라도 도움이 되겠습니까?

    다만 신의 마음속에서 스스로 감당하지 못할 뿐 아니라 조정의 논의나 항간의 여론도 모두 감당할 수 없는 직임이라고 여깁니다. 경연(經筵)과 사국(史局)에도 오래도록 참여하지 못하여 신은 지극히 황송하고 민망한 마음을 견디지 못하겠습니다. 신에게 새로 내리신 이조판서의 직책은 경연관·춘추관과 아울러 모두 본래대로 거두어 주소서.……

KNW066(辭狀啓辭-45)(癸卷8:42左)(樊卷8:42左)

신병으로 이조판서의 면직을 비는 소장 (3) 1월 14일【기사년 (1569, 선조2, 69세), 서울】

吏曹判書病告乞免狀三 正月十四日

신은 이제까지 내리신 직책마다 사양하여 죄를 지고 황공하옵니다. 2품의 직책을 내리심은 신이 평소에 바라던 것이니, 신이 만약 그 직임을 감당할 수 있다면 어찌 감히 거짓으로 사양하여 스스로 그 죄를 무겁게 하겠습니까. 다만 신은 본성이 어리석고 못나 세상일에 능통하지 못한데다 늙고 병들어 정신이 혼미하니 일에 임해서 까마득하여 어찌할 줄을 모릅니다. 만약 이 일을 맡게 되면 반드시 낭패를 보아 국은을 저버리고 몸을 망치게 될 것입니다. 그러므로 지난번 이상(貳相 의정부 좌우찬성(左右贊成)의 별칭)과 문형(文衡) 등의 직책은 모두 감당할 수 없었기에 다행히 은총을 입어 면직되었습니다. 하물며 이 천관(天官 이조(吏曹))의 직책은 국가를 관장하는 큰 정사(政事)로 인물을 전형하는 지극히 중요한 임무이니, 지금 만약 사양하지 않고 염치없이 맡았다가 인재를 등용하는 일이 전도되어 조정의 정사가 날로 그릇되고 나라를 병들게 하고 정치를 해친 다음에야 뒤늦게 죄를 받는다면 신이 비록 만 번을 죽더라도 일에 무슨 도움이 되겠습니까? 당초 조정의 논의가 신이 감당할 수 없음을 모르지 않았지만, 다만 관례에 따라 우선 한번 충원해 보려고 은명(恩命 임금의 명)을 잘못 내린 것입니다.

　신이 어찌 감히 그릇된 줄을 알면서 망령되게 받아서 스스로 나라의 법도를 범할 수 있겠습니까. 신은 몹시 근심스럽고 절박함을 이기지 못하겠습니다. 신에게 내리신 이조판서의 직책을 경연관·춘추관과 함께 아울러 본래대로 거두시고 저를 한직에 두신다면 조금이나마 신의 분수에 평안하겠습니다.……

판중추부사를 사은한 뒤에 사면을 청하는 계 1월 20일 【기사년(1569, 선조2, 69세). 서울】

判中樞府事謝恩後辭免啓 正月二十日

    신은 늙고 병든 몸으로 직위를 훔쳐서 오래 죄를 지고 있었는데, 요사이 죄를 지고 있는 중에 또 거듭 죄를 얻었습니다. 신은 지난해부터 외람되이 높은 반열에 올라서 비록 사양하였으나 윤허를 얻지 못하고 구차히 그 자리를 채우고 있으면서 낮은 품계의 직책으로 내려 주시기를 여러 차례 간절히 빌었는데, 근래에 와서 그보다 낮은 품계를 제수받고 나서는 또 그 직임을 감당할 수 없어서 부득이 사양하여 감히 받지 못하였습니다. 소신은 병들어 노쇠한 몸이라 어디에도 쓰이기에 맞는 곳이 없고 나아가고 물러남에 명분을 잃어 면목 없음이 이미 심하니, 죄를 따져 내치시는 것이 분수에 당연합니다.

    그런데 뜻밖에도 관대한 은전(恩典)으로 죄를 내리지 않으셨을 뿐 아니라 도리어 이전의 직책보다 올려서 제수하셨으니, 신이 전후로 벼슬을 사양하거나 받았던 진정과는 크게 어긋나게 되어 신은 몹시 부끄럽고 두려운 마음을 이기지 못하겠습니다. 전날에 원했던 것은 이제 도리어 사양하고 지금 다시 받은 것은 전에 한사코 사양했던 것이니, 신이 만약 염치없이 맡는다면 여론이 반드시 신을 용납하지 않을 것입니다. 삼가 바라옵건대 성군(聖君)의 자애로움으로 이 다급한 심정을 굽어살피시어 속히 신을 직책에서 내쫓도록 명하시어 미천한 신이 죄를 면하고 분수에 편안하게 하시고, 또한 태평성대에 사대부들의 예의와 염치의 풍속이 신으로 인하여 무너지지 않도록 하신다면 이보다 더 다행함이 없겠습니다.

KNW068(辭狀啓辭-47)(癸卷8:44右)(樊卷8:44右)

치사를 비는 소장 4월 4일 【기사년(1569, 선조2, 69세), 서울】

乞致仕狀 四月四日

신은 2월 그믐 전부터 삼가 궐문 밖으로 나아가 엎드려 치사(致仕)하여 뼈라도 고향 마을로 돌아가게 해 주시기를 청하여 연이어 4차례 차자(箚子)를 올렸으나 아직 윤허의 말씀을 듣지 못하였습니다. 3월 초 4일이 되어 외람되이 들어와 뵈라는 하명을 받고서 다시 진심을 토로하여 간절함을 다하여 아뢰었고, 이에 윤허를 받아 절하고 물러났습니다. 이는 대개 실로 늙고 병든 신의 진정에 하늘의 살피심이 밝게 비침이며 본래 불쌍히 여김이 있었기 때문입니다. 뵙고 진술하던 날에도 임금의 마음속에 어여삐 여기심이 두터워 특별히 은명(恩命)을 내리심이 이렇듯 남다르게 우대하셨으니, 소신에게는 종전에 직위를 훔치고 국은을 저버린 죄를 모두 불문에 부치시고 신으로 하여금 허물을 씻고 죄에서 벗어나 돌아가 의리를 다하려는 소원을 이루게 하셨습니다. 성대한 덕과 크나큰 은혜는 하늘처럼 끝이 없습니다. 더욱이 사사로운 귀향에 역마를 보내주시니 은총이 지나치셨고 의복과 곡물을 내려 주심이 빈번하셨으니[51] 신의 분수에 더욱 감당할 수 없습니다. 이미 사양하기도 어렵고 보답할

---

51 사사로운……빈번하셨으니 : 【攷證 卷3 私歸驛送…錫賚便蕃】《퇴계선생연보》권2에 "기사년 3월 은퇴를 청하여 윤허를 받다. 표범 가죽 요〔豹皮褥〕1부, 호초 2말을 내리고 본도(本道)에서 양식을 지급하게 하였으며, 또 연도에서 역마와 예선군(曳船軍)을 지급하여 돌아가는 길을 호위하도록 하셨다."라고 하였다. ○ 살펴보건대, 인(裀)은 본래 인(茵)이니《모시(毛詩)》권6 주석에서 '인(茵)은 범의 가죽이다.'라고 하였다. '편번(便蕃)'은 성대하고 많다는 뜻이니,《춘추좌씨전》노 양공(魯襄公) 11년 12월 조에 "많은 속국들이 좌우에서 또한 이끌고 와서 따랐다."라고 하였다.

길도 없어서 다만 몹시 황송하고 감격한 마음만 더할 뿐입니다.

　가만히 삼가 생각하옵건대 신이 이미 은혜를 입어 한가로이 돌아가게 되었으나 미천한 성명(姓名)이 아직도 관직의 명부에 있으니, 몸은 초야에 있으면서 직책은 관직을 차지하고 있다면 의례(義例)에 비추어 볼 때 아주 잘못된 일입니다. 하물며 강관(講官 경연관)은 지극히 막중하고 사관(史館 춘추관)은 지극히 엄중한 자리인데, 먼 외지에서 죽을 때가 가까운 신이 어찌 감히 함께 겸하여 조정에서 관직을 두는 엄중한 체재를 허물 수 있겠습니까? 삼가 바라옵건대 성군(聖君)의 자애로움으로 곡진히 헤아려 살피시고 덕음(德音)을 펴시어, 전에 아뢴 것처럼 명나라의 설선(薛瑄)[52]이 1년을 지키지 않고서도[53] 치사했던 사례에 근거하여 신에게 '치사(致仕)' 2자를 허락해 주신다면, 비록 본직(本職)[54]으로 초야에 있더라도 혐의스럽지 않을 것입니다. 혹시라도 그렇지 못하다면 삼가 청하옵건대 모름지기 본직(本職)과 겸직(兼職)을 한꺼번에 모두 개차(改差)하신다면, 성스러운 조정에는 자리가 비는 일이 없고 어리석은 신하

---

52 설선 : 【譯注】 1389~1464. 명나라의 정치가이자 철학자로, 자는 덕온(德溫)이다. 주희의 학통을 계승하여 정주 이학을 천명했으며, 백록동 학규(白鹿洞學規)를 강의하여 사람들이 '설부자(薛夫子)'라고 불렀다. 【攷證 卷3 薛瑄】 김육(金堉)의 《황명기략(皇明紀略)》에 "선(瑄)은 산서성(山西省) 하진(河津) 사람이니 시호는 문청(文淸), 호는 경헌(敬軒)이다. 범중엄(范仲淹)과 위순(魏純) 두 선생을 좇아서 주자(周子)・장자(張子)・정자(程子)・주자(朱子)의 글을 강론하였으며, 그 학술은 경(敬)을 주로 하여 성(性)을 회복하는 것을 귀하게 여겼고, 그 출처는 분명하고 고결하였으며, 저서로 《독서록(讀書錄)》 20권이 있다."라고 하였다.

53 1년을 지키지 않고서도 : 【攷證 卷3 不準一歲】 살펴보건대, 예(禮)에 '70에 치사'라 하였는데 설공(薛公)이 치사할 때는 나이가 69세였다. 선생이 치사를 청한 때도 69세이므로, 원용하여 예로 삼은 것이다.

54 본직 : 【譯注】 당시 이황이 맡고 있던 '판중추부사'의 직책을 말한다.

는 나라의 법도를 어기는 일을 면하게 될 것입니다. 신은 간절히 기원하고 바라는 마음을 이길 수 없습니다. 이상의 사연을 차서를 갖추어서 잘 계달해 주십시오.……

교서관·활인서 양사 제조의 사면을 청하는 사장 경오년
(1570, 선조3, 70세) 1월 【24일 추정, 예안(禮安)】
辭免校書館·活人署兩司提調狀 庚午正月

신은 지난해 3월 윤허를 얻어 향리로 돌아온 뒤, 신의 본직(本職)인 판중추부사와 겸직인 지경연춘추관사를 사직하는 소장(疏章)을 올렸고 이어서 치사(致仕)를 청하였으나, 정성이 임금께 이르지 못하여 윤허를 받지 못하였는데 황공하옵고 번거로움을 끼치는 것 같아 다시 감히 사면을 청하는 진정을 올리지 못한 채 문득 1년이 지났으니 신의 죄가 지극히 무겁습니다. 이제 신의 미천한 나이가 마침 70이 다 찼으므로 나이로 치사할 것을 글로 갖추어 성상께 진술하여 청하였고 밤낮으로 은명(恩命)이 내리시기를 간절히 기원하였으니, 신의 본직(本職)과 겸직(兼職)은 원래 고사(故事)가 있사옵니다. 신이 일전에 받은 교서관(校書館)과 활인서(活人署) 양사(兩司)의 제조(提調)도 자연히 교체 면직될 것이기에 굳이 따로 사면을 청하는 소장을 갖추지 않았습니다. 소신은 당초에 망령된 생각으로 위의 양사 제조는 신의 몸이 물러난 뒤에 전조(銓曹 이조)에서 응당 즉시 교체할 것을 계청(啓請)할 것이라 잘못 헤아려서 한 번도 사면을 청하는 진정을 올리지 않았습니다. 지금에야 처음 듣건대 아직도 교체되지 않아서 해가 바뀌도록 결원(缺員)이 되어 업무가 비어있다 하고 맡은 일 또한 그리 가볍지 않으니, 신은 황공함을 이길 수 없어 죄를 기다립니다. 이러한 사연을 차서를 갖추어서 잘 계달해 주십시오.……

KNW070(辭狀啓辭-49)(癸卷8:45左)(樊卷8:45左)

소명을 공손히 받고 올리는 소장 2월 20일 【경오년(1570, 선조3, 70세), 예안(禮安)】

召命祗受狀 二月二十日

이번 달 20일에 삼가 받은 동부승지(同副承旨)의 서장(書狀)에서 '치사의 청을 허락하지 않으시고 직책의 교체도 허락하지 않으시고 역마를 타고 올라오라'는 유지(有旨)가 있었으니, 명을 받들고 떨려서 몸 둘 바를 모르겠습니다. 신은 노환이 깊어 명을 받고 달려갈 수 없어 응당 따로 글을 갖추어 치사하는 뜻을 아뢰어 청한 다음, 삼가 저의 사실(私室)에서 초석(草席)을 펴고 엄한 견책을 기다립니다. 이러한 사연을 차서를 갖추어서 잘 계달해 주십시오.……

KNW071(辭狀啓辭-50)(癸卷8:46右)(樊卷8:46右)

치사를 비는 소장 4월 4일【경오년(1570, 선조3, 70세) 4월 14일.⁵⁵ 예안(禮安)】

乞致仕狀 四月四日

　신은 지난달 나이가 많고 병이 중한 것으로 글을 올려 치사를 청하고 날마다 은명(恩命)이 내리기를 기대하였습니다. 이번 달 11일에 삼가 승정원의 서장(書狀)을 받아보니 '성은(聖恩)이 변함없고 하유(下諭)가 간절하시며 심지어 앞의 조정에서 치사시키지 않았던 전고를 인용하여 신의 치사를 허락하지 않으시고, 역말을 타고 올라오라는' 유지(有旨)를 상세히 진술하였으니, 엎드려 서장의 글을 읽고 놀라고 당황스러워 몸 둘 바를 모르겠습니다.

　신은 용렬하고 볼품없어 뭇 신하 중에 가장 아래인데 허위로 품계를 뛰어올라 자리를 훔치고 국은을 저버렸습니다. 신은 그런 이유로 만 번 죽음을 무릅쓰고서 물러나기를 구한 것이니, 만에 하나라도 하늘을 속인 죄를 조금이나마 면하려는데 불과한 것입니다. 더구나 이미 물러난 뒤에 마침 늙어 치사할 나이가 되었으니, 진실로 이러한 때에 성은을 입지 못한다면 신이 성조(聖朝)를 저버린 죄를 죽음에 이르도록 피할 수 있겠습니까? 또한 선왕들의 전고는 실로 그 사람의 진퇴가 국가의 경중에 관련될 만한 신하를 말한 것이지, 신의 경우는 조정의 반열에 참여했을

55　4월 14일 :【譯注】이황이 치사(致仕)를 청하면서 소명(召命)을 사양한 서장으로, 계본(癸本)의 제목 아래 세주에는 경오년(1570) 4월 4일에 지어서 올린 것으로 되어 있으나, 초본(初本)·갑본(甲本)·변본(樊本)·중본(中本)의 두주와 교정 등을 참작하여 4월 14일로 추정하였다.

때 책임은 산처럼 무거우면서 도움은 터럭만큼도 없어서 구구하게 반열에 끼어있더라도 있어도 없어도 그만이니[56] 어찌 국가의 경중에 관련이 있겠습니까. 이제 만약 앞뒤를 살피지 않고 이미 물러났다가 다시 나아간다면 더구나 현인군자가 나아가는 길을 방해하는 것이니, 이는 이 미혹한 신하의 일로 성스러운 조정의 처사에 오류를 남겨서 온 세상에 웃음거리를 전하고 만세에 조롱을 받게 될 것입니다. 신이 비록 왕명을 받들어 달려가고자 하더라도 의리상 그럴 수가 없으니, 여러 차례 치사를 구하는 충정을 또한 그만둘 수 없어서 근심스럽고 두려운 심정을 감히 다 아뢰지 못합니다.

 삼가 바라옵건대 성군(聖君)의 자애로움으로 이 어리석은 간청을 불쌍하게 여기시어 미천한 분수를 다하도록 용납하시고 소명(召命)을 도로 거두어 신으로 하여금 예(禮)에 따라 치사하도록 허락하신다면, 위로는 선왕들께서 사람을 예(禮)로써 떠나보낸 미덕이 있을 것이요 아래로는 신하가 임금을 섬기는 유종(有終)의 의리를 얻게 될 것이니, 간절하게 바라는 지극한 심정을 이길 수 없습니다. 이러한 사연을 차서를 갖추어서 잘 계달해 주십시오.……

---

56 반열에……그만이니 :【攷證 卷3 鳧雁不足爲有無】한나라 양웅(揚雄)의 〈해조(解嘲)〉에 "강호의 물가, 발해의 섬. 네 마리의 기러기가 날아와서 모여도 많아지지 않고, 한 쌍의 오리가 날아 가버려도 적어지지 않아라.〔江湖之涯, 渤海之島. 乘雁集不爲之多, 雙鳧飛不爲之少.〕"라고 하였다.

소명의 사면을 청하는 사장 4월 26일 【경오년(1570, 선조3, 70세), 예안(禮安)】

辭免召命狀 四月二十六日

신이 이번 달 25일 삼가 우승지(右承旨)의 서장(書狀)을 받들고 보니 신이 올린 치사의 사연을 윤허하지 않으시고 신에게 역마를 타고 속히 올라오라는 유지(有旨)가 있었으니, 신이 명을 받들고 두려워서 급박한 심정에 몸 둘 바를 모르겠습니다. 신은 이미 늙고 병들어 직책을 수행할 수 없어서 은혜를 입고 물러나 돌아왔으며, 이제 나이 70이 찼고 신병이 날로 심해지고 혼미함이 날로 더하니 염치없이 특별한 은총을 받아 부끄러움을 잊고 다시 나아가서 스스로 일을 망치는 죄를 지어 성스러운 조정에 치욕을 만드는 것은 만에 하나라도 그러할 이치가 없습니다.

이 때문에 엄중한 하교(下敎)가 내렸지만 달려갈 수가 없으니, 예(禮)에 따라 늙어서 은퇴함을 아뢰고 미혹된 마음으로 은혜를 바라옵니다. 신은 두렵고 초조한 마음에 심열(心熱)이 더욱 심해져서 이따금 아찔하여 눈앞이 흐리고 말이 두서가 없어짐에 망발이 많아질까 두려워 진정을 다 아뢰지 못하오니 황공하기 이를 데 없습니다. 이상의 사연을 차서를 갖추어서 잘 계달해 주십시오.……

KNW073(辭狀啓辭-52)(癸卷8:47左)(樊卷8:47左)

치사를 비는 소장 9월 24일 【경오년(1570, 선조3, 70세). 예안(禮安)】

乞致仕狀 九月二十四日

신은 병을 조리하기 위하여 올라오라는 명을 받은 지 이미 다섯 달이
되었습니다. 노환이 고질이 되어 날로 더욱 심해지니 나을 기약이 없어
올라가 뵐 희망이 없는 터라, 황송하여 몸 둘 곳 없이 엎드려 지엄하신
견책만을 기다리고 있습니다. 삼가 생각건대 미천한 신이 이미 성은을
입어 물러나 돌아왔고 나이 또한 70이며 질병이 떠나지를 않아 죽을 날이
얼마 남지 않았으니, 이러한 때에 치사하지 않는다면 다시 어느 때를
기다려야 좋겠습니까? 또한 신의 본직(本職)인 중추부(中樞府)는 비록
한가한 자리라 하지만 왕조의 작위로는 지극히 중요하여 하늘이 하는
일을 사람이 대신하는[57] 것이니, 이 어찌 미천하고 어리석은 신하가 멀리
있으면서 참여할 수 있는 일이겠습니까. 겸직인 경연관(經筵官)과 춘추
관(春秋館)도 임금의 정사에 논사(論思)하고 고문(顧問)하는 중요한 자
리이고 실록(實錄)을 편찬하는 직임이니, 미천한 신이 어찌 지방에 있으
면서 오래도록 차지하고 있겠습니까. 성스러운 조정의 일을 또한 어찌
초야에 버리는 것과 같이 하겠습니까. 예로부터 이제까지 이러한 일은
들은 적이 없으니, 신의 심정이 민망하고 다급해서이고 가식으로 꾸민

---

57 하늘이……대신하는 : 【譯注】《서경(書經)》우서(虞書)〈고요모(皐陶謨)〉에서 고
요가 말하기를, "안일과 욕심으로 제후를 가르치지 마시어 삼가고 두려워하소서. 하루
이틀 사이에도 중요한 일이 만 가지나 됩니다. 모든 관직을 비우지 마소서. 하늘의
일을 사람이 대신하는 것입니다."라고 하였는데, 그 주석에 "자격이 없는 사람을 써서
관직이 비게 하는 일이 있게 해서는 안 된다는 말이다."라고 하였다.

마음에서 나온 것이 아니옵니다.

　신은 비록 거름 같고 벌레 같은 미천한 몸이지만 그래도 성군(聖君)의 시대에 사대부의 끝자리라도 참여하기를 바랍니다만, 이제 낭패하여 얽매인 처지가 이런 지경에 이르렀습니다. 몸은 물러났으면서 이름은 조정의 반열에 있고, 출사하지 않으면서 오히려 조정의 직책을 차지하여 이름과 실상이 어긋나고 염치를 모두 잃었습니다. 국은을 저버리고 천리(天理)를 더럽혔으니 죽어도 죄를 용납할 수 없으며 천지간에 부끄러움을 면할 길이 없습니다. 지난 봄·여름 사이에 두 차례 치사의 글을 올리고 세 차례 하명의 글을 받자옵고, 피어린 정성으로 하소연하여 사직하기를 빌었으나 모두 뜻을 이루지 못했습니다. 마지막 소지(김늡) 가운데 비록 다행히 병을 조리하도록 윤허하셨으나 의리상 편안하기 어렵고 더욱이 감히 이를 핑계로 머뭇거릴 수는 없는 일이니, 참으로 간절하고 다급한 심정을 그치거나 누를 길 없습니다. 이에 다시 글을 갖추어 아뢰어 진술하고, 삼가 사실(私室)에 자리를 깔고 엎드려 은택이 내리기를 기다리며, 밤낮으로 몹시 애타게 기도하여 마지않습니다. 또한 교서관(校書館)과 활인서(活人署), 양사(兩司)의 제조(提調)가 신으로 인해 여러 해 결원이 되어 있는데, 이는 다만 신이 의리상 만만 번 죄를 지었을 뿐 아니라 국가의 체모를 훼손시키고 정사(政事)의 원칙을 무너뜨린 것이니 또한 몹시 가벼운 일이 아니옵니다.

　삼가 바라옵건대 성군(聖君)의 자애로움으로 어리석은 간청을 불쌍히 여기시어 특별히 예(禮)에 따라 치사를 윤허하시고 앞서 말씀드린 겸임한 제조 등의 관직도 한꺼번에 모두 교체하셔서, 미천한 신하가 죽기 전에 죄책(罪責)을 면하게 해 주시고 눈을 감고 땅에 묻혀서도 신하 된 의리를 다하도록 하소서. 차서를 갖추어서 잘 계달해 주십시오.……

BIW074(辭狀啓辭-53)(樊遺外卷7:17左)

조광조[58]의 포증을 청하는 계 무진년(1568, 선조1, 68세) 9월【21일 추정. 서울】

請趙光祖褒贈啓 戊辰九月
같은 내용이 앞에 나온다.

조광조는 천품이 남달리 빼어나고 일찍이 성리학(性理學)에 뜻을 두었으며, 집에서는 효도와 우애를 다하였습니다. 중종(中宗)께서 나라가 잘 다스려지기를 목마른 듯이 갈구하여 장차 삼대(三代 중국 고대 하(夏)·은(殷)·주(周)의 세 왕조)의 치세(治世)를 일으키려 하시자, 조광조 또한 세상에 보기 드문 지우(知遇)라 생각하고, 김정(金淨)[59]·김식(金湜)[60]·기준

---

58 조광조의……계 :【譯注】조광조(1482~1519)는, 본관은 한양(漢陽), 자는 효직(孝直), 호는 정암(靜庵)이다. 김종직(金宗直)의 학통을 이어 사림파의 영수로 중종의 신임이 두터웠으나, 훈구파인 홍경주(洪景舟), 남곤(南袞), 심정(沈貞) 등의 무함으로 기묘사화(己卯士禍) 때 능주(綾州)로 유배되었다가 결국 사사(賜死)되었다. 선조 초기에 신원(伸冤)되어 영의정에 추증되고 문정(文正)이란 시호를 받았으며 문묘(文廟)에 배향되었다. 이 글은《선종실록(宣宗實錄)》과《퇴계선생연보》에 실렸던 것이《정암집(靜菴集)》에 옮겨 실리게 되고,《정암집》에 실렸던 것이 다시 번본(樊本)을 엮을 때 집록되어 그 유집(遺集) 외편(外篇)에 옮겨 실리게 된 것으로 판단된다. 또《선종실록》·《퇴계선생연보》·《춘당집(春塘集)》〈퇴계선생이력초기(退溪先生履歷草記)〉·《미암집(眉巖集)》〈경연일기(經筵日記)〉 등에 의거해 보면, 무진년(1568) 9월 21일 석강(夕講)에서 아뢴 것임을 알 수 있다. 따라서《선조수정실록(宣祖修正實錄)》에서 이 계(啓)를 무진년 8월에 아뢴 것으로 기록한 것은 오류이다.
59 김정 :【譯注】1486~1521. 본관은 경주(慶州), 자는 원충(元沖), 호는 충암(冲菴)·고봉(孤峯)이다. 처음 시호는 문정(文貞)이고, 나중에 문간(文簡)으로 고쳐졌다. 기묘사화 때 금산(錦山)에 유배되었다가, 진도를 거쳐 제주도로 이배되었다. 1521년(중종16)에 신사무옥에 연루되어 사사되었다. 1545년(인종1) 복관되었고, 1646년 영의정에 추증되었다.《冲庵集 年譜上 冲庵先生年譜》

(奇遵)⁶¹·한충(韓忠)⁶² 등과 함께 한 마음으로 협력하여 크게 경장(更張)한 바 있었고, 새로 법조(法條)를 만들어《소학(小學)》을 교육의 표준으로 삼았으며, 또 여씨향약(呂氏鄕約)을 실현해 보려고 하여 온 세상이 바람에 움직이듯 하였으니, 만약 그대로 지속되었더라면 나라는 어렵잖게 잘 다스려졌을 것입니다.

다만 당시의 젊은 선비들이 좋은 정치를 실현하는데 너무 서둘렀기 때문에 급하게 이루려는 폐단이 없지 않았습니다. 구신(舊臣)으로서 물리침을 당한 자들이 실직을 하고 불평을 품은 나머지 온갖 방법을 동원하여 틈을 엿보아 망극한 참소를 만들어 내었습니다. 한때의 사류(士類)들이 귀양 가거나 죽었으며 남은 재앙이 계속 잇달았으니, 지금까지도 사림(士林) 사이에 학행(學行)에 뜻을 둔 자가 있으면 미워하는 자들은 번

---

60 김식 :【譯注】1482~1520. 본관은 청풍(淸風), 자는 노천(老泉), 호는 동천(東泉)·정우당(淨友堂)이다. 1519년(중종14) 현량과에서 장원으로 급제하였다. 기묘사화가 일어나자 선산에 유배되었으나, 뒤따라 일어난 신사무옥에 연좌되어 다시 절도로 옮겨진다는 소식을 듣고 거창에 숨었다가〈군신천재의(君臣千載義)〉라는 시를 남기고 자결했다. 명종 때 복관되었고 선조 때 영의정에 추증되었다.

61 기준 :【譯注】1492~1521. 기묘명현의 한 사람으로, 본관은 행주(幸州), 자는 자경(子敬), 호는 복재(服齋)·덕양(德陽), 시호는 문민(文愍)이다. 고양(高陽) 출신으로 조광조의 문인이다. 1514년 문과에 급제하여 출사하였다가 1519년 기묘사화에 연루되어 온성(穩城)에 유배 가서 처형되었다. 고양의 문봉서원, 온성의 충곡서원(忠谷書院) 등에 배향되었다. 저서로《복재집(服齋集)》·《덕양유고(德陽遺稿)》·《덕양일기(德陽日記)》등이 있다.

62 한충 :【譯注】1486~1521. 본관은 청주(淸州), 자는 서경(恕卿), 호는 송재(松齋)이며, 시호는 문정(文貞)이다. 1513년(중종8) 문과에 장원급제하였다. 1518년 종계변무를 위해 주청사(奏請使) 남곤의 서장관으로 명나라에 갔으나 서로 뜻이 맞지 않아 남곤의 미움을 받았다. 1521년 신사무옥(辛巳誣獄) 때에 남곤의 책략으로 투옥되었다가 살해되었다. 후에 신원되어 이조판서에 추증되었다.

번이 '기묘년의 부류'라고 지적하니, 사람으로서 화를 두려워하지 않을 자 누가 있겠습니까? 선비의 풍토가 크게 오염되고 명유(名儒)가 배출되지 않은 까닭이 오직 여기에 있습니다. 조광조를 포증(襃贈)하고 남곤(南袞)[63]을 추죄(推罪)한다면 옳고 그름이 분명해질 것입니다.

---

63 남곤 : 【譯注】 1471~1527. 본관은 의령(宜寧), 자는 사화(士華), 호는 지정(止亭)·지족당(知足堂)이다. 김종직(金宗直)의 문인이다. 1516년(중종11)에 문한(文翰)의 제일인자로 인정받아 홍문관 대제학을 겸임하였다. 1519년에 심정(沈貞) 등과 함께 기묘사화를 일으켜 조광조·김정 등 신진사림파를 숙청한 뒤 좌의정을 거쳐 영의정이 되었다. 죽은 뒤 문경(文景)이라는 시호가 내려졌으나 사림파의 탄핵을 받아 1558년(명종13)에 관작과 함께 삭탈 당하였다. 저서로《유자광전(柳子光傳)》과《지정집》이 있다.

KNW075(書契修答-1)(癸卷8:48左)(樊卷8:48左)

예조에서 대마도주 종성장[64]에게 답하다[65] 【정묘년(1567, 선조 즉위년, 67세) 8월 1~8일 추정. 서울】

禮曹答對馬島主宗盛長

사자(使者)가 와서 전한 편지에 귀체가 가복(佳福)하다 하니 진실로 매우 기쁘고 위안된다. 다만 편지에서 호소한 십여 조(條)는 족하(足下)가 간절히 말하고 절박하게 기원하였으나 모두 사리에 어긋나는 관계로 성상께 아뢰기에는 어려운 것들이다. 전에도 이런 청이 있어서 들어주지 못하겠다는 뜻으로 알아듣게 타이른 일이 한두 번이 아니었는데, 족하가 양해하지 못하고 도의로 욕심을 절제하지 못하여 분수에 지나친 바람이 있기에 다시 이렇게 분분하게 말을 하는 것이다. 종전에 귀도(貴島)가

---

64 종성장 : 【譯注】 1502~1526. 대마도의 대명(大名 다이묘)으로 종가(宗家)의 14대 당주(當主)이다.

65 예조에서……답다 : 【攷證 卷3 禮曹答對馬島主宗盛長】 대마도는 《신증동국여지승람》 권23 경상도 동래현(東萊縣) 조에서 "곧 일본의 대마주(對馬州)이다. 옛날엔 우리 신라[鷄林]에 예속되었었는데, 어느 때부터 일본 사람들이 살게 되었는지는 모르겠다. 부산포(釜山浦)의 도유삭(都由朔)으로부터 대마도의 선월포(船越浦)까지 수로가 대략 6백 70리쯤 된다. 섬은 8군으로 나뉘고 인가는 모든 해안에 인접해 있다. 남북의 길이는 3일 정도, 동서의 길이는 하루, 혹은 반나절 정도의 거리이다. 4면이 모두 돌산이기 때문에 땅은 메마르고 백성은 가난하며, 소금을 굽고 고기를 잡아서 파는 것을 생업으로 한다. 종씨(宗氏)가 대대로 도주(島主) 노릇을 하였는데, 군수 이하 토관(土官)들은 모두 도주가 임명하며, 또한 세습된다. 이 섬은 해동(海東) 여러 오랑캐의 요충에 위치하고 있으므로 우리나라에 내왕하는 추장들은 반드시 경유하는 곳이어서 모두가 도주의 문서를 받은 뒤에야 올 수 있다. 도주 이하의 사람들이 각기 사선(使船)을 보내오는데 한 해에 일정한 액(額)이 있다. 섬이 우리나라에 가장 가깝고 매우 가난하므로 매년 쌀을 주는데 차등이 있다."라고 하였다.

우리나라에 대하여 잘못을 저지른 일이 없지 않았으나, 허물을 뉘우치고 마음을 고쳐서 정성껏 공물(貢物)을 바치며 직무를 다하였다. 그래서 우리 조정에서도 하늘과 같은 인자한 마음으로 흠을 덮어 주고 선을 기록하며 자애와 은혜를 베풀었으니, 대개 접대하고 돌보아 주는 도리가 극진하지 아니함이 없었던 것이다.

족하의 입장에서는 큰 은혜를 감사히 받들고 더욱 보답할 것을 생각하는 데에 여념이 없어야 될 터이다. 그런데 이제 되려 은혜를 우습게 여기고 분수를 넘어 금석 같은 언약을 돌아보지 않고 오직 원하는 것을 구하기 위하여 말도 안 되는 소리를 끊임없이 해대며 기필코 얻어내려 하니, 큰 나라를 섬기고 하늘을 두려워하는 의리에 어긋난 것이 아니겠는가. 쌀과 콩 1백 석을 준 것은[66] 아무 까닭 없이 줄인 것이 아니라, 애당초 화해를 허락할 때 각각 그 배〔船〕의 본래 예(例)에 의거하여 상의해서 줄인 것이다. 그것이 벌써 세액(歲額)의 수량을 이루었고 또 충분하다고 하겠으니, 지금 와서 더 청할 수는 없는 것이다. 명(明)나라 상선(商船)이 일본에 왕래하는 것은 우리 국경과는 애당초 관련이 없고, 설혹 있다 하더라도 우리나라의 관문에는 방위 태세가 이미 굳게 갖추어져 있으니, 그대들의 국경에 관계될 때에는 귀도(貴島) 스스로 방어를 해야지 어찌 그 책임이 전적으로 우리에게 있다고 생각하는가. 그런데 감히 이것을 지적하고 우리에게 대가를 요구하여 반드시 배 다섯 척을 도로 늘려서[67]

---

66 쌀과……것은 : 【攷證 卷3 賜米太一百石】《고사촬요(攷事撮要)》에 "해마다 쌀과 콩을 합하여 2백 석을 주던 것을 명나라 무종(武宗) 정덕(正德) 7년(1512, 중종7)의 약조 때에 1백 석으로 줄였다."라고 하였다.

67 배……늘려서 : 【攷證 卷3 五船還受】살펴보건대,《고사촬요》에 "도주(島主)의 세견선(歲遣船)을 30척으로 하던 것을 정덕(正德, 1512) 약조 때 25척으로 줄였는데,

상품을 넉넉히 무역하여[68] 바다를 진압하고 적을 방어하는 비용으로 삼으려 하니, 그 의도가 교묘하게 속이려는 것[69]인 줄을 확실히 알 수 있다. 더구나 배 다섯 척은 허락할 수 없으며 넉넉한 물량의 무역도 청해서는 안 된다는 것을 전에 이미 거듭 타일렀는데, 지금이라고 어찌 전과 다르겠는가. 세견선(歲遣船)[70]의 왕래가 끊이지 않으니 만약 말하고 싶은 일이 있다면 세견선에 부치면 자연히 서로 통할 수 있을 텐데, 어찌 꼭 다시 특별히 배를 보낼[71] 필요가 있겠는가. 직첩(職帖)을 준 지 오래된

이때에 이르러 예전처럼 30척으로 하기를 청한 것이다."라고 하였다.

68 상품을 넉넉히 무역하여 : 【攷證 卷3 商物滿貿】 살펴보건대 《고사촬요(攷事撮要)》에 "구례(舊例)에는 일본의 서계(書契) 내의 별폭(別幅)에 기록된 물품은 단지 토산물이 약간 있었고, 그 많고 적음을 헤아려 회사(回賜)하고 일찍이 정해진 예는 있지 않았다. 그런데 별폭이 점점 많아져서 나라의 회계에 낭비가 심해졌다. 그 후로는 별폭 내에 처음으로 '매물(賣物)'이라는 용어를 썼고, 다시 그 뒤로는 '매물(賣物)'의 '매(賣)'자를 고쳐 '상(商)' 자로 하였는데 종류가 심히 많았다. 조정에서는 무역을 허락하고 그들의 상물(商物)을 거의 다 사 주었는데, 이때부터 매번 올 때마다 반드시 별도의 물목(物目)을 기록하고 '상선(商船)'이라고 불렸으며, 조금만 뜻에 차지 않으면 느닷없이 욕을 하고 화를 내어 우리나라가 하는 수 없이 억지로 따르기를 바랐다."라고 하였다.

69 교묘하게 속이려는 것 : 【攷證 卷3 巧誑】 한나라 허신(許愼)의 《설문해자(說文解字)》에 "휜(誑)은 '속이는 것'이다."라고 하였다.

70 세견선 : 【譯注】 대마도에서 연례(年例)로 우리나라에 보내오는 무역선이다. 대마도는 고려 말기부터 조선 초기에 이르기까지 우리 연해변(沿海邊)을 침략하던 왜구의 소굴이 되었으므로, 조선 세종은 1419년에 대마도를 정벌하였다. 그러나 강경책만으로는 후환을 근절시킬 수 없다고 생각하여 회유책으로 계해약조(癸亥約條, 1443)를 맺어 배 60척으로 삼포(三浦 제포(薺浦)・염포(鹽浦)・부산포(富山浦))에 와서 곡물을 받아가게 하였다. 그러나 세월이 흐를수록 그들의 횡포가 심하여 삼포 왜란(三浦倭亂)・을묘왜변(乙卯倭變) 등을 일으켰으므로, 선척 수와 왕래하는 포구(浦口)를 제한하였다.

71 특별히 배를 보낼 : 【攷證 卷3 特遣船】 《고사촬요》에 "도주의 특송선(特送船)은 정덕 약조 때 숫자를 줄였고, 만약 일이 있을 때는 세견선에 부쳐 와서 보고하도록 하였다."라고 하였다. 【校解】 《증정교린지(增正交隣志)》 권4 '중종7년 임신(壬申)' 조

왜인에 대하여 접대하지 않는 것[72]은, 비단 귀도의 왜인에 대해서만 그러한 것이 아니라 직첩을 준 모든 왜인에게 통용되는 사례인데, 지금 어찌 족하의 일시적인 요청 때문에 가벼이 옛 약정을 고치겠는가. 대(大)·중(中)·소(小) 세 가지 배[船]의 차등과 격왜(格倭)의 수효를 제한한 것[73]은 지금 시작된 것이 아니고 약조에 기재되어 있는 것이다.

수책(水柵)을 세우고 제포(薺浦)를 막은 것[74]도 요새를 설치하여 나라

에 의하면 "도주의 세견선 50척을 감하여 25척으로 한다."라고 하였다.

72 직첩을……것 : 【譯注】'직첩을 준 왜인'이란 조선 정부로부터 관직을 제수받은 사람을 가리키며 '수직인(受職人)'이라고 통칭한다. 조선 전기에는 항왜(降倭) 또는 향화왜인(向化倭人)으로 관직을 제수받은 자와 일본에 거주하면서 관직을 제수받은 자 등이 있었다. 수직제도(授職制度)는 고려 시대에 여진인(女眞人)에 대한 회유책으로 행해진 제도를 왜인에게 적용한 것으로 그 연원은 중국의 외이기미책(外夷羈縻策)에서 유래한다. 조선 시대에 처음으로 관직을 제수받은 사람은 항왜 등륙(藤陸)으로 태조 5년 (1396) 수백 명의 왜인을 이끌고 투항한 공으로 '선략장군 용양순위사 행 사직 겸 해도관군민 만호(宣略將軍龍驤巡衛司行司直兼海道管軍民萬戶)'의 직을 제수받았다. 【攷證 卷3 授職倭人云云】《고사촬요(攷事撮要)》에 "수직인(受職人) 1인은 접대를 허용하지 않았는데, 임진왜란 이후에 처음으로 접대를 허용하여 한 해에 한 번 내조(來朝)하게 하였다. ○ 살펴보건대, '授'는 《고사촬요》의 여러 곳에서 모두 '受'로 적어놓았다.

73 대……것 : 【攷證 卷3 大中小三船云云】《고사촬요(攷事撮要)》에 "세견선 25척 중에 대선(大船) 9척은 길이 28~9척인데 배마다 선부(船夫)를 40명으로 하고, 중선(中船) 8척은 길이가 26~7척인데 배마다 선부 30명으로 하며, 소선(小船) 8척은 길이가 25척 이하인데 배마다 선부 20명으로 한다. 배의 크기를 재고 선부의 수를 헤아려 이를 넘지 않도록 한다."라고 하였다.

74 제포를 막은 것 : 【譯注】'제포'는 경상남도 창원시(昌原市) 진해구(鎭海區) 웅천동(熊川洞)에 있던 포구이다. 일명 내이포(乃而浦)라고도 하는데, 조선 세종 25년(1443)에 왜인들의 왕래를 허가한 곳으로, 부산포(釜山浦)·염포(鹽浦)와 함께 삼포(三浦)라고 이른다. 《新增東國輿地勝覽 卷32 慶尙道 熊川》【攷證 卷3 薺浦】웅천현 남쪽 5리에 있으며 왜호(倭戶)가 상주하고 있다. ○ 살펴보건대 명나라 세종(世宗) 가정(嘉靖) 갑진년(1544, 중종11)에 웅천 바다에 가덕(加德)·천성(天城) 두 진을 설치하였으니, '제포를 막은 것'이란 대개 이것을 말한다. 수책(水柵)을 세운 것도 아마 이때인 듯하다.

를 지키는 상도(常道)이다. 우리나라가 비록 은혜와 신의로써 왜인을 대접하지만, 어찌 울타리까지 모두 철폐할 수 있겠는가. 하물며 지금 부산에서 합동하여 접대하는 것만 해도 저절로 귀도에는 근심과 괴로움이 없을 터인데, 어찌 굳이 제포의 길을 통하고자 하는가. 역관(譯官) 이귀청(李貴淸)[75]은 전에 본도(本道)의 감사가 죄를 청하였으므로 벌써 하옥하여 제명되었다. 돌이켜 보면 그가 범한 일은 귀도와는 그다지 관계가 없고, 또 그를 징계하여 다스리고 나서 끝까지 마냥 버려두는 것도 마땅한 일이 아니므로 그의 직임을 회복시킨 것일 뿐이다. 지금에 와서 그대가 일본 왜인의 일을 들어서 심히 분노하여 사납게 굴면서 심지어는 우리 조정의 의논이 번복되었다고까지 하였으니, 어찌 오만하고 도리에 어긋난 말을 하면서 사리를 살피지 않는단 말인가. 국가의 법 운용에는 떳떳한 도리가 있는 법인데, 어찌 족하의 사사로운 분(憤) 때문에 가감을 하겠는가. 경술년(1550)에 늦게 도착한 세견선을 접수하지 않고 다음 해로 넘겨 회계한 것도 새삼스러운 법이 아니고 또 귀도에만 그렇게 한 것도 아니었다. 다른 데에서도 해마다 한 번씩 조회하러 오는 배로 기한에 미치지 못하는 것은 일체 접수하지 못한다고 이미 약조한 법을 알려 주었기 때문에, 경술년에 늦게 이른 배는 이 조약에 준하여 처리한 것이다. 그런데 족하는 종전 조약을 생각하지 않고 또 자신을 돌이켜 생각하지도 않은 채 다만 노여움과 원망만을 품고 있으니, 그래서야 되겠는가?

 대체로 아랫사람은 마땅히 삼가 자신의 조공하는 직책을 닦아야지 감히 기율(紀律)을 범하면서 은혜를 바라지 말아야 하고, 윗사람은 마땅히 오는 자를 포용하는 은혜를 변치 말아야 하지만 법을 어기면서까지

---

75 이귀청 :【攷證 卷3 李貴淸】사실이 자세하지 않다.

지나치게 은혜를 베풀 수는 없는 것이니, 이렇게 해야 상하의 도리가 이루어져서 폐해가 없을 것이다. 이제 욕심나는 대로 번번이 요구하다가 얻지 못하면 원망하고 서운해하는 것은 참으로 족하의 도리가 아니다. 만약 한없는 요청을 구차하게 들어주어 잘못을 저지르도록 내버려 두었다가 혹시 용납하기 어려운 지경에 이르게 된다면, 이 또한 우리 조정이 족하를 그르치는 것이 된다. 그러므로 부득이 신의로 재단하고 조약에 따라 처리한 것이니, 그 사이에 인색한 점이 있는 것은 아니다. 진상한 대도(大刀)와 단목(丹木)은 개수를 헤아려 아뢰고 상납하였다. 규례(規例)에 따라 보답하는 호피(虎皮)는 성상께 아뢰고 돌아가는 사자에게 부치니, 이르거든 받으라. 불선(不宣).

KNW076(書契修答-2)(癸卷8:51右)(樊卷8:51右)

예조에서 대마도주에게 답하다 【정묘년(1567, 선조 즉위년, 67세) 8월 1~8일 추정. 서울】

禮曹答對馬島主

사자(使者)가 가져온 편지에 귀체(貴體)가 편안하다 하니, 진실로 마음이 놓인다. 진상한 대도(大刀)와 단목(丹木)은 삼가 이미 전달하여 올렸으나, 다만 보내온 편지에 조약 개정을 간곡히 기원하고 또 후추[胡椒]와 단목의 무역을 청하였는데, 우리나라가 귀도(貴島)에 대해서는 연례(年例)로 주는 물건이 있을 뿐, 상품으로 무역하는 것은 전에는 없었던 일이다. 지난 경술년(1550)에 귀도가 후추 몇 근(斤)을 가지고 무역하러 오려고 하였을 때 우리 조정이 멀리서 청하는 바람을 들어주어서 임시로 약간의 무역을 허락하였으나, 이것은 일시적인 특혜이므로 뒤에 와서 이것으로 전례를 삼아 자주 번거롭게 청하는 것은 부당하다. 그러므로 신해년(1551)에 다시 요청할 때 이미 들어줄 수 없다는 뜻으로 간곡하게 깨우친 것이다. 그런데 족하는 어찌 종전의 은혜를 요행으로 여겨 옛 조약을 어기고 다시 이것을 가지고 함부로 요청하는가. 이것은 결코 허가해 줄 수 없는 것이다.

또 우리 조정에서는, 귀도가 대대로 충성스럽게 성의를 다해 바닷가를 든든하게 지키는 수고와 공적을 가상하게 여겨서 해마다 물품을 하사하였으니, 은혜와 예우가 충분하여 더할 수 없을 정도이다. 그리고 이미 분명하게 조약을 세워 두었으니, 피차간에 길이 이것을 준수하여 금석과 같이 굳게 해야 할 것인데, 지금 와서 족하가 지나친 요구를 하면서 굳게 정한 조약을 무너뜨리려고 하니, 어찌 가능한 일이겠는가. 다만 족하의 소망이 너무 간절하기 때문에 우리 조정에서 무턱대고 거절만 할 수 없어 해마다 하사하는 쌀과 콩 1백 석 이외에 특별히 쌀과 콩 30석을 아울러 하사하니, 도착하거든 잘 받아 두고 앞으로는 무역하는 일을 요청하는 일이 영영 없도록 하라.

해마다 조회하는 왜인으로서 연한(年限)에 미치지 못하는 자는 비록 이해(利害)에는 관계가 없다 하더라도 폐단에는 관계가 있기 때문에 이듬해로 넘겨서 접대하던 것인데, 이제 또 족하의 말이 있으니 연한에 미치지 못하는 자가 있더라도 마땅히 전례에 비추어 접대할 것을 허락하겠다. 역관(譯官) 이귀청(李貴淸)의 죄는 우리 조정이 이미 국법을 가지고 다스렸다는 것을 이전에 이미 절차에 따라 알려 주었다. 이것은 아주 사소한 사건인데 여태까지 말도 안 되는 소리를 끊임없이 해대는가. 이귀청 한 사람을 아끼는 것이 아니라, 죄를 두 번 다스릴 수가 없기 때문이다. 족하는 이런 점을 생각하라.

여러 섬의 왜인들이 명나라 상인과 결탁하여 이미 명나라에도 손실을 입히고 또한 우리 강토에도 표류하여 침범하니, 이러한 간적(奸賊)이 어찌 항상 없다고 하겠으며 또 어찌 항상 있다고 하겠는가. 이런 일이 없을 때 거짓말로 과장하여 도와 달라고 요구하지 말고, 이런 일이 있을 때 실제로 통보하고 방어하는 것이 곧 귀도(貴島)가 성심으로 큰 나라를 섬기어 있는 힘껏 충성을 바치는 도리이니, 힘쓰지 않아서야 되겠는가! 힘쓰지 않아서야 되겠는가! 세견선 선원의 수효를 점검하는 일이 비록 조약에 기재되어 있긴 하지만, 일이 번거롭고 자질구레하여 앞으로는 우대하여 이전처럼 수효를 점검하지 말도록 하였다.

대개 이런 것은 모두 잘못을 씻어 주고 공로에 보답하는 뜻이 매우 특별한 은혜에서 나온 것이니, 족하는 하늘을 두려워하는 도리를 생각하고 잘못을 포용하는 은혜를 받들어 종전의 잘못을 되풀이하지 말고 더욱 충절에 힘쓰며 조약에 어긋나는 요청을 번거롭게 하지 말아서, 길이 번국(藩國)의 복을 누린다면 어찌 몹시 다행한 일이 아니겠는가.……

KNW077(書契修答-3)(癸卷8:52左)(樊卷8:52左)

예조에서 일본국의 좌무위[76] 장군 원의청에게 답하다 【정묘년(1567, 선조 즉위년, 67세) 8월 1~8일 추정. 서울】

禮曹答日本國左武衛將軍源義淸

사자(使者)가 와서 전한 편지에 귀체(貴體)가 편안하다는 통고를 받으니, 기쁜 마음 한량이 없다. 이전에 그대 선조가 우리 조정에 감화를 받고 의리를 흠모하여 수교하고 서로 기뻐하였는데, 중간에 끊어지고 계속되지 못하였으므로 자못 의아하였다. 지금 족하가 덕을 이어받고 선조를 추종하여 예전의 우호 관계를 다시 닦으려 멀리 거센 파도를 건너 사자를 보내어 예(禮)를 바치니, 그 뜻이 매우 만족할 만하다. 어찌 받아들이지 않겠는가. 와서 바친 예물은 삼가 성상께 아뢰고 수납하였다.

다만 임자년(1552) 의춘 서당(宜春西堂)[77]의 일을 얘기한 것은 그렇

---

76 좌무위 : 【攷證 卷3 左武衛】 살펴보건대, 《고사찰요》에 "좌무위전(左武衛殿)은 국왕전(國王殿) 남쪽에 있는데, 다른 나라의 사신을 접대하는 것에 대한 모든 일을 맡았다. 선덕(宣德) 무신년(1428, 세종10)에 좌무위 원의순(源義淳)이 처음 사신을 보내와서 조회하였다. 성화(成化) 신묘년(1471, 성종2)에 또 와서 조회하였고, 가정 임자년(1552, 명종7)에 이르러 또 왔다. 그들이 간사하고 속이는 일이 많았으므로 보통 왜를 접대하는 규례대로 대우하였다. 의청(義淸)은 대개 의순(義淳)의 후예로 신묘년에 왔던 자이니 바로 서화(西華)이고, 임자년에 온 자는 바로 의춘(宜春)이다."라고 하였다.

77 의춘 서당 : 【攷證 卷3 宜春西堂】 살펴보건대, 강항(姜沆)의 《간양록(看羊錄)》에 "중으로서 장왜(將倭)가 된 자는, 관등(官等)이 처음에는 장사(藏師), 다음에는 수좌(首座), 그 다음에는 동당(東堂), 또 그 다음에는 서당(西堂)이 된다."라고 하였으니, 대개 의춘은 그 이름이고 서당은 그 관등이다. 아래에서 서화 서당(西華西堂), 정구 수좌(正球首座)라고 한 것이 이러한 예와 같다.

지 않다. 이제 접대하지 않은 이유를 대강 말하겠으니, 그대는 일단 곰곰이 살펴 들어 보라. 당시 의춘(宜春)이 이미 귀하의 심부름꾼이라고 자칭하고 왔으니, 만약에 그의 간사한 정상과 속이는 행적이 크게 드러나지 않았다면 우리 조정이 대대로 수교한 의리를 보아서라도 어찌 접대하지 않을 리가 있겠는가. 다만 의춘은 이름을 바꾼 것이 의심될 뿐아니라 그전에 그가 소이전(小二殿)[78]의 사자라고 하며 명(命)을 전하고 돌아갔다가 곧바로 귀하의 사자라고 칭하며 왔는데, 여기에서 출발한 날을 기준으로 거기에 다시 도착한 시간을 상고해 보니 불과 얼마 안 되는 시일이었다. 앞의 사행(使行)을 직접 가서 보고하지 않을 수도 없으며 뒤의 사행을 멀리서 임명할 수도 없을 터인데 바다와 육지를 왕복하는 데 걸리는 시간이 전혀 맞지 않는 상황이니, 그가 축지법[79]을 쓰는 것도 아닌데 어떻게 만회(萬回)[80]처럼 갔다가 돌아올 능력이 있겠는가. 우리 조정이 이 때문에 의심하여 예관(禮官)을 보내 통역으로 심문했더

---

78 소이전 : 【攷證 卷3 小二殿】 살펴보건대, 《고사찰요》에 "서해도(西海道) 축전주(筑前州)에 있으며 원씨(源氏)가 대대로 다스리는 곳인데, 원가뢰(源嘉賴)의 대에 와서 국왕에게 토벌을 당하여 대마도로 달아났고 손자 뇌충(賴忠)이 옛 땅을 회복하였다."라고 하였다.

79 축지법 : 【攷證 卷3 縮地】 한나라 유향(劉向)의 《열선전(列仙傳)》에 "후한(後漢)의 비장방(費長房)이 선인(仙人) 호공(壺公)을 만나 술법을 배워 천 리 먼 곳에서 축지법을 써서 눈앞으로 달려왔다."라고 하였다. 《校解》 《고증》에는 《열선전》이 《신선전》으로 되어 있는데, 《어정연감유함(御定淵鑑類函)》 권23 지이(地二)에 의거하여 수정하였다.

80 만회 : 【攷證 卷3 萬回】 《석씨전등록(釋氏傳燈錄)》에 "만회 선사는 성이 장씨(張氏)이다. 형이 안서(安西)에서 수자리를 살고 있어서 부모가 그를 보내 안부를 묻게 하였더니, 아침에 가서 저녁에 돌아와 만 리를 다녀왔으므로 '만회(萬回)'라는 호가 붙었다."라고 하였다.

니, 의춘의 대답이 앞의 일은 가리고 뒤의 일만 드러내어 교묘하게 꾸미려다가 도리어 졸렬해져서 마침내 말이 막히고 얼굴이 붉어져 변명을 못 하였다. 두 번 지나간 신묘년(1471, 성종2)에 서화 서당(西華西堂)이란 자가 귀하의 서계(書契)를 가져왔기에 우리나라가 접대하고 돌려보냈다. 갑오년(1534)에 이르러 귀국 왕의 사자 정구 수좌(正球首座)가 왔을 때 국서(國書)에 이르기를, "이전에 우두머리[81]들이 연락하러 보낸 자들은 모두 중간에서 거짓으로 꾸며 속인 것이다."라고 하였다. 이에 비로소 서화(西華)가 사칭하고 온 것을 알고 정구(正球)가 돌아갈 때 실정을 갖추어 통보하였으니, 아마 귀국의 전고(典故)에도 갖추어 기재되었으리라 생각한다. 대개 서화의 사칭은 지난 뒤에 드러났고 의춘의 사칭은 당일에 발각되었다. 지난 뒤에 드러난 것이야 굳이 여러 말을 할 것도 없지만 당일에 발각된 것을 그래도 귀하가 보낸 사자의 예로 접대해야 하겠는가?

또 나라는 신의(信義)만큼 중한 것이 없고, 예는 명분(名分)만큼 중한 것이 없다. 명분이란 무엇인가? 실상의 대(對)가 되는 것이다. 저 의춘은 명색은 귀하의 사자이지만 그 실상을 숨기지 못하는 것이 저와 같으니, 비록 접대하고자 하더라도 예(禮)가 따라 주지 않는 것을 어찌하겠는가? 예가 따라 주지 않는데도 억지로 접대하게 되면 이것은 정성과 신의를

---

81 우두머리 :【攷證 卷3 巨酋】신흠(申欽)의 《상촌고(象村稿)》 권38 〈임진왜구구혼시말지(壬辰倭寇構釁始末志)〉에 "사신을 보내온 자로는 국왕전(國王殿)・전산전(畠山殿)・대내전(大內殿)・이소전(二小殿)・좌우무위전(左右武衛殿)・세천전(細川殿)・산명전(山名殿) 등이 있었다. 또 우리나라에서 도서를 받은 사람[受圖書人]과 직함을 받은 사람[受職人], 대마도주(對馬島主)와 그 아들과 조카 및 직함을 받은 사람들에 대해서는 차서에 따라 응접하였다."라고 하였다. 전산(畠山) 이하를 '거추(巨酋)'라고 한다.

가지고 사자를 접대하는 것이 아니라 사자를 속여서 귀하까지 속이는 것이다. 두 나라가 서로 우호를 맺어 신의 있는 사자가 왕래하는데, 만약 서로 속이는 것을 가지고 '예'라고 한다면 나라를 지키는 도리에 어떠하겠는가? 이것은 우리 조정에서만 배척하는 것일 뿐만 아니라 귀하도 몹시 싫어하는 것이라 생각된다. 그러므로 당시 조정에서 논의하여 사자의 예로써 접대하지 않더라도 일반 왜인으로 접대하여 지나는 곳의 여관에 유숙하고 바다를 건너는 데에 필요한 식량[82]을 넉넉하게 주었으니, 어찌 굶주리고 궁핍하도록 하였겠는가? 어쩌면 의춘이 자기 계획이 성사되지 못한 것을 분하게 여겨 양식이 이르기를 기다리지 않고 지레 가버렸을지도 모르지만, 이것은 우리 조정이 그렇게 시킨 것은 아니다. 그렇긴 해도 우리 진장(鎭將)이 미처 주선하지 못한 결과이므로 즉시 진장을 추궁하여 무겁게 죄를 다스렸다.

 지금 보내온 편지에 간곡히 말한 수백 마디 말이 우리가 예의 근본을 저버리고 옛 관례를 어기면서 사자를 접대하지 않았다고 하니, 비록 견책하는 뜻으로는 당연하다 하겠으나 우리나라는 전에 귀국 왕의 말을 받고서 서화가 속인 것을 알았고 다시 의춘의 종적이 서화와 다름이 없음을 분명히 알았다. 그래서 귀하를 위하여 이렇게 거짓되고 참람(僭濫)됨을 지적하여 장차 명분을 바르게 하고 실상을 따져서 국가의 신의를 굳게 지켜 영구히 서로 수호(修好)하는 도리를 행하려고 하는 것뿐이다. 우리나라가 진실로 예를 저버린 것도 아니고 예를 갖추지 않은 것도 아닌

---

82 바다를……식량 : 【攷證 卷3 過海糧】《고사촬요》에 "과해료(過海料)로 대마도에는 5일 치 양식을 지급하되 도주에게는 특별히 5일 치를 더하여 보내고, 국왕의 사신에게는 20일 치 식량을 지급한다."라고 하였다.

데, 족하는 어찌 이에 대하여 깊이 양해하지 못하는가. 하늘에는 해가 둘이 없고, 백성에게는 임금이 둘이 없다.《춘추》에 일통(一統)을 중하게 여기는 것은 곧 천지의 떳떳한 도리이고 고금에 통용되는 의리이다.

대명(大明)은 천하의 종주국이니, 바다 모퉁이까지 해가 뜨는 곳이라면 어디를 막론하고 신복(臣服)하지 않는 나라가 없으므로 귀국도 대대로 조공(朝貢)을 바친 것이다. 연한을 정하여 조회를 허락한 명(命)이 어떻게 그렇게 되었는지는 알 수 없지만, 형세로 헤아려 보건대 복건(福建)과 절강(浙江) 지방의 간악한 백성들이 배를 타고 바다를 건너서 귀경(貴境)의 사람들과 함께 이익을 겨냥해 서로 교통(交通)하다가 분쟁의 실마리가 빚어져 피차 변경에 피해가 생긴 듯하니, 이것이 바로 명나라에서 크게 금지한 이유이다. 어찌 일부러 그들을 풀어놓아서 그렇게 된 것이겠는가. 귀국이 여러 섬이 교통하는 잘못을 금지하는 데는 힘쓰지 않고 도리어 명나라가 인의를 베풀지 않는다고 배척하니, 어찌 잘못이 아니겠는가. 남의 나라를 정벌할 때 그 일을 어진 사람에게는 묻지 않는 법[83]인데, 하물며 명분과 의리를 해치면서 상국(上國)의 땅을 침범하는 경우이겠는가. 우리나라는 천리(天理)를 즐기고 천리를 두려워할 줄[84]만

---

83 남의……법 :【譯注】송나라 주희(朱熹)의《자치통감강목(資治通鑑綱目)》제4권 상(上) 신축년(辛丑年) 조에 다음과 같은 내용이 있다. "옛날 노(魯)나라 임금이 제(齊)나라를 정벌하는 일을 유하혜(柳下惠)에게 묻자, 유하혜가 근심스러운 얼굴빛으로 대답하기를 '제가 들으니 남의 나라를 정벌할 적에는 인(仁)한 사람에게 묻지 않는다고 하였는데, 이 말씀이 어찌 저에게 이른단 말입니까.'라고 하였다."

84 천리를……줄 :【譯注】제 선왕(齊宣王)이 사대교린(事大交隣)의 도리에 대해서 묻자, 맹자가 대답한 내용 중에 나오는 말로 "대국으로 소국을 섬기는 자는 천리를 즐거워하는 자요, 소국으로 대국을 섬기는 자는 천리를 두려워하는 자이니, 천리를 즐거워하는 자는 온 천하를 보전하고, 천리를 두려워하는 자는 자기 나라를 보전한다."

알 뿐, 그 밖의 것은 들은 바 없다.

  편지에서, 왜선(倭船)이 상국에 왕래하다가 만약 표류하여 우리 국경에 도달하거든 모두 살려 주기를 바란다고 하였는데, 이 문제는 그렇게 하겠다. 우리는 귀국과 서로 인접하여 대대로 우호가 돈독하니 귀국의 백성도 우리의 백성이라. 만약 표류해 온 왜인이 병기(兵器)를 버리고 맨몸으로 오게 된 연유를 분명히 말하면 죽이지 않을 뿐만 아니라 또 마땅히 노자를 주어 호송할 것이다. 만약 그렇지 않고 포악하게 병기를 가지고 섬과 포구에 출몰하면서 노략질하고 겁탈하는 것을 일삼으며 기꺼이 목숨을 맡기고 진실을 토로하지 않는다면 이것은 명백히 해적질과 관련된 것이라. 각 변방의 진장이 그 즉시 토벌하지 않을 수 없으니, 이것은 실로 조약에 엄히 규정한 바로, 귀국도 잘 아는 사실이니 잘 살펴서 처리하라. 그리고 상품을 무역하려면 그에 따르는 기율이 있어야 하고, 또 마침 흉년으로 인하여 비용이 넉넉하지 않으니, 비록 힘써 두터운 바람에 부응하고 싶지만 그럴 수가 없다. 다만 면포 1,500필만 서로 무역할 것을 허락하니, 진실로 유감이다. 끝으로 몸을 소중히 하길 바란다. 불선(不宣).

라고 하였다.《孟子 梁惠王下》

BIW078(策-1)(樊遺外卷7:1右)

물음에 대답하다[85] 선생의 11대손 이만호(李晩浩)[86] 가장

【계사년(1533, 중종28, 33세) 가을 추정】

問云云 先生十一代孫晩浩家藏

대(對):《주시(周詩) 시경(詩經)》이후로 시로써 유명한 대가들이 몇 사람이나 되는지 알 수 없고, 당(唐)·송(宋) 이래 시로써 유명한 대가들을 평론한 사람 또한 몇 사람이나 되는지 알지 못합니다. 평론한 말에 따라 그 사람의 시를 보면 그 시학(詩學)에 대해 반 이상을 알 수 있습니다. 이제 집사 선생이 추위(秋闈 가을 시험)에 책문(策問)을 냄에 특별히 몇 사람 시가(詩家)의 일을 거론하면서 여러 선비의 논의를 언급하여 배움을 받는 사람에게 물었으니, 훌륭하도다, 질문이여! 제가 비록 총명하지 못하나 감히 대답하지 않을 수 있겠습니까.

삼가 생각건대 시(詩)의 도는 '성정(性情)에 근본을 두어 언사(言詞)로 발현한 것'입니다. 그러므로 돈후(敦厚)한 실질이 있는 사람은 그 말이 온화하고 바르며 가볍고 조급한 마음이 있는 사람은 그 말이 부화(浮華)합니다. 근본이 깊으면 끝이 무성하고 형체가 크면 소리가 웅장하니, 그 사람됨이 진실로 충군애국(忠君愛國)의 큰 절의(節義)가 있으면 그

---

85 물음에 대답하다 :【譯注】《퇴계선생연표월일조록》에서 "〈퇴계선생전서유집목록(退溪先生全書遺集目錄)〉에 이 글의 제목이 '시가책(詩家策)'으로 되어 있고, 본문에 '추위(秋闈 가을 시험)'라는 말이 나오는 것에 근거하여, 이 글을 계사년(1533) 가을 대과(大科) 초시(初試), 즉 경상 좌도(慶尙左道) 향시(鄕試)에 응시했을 때 제출한 것으로 추정"하였다.

86 이만호 :【譯注】1804~1871. 본관은 진보(眞寶), 자는 조원(祖源), 호는 서산(書山)이다.

마음이 발현되어 시로 표현되는 것 또한 어찌 보통 사람이 미칠 수 있는 바이겠습니까? 이 때문에 한(漢)나라 이후로 시인들이 아름답게 꾸민 시구가 많지 않은 것이 아니건만 한 시대에 빛나고 백대(百代)에 울림을 준 사람은 한두 사람에 불과할 뿐입니다. 그러나 어떤 사람은 한 방면에 집중하여 그 지극한 경지에 나아갔고 어떤 사람은 여러 사람의 장점을 겸하여 얻기도 하였으나, 모두 《시경》 삼백 편의 남긴 뜻을 얻었다고 할 수 있습니다. 비록 벼슬하거나 물러나 있는 처지에 따라 그 심정이 다른 듯하지만, 모두 충군애국의 순수한 마음에서 나온 것입니다. 이 때문에 그들이 성취한 바가 이처럼 우뚝합니다. 이 점에 대해서는 비록 여러 선비가 각자 주장하는 바가 있지만, 그 대체(大體)는 여기에서 벗어나지 않습니다.

청컨대 밝게 물어본 데 따라서 진술해 볼까 합니다. 진(晉)의 도연명(陶淵明 도잠(陶潛))은 천부적인 자질이 화평하고 원대하며 학문이 깊고 넓어서 곧고 바르며 속기를 벗어난 의표(意標)와 고상하여 두 나라를 섬기지 않는 마음을 가졌으니, 그 빼어난 풍모와 아름다운 절개는 보통 사람이 엿보아 헤아릴 수 없는 점이 있습니다. 그러므로 그 시가 또한 충담(沖澹)하고 한아(閑雅)하여 마치 구율(句律)에 뜻이 없는 것 같지만 시어(詩語)가 자연스럽고 뜻을 세운 것이 순박하고 예스러워, 읽고 음미하는 사람으로 하여금 티끌 세상을 벗어나 훌쩍 세상 만물의 바깥에 홀로 서게 하는 뜻이 있습니다. 이것이 어찌 절의(節義)의 바탕이 이미 가슴속에 두텁게 자리하였기 때문에 언사(言詞)가 바깥으로 펼쳐 나온 것이 그렇게 하려 하지 않아도 저절로 되는 경우가 아니겠습니까. 그러므로 논자들은 시인들 중에서 도잠(陶潛)을 바라보는 것을 공문(孔門)에서 백이(伯夷)를 바라보는 것과 같이 하였으니, 도연명이 시에 있어서 홀로 청고(淸高)하고 순아(醇雅)한 한 가지 절개를 얻어 그 지극한 경지에 나아간 것이 백이가 성인에 있어서 홀로 청절(淸節)을 얻어 그 지극한 경지에 나아간 것과 같지 않겠습니까.

두자미(杜子美 두보(杜甫))의 시와 같은 경우는 이와 달라서 성당(盛唐)의 시기에 태어나서 천지자연의 좋은 기운을 받고, 풍아(風雅 시경)를 추종하여 굴(屈)·송(宋)[87]을 능가하였으니, 충군애국의 정성이 천부적으로 타고나서 시국을 걱정하고 일을 보고 감회가 이는 것이 눈 닿는 곳마다 그러하였습니다. 때문에 〈북정(北征)〉[88] 편은 다급한 상황에서 지은 것이지만 나랏일을 곡진하게 읊었으며 〈자은(慈恩)〉[89] 시는 즐겁게 노닐며 지은 것이지만 천보(天寶 당 현종의 연호, 742~755) 연간의 태평 시절을 시정(詩情)에 담았습니다. 그가 빈말을 하지 않는 것이 대개 이와 같습니다. 그래서 《당사(唐史)》에서는 그의 시를 '시사(詩史 시로 쓴 역사)'라고 일컬었으며, 선유(先儒)들은 육경(六經)에 비겼습니다. 그러

---

87 굴·송 : 【譯注】 전국 시대 초나라 사람들로, 특히 사부(辭賦)의 대가로 일컬어지는 굴원(屈原)과 그의 제자인 송옥(宋玉)을 합칭한 말이다. 남조 송(南朝宋) 유협(劉勰)의 《문심조룡(文心雕龍)》에 "굴원·송옥의 뛰어난 걸음은, 아무도 뒤따를 자가 없다.〔屈宋逸步, 莫之能追.〕"라고 하였다.

88 북정 : 【譯注】 당나라 두보가 46세 때에 지은 대표적인 오언 고시(五言古詩)로, 난중의 행재소(行在所)인 봉상(鳳翔)에서 출발, 처자가 있던 부주(鄜州)에 이르기까지의 기행시(紀行詩)이다. "황제 2년 가을 윤팔월 초하루, 두자(杜子)가 북쪽으로 가서 황급히 가족 소식을 물으려고……〔皇帝二載秋, 閏八月初吉. 杜子將北征, 蒼茫問家室……〕"로 시작되며, 송나라 소식(蘇軾)은 이 시를 평하여 "군신의 대체(大體)를 알고, 충의(忠義)의 기상이 가을 달과 높이를 다투니, 귀하다고 할 만하다."라고 하였다.

89 자은 : 【譯注】 두보의 《두소릉시집(杜少陵詩集)》 권2에 수록된 〈여러 공들과 함께 자은사 탑에 오르다〔同諸公登慈恩寺塔〕〉 시를 가리키는 것으로 보인다. 자은사는 당나라 수도인 장안(長安) 남쪽에 있던 절로, 새로 진사에 급제한 자들이 곡강(曲江)에서 잔치한 다음 그들의 이름을 이곳의 안탑(雁塔)에 기록하는 풍습이 있었다.

니 여러 시인의 장점들을 모으고 수많은 물줄기를 합쳐서 하나로 만든 이는 두보의 경우가 아니겠습니까. 그래서 소식(蘇軾)이 시를 논하면서 '집대성(集大成)'이라 일컬었으니, 그 말이 믿을 만합니다. 그런데 어찌하여 후세의 선배를 가벼이 논하는 자들은 '두보가 〈팔애시(八哀詩)〉[90]에 엄무(嚴武)[91]를 넣은 일이 사사로운 정에서 나온 것'이라고 하였는지, 생각 없이 하는 말이 심합니다! 어찌 평생의 큰 절개를 보지 못하는 것입니까. 추상같은 기개가 중류(中流)의 지주(砥柱)[92]처럼 우뚝하니, 사사롭게 끌리는 마음으로 구차히 일컬어 추켜세운 것이겠습니까? 두보가 《문선(文選)》을 높인 것에 대해서도 설이 있으니, 태산처럼 높은 산은 흙덩이를 버리지 않으며 하해(河海)처럼 깊은 물은 작은 시내를 마다하지 않습니다. 하물며 《문선》은 위로 서한(西漢)으로부터 아래로 위진(魏晉)에 이르기까지의 글을 엮었으니, 문장이 아름답거나 그렇지 않거나 갖추어 수록하지 않은 경우가 없습니다. 이는 두보가 오로지 《문선》을 위주로 한 것이 아니라 그 좋은 점을 취했을 뿐이니, 《문선》이 당시(唐詩)로 인해 훼손된 것이 아니라 당나라 사람들이 스스로 훼손한 것일

---

90 팔애시 : 【譯注】두보가 반란이 종식되지 않는 것을 슬퍼하여 왕사례(王思禮), 이광필(李光弼), 엄무(嚴武), 여양왕(汝陽王) 이진(李璡), 이옹(李邕), 소원명(蘇源明), 정건(鄭虔), 장구령(張九齡) 등 당대의 현신(賢臣) 여덟 사람을 애도하여 지은 시이다.

91 엄무 : 【譯注】726~765. 자는 계응(季鷹)으로 검남 절도사(劍南節度使)를 두 번 역임하였으며, 이때 토번(吐蕃)을 격파한 공으로 정국공(鄭國公)에 봉해졌다. 두보가 〈팔애시〉 중 제3수 엄무(嚴武)를 애도한 시에 "공이 오심에 설산의 비중이 무거워졌고, 공이 떠나심에 설산의 비중이 가벼워졌네.〔公來雪山重, 公去雪山輕.〕"라고 하였다.

92 중류의 지주 : 【譯注】지주는 중국 산서성(山西省) 평륙현(平陸縣) 동남쪽에 있는 산 이름인데, 황하(黃河)가 침식하여 흙이 모두 씻겨 나가고 이 돌산이 홀로 황하의 중류에 버티고 있다. 이 때문에 지절(志節)이 크고 높은 것을 나타내는 말로 쓰인다.

뿐입니다. 사람들의 말에 "여러 사람의 좋은 점을 겸하는 자는 반드시 대성하게 된다."라고 하였으니, 이를 두고 한 말이 아니겠습니까. 이 때문에 한(漢)·위(魏) 이전의 시는 모두 두보에게 모여들어 다른 취향이 없었으며, 송(宋)·원(元) 이후의 시는 두자미를 우러러 좇아서 다른 말이 없었습니다. 그래서 비록 소식(蘇軾)·황정견(黃庭堅)·양진(兩陳)[93] 등이 시단에 발흥하였지만, 두보의 시를 고금의 으뜸으로 치지 않는 이가 없었으니, 입이 마르도록 칭송하여 자신의 일처럼 좋아할 뿐이 아니었습니다. 오직 구양공(歐陽公 구양수(歐陽脩)) 만이 일찍이 속기지론(俗氣之論)[94]이 있었으니, 그 뜻을 도무지 알지 못하겠습니다. 그렇지만 그가 '늙은 몸이 첫 새벽에 흰머리를 빗질하는데〔老夫淸晨梳白頭〕'[95]라는 구절을 거론한 것은 또한 일찍이 유중원(劉仲原)의 변(辯)[96]에서 꺾임을

---

93 양진 : 【譯注】진사도(陳師道, 1053~1101)와 진여의(陳與義, 1090~1138)를 병칭한 것으로 강서시파(江西詩派)로 분류된다. 진사도는 송나라 팽성(彭城) 사람으로, 자는 이상(履常)·무기(無己), 호는 후산(后山)이다. 증공(曾鞏)의 문하에서 수업하였고, 시는 황정견에게 배웠다. 진여의는 송나라 낙양(洛陽) 사람으로, 자는 거비(去非), 호는 간재(簡齋)·무주(無住)이다.

94 속기지론 : 【譯注】구양수가 두보의 시를 두고 '속기(俗氣)가 있다'고 평한 것으로 짐작되기도 하나 자세한 것은 미상이다.

95 늙은……빗질하는데 : 【譯注】두보의 〈이존사의 소나무 장자에 쓴 노래(題李尊師松樹障子歌)〉시의 첫 연으로, 이어지는 구는 "현도관(玄都觀)의 도사가 찾아왔어라.〔玄都道士來相訪〕"이다.

96 유중원의 변 : 【譯注】유중원은 송나라 유창(劉敞, 1019~1046)으로 자가 원보(原父)이고, 공시 선생(公是先生)이라 일컬었다. 변(辯)이라고 한 것은 유창이 구양수를 두고 '글을 읽지 않았다' 혹은 '배우지 않았다'라고 비판한 사실을 가리키는 것으로 보이나 자세한 것은 미상이다. 참고로 이색(李穡)의 〈느낌이 있어 읊다〔有感〕〉시에 "구양수의 문장은 세상이 다투어 기리는데, 유창은 오히려 독서를 안 했다 기롱하였어라.〔文章歐九世爭譽, 劉老猶譏不讀書.〕"라고 하였으며, 이익(李瀷)의 〈성호사설〉 권15 인사문

당하였는데, 구양공이 이러한 논을 펼친 것은 한유(韓愈)의 시에 탄복한 것이 지나쳐서 우연히 말한 것에 불과할 뿐이니, 배우는 사람들이 이것을 가지고 두보를 헐뜯어서는 안 될 것입니다. 아! 시를 지으면서 덕행의 바탕이 없다면 반드시 부박(浮薄)한 폐단이 있으니, 이는 고금에 공통된 병폐요 세상 사람들이 꾸짖는 일입니다. 《시경》 삼백 편을 모르고서 성인의 성정(性情)을 볼 수 있겠습니까? 진실로 능히 먼저 큰 것을 확립한[97] 경우라면 그 영화(英華)가 발휘되어 환하게 빛나는 것은 모두 덕행의 나머지일 뿐입니다. 그러니 세상에서 시를 배우는 자들이 어찌 충군애국을 바탕으로 하지 않을 수 있겠습니까.

집사(執事)께서 편(篇)의 끝에서 또 가르침을 주시기를, "제생들이 벗으로 삼아 마음속에 주로 하는 사람은 누구인가?"라고 하셨으니, 이는 더욱 저의 마음을 움직이게 하는 말입니다. 저는 경서를 탐구하는 여가에 또한 일찍이 시(詩)의 문호(門戶)를 엿보기는 하였습니다만, 아직 그 깊은 경지를 보지는 못하였으니, 어찌 감히 선현들의 높고 낮음을 평하여 버리거나 취하는 것이 있겠습니까? 비록 그렇지만 일찍이 들으니 회암(晦菴 주희(朱熹))의 말에, "시를 배울 때는 모름지기 도연명과 유종원(柳宗元)의 문정(門庭)을 거쳐와야 한다."[98]라고 하였으니, 도연명의 시

(人事門)에서 "송(宋)나라 유원보(劉原父)·유공보(劉貢父) 형제의 넓은 학식과 화려한 문사(文辭)는 서한(西漢)의 풍치가 있었는데, 당시에 구양수·증공(曾鞏)·소식·왕안석(王安石) 등은 별로 찬양하지 않았고, 여동래(呂東萊)·섭수심(葉水心) 등만을 깊이 인정하였다. 원보가 일찍이 '구구(歐九)는 무식하다'라고 했으니, 세상 사람들을 우습게 보는 것이 이러했다. 또 해학 잘하는 것으로 능사(能事)를 삼다가 마침내 크게 이름을 드날리지 못했다."라고 하였다.

97 먼저……확립한 : 【譯注】《맹자》〈고자 상(告子上)〉에 나오는 말로 "먼저 큰 것을 확립하면 작은 것이 빼앗지 못하니, 이렇게 하는 사람이 대인이다."라고 하였다.

를 배워야 하는 것은 명백한 일입니다. 그러니 시를 배우는 방법은 학문(學問)의 도와 같습니다. 옛날 맹자가 학문을 논하면서 백이(伯夷)와 이윤(伊尹)을 자처하지 않으며 말하기를, "내가 원하는 바는 공자를 배우는 것이다."[99]라고 하였습니다. 그러니 제생들이 마땅히 법도를 본받아서 스승으로 우러러야 할 사람을 시단(詩壇)의 성인(두보를 가리킴) 말고 어디에서 찾겠습니까? 만약 존경하여 우러러야 할 기풍과 절의를 시의 근본으로 생각한다면 저는 당연히 세 번 목욕하고 세 번 향을 사를 겨를도 없을 것이니,[100] 두 사람 사이에서 누구를 앞세우고 누구를 뒤로 하겠습니까? 삼가 대책문(對策文)을 올립니다.

---

98 시를……한다 : 【譯注】청나라 서탁(徐倬)이 편찬한 《어정전당시록(御定全唐詩錄)》 권37 유종원 조(條)에 나오는 말로, 원문은 "주회암이 이르기를 시를 배울 때는 모름지기 도연명과 유종원의 문정(門庭)으로 들어가야 한다.〔朱晦菴云, 學詩須從陶柳門庭入也.〕"이다.

99 내가……것이다 : 【譯注】《맹자》〈공손추 상(公孫丑上)〉에 나오는 말이다.

100 세……것이니 : 【譯注】몸과 마음을 청결하게 하여 정성을 다해 배울 시간도 모자란다는 뜻이다.

譯註 退溪全書 5

2025년 7월 15일 초판 1쇄 펴냄

지은이 이황
펴낸이 김흥국
펴낸곳 보고사

등록 1990년 12월 13일 제6-0429호
주소 경기도 파주시 회동길 337-15
전화 031-955-9797
팩스 02-922-6990
메일 bogosabooks@naver.com
http://www.bogosabooks.co.kr

ISBN 979-11-6587-876-4 94150
      979-11-6587-746-0 (세트)

정가 33,000원
사전 동의 없는 무단 전재 및 복제를 금합니다.
잘못 만들어진 책은 바꾸어 드립니다.